旅游城市

每个城市都包括城市解读、旅游片区、旅游资讯三大板块。

旅游片区

每个城市划分为若干旅游片区，全面介绍，同时突出重要旅游点。

旅游景点

每个旅游景点包括介绍、攻略、链接等板块，力求景点收录全面。

旅游资讯

每个城市的旅游资讯板块包括住宿、就餐、购物、娱乐等内容。

如何使用本书

1 多角度呈现
全书从风光、文化、风物、美食等多个角度呈现山西之美，发现不一样的山西。

分色标签 每个城市都有一个特定的检索色，便于读者翻阅。

2 专题知识
对于认识山西具有重要意义的关键词条，书中特设专题，图文并茂，让读者迅速读懂。

3 精华景点
三维立体图更深度地引导读者鉴赏那些特别重要的必游景点。

4 攻略
大部分景点配有地址、交通、门票、链接等丰富的实用攻略。

5 资讯
每个城市都包括交通、美食、住宿、购物、娱乐等资讯。

发现者旅行指南

山西（第3版）

北京·旅游教育出版社

目录
CONTENTS

地图目录

专题目录

最美
山西

三山五岳汇太行

太行归来不看山，自然是名不虚传。这里将中国北方大山的雄浑和南国水乡的温柔之美融为一体，既有江南的飘逸妩媚，又有北方的大气磅礴。走进太行山，不仅是一次山水风光的游览，更是一次历史文化的观澜。

东濒御河，居高临下

时光打马而过，历史长河中的故事恍若南柯一梦，来龙去脉再难寻觅，而遗存下来的古迹、艺术却成为人类历史无法替代的珍宝。雁塔安静地矗立于城，身姿挺拔，任它斗转星移沧海桑田，我自一览悲喜于不言中。

乡土古城今犹在

如果说丽江是个纯情的少女，有着水汪汪的眼睛，那么平遥就是底蕴深厚的乱世佳人，饱经风雨却宠辱不惊。这里布局严谨的民居轮廓起伏，精巧的木雕、砖雕配以乡土气息浓厚的剪纸窗花，栩栩如生。当华灯初上，有谁会想起，这里曾经的辉煌。

庄严的石窟艺术

作为一朝首都所在，无论如何也该留有几分王气、数处废墟。北魏的统治者们无疑是明智的，当时过境迁，或许没有几个人会想起北魏王朝的金戈铁马，但云冈石窟的留存，终会勾起人们对逝去王朝的记忆。

黄河之水天上来

刚翻越过巍峨的高原，黄河像一条腾飞的巨龙，在秦晋大峡谷中自在地穿行。河水一往无前地奔腾至壶口，如千军万马云集。“万里黄河一壶收”，气势如虹的黄河水和包容万象的“壶”，联手造就了一处气吞山河的绝世壮景。

庭院深深深几许

气势恢宏的宅院，是一个时代烙下的印记。宅门层层，大院深深，富甲一方的晋商去了哪里，没人回答。紧锁的大门已经敞开，只见得大红灯笼高挂，一砖一瓦，依旧述说着昔日的似锦繁华。

印象山西

文化符号

黄河壶口

黄河流经晋陕大峡谷时形成的天然瀑布，展示了“黄河之水天上来”的神奇景观。

关公

山西是一代英雄关羽的故乡，关公的光辉形象代表着中华民族的传统美德。

大槐树

洪洞大槐树是古代的一处移民基地，这里永远沉淀在了那些移民后裔的记忆深处。

五台山

中国佛教寺庙建筑最早的建造地之一，位列中国佛教四大名山之首。

晋商大院

汉族民居建筑的典范，以深邃富丽著称，代表了显赫一时的晋商辉煌。

平遥

明清古建筑瑰宝，中国现存最为完好的古城之一。

印象
山西

山西寺院

玄中寺

中国佛教净土宗的发源地之一，寺庙依山迭起，隐在丛山绝壁之间，景象万千。

五台山

有南禅寺、佛光寺、显通寺、广济寺、岩山寺、洪福寺等多处古寺，为佛教圣地。

广胜寺

分上、下两寺和水神庙三处建筑，寺内珍藏的《金藏》具有极高的艺术文化价值。

悬空寺

建成于1400年前的北魏后期，是中国仅存的佛、道、儒三教共存的独特寺庙。

崇善寺

建于明初的古寺，在600多年的历史中历经风霜，古风古韵犹存。

华严寺

著名的辽金古刹，殿宇嵯峨，气势雄伟壮观，是我国华严宗的重要寺庙之一。

印象山西

山西风物

陈醋

山西是制醋的大本营，山西老陈醋色泽黑紫，液态清亮，闻之香酸，食之醇厚柔和。

汾酒

清香型白酒的典型代表，素以入口绵、落口甜、饮后余香、回味悠长的特色而著称。

云冈绢人

绢人采用绫、罗、绸、缎、纱、绢等布料制成，惟妙惟肖，颇有地方特色。

黎侯虎

山西黎城县民间手工技艺的一朵奇葩，有赐福、生财等文化内涵，被誉为中国第一虎。

推光漆器

著名的汉族传统手工艺品，以手掌推光和描金彩绘技艺著称。

剪纸

山西民间剪纸具有粗犷、简练、淳朴的特点，给人以透空的感觉和艺术享受。

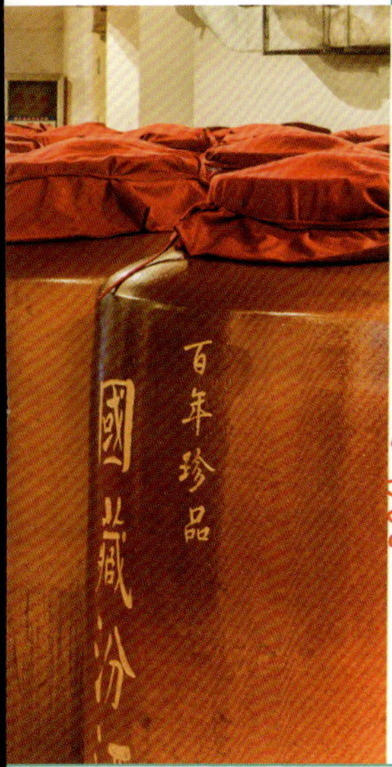

印象山西

山西美食

过油肉

著名的汉族传统菜肴，色泽金黄鲜艳，外软里嫩，闻有醋味，咸鲜可口。

刀削面

以大同刀削面最为著名，用刀削出的面叶中厚边薄，棱锋分明，深受食客的欢迎。

定襄蒸肉

定襄民间宴席必备佳肴之一，以精瘦猪肉为主，具有肉香扑鼻，多食不腻等特点。

十大碗

“高平十大碗”又名“长平水席”，展示了劳动人民的烹饪技艺和聪明智慧。

平遥牛肉

平遥牛肉色泽红润，肉质鲜嫩，肥而不腻，醇香可口，是中国美食文化的精华之一。

上党腊驴肉

是山西长治市的汉族传统名吃，以新鲜驴肉为主要原料，具有较高的营养价值。

自驾 山西

线路 1

晋东北
世界遗产之旅

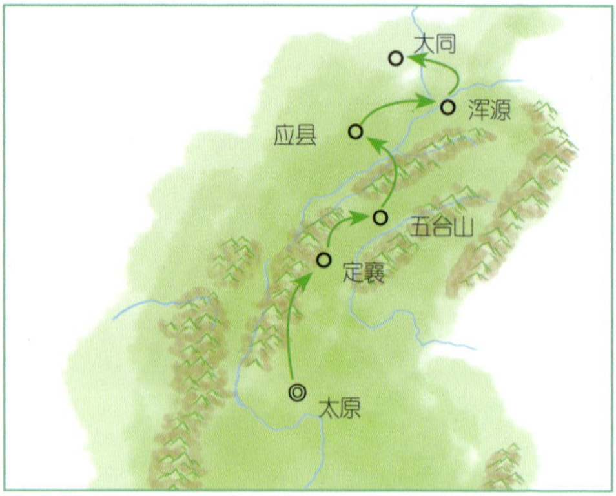

这条线路是山西旅游的重彩之笔，也是山西旅游的必选线路。这里汇集了世界遗产云冈石窟和名闻天下的五台山，此外，北岳恒山、悬空寺、中国古代木结构建筑的代表——应县木塔都值得驻足观赏。

定襄 阎锡山故居

五台 五台山

应县 应县木塔

浑源 恒山

大同 云冈石窟

第一天 从太原市沿 G55—S5502 行驶至五台山。沿途可顺道参观阎锡山故居、南禅寺，夜宿五台山景区。

第二天 用一天时间尽情游览五台山，感受佛教文化的魅力。

第三天 从五台山景区出发，行驶至应县参观应县木塔，然后沿 S303 行驶至恒山景区，参观北岳风光和悬空寺，夜宿恒山。

第四天 上午继续参观恒山，之后沿 S303—S203 行驶至大同市，参观上下华严寺和大同府文庙，夜宿大同市区。

第五天 上午参观大同市区的九龙壁，之后驾车前往云冈镇参观云冈石窟。

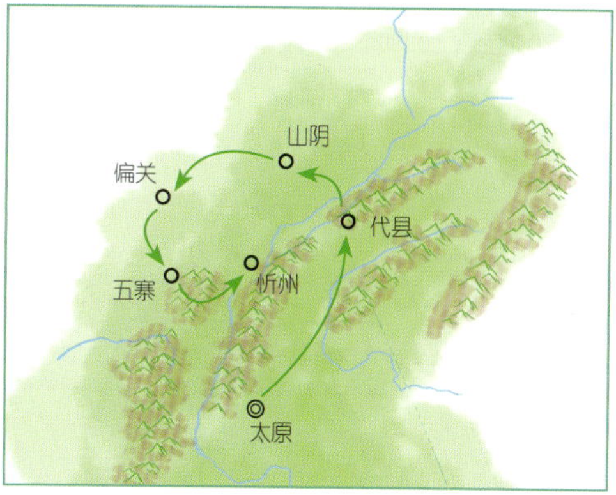

线路 2

晋西北
生态摄影之旅

这条线路是晋北的一条小环线，集中了朔州和忻州旅游的精华景点。古老的代县和广武城文物古迹众多，雄伟的边塞雁门关历经沧桑，秀美的芦芽山风光旖旎，一路行来肯定让你收获颇多。

第一天 从太原市沿 G55—S40 行驶至代县，参观代县文庙、边靖楼、阿育王塔和附近的雁门关，之后沿 G208 行驶至山阴县，参观广武汉墓群，夜宿山阴县。

第二天 从山阴县出发，行驶至老牛湾参观，之后沿 S304—G209 前往五寨县，夜宿五寨县。

第三天 从五寨县沿忻五线前往万年冰洞参观，之后沿春支线转忻五线到达芦芽山风景区游览，夜宿景区附近。

第四天 从芦芽山风景区沿 S215 行驶到达宁武天池参观。

自驾山西

线路 3

晋中
古城大院之旅

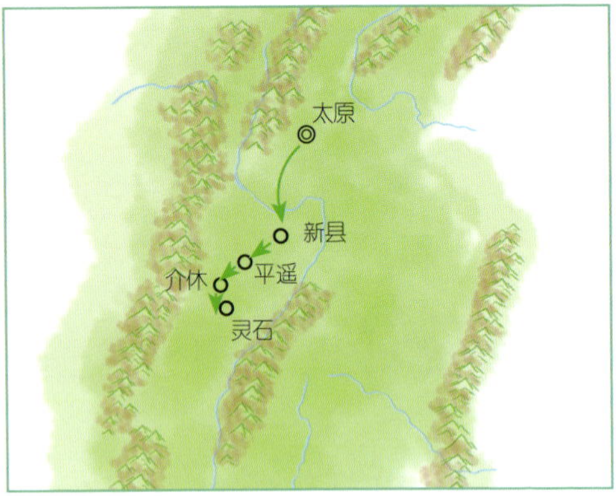

这条路线从太原出发，一路向南，晋中地区最具特色的古城、晋商大院一一展现在眼前。爬上古城斑驳的城墙，在深深的大院中游荡，在高处看着过往人流穿梭在城内，恍若隔世般的不真实感一定让你印象深刻。

第一天 太原。早上到晋祠，游览著名的“晋祠三绝”。下午到天龙山，欣赏天龙山石窟中的唐代塑像，晚上回到市内住宿。

第二天 继续游览太原市内各景点。上午先去山西省博物院，然后参观崇善寺，最后去双塔寺。傍晚可去开化寺街、钟楼街购物，品尝太原的风味小吃。

第三天 上午从太原市区出发前往乔家大院，了解乔家贫富兴衰的历史。下午去祁县古城，逛晋商老街，参观珠算博物馆、晋商镖局博物馆等景点。

第四天 上午前往平遥古城，感受历史和现代文明的不断撞色。下午逛逛明清一条街，夜宿特色客栈，体验住在深宅大院的晋中古风。

第五天 从平遥出发前往介休绵山，细细品味这处融自然山水和佛道文化为一体的风景名胜区。下午参观王家大院。

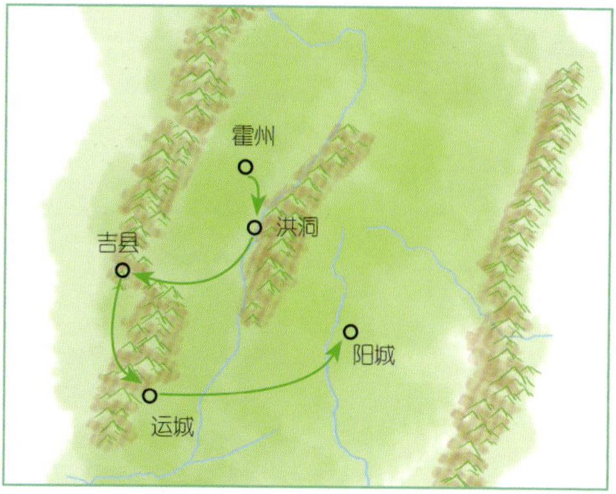

线路 4

晋南
风情之旅

霍州 师家大院

洪洞 大槐树寻根祭祖园

吉县 壶口瀑布

运城 解州关帝庙

永济 五老峰

阳城 皇城相府

这条线路主要穿行在山西南部，一路上景点不断，内容丰富。晋商民俗建筑师家大院、洪洞大槐树寻根祭祖园、黄河壶口瀑布、解州关帝庙等，可谓是一条自然风光与人文景观兼具的风情自驾游路线。

第一天 从太原市区出发，前往临汾霍州，参观霍州鼓楼，然后去师家大院欣赏晋商民俗建筑群的特色。

第二天 前往洪洞县，先去大槐树寻根祭祖园，参观寻根祭祖的圣地。之后去苏三监狱，听听苏三的爱情故事。下午驱车前往尧都区，参观尧庙。

第三天 早上从尧都区出发，前往壶口瀑布，欣赏壮美的瀑布景观，之后前往运城市区。

第四天 运城市。上午先前往运城盐湖，在湖中尝试黑泥浴，美肌活肤。下午去解州关帝庙，感受关帝文化。

第五天 上午前往五老峰，观道教名山。下午去普救寺，感怀《西厢记》中的爱情故事。

第六天 早上前往风陵渡，然后前往永乐宫。下午前往皇城相府，感受文化巨族之宅的辉煌气势。

解读山西

地理

黄河

面积和区划

山西因居太行山之西而得名，简称“晋”，又称“三晋”，省会太原市。山西东依太行山，西、南依吕梁山、黄河，北依古长城，与河北、河南、陕西、内蒙古等省区为界，柳宗元称之为“表里山河”。全省总面积约15.67万平方千米。

山西省辖太原、大同、阳泉、长治、晋城、朔州、晋中、运城、忻州、临汾、吕梁11个地级市，下辖26个市辖区、11个县级市、80个县。山西有太原、大同、平遥、新绛、代县、祁县6个国家历史文化名城。

人口和民族

截至2022年末，全省常住人口约为3481.35万，比2021年末

壶口瀑布

太行山风光

增加0.88万人。

山西省人口以汉族为主，汉族人口占总人口的99%以上，在少数民族中，回族人口居多，其次是满族与蒙古族。

地形

山西疆域轮廓呈东北斜向西南的平行四边形，是典型的被黄土广泛覆盖的山地高原，地势东北高西南低。高原内部起伏不平，河谷纵横，地貌类型复杂多样，有山地、丘陵、台地、高原，山多川少，山地、丘陵面积约占全省总面积的80%。

全省大部分地区海拔在1500米以上，山脉延绵起伏，沟壑纵横，雄险巍峨。东界太行山，西有吕梁山，北亘北岳恒山、五台山，南耸中条山，中立太岳山。最高点为五台山主峰叶斗峰，海拔3058米，为华北最高峰。

山西有黄河、海河两大水系。山西境内有大小河流1000多条，其中汾河最长，全长716千米。黄河北自偏关县老牛湾入境，南至垣曲县碾盘沟出境，途经山西19县（市）。

气候

山西位于大陆东岸的内陆，外缘有山脉环绕，属于温带大陆性季风气候，冬季长而寒冷干燥；夏季短而炎热多雨；春季日温差大，风沙多；秋季短暂，气候温和。

全省年降水量为400～650毫米，但季节分布不均匀，夏季6月至8月降水高度集中且多暴雨。山西有三个多雨区，一是晋东南太行山区和中条山区，二是五台山区，三是吕梁山区。

山西的母亲河——汾河

汾河又称汾水，山西人称其为母亲河，是黄河的第二大支流。汾河发源于宁武县东寨镇管涔山麓，流经山西中部，上游穿行山地，中游经太原盆地，介休市以下变窄，过灵石峡进入临汾盆地，下游河谷开阔，在河津附近汇入黄河，全长716千米，流域面积约4万平方千米，约占全省总面积的四分之一，养育了山西省41%的人民。山西的重要城市大都处于汾河谷地中，如太原、临汾、灵石等。

汾河水系受吕梁山、太行山等经向构造体系的影响，在一连串的地堑盆地中发育成河。古时候的汾河比现在更长、更大，后来由于龙门山与孤峰山间断裂作用再度复活，中部陷落，南部急速隆起，迫使汾河放弃古河道而折转西流，汇入黄河，形成现代的水系形态。

汾河支流众多，较大的如潇河、文峪河、浍河等，其中还包括了许多著名的大泉水，如兰村泉、晋祠泉、洪山泉、郭庄泉、广胜寺泉、龙子祠泉等。由汾河冲击形成的汾河平原位于山西省中部和南部，可分为北部的晋中盆地（太原盆地）和南部的临汾盆地，是山西境内重要的农业区。汾河水资源丰富，山西全省共建有8座大型水库，汾河流域即有3座，其他中小型水库、灌区、机电泵站更是星罗棋布，具有灌溉、发电、工业和城市居民供水的便利条件，其政治、文化、经济地位在全省举足轻重。

黄土高原地貌

中国是世界上黄土分布最广、厚度最大的国家，黄土高原东西长千余千米，南北750千米，包括太行山以西、青海省日月山以东、秦岭以北、长城以南的广大地区，跨山西省、陕西省北部、甘肃省等地区。黄土高原是世界上黄土覆盖面积最大的高原，占中国黄土面积的72.4%，一般厚50~200米，这里发育了世界上最为典型的黄土地貌。

地貌类型

塬为顶面平坦、宽阔的黄土高地，又称黄土平台。其顶面平坦，边缘倾斜3°~5°，周围为沟谷深切，它代表黄土的最高堆积面

梁为长条状的黄土丘陵，平梁多分布在塬的外围，是黄土塬被沟谷分割生成，又称破碎塬

墚因流水下渗侵蚀黄土，在重力的影响下土层逐渐压实，引起地面沉陷而成。形状为圆形或椭圆形，深1米至数米，直径10~20米，常形成在平缓的地面上

黄土柱为黄土沟边的柱状残留土体，因流水不断地沿黄土垂直节理侵蚀以及黄土的崩塌作用形成，有圆柱状、尖塔形，高度一般为几米到十几米

峁为沟谷分割的穹状或馒头状黄土丘，峁顶的面积不大，若干个峁大体排列在一条线上的为连续峁，单个的叫孤立峁

沟有细沟、浅沟、切沟、悬沟、冲沟、坳沟（干沟）和河沟7类。前4类是现代侵蚀沟，后两类为古代侵蚀沟，冲沟则两类均有

晋东屏障太行山

太行山又名五行山、王母山、女娲山，是中国东部的一条重要地理界线，位于山西省和华北平原的交界地带，纵跨北京、河北、山西、河南4省市，绵延400余千米。它是中国地形第二阶梯的东缘，也是黄土高原的东部界线。

约在6亿年以前，太行山地区是一片汪洋大海，后来经过了频繁的地壳活动，地面不断上升下降，海水时进时退，当海退时，这里沼泽广布，气候温暖潮湿，生长着茂密的森林，因此形成了太行山区丰富的煤炭资源。以后的一次次地壳活动，使太行山脉逐渐隆起，后又与东西的华北大平原断裂，形成太行东部陡峭、西部徐缓的地貌形态。

太行山北高南低，大部分海拔在1200米以上。2000米以上的高峰有河北的小五台山、灵山、东灵山、白石山，山西的太白巍山、南索山、阳曲山等。北端最高峰为小五台山，海拔2882米；南端高峰为陵川的佛子山、板山，海拔分别为1745米、1791米。

山西境内的太行山自然景观优美。太行山大峡谷位于山西省东南部的长治市壶关县，集雄、奇、峻、美于一身，绵延40多千米，相对高差200~800米，峭壁陡立，峡谷纵横。长治黎城县境内的太行红山丹霞耀眼，雄壮无比，似铜墙铁壁，蔚为壮观。

八百里吕梁山

吕梁山位于山西西部，是我国黄土高原上的一条重要山脉，它是黄河中游黄河干流与支流汾河的分水岭。吕梁山脉呈东北—西

太行山

黄河晋陕大峡谷

黄河晋陕大峡谷位于晋陕交界地带，在河套地区呈东西走向的黄河，由于吕梁山脉的阻隔，此段急转为南北走向，由鄂尔多斯高原挟势南下，左带吕梁，右襟陕北，深切于黄土高原之中，谷深皆在100米以上，谷底高程由1000米逐渐降至400米以下，河床最窄处如壶口，仅30~50米。黄河晋陕大峡谷是黄河沿线最长的连续峡谷，这条峡谷从山西偏关县老牛湾起，到与陕西接壤的山西河津市禹门口止，共长700余千米，将中华腹地的肥原沃野——黄土高原一分为二，沿线分布着众多神奇的自然美景。

偏关老牛湾：是黄河进入山西的第一个曲弯，黄河与长城在此亲密交汇，被认为是晋陕大峡谷乐章的序曲。

娘娘滩：有"千里黄河第一滩"之称，是九曲黄河中唯一有人居住的小岛，绿树参天，硕果满枝，风景如画，犹如世外桃源。

西口古渡：是昔日河曲水陆贸易的主要渡口，也是先人们"走西口"的要塞，见证着百年的风雨沧桑路。

乾坤湾：黄河流经永和县境内后，宛如蜷曲盘绕的蛟龙，前扭后转320度，留下了自然天成的"S"形大拐弯，形成了河抱山、山依河、山河相映的独特景观。

壶口瀑布：位于临汾市吉县壶口镇，是中国第二大瀑布。在水量丰富的夏季，壶口瀑布气势恢宏；而到了冬季，整个水面全部冰冻，结出罕见的巨大冰瀑。

禹门口：是黄河晋陕大峡谷的出口所在地，两岸峭壁对峙，形如阙门，是河水南流的"瓶颈"，晋陕大峡谷在此达到了最后的高潮。

蛇曲：是被河流冲刷形成的像蛇一样蜿蜒的地质地貌。延川黄河蛇曲是发育在晋陕大峡谷中的大型深切嵌入式蛇曲群体，规模宏大。

中国最美十大峡谷：2005年，《中国国家地理》评选出了中国最美十大峡谷，分别是：雅鲁藏布大峡谷、金沙江虎跳峡、长江三峡、怒江大峡谷、澜沧江梅里大峡谷、太鲁阁大峡谷、黄河秦晋大峡谷（晋陕大峡谷）、大渡河金口大峡谷、太行山大峡谷、天山库车大峡谷。

南走向，整个地形呈穹窿状，中间一线凸起，两侧逐渐降低。这条连绵不断的崇山峻岭宛如一条脊梁，绵延400多千米，纵贯三晋西部，由北而南依次为管涔山、芦芽山、云中山、关帝山、紫荆山、龙门山，其主峰在关帝山。

吕梁山脉的山体多形成于4亿6000万年前至10亿年的地壳运动，为海底火山期。2亿7000万年至3亿3000万年前，海水最后一次退下，地壳抬升，成为陆地湖泊环境。2亿2000万年前进入中生代，这里的地壳运动加剧，火山岩浆多次喷出，经历7000万年地壳才趋于稳定，形成现在的形态。

吕梁山脉西坡有厚层的黄土堆积，水土流失严重，是黄河中游重点产沙区之一。山脉东翼为断层构造，山势陡峻，俯瞰汾河地堑中的忻州盆地、太原盆地、临汾盆地。吕梁山东侧的水热条件相对优越，发源有汾河的干流和部分支流，是汾河的主要水源区。山脉的地理纬度地带性特征明显，以芦芽山为代表的北段分布有寒温带针叶林，中段关帝山为温带针阔叶混交林，南段的五鹿山为暖温带阔叶林。

吕梁山区还盛产奇石、美石、玉石，品种有红、黄、青、白玉质石，各色玉质海藻螺纹石，大小曲蟮纹石，以及莲花石、雪绫石、木化石、骨化石、珊瑚化石等数十个品系。最负盛名的要数吕梁产的黑磐石，自古就有“吕梁磐石天下响”的美誉。

壶口瀑布

历史

晋文公雕像

晋文公称霸中原

晋文公重耳是春秋时期的一位传奇人物，他在骊姬之乱中逃亡时间最长，继承君位后仅9年就做了华夏霸主。其开创的霸业，中间虽有起伏，却一直延续到春秋末期，长达200余年。

公元前672年，晋献公娶狐姬，次年生下重耳。公元前659年，深受晋献公宠爱的骊姬预谋要自己的儿子奚齐为太子，便诬陷太子申生与晋献公另外的两个儿子重耳和夷吾，得知消息后重耳逃到了蒲城，后又与狐偃、赵衰、颠颉、魏犨、胥臣等人一起流亡到翟国，其后便开始了其颠沛流离的生活，他先后到过卫国、齐国、曹国、宋国、郑国和齐国，最终于公元前637年到达秦国，秦穆公把同宗的五个女子嫁给了重耳。

公元前636年，重耳在秦国军队的护送下回到晋国即位，是为晋文公。晋文公是一个雄心勃勃的人，为了实现称霸天下的愿望，他采取了一系列措施。他减轻关市的征税，减轻刑罚，布施贫民，救济饥荒，使人民能安居乐业。他不断增强晋国的实力，坚守信用，建立起了自己的威信。

当时，有实力与晋争霸的是长江流域的楚国。晋文公想成

晋祠

历史大事记

远古时期

山西境内的西侯度文化遗址和丁村文化遗址等表明，在旧石器时代山西已有人类繁衍生息。

尧、舜、禹都曾在山西境内建都立业，尧都平阳，舜都蒲坂，禹活动在晋南一带。

先秦时期

公元前636年，重耳即位，称晋文公，后大败楚军，成为春秋五霸之一，称霸中原。

公元前455年，晋国发生内乱，赵、魏、韩三家联合灭晋，史称“三家分晋”，因此今天山西也被称为“三晋”。

就霸业，必须向南扩展疆土。公元前632年，晋、楚在城濮决战，晋国大获全胜。战后，晋文公在践土为周襄王修了行宫，还把陈、蔡和楚国的俘虏献给周天子。晋及齐、鲁、宋、卫等七国国君和周王室大臣王子虎订立盟约，正式称晋文公为盟主，命他安抚四方，监督和惩治危害周天子的人，从此晋文公成为诸侯霸主。公元前628年，晋文公因病去世，终年70岁。

晋文公的称霸对春秋历史影响极大，他所倡导的以德、法治国和不争之争的理念是儒、道、法三家思想的源泉，对整个中华民族的发展有着不可估量的意义。

背井离乡走西口

走西口是中国近代史上最著名的五次人口迁徙事件之一，从明朝中期至民国初年，无数山西人、陕西人、河北人为谋生路，背井离乡，谱写了一曲曲悲凉辛酸的血泪史，却也在客观上打通了中原腹地与蒙古草原的经济和文化通道，带动了我国北部地区的繁荣和发展。

山西北部土地贫瘠，自然灾害频繁，生存环境的恶劣迫使晋北很多人选择到口外谋生。据考证，走西口现象大约从明代中期开始，其高潮出现于明末清初，直到清朝末年，前后历经约300年。民间所说“走西口”中的“西口”通常认为是指杀虎口，是位于山西、

杀虎口

内蒙古交界处右玉县境内长城上的一道关隘，走西口的人们从山西中部和北部出发，一路向西，经杀虎口出关，最后进入陌生的内蒙古草原。

走西口是一部辛酸的移民史，也是一部艰苦奋斗的创业史。走西口的路上充满了血泪与艰辛，能把人烤昏的酷热、零下40摄氏度的严寒、神出鬼没的土匪……很多人都死在了走西口的路上。山西人在民歌里凄惨地唱道：“自古那个黄河向东流，什么人留下个走西口？”这无疑是当年走西口的人们的哀怨心声。

就这样，当年一代又一代的山西人走西口，走出了一部苦难史，也走出了一批历经磨炼而精明强干的晋商。如乔家大院的主人在鼎盛时期一度垄断了包头的一切贸易经营活动，而乔家就发迹于先祖乔贵发的走西口。然而，像这样的成功者毕竟少之又少，大多数走西口者的命运很凄惨。

走西口虽然充满了痛苦与艰辛，但也给处于游牧状态的内蒙古中西部地区带去了先

秦汉时期

公元前200年，汉高祖刘邦被匈奴围困于白登山（今山西大同市东北马铺山），史称“白登之围”。
304年，匈奴首领刘渊在左国城（今离石）起兵，逐步控制了屯留、高平、平遥、介休等地，自称汉王。
386年，鲜卑族拓跋珪建立了北魏，在平城（今大同）建都，北魏逐步成为北方的大国。

隋唐时期

615年，隋炀帝以李渊为山西河东道慰抚大使，山西之名始于此。
617年，太原留守李渊和他的儿子李世民从太原起兵反隋，于618年建立唐朝，重新统一中国。
唐末五代，李存勖、石敬瑭和刘知远以山西为依托，分别建立了后唐、后晋、后汉王朝。

乔家大院

进的农耕文化，使当地的整个文化风貌发生了根本的改变。

全国抗战的桥头堡

1937年全面抗战爆发后，由于特殊的地理、军事和政治条件，山西成了敌我双方争夺的主要战场之一，许多影响抗战全局的重大历史事件都发生在这片土地。太行吕梁的英雄儿女们为打击日寇、争取民族独立付出了巨大的努力和牺牲。

1937年9月，日本侵略军的铁蹄踏入了三晋大地，山西的国军将领阎锡山为保卫国土奋起抵抗，同时，改编后的八路军也积极抗战。抗日群众团体不断壮大，各路精英云集山西，形成全民抗战的热潮，中国共产党领导的八路军和地方武装力量在山西迅猛发展。

1937年9月14日，日军攻陷广灵县城，向平型关进犯。9月25日，为配合友军作战，阻挡日军攻势，由八路军第115师师长林彪、副师长聂荣臻指挥，在山西省大同市灵丘县平型关附近，八路军集中较大兵力对日军进行了一次成功伏击战，歼敌1000余人，取得了

山西的都城

山西地处黄土高原东部，地势高耸挺拔。在中华文明的发展史上，曾有36个王朝和政权选择山西作为都城地。这些都城分布于山西省11个地市中的10个地市之间，然而从数量上看，分布并不均衡。运城、临汾两市，自然条件较为优越，因此也成为都城设立较多的地区；而朔州、晋城、阳泉等地只有一处。从立都持续的时间来看，作为一定历史时期区域政治中心的太原、大同两市，立都的政权不但多，持续时间也较长。

山西其他都城

临汾：古称平阳，从公元前453年到公元前416年，平阳为韩国都城38年；秦汉之际，西魏王魏豹以此为都2年；十六国时期，从309年到318年，匈奴左部帅刘渊所建汉政权以平阳为都10年。

夏县：古称安邑，从公元前453年三家分晋，到公元前365年魏惠王迁都大梁（今河南开封），此地为魏国都城89年。

屯留：公元前370年到前359年，为晋国都城12年。

沁水端氏镇：公元前359年到前349年为晋国都城11年。

阳高县：古称高柳，从40年到41年，为汉帝卢芳割据政权都城2年。

长子县：从386年到394年，为西燕政权都城9年。

朔州：古称马邑，隋末唐初从617年到620年为定扬可汗刘武周都城4年。

长治：古有黎亭，十六国时期从305年到308年

宋元时期

宋辽时期，山西进一步繁荣，成为中国北方经济、文化发达的地区。1271年，忽必烈建立元朝，把山西作为“腹里”之地，派驻大量蒙古军加以统治。

明清时期

1368年，徐达、常遇春率领明军进入山西，朱元璋封他的三个儿子为藩王，驻扎山西。
从明代洪武年间开始，山西百姓开始外迁，今洪洞县的大槐树曾是著名的集合点。

明清时期

清代，山西的商业与金融业十分活跃，出现了闻名全国的山西票号，晋商在全国建立了许多山西会馆或山陕会馆。
1835年，曹顺在山西赵城发动农民起义，起义终以失败告终。

为刘渊汉政权都城4年。

离石：304年为刘渊汉政权都城1年；唐初619年到620年为刘王刘季真割据政权都城2年。

方山县：古有左国城，304年到305年为刘渊汉政权都城2年。

隰县：十六国时期称蒲子，308年到309年为刘渊汉政权都城2年。

太原建都史

太原古称晋阳

是一座具有4700多年历史，2500多年建城史，"襟四塞之要冲，控五原之都邑"的历史古都。

公元前376—公元前425年

韩、赵、魏三家分晋，晋阳（太原）成为赵国都城。

十六国时期

氐族所建的前秦政权在晋阳建都2年。

南北朝时期

北齐以晋阳为陪都。

唐朝建立后

唐太宗认为晋阳是"龙兴之地"，设晋阳为陪都。

唐末五代

沙陀贵族李克用的晋政权以晋阳为都17年。

五代后期

后唐政权曾以晋阳为陪都。

五代十国时期，刘崇所建北汉政权在晋阳建都29年。

大同建都史

公元前585—公元前370年

战国诸侯国晋以侯马为国都（古称绛），达216年。

398—493年

大同（古称平城）为鲜卑族拓跋部所建北魏政权的都城96年。

辽代

大同是契丹族所建的辽政权的陪都。

金代

大同是女真族所建的金政权的陪都。

近现代时期

1905年，山西人民开展了收回矿权运动，1908年，《赎回开矿制铁转运合同》在北京签订，山西争矿斗争终获胜利。

1911年，阎锡山组织与领导了太原辛亥起义，后成为统治山西长达38年之久的封疆大吏。

1937年，国民党军队与日军展开忻口、太原等会战，其间八路军第115师于平型关伏击日军，取得"平型关大捷"。

1940年，八路军在晋察冀地区发起"百团大战"，沉重打击了日伪军。

1949年9月1日，山西省人民政府正式建立。

平型关战役的胜利，打破了日军不可战胜的神话。

10月12日，日军约5万人猛攻忻口，国民党军约8万人在卫立煌指挥下与日军展开会战。国军奋勇血战，由于双方实力相差悬殊，忻口、太原相继失守。此后，中国共产党领导的八路军深入敌后，开辟根据地，开展游击战争，逐渐成为华北抗战的主体。

从1940年8月开始，八路军在彭德怀、左权等人的指挥下发动了以破坏华北日军占领的交通线、矿山为目的的百团大战。这次战役共进行大小战斗1800余次，攻克据点2900余个，歼灭日伪军4万余人，使日军的交通线陷入瘫痪，给日伪军以沉重打击。此后，八路军接连粉碎了日军的多次扫荡，建立了稳固的敌后根据地。

1945年，在包括中国在内的同盟国打击下，日本宣布投降，中国军民的抗日民族解放战争胜利结束，山西重回中国的怀抱。

十 山西历史名人

悠久辉煌的历史和美丽富饶的河山造就了山西众多的优秀人才，这些人同时又影响着山西乃至中国的命运。在中国文明史上，山西大地上涌现的优秀人物如群星璀璨。

尧（前2447—前2307）： 古唐国（今山西临汾尧都区）人。中国上古时期部落联盟首领、“五帝”之一。尧为帝喾之子， 尧从父亲帝喾那里继承帝位，并禅让于舜。他命羲和测定推求历法，制定四时成岁，为百姓颁授农耕时令。

晋文公（前697—前628）： 生于曲沃（今山西闻喜县），姬姓，名重耳，是中国春秋时期晋国君主，文治武功卓著，是春秋五霸中第二位霸主，与齐桓公并称“齐桓晋文”。

卫青（？—前106）： 字仲卿，河东平阳（今山西临汾）人，汉武帝时名将。先后七次出击匈奴，七战七捷，无一败绩，战功卓著，是历史上著名的常胜将军，与外甥霍去病并称西汉的“帝国双璧”。

霍去病（前140—前117）： 河东郡平阳县（今山西临汾）人，名将卫青的外甥，汉武帝时名将。汉武帝因其功欲为其建造府第，他坚辞不受，其言“匈奴未灭，无以家为也！”成为千古名句。

平型关大捷油画

关羽（？—220）：河东解县（今山西运城）人，刘备属将，忠肝义胆，被尊称为“武圣”。关羽去世后，其形象逐渐被后人神化，一直是历来民间祭祀的对象，被尊称为“关公”。

武则天（624—705）：祖籍并州文水（今山西文水县），中国历史上唯一一个女皇，杰出的女政治家。从唐高宗时垂帘听政到705年退位，武则天执掌李唐王朝近半个世纪。

狄仁杰（630—700）：并州太原（今山西省太原狄村）人，唐朝著名政治家，武则天时被委以宰相。狄仁杰一生政绩卓著，辅国安邦，对武则天弊政多所匡正，后人称之为“唐室砥柱”。

王维（701—761）：唐朝河东蒲州（今山西永济市）人，唐朝著名诗人、画家，精通诗、书、画、音乐等，与孟浩然合称“王孟”。

柳宗元（773—819）：祖籍蒲州解县（今山西永济市），著名文学家、思想家。柳宗元以文学名世，其散文与韩愈齐名，“唐宋八大家”之一，有《柳宗元集》遗世。

司马光（1019—1086）：陕州夏县涑水乡（今山西运城地区夏县）人，著名政治家、史学家、散文家。司马光因主持编写《资治通鉴》而闻名于世，曾被后世奉为儒家三圣之一。

关汉卿（约1220—1300）：解州（山西省运城）人，元代前期杂剧界领袖人物，与马致远、郑光祖、白朴并称为“元曲四大家”。所作杂剧今知有60余种，现存《窦娥冤》等。

罗贯中（约1330—约1400）：山西太原人，元末明初小说家、戏曲家，中国章回小说的鼻祖，著有长篇小说《三国志通俗演义》《隋唐志传》等。

傅作义（1895—1974）：山西省荣河县人。抗日名将，他响应中国共产党提出的“停止内战，和平统一”的主张，毅然率部举行北平和平起义，使古老的文化故都完好地归回人民。

徐向前（1901—1990）：山西五台县人，新中国的开国元勋之一，一生中参与了中国共产党的历次大事件，是中国人民解放军的缔造者之一。

山西运城关帝庙

文化

大槐树寻根祭祖园

寻根祭祖古槐下

“问我故乡在何处，山西洪洞大槐树。祖先故居叫什么，大槐树下老鸹窝。”自明朝以来，这首民谣就一直在我国各地民间，尤其是黄河下游地区广泛流传，甚至在海外华人、华侨群体中也时常可以听到。

洪洞大槐树位于山西省洪洞县城西北2千米的贾村西侧的大槐树公园内，是明代的一处移民基地。元末明初，战乱纷争，民不聊生，自然灾害频发，两淮、山东、河北、河南、湖北之民，十亡七八。而山西由于地形险要，邻省的战事很少波及山西，省内大部分地区又风调雨顺，连年丰收，社会稳定，经济繁荣，人丁兴旺。于是自洪武六年（1373年）到永乐十五年（1417年）近50年内，政府组织从山西移民18次，其中洪武年间10次，永乐年间8次。这些移民迁往北京、河北、河南、山东、安徽、江苏、湖北、陕西、甘肃等十余省。洪洞大槐树处的广济寺被定为办理手续、领取凭证和路费的地方，由于这些移民是在洪洞大槐树下办理的迁出手续，便把洪洞大槐树当作自己的故乡。

移民是强制性的，充满了艰辛和血泪。据说当时有些移民是被绑着押解迁出的，路上如果需要大小便，必须让领队解开绳索，故至今这些地区上厕所仍说成“解手”。

曾经的广济寺和大槐树早已杳无踪迹，但作为故乡符号的

南山寺

山西卷轴

《吕梁英雄传》：发表于抗日战争时期的长篇小说，描写了晋西北吕梁地区共产党领导人民抗战的故事，是吕梁革命史的真实写照。

《抱愧山西》：是著名作家余秋雨所写的一篇散文，从历史的角度重新审视山西，描绘了山西的辉煌和没落。

《乔家大院》：作家朱秀海的代表作之一，以晋商乔致庸在商业上的巨大成功和在感情上的坎坷波折为线索，充分展示出一代巨商传奇不平凡的一生。

《白银谷》：全景式地再现了晋商望族的商业活动、社会关系、家族隐秘等诸般形态；对豪门深藏的善恶恩怨与商家周围的官场宦海、士林儒业、武林镖局等都有描绘。

云冈石窟

大槐树，却永远地沉淀在了那些移民后裔的记忆深处。自明初至今，人们寻根问祖的热情不减。自1991年起，每年的清明节前后，当地都要在大槐树下举行隆重的寻根问宗文化活动，大槐树移民后裔从全国甚至世界各地虔诚地来到大槐树下，追忆那曾经梦中的情景，这里也成了数以亿计大槐树移民后裔寻根祭宗的圣地。这种挥之不去的“同宗共族，天下一家”的大槐树情结，构成了中华民族传统文化中一道亮丽的风景线。

佛教圣地

佛教是西汉末、东汉初逐步由印度传入中国的，在中国封建时代，山西的佛教文化异常繁荣兴盛，是中国佛教文化发展的重要基地之一。在山西出家的著名高僧有法显、慧远、昙鸾等，他们为佛教在中国的传播和发展做出了重要的贡献。

法显是东晋时杰出的佛经翻译家和旅行家，平阳武阳（今临汾市西南）人。法显从小对佛很虔诚，399年，他以65岁高龄，与十人结伴同行，徒步经西域和中亚十国抵达天竺（印度）求法，抵达时仅剩两人。法显在印度刻苦勤学掌握了梵文梵语，把大量口传佛典记录下来带回中国，归来后，又亲自译成汉文，从此，中国佛经不用再经历在西域的中转，中国佛教更系统地发展起来了。

在山西出家的另一位著名高僧慧远，在

山西影像

《太行山上》（2005年）：影片讲述了朱德率领刚刚改编完的八路军三个主力师东渡黄河建立太行山根据地的故事。通过宏大场面和精良的制作，开创了新时期战争片的新风格。

《乔家大院》（2006年）：由陈建斌等人主演的一部电视剧，该剧以乔家大院为背景，讲述了一代传奇晋商乔致庸弃文从商，在经历千难万险后终于实现货通天下、汇通天下的故事。

《走西口》（2008年）：讲述的是民国初年，山西祁县年轻书生田青因家庭变故和生活所迫，背井离乡走西口的故事，描述了山西人走西口的艰辛与悲凉。

《白银帝国》（2009年）：讲述了清朝末年晋商望族发生的利益纷争和感情纠葛，影片中展现的辉煌的商业文明是本片的最大看点。

五台山

使佛教文化与中国传统文化相融合方面做出了杰出的历史贡献。慧远通过融合儒、释、道思想，从理论上阐明了佛教文化与传统文化的一致性，保证了佛教在中国的合法地位，从而在佛教中国化的道路上迈出了决定性的第一步，被尊为中国净土宗初祖。

继法显、慧远之后，在山西出家的又一位著名高僧是昙鸾。昙鸾是北魏雁门（今山西代县）人，他深入研究净土经典，通过佛学理论阐发净土思想，创立净土弥陀信仰的学说，奠定净土宗的理论基础。

山西不仅佛教思想比较活跃，在传播和发展中国佛教方面亦做出了重大贡献，同时，山西也是佛教文物、艺术的宝库，是全国佛教遗产最为丰富的地区之一。如五台山位居佛教四大圣地之首；玄中寺为中日净土宗摇篮；云冈石窟文化可与敦煌媲美；广胜寺稀世罕见的金版藏经《赵城金藏》为当今整理出版的《大藏经》的主要底本；这里还有遍布全省各地的斑斓多姿的佛教建筑、雕刻、绘画等，这些珍贵的文化遗存证明了山西在中国

山西四合院

山西民居四合院多位于晋中南一带，与北京四合院虽然同属北方的四合院类型，可是二者在四合院形制、建筑形式、装饰风格等方面均有较大的区别。山西四合院以其鲜明的个性，成为四合院家族中独具特色的一支，并以乔家大院、渠家大院、曹家大院、王家大院、常家庄园等晋商大院最具代表性，另外还有规模较小的普通四合院民居建筑。

乔家大院

乔家大院是最早修复开放的一座晋商大院，其形如城堡，三面临街，四周以三丈高的砖墙封闭，内部形成规模较大的四合院建筑群。

王家大院

王家大院的院内外，屋上下，房表里，随处可见精雕细刻的建筑艺术品。这些艺术品从屋檐、斗拱、照壁、吻兽到础石、神龛、石鼓、门窗，造型逼真，精雕细刻，既具有北方建筑的雄伟气势，又具有南国建筑的秀雅风格。

丁村民居

丁村保存有完整的明清四合院群落，一个套一个的四合院，每一个风格与格局都不同，被誉为“中国北方古代民居的活化石”。

山西天籁

《走西口》：著名的山西民歌，描写了一对新婚夫妇生离死别的悲苦与近代山西人出外谋生的艰辛，它的背后有着深刻的社会、历史、自然、地理原因。

《人说山西好风光》：由郭兰英演唱的一首山西民歌，20世纪60年代开始传遍大江南北，成为中国民歌的经典之作，把山西民歌创作推向了一个新高度。

《下河东》：晋剧当中的一首著名曲目，描写了赵匡胤称帝后征讨北汉，呼延家打败乱军，救下赵匡胤的故事。

《夸土产》：热情讴歌了山西的一大批远近闻名的土特产品，曲调优美动听，富于山西地方民歌风味，至今仍广为传唱。

山西四合院结构

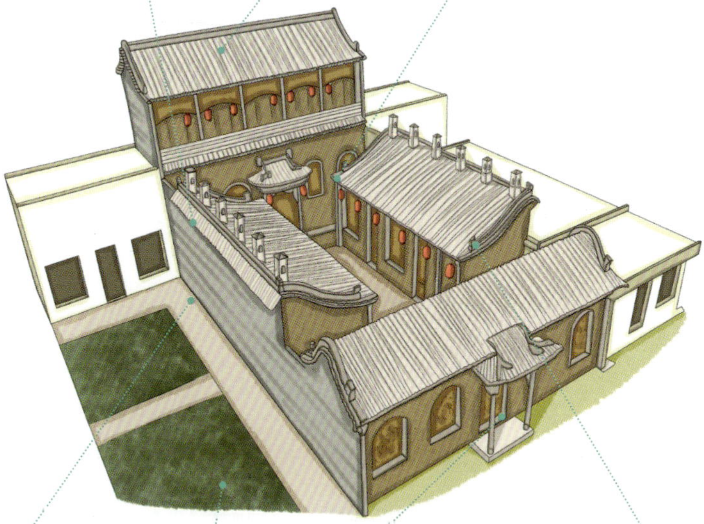

佛教文化史上具有举足轻重的地位。

五百年晋商传奇

晋商通常指明清500年间的山西商人，晋商经营盐业、票号等商业，尤其以票号最为出名。在中国的历史上，晋商富可敌国，曾经一度垄断中国票号汇兑业，有“中国威尼斯商人”之称，被誉为“海内最富”。

晋商是中国最早的商人，其历史可远溯到春秋战国时期。明朝时，晋商通过经营边防军需物资起家，通过运输军粮获得“盐引”。山西南部有盐池，卖盐、取盐都非常方便，晋商因此累积了大量资本。到了清代，晋商成为国内势力最雄厚的商帮，当时在中国北方内陆及边疆的一些城市，是晋商最活跃的地方。

在晋商的辉煌时期，张家口的八大名商都是山西人，宁夏著名的大商号多是万荣、平遥、榆次、临猗一带的山西商人开办。在北京，粮食米面行多是祁县人经营；油盐酒店多是襄陵人经营；纸张商店多是临汾和襄陵人经营；布行多为翼城人经营，鲜鱼口以西有布巷，全为翼城人；北京至今仍很有名气的大商号“都一处”“六必居”“乐仁堂”等都是浮山、临汾等山西商人首创和经营的。

此外，晋商还到四川、云南、贵州、湖北、湖南、江西、安徽、广东等地贸易和经商。由海上出口的茶叶，如运往印尼的茶，都是由山西人在产地收购，运往广州，再由潮帮商人从山西商人手中购进再转运南洋的。至于长江中下游一带，扬州的盐商、江西和福建的茶商以及由长江口出海与日本的贸易，也数山西人最为活跃。晋商还开拓了国外市场，从陆路对俄贸易最早最多的是山西

关公

关羽是我国历史上东汉末年的名将，河东解县（今山西运城）人，早期跟随刘备辗转各地，与张飞一同被称为“万人敌”。关羽去世后，其形象逐渐被神化，被民间尊为“关公”，又称“美髯公”。各朝皇帝都以关羽为忠义的化身，他也随之成为忠君爱国信念的典范，被崇为“武圣”，与“文圣” 孔子齐名。

关羽画像

关羽雕像

大事年表

关羽生于解州一带。

184年

关羽与刘备、张飞桃园三结义，共同参与了扑灭黄巾军的战争。

196年

刘备失徐州，关羽跟随刘备一起投奔曹操。

200年

关羽战败投降曹操，率军在白马斩杀颜良，解白马之围，后重回刘备身边。

213年

关羽开始驻守荆州。

219年7月

刘备自称汉中王，封关羽为前将军。

219年8月

关羽水淹于禁七军。

219年末

吕蒙偷袭荆州，关羽败走麦城，后被害。

260年

蜀汉后主刘禅追谥关羽为“壮缪侯”。

人物档案

姓名：关羽，字云长

尊称：关公、武圣、武财神

生卒年：？—220年

出生地：山西运城市

逝世地：湖北襄阳

主要事迹：桃园结义、过五关斩六将、大意失荆州

解州关帝庙始建于隋开皇九年（589年），后经历朝历代屡次扩建，现占地约22万平方米，是海内外最大的关帝庙。

关公像广泛分布于中国各地的庙宇等古建筑内，在很多商铺乃至普通百姓家也都有供奉，主要有站姿和坐姿两种姿态。塑像中的关公手握青龙刀，形象高大威猛。

人，在莫斯科、彼得堡等十多个俄国城市，都有过山西人开办的商号或分号。在朝鲜、日本，晋商的贸易也很活跃。

清朝中叶，晋商逐步适应金融业汇兑业务的需要，由经营商业向金融业发展，山西票号成为执全国金融牛耳的强大商业金融资本集团。晚清时期，晋商初现颓势，并最终在清末民初的动乱当中整体性衰落。

山西的面食文化

面食是山西人的主食，有蒸、煮、煎、炸、烙、烧、烤等多种面食制作技艺。

山西面食种类繁多，一般家庭主妇就能用小麦粉、高粱面、豆面、荞面、莜面做成数十种面食，如刀削面、拉面、推窝窝、灌肠等；到了厨师手里，更被舞弄得花样翻新，让人目不暇接。据了解，面食在山西按照制作工艺来讲，可分为蒸制、煮制、烹制三大类，有据可查的就有280种，如刀削面、大拉面、刀拨面、拨鱼、剔尖、饸饹、猫耳朵等，名目繁多。

山西的蒸制面食种类丰富。玉米面窝窝是过去最普通的主食，晋南晋中一带产麦区则多吃馒头，馒头分为花卷、刀切馍、圆馒、石榴馍、枣馍、麦芽馍、硬面馍等。杂粮蒸食有晋北、晋中、吕梁的莜面栲栳栳，忻州五台原平的高粱面鱼鱼，另外还有包子、烧卖等。

山西的煮制面食品极为丰富，因其制作方便，又可汤菜结合，方便实惠，因此流传甚广。面条类有扯面、龙须面、刀削面、转盘剔尖、刀拨面等。在煮制面食中，山西的刀削面名扬海内外，被誉为我国著名的五大面食之一。山西刀削面内虚、外筋、柔软、光滑，深受人们喜爱。在全国各地的大街小巷，不时地可以看到山西刀削面馆。

山西还有很多各具特色、别有风味的烹制面食，如猫耳朵、小揪片、鲇鱼、豆面流尖、煮花塔等。此外，山西面食还有煎烤制面食和炸制类食品，如烙饼、煎饼、锅贴水煎包、焖面、焖饼、麻花、油糕等。

山西人对面食具有浓厚的感情，他们过生日时吃拉面，取长寿之意；过年吃“接年面”，取岁月延绵之意；孩子到学校上学第一天要吃“鸡心火烧”，希望孩子多长学问……这些面食已不再仅仅是充饥的食物，而已成为一种饱含情感和哲学意蕴的“精神食粮”。

山西面食

历久弥香的山西老陈醋

山西老陈醋是中国四大名醋之一，它距今已有3000余年的历史，素有“天下第一醋”的盛誉。山西老陈醋以色、香、醇、浓、酸五大特征著称于世。

山西是醋的故乡，与山西人在一起聊醋文化，总有扯不完的话题，其酿造醋的历史可以追溯到2700多年前的周朝。至春秋战国时期，山西酿醋业已遍及城乡，到了汉朝，醋已经成为当时一种大众化的调味品。经过隋、唐、宋、元几代的发展演进，山西酿醋业遍布城乡，出现了“家家有醋缸，人人当醋匠”的盛况。

传统、正宗的老陈醋是以高粱、大麦、豌豆为制作原料，经过磨、淋、熏、蒸等复杂的手工酿造过程之后，历经至少一年的存放时间，使醋中的杂质沉淀，水分通过蒸发或结冰析出。老陈醋色泽黑紫、液态清亮，闻之香酸，食之口味醇厚、绵甜、柔和。

老陈醋按陈放期可分为一年、两年、三年……五年、十年，十年陈放的老陈醋食之既苦又酸，液体已极为黑稠，其药用价值大于调味价值。据说，老陈醋对降血脂有独特的功效，而且陈放时间越长，疗效越好，用纯手工工艺酿造的老陈醋已成为醋中的极品。

山西人对于醋的感情是其他地方的人所无法理解的。看似寻常的山西老陈醋，反映着三晋这一方水土特有的风土习俗，透视出黄土高原特有的地域文化，其中也显露出山西人的聪明才智。

杏花村里酒如泉

汾酒是汉族传统名酒，属于清香型白酒的典型代表，因产于山西省汾阳市杏花村，又称“杏花村酒”。汾酒酿造工艺精湛，源远流长，素以入口绵、落口甜、饮后余香、回味悠长等特色而著称，在国内外消费者中享有较高的知名度。

汾酒有着4000年左右的悠久历史，从古至今，汾酒经历过三次辉煌。1500年前的南

杏花村酒

北朝时期，汾酒作为宫廷御酒受到北齐武成帝的极力推崇，被载入二十四史，这使汾酒一举成名。晚唐时期，大诗人杜牧一首《清明》诗吟出千古绝唱：“借问酒家何处有，牧童遥指杏花村。”这是汾酒的二次成名。1915年，汾酒在巴拿马万国博览会上荣获甲等金质大奖章，为国争光，成为中国酿酒行业的佼佼者。

汾酒享誉千载而盛名不衰，是与其造酒的原料、用水、工艺分不开的。杏花村有取之不竭的优质泉水，给汾酒以无穷的活力。汾酒选用晋中平原的“一把抓高粱”为原料，选用大麦、豌豆制成的糖化发酵剂发酵，并采用“清蒸二次清”的独特酿造工艺。所酿成的杏花村酒，酒液莹澈透明，清香馥郁，入口香绵、甜润、醇厚、爽冽。

山西汾酒主要有汾酒、杏花村和竹叶青三大品牌。发展至今，汾酒已经成为清香型白酒的典型代表，与酱香型的茅台、浓香型的五粮液一同组成了中国白酒的“铁三角”。

王家大院

行走 山西

带什么

户外装备

来山西旅游不必顾虑太多，山西的商业比较繁荣，大部分东西可在各地的超市、商店买到。因此在行李选择上，只需携带一些必要衣物，即可轻装上阵。

常规必带

服装、鞋袜

在山西大多数地区旅游，衣物选择上可以根据出行的季节携带，一般春秋服装即可。但若是前往五台山等高山地区，最好携带一些保暖衣物。

旅行鞋子首选运动鞋和中低帮登山鞋，在山西大部分地区选择一双舒适的运动鞋即可。袜子方面，选择弹性较好、排汗良好的运动袜即可。

药品、食品

常规旅游准备一些感冒药品、胃肠类药品和一些去热止痛的药品就可以了，如感冒片剂、感冒冲剂、复方阿司匹林、抗生素等。

山西美食很多，路上只需简单携带一些喜欢的食品即可，纯净水、饮料可在路上随时补充。

塔院寺

壶口瀑布

洗漱用品

毛巾、牙膏、牙刷、香皂、护肤霜、洗发水、梳子、剃须刀、手纸、湿纸巾等。

特殊选带

防晒霜、太阳镜、帽子、旅行水壶

外出旅行时携带一些防晒霜可以削弱紫外线的影响，一副好的太阳镜和一顶带有边沿的帽子也起着相同的作用。随身带个水壶会十分方便。

摄影器材

前往多姿多彩的山西，相机是一件必不可少的装备。普通旅游需求下，家用卡片机基本满足需要。若是想拍摄高质量的自然美景和当地风土人情，镜头中带上一支广角镜头和一支中焦变焦镜头可以基本满足需要，一支轻便的三脚架也十分有必要。多带一些电池和几张容量大点儿的储存卡是明智之选，此外，偏振镜、UV镜（紫外线过滤镜）、清洁套装、防尘防御塑料袋等设备也十分有用。

壶关太行大峡谷

何时去

社火

山西冬季长而寒冷干燥；夏季短而炎热多雨；春季日温差大，风沙多；秋季短暂，气候温和。

去山西旅游的最佳季节是5~10月，在此期间可以领略到不同的迷人风景。

在4月到5月间的春季，山西的野外风景开始展现出丰富多彩的色彩，万物开始复苏，山花盛开，整个山西省就像一幅美丽的画卷。在这个季节，荷叶坪草原和马仑草原同样呈现出生机盎然的景象，而在饮马池和花坡草原，美丽的风车转动，勾勒出春天的动感和节奏。

夏季是来五台山旅游的最佳季节，五台山海拔很高，山上山下温差较大。夏季的五台山清凉舒爽，山上的各种特有草木也都枝繁叶茂，郁郁葱葱，适合游人欣赏。

秋季最适合去平遥观光旅游。秋季的平遥气温适宜、阳光明媚，且9月底平遥还会举行摄影节，场面热烈。在平遥还能欣赏到民间社火表演，体会不同的风土人情。

平遥古城

五台山

吃什么

山西的传统美食是晋菜，基本风味以咸香为主，还有各种口味独特的风味小吃。旅游者到此，一定要将地道的山西美味好好品尝一番。

过油肉

刀削面

山西最有名的美食是刀削面。刀削面对厨师的手艺有很高的要求，制作的过程非常具有观赏性。成品面条呈三棱形，宽厚长度一样，再佐以浇头、菜码，吃起来光滑筋道。

羊杂割

羊杂割是山西的一种地方小吃。羊杂割其实就是羊杂，山西方言称之为“羊杂割”。将羊下水洗净，煮熟，配以大葱、辣椒吃，其味甚美。

过油肉

过油肉是山西著名的传统特色菜肴，经代代厨师精心烹制流传至今。“过油肉”一菜以油传热，因过油而名，色泽金黄鲜艳，味道咸鲜闻有醋意，质感外软里嫩。

上党腊驴肉

上党腊驴肉原专指砂锅腊驴肉。上党腊驴肉色泽鲜艳，醇香可口，以其独特的风味倾倒“美食家”，享誉古今。上党腊驴肉具有较高的营养价值，是理想的高蛋白、低脂肪食品，同时又可健胃、活血，是脾虚肾亏和贫血症患者的滋补食品。

孝义火烧

孝义火烧种类众多，有糖火烧、菜火烧、咸火烧等，各人可根据自己的喜好选择不同的口味食用。火烧味道鲜美，口感酥脆，香气四溢。

原平锅魁

原平锅魁因其在历史上夺得当地炉食之魁而得名。不包馅的称空心锅魁，包馅的各有名称。夹肉馅的名半锅魁，亦称蛤蟆含蛋。

定襄蒸肉

定襄蒸肉古为当地贡品，也是民间宴席必备，以精瘦猪肉为主，辅以精制淀粉、植物油及各种调味品。

上党腊驴肉

豌豆糕

豌豆糕又叫豆沙糕、澄沙糕，属甜食，宜在夏季食用。豌豆糕以上等豌豆为原料，制作时将豌豆脱皮磨粉，加入白糖、柿饼、柿子霜。豌豆糕香甜可口，清凉下火，爽口绵甜，益脾胃，解热祛毒。

住哪儿

露营

山西的旅游业十分发达，住宿选择相对来说也十分广泛，如太原、大同等地，无论是青年旅舍、客栈，还是宾馆、酒店，都随处可见，十分便利。若是前往一些偏远的县城及城镇，也有一定数量的宾馆可以入住。

星级酒店

山西的星级酒店数量较多，主要分布在太原、大同及省内各热门旅游景点附近。山西星级酒店的服务设施十分完善，游客可根据需求，放心入住。

快捷连锁酒店

如家、汉庭等连锁酒店在山西绝大多数的地级市区均有分布，各著名景区也有分布。需要注意的是，若是遇上节假日，往往需要提前预订。

普通宾馆及客栈

山西各个大城市及县城宾馆分布广泛，除去节假日，价格都较为合理，但住宿条件各有不同。此外，山西著名的旅游景区附近往往分布有众多的客栈，可选择入住。

青年旅舍

山西丰富的旅游资源吸引了数量众多的背包青年，同样，山西也为他们提供了众多的青年旅舍，价格低廉的普通床位足以满足以探奇为主要目的的青年们的需求，而且还提供做饭、洗衣等设施。具体可参见YHA的中国官网：www.yhachina.com。

野外露营

酷爱户外旅行的游客也能够在山西找到大量的露营之地。优美的自然风光和丰富的人文风情，一定让您流连忘返。一般情况下，只需携带适合春秋季的野外露营帐篷、睡袋和衣物即可。

酒店住宿

怎么走

临汾火车站

前往山西的交通方式多种多样。在山西省内旅行时，选择的交通方式不同，可以领略到不同的山西风貌，带给我们的人生体验与感受也大不相同。

在山西坐火车旅行是最为经济安全的选择，山西的铁路交通较为发达，是华北重要的交通枢纽，出行十分便利。

山西省的太原、运城、长治等地都有民用机场，其中太原武宿国际机场已开通航线100多条，通航城市60多个，游客可根据旅游目的地做出最佳选择。

山西省公路网较为完整，公路交通十分发达，以太原等大城市为中心的公路四通八达，因此乘坐汽车或自驾在山西旅游也颇为便利。

云冈石窟

有用信息

旅游通信

通信

山西全境基本都通手机，信号覆盖全面广泛，从信号强度上来说，三家运营商的信号均表现良好，偏远地区则是移动最强，电信次之，联通最弱。一般除非进入深山之中，否则无须担心通信问题。

购票

山西的主要景点都可以通过微信服务公众号或者是小程序进行购票，很多景点还能够通过微信服务公众号查询景点开放时间，查看各类活动信息，在旅游旺季，出行前最好提前预约门票。在旅游旺季，云冈石窟、悬空寺等景区有可能会采取限流、停售门票等措施。

节约技巧

1.选择入住品牌连锁酒店时，除订房网站外，不妨到团购网站和酒店官网看看，往往有更多惊喜。此外，数量众多的客栈及青年旅舍，往往是比较实惠的选择。

2.要善于利用美团、大众点评及各种团购网站，不仅能吃到美味，还能得到众多优惠。

3.合理安排行程，不仅可节省时间，又能减少交通费用，可参考第一步等网站的行程攻略。

4.在城市内，尽量选择公共交通。前往较为偏远的地区时可拼车同行。

5.淡季出行是省钱的撒手锏。淡季不仅门票价格减半，避开众多的游人，也可以欣赏到别样的风光。

6.在山西购买旅行纪念品，大可不必非去商业街区的各种店铺。在当地人开的店铺或是从村民手中，不仅能买到理想的纪念品，而且价格便宜。

突发状况

旅途中发生意外总是难免，但只要做到“事前认真准备，事后冷静处理”，一切都会迎刃而解的。

汽车抛锚：开车自驾游之前应当掌握一些简单基本的维修技术，若是途中出现汽车抛锚，先依据经验，判断是否可以自己解决。不能解决或无法判断的，则要打电话给保险公司，寻求帮助，或拨打114查询最近的修理厂。

钱物丢失：在旅途中钱物丢失是一件十分扫兴的事，无论损失大小，总会给美好的旅行蒙上一层阴影。为避免财物损

五台山

失，应做好预防工作。若是钱物丢失，马上联系朋友取得帮助，切不可拖拉；并准确找到丢失地点，对相关人员进行考察以获得更多证据。

水土不服、食物中毒或生病：因为水土不服、食物不洁或者天气因素，生病也是会发生的事情。特别是一个人的话，更是需要时刻注意。因此，旅途中应带足相关药品（如感冒类、胃肠类药品等），不随便吃东西、避免在太阳下暴晒、少在雨里蹚行等。不幸生病的话，要及时吃药或到医院就诊，若是严重的话要联系朋友及家人。

请爱护多彩的山西

山西自然风光优美，我们前往山西获得了旅行带来的快乐，也有义务爱护多彩的山西。每个人都应做到不随便破坏或是占有当地的各类资源，旅途中尽量减少垃圾的产生，更不能乱丢垃圾，尤其是在名胜古迹和偏远地区，应将垃圾带回城市中进行回收处理。风光优美的山西值得我们每个人去爱护。

太古老街

发现者旅行指南

太原及周边

（含太原、晋中、阳泉）

概览

亮点

晋祠

不到晋祠，枉到太原。祠内的难老泉、周柏、侍女像，号称晋祠三绝。

崇善寺

千年古刹，藏有原版佛教藏经4万余卷，藏经之丰富，世所罕见，见证了中国木刻印刷时代的辉煌。

平遥古城

较为完好地保留着明、清时期县城的基本风貌，堪称中国汉民族地区现存最为完整的古城。

乔家大院

曾是影片《大红灯笼高高挂》的拍摄地，最突出的特点是房屋结构大方美观，

晋祠

建筑古朴精致。

绵山

晋国名臣介子推抱母殉难的地方，也是一处融自然山水和佛道文化为一体的风景名胜区。

必逛街道

太原食品街：青石板路，明清古建筑风格，街景浑然一体，古朴幽雅，充满文化气息。

柳巷：太原历史最悠久、最繁华的商业街，有300多年的商业历史，也是中国十大商业街之一。

线路

太原二日游

第一天：早上参观游览著名的“晋祠三绝”，中午在晋祠用餐。下午前往天龙山，欣赏天龙山石窟中的唐代塑像，晚上回到市内住宿。

第二天：上午乘车到双塔寺，之后到迎泽公园。下午到省博物馆、崇善寺参观，傍晚到开化寺街、钟楼街购物，品尝太原的风味小吃。

晋中三日游

第一天：赴民间故宫——王家大院，之后赴人间仙境——绵山风景区。

第二天：体验自然景观水涛沟，午餐后观佛教圣地

王家大院

云峰寺挂祥铃，登中国最大道教建筑群“大罗宫”，游龙头寺地宫。

第三天：参观日昇昌票号博物馆，游明清一条街，晚上观看平遥古城夜景。

阳泉二日游

第一天：参观百团大战纪念碑，之后赴娘子关景区，参观城楼和娘子关瀑布。

第二天：参观因春秋时期藏匿赵氏孤儿而得名的藏山风景区，之后拜谒石评梅故居，参观古建筑。

为何去

唐尧故地、战国名城、太原故国、北朝霸府、九边重镇、晋商故里……太原是一座充满了历史记忆的名城，“无端更渡桑干水，却望并州是故乡”，行走于太原，望双塔凌霄，品崛围红叶，醉蒙山晓月；穿梭于现代都市，逛繁华柳巷；啜一口陈醋佳酿，尝一碗拉面飘香，太原的味道让人深深陶醉，难以忘怀。

乔家大院

何时去

太原旅游的最佳季节为5~10月。此外，农历七月初二有晋祠古庙会，这是当地人祭神的日子，已有数百年的历史。每年9月，“崛围红叶”经霜早红，如云似霞，壮丽无比，此时还会举办山西太原国际民间艺术节、山西国际锣鼓节等活动。

平遥市楼的表演

太原双塔寺

区域解读

太原区号：0351
阳泉区号：0353
晋中区号：0354
面积：27 947km²
人口：1011万人

地理 GEOGRAPHY

区划

太原市下辖6个区（杏花岭区、迎泽区、小店区、尖草坪区、万柏林区和晋源区）、3个县（清徐县、阳曲县、娄烦县）、1个县级市（古交市）。

晋中市辖2个区（榆次区、太古区）、8个县（祁县、平遥县、灵石县、寿阳县、昔阳县、和顺县、左权县、榆社县）、1个县级市（介休市）。

阳泉市辖3个区（城区、矿区、郊区）、2个县（盂县、平定县）。

地形

太原位于山西省境中央，太原盆地的北端，区域轮廓呈蝙蝠形。太原西、北、东三面环山，中、南部为河谷平原，整个地形北高南低呈簸箕形。太行山雄踞于左，吕梁山巍峙于右，云中、系舟二山合抱于后，太原平原展布于前，黄河的第二大支流汾河自北向南纵贯全境。

汾河

晋中地处黄土高原东部边缘，地势东高西低，全境极高点为灵石县太岳山脉牛角鞍，海拔2567米。全市河流以太行山、太岳山中脊为界，分属黄河流域和海河流域，主要有松溪河、清漳河、潇河等河流。

阳泉境内多山，沟谷纵横，大小盆地镶嵌其间，向来有“半田半水九分山”之称。阳泉地形西北高东南低，区内最高点在盂县西北与阳曲县交界处的分水岭上，海拔2018米。

气候

太原属北温带大陆性气候，冬春寒冷干燥，且风沙较大，夏秋降雨集中。由于其地形复杂多样，海拔高度差异较大，四季分明、日照充足，昼夜温差较大。

晋中属暖温带大陆性季风气候，季节变化明显，总的特征为：春季干燥多风，夏季炎热多雨，秋季天高气爽，冬季寒冷少雪。

阳泉属暖温带半湿润大陆性季风气候区，气候四季分明、日照充足，昼夜温差较大。春季少雨多风、夏季炎热多雨、秋天云高气爽、冬季干冷，时有风沙天气。

历史 HISTORY

太原历史大事记

约公元前2297年，尧在今太原地区建都（据翦伯赞主编《中外历史年表》），后迁都平阳。

周康王时期，唐叔虞子燮父改国号为晋。晋国的历史从此开始。

春秋末期，晋定公十五年（前497年），赵简子的家臣董安予创建晋阳城，迄今已有2500年的历史。

公元前201年，汉高祖刘邦为抵御匈奴，选派韩王信坐镇北方，改太原郡为韩国，都城设在晋阳，从此晋阳成为北方的边防重镇之一。

西晋时期，晋阳人民在并州刺史刘琨领导下，抵御匈奴入侵，坚持长达9年。

523年，高欢掌握了北魏实权，他在晋阳建立了大丞相府，称晋阳为“霸府”。550年，高欢的儿子高洋夺取了东魏政权，自立为帝，以晋阳为“别都”。这个时期，太原市的农业、商业也得到恢复发展，成了北齐的主要商埠。

617年，太原留守李渊及其子李世民从晋阳起兵，攻入长安，夺取了隋朝政权，并于618年建立了唐朝。李氏父子对他们起兵夺取天下的发祥地十分重视，多次扩建晋阳城，并相继封其为“北都”“北京”，与京都长安、东都洛阳并称“三都”“三京”。

宋太平兴国四年（979年），宋太宗赵光义灭掉了以太原为都的北汉政权，最终统一全国。由于战事的激烈程度超出预料，盛怒之下的赵光义下令火烧晋阳城，一座历经1476年悠久历史的古城遭到了彻底的破坏。

1368年，明朝建立，把太原定为“九边”重镇之一。明太祖朱元璋封他的三儿子朱棡为晋王，驻守太原。太原城又一次得到扩建。兵器制造业因军事的需要更为发达。

清代中叶，太原手工业进一步发展，此外，炼铁、硫黄、煤炭业也很发达。商业方面，亦出现了同行会、银钱、典当。随着晋商的兴盛，太原成为北方的商业和手工业中心，是中国早期的工业城市之一。

晋中历史大事记

据考古发现，在距今约3万年前的旧石器时代晚期已有人类在晋中地区活动。

公元前636年，晋大夫介子推焚死于绵上（今介休市绵山）。

隋开皇十年（590年），隋文帝杨坚北上巡视，路过灵石，开挖河道时得一陨石，以为瑞，取名“灵石”，遂置灵石县。

北宋太平兴国四年（979年）五月，宋兵焚毁晋阳城，并州治所徙至榆次。

清道光四年（1824年），平遥县城西大街西裕成颜料庄总掌柜雷履泰将颜料庄改为日昇昌票庄，专营汇兑业务，创全国票号之始。此后，平遥、祁县、太谷富商巨贾纷纷效法，多在本县设总号，在全国各地设分号，逐渐形成了“汇通天下”的山西票号。

清光绪二十六年（1900年），闰八月九日，八国联军入京，慈禧太后挟光绪帝西逃路过祁县，在乔家大德通票号设行宫暂歇。

光绪三十年（1904年），祁县创立益晋公司，采用手工织布，为山西省第一家织布厂。

光绪三十四年（1908年），祁县巨商渠本翘筹借白银200余万两，赎回被卖给英国人的山西煤矿开采权，被公推为山西省保晋矿务有限公司第一任总经理。

1941年7月1日，八路军总部移驻辽县（今左权县）麻田镇，一直驻扎至抗日战争结束。

1942年5月，日军3万余人向和顺、辽县发动进攻，包围八路军总部及北方局机关，八路军副参谋长左权在辽县北艾铺十字岭指挥突围战斗中不幸中弹，壮烈牺牲，9月，辽县更名为“左权县”。

20世纪60年代，昔阳县大寨公社的社员们开山凿坡，修造梯田，使粮食亩产增长了7倍。此后，全国农村兴起了“农业学大寨”运动。

大寨村陈永贵雕像

阳泉历史大事记

据20世纪50年代从平定出土的文物考证，旧石器时代中期便有人类在今阳泉市辖区内生息繁衍。

周灵王三年（前569年），狄族中白狄的一个分支迁到今盂县城东部定居，建立了仇犹国，国都在距今盂县城东500米许的古城坪附近。

春秋末期，晋国赵氏的领袖赵简子在今阳泉市辖区修筑“平坦城”，屯集粮草，驻兵把守，平坦城成为重要的军事要塞。

623年，唐高祖李渊曾在此设州，管辖寿阳、盂县、石艾、乐平等县，这是古阳泉历史上第一次升为州级建制。

清顺治四年（1647年），盂县北乡农民数千人在其领袖李化龙的带领下，发动反清起义。

清咸丰十年（1860年），盂县后川一带农民在80岁高龄的贫苦农民刘绍发的带领下进行了抗税斗争，迫使统治者做出了有关减役、减税的让步。

1905—1908年，阳泉人民兴起反侵略争矿权的斗争，得到了全省各界人民和山西留日同乡会的支持，取得了胜利，开创了全国收回矿权斗争的新篇章。

1905年，正太铁路在阳泉设站。随着交通运输业的发展，一批采掘、冶炼企业相继成立，使阳泉站成为山西近代工业的发祥地之一。

1917年，保晋铁厂成立，它是我国最早的冶金企业之一，也是山西省近代钢铁工业的发祥地之一。

1940年，华北各抗日根据地军民发起“百团大战”，以正太铁路为重点，对日军控制的铁路、公路实行总破击。

晋阳出兵，李家父子定天下

李渊，唐朝开国皇帝，本来是隋王朝的贵族，靠继承祖上的爵位，当上了唐国公。617年，隋炀帝派他到太原去当留守（官名），镇压农民起义。

李渊有四个儿子，二子李世民那时候刚18岁，很有胆识和谋略，他认准隋朝的统治日益腐败，终会被推翻，于是说服父亲起兵自反，建立新王朝。

隋大业十三年（617年）七月初五，李渊起兵反隋，率兵三万出太原、下霍邑（今霍州市）、夺临汾、取绛郡（今新绛）、抵龙门（今河津），九月十二日渡黄河，达陕西，十一月初九攻克长安，立隋炀帝之孙杨侑为帝，翌年五月废杨侑，自立为帝，是为唐高祖，国号唐，改元武德。

唐朝建立后，即着手进行统一全国的战争。当时，金城的薛举、武威的李轨和马邑的刘武周是威胁唐朝关中根据地的三大割据势力。唐朝进行统一战争，首先向他们用兵。武德元年（618年），李世民率兵灭薛举的继承人薛仁杲，占领陇西全境。武德二年（619年），唐朝又利用李轨集团内部的矛盾推翻了这个割据政权，取得了河西五郡。

武德二年（619年）十一月，李世民起兵关中，东过黄河，出征刘武周。刘武周兵败，武德三年弃并州，自乾烛谷北投突厥，被突厥杀于白道（今呼和浩特市西北），山西始定。

次年的下半年，李世民把兵锋指向中原，进攻王世充据守的洛阳。武德四年（621年），窦建德领军来援，李世民以分兵相迎的战术，生擒窦建德，然后迫降了王世充。621年至623年，唐军又镇压了河北地区的起义军。割据鲁南和割据冀北的力量也相继败亡。621年，唐将李孝恭、李靖等自夔州（今重庆市奉节县）顺江东下，突袭江陵。割据两湖的萧铣也向唐军投降。武德五年（622年），唐军镇压了林士弘在江西建立的楚国，岭南的地方势力只得纷纷归附唐朝。武德七年（624年），最后的大割据者、拥有江淮的辅公祏被唐军击败。这样，长江流域及岭南等地也都被唐朝占领。至此，除零星小股的草寇外，唐朝完成了统一。

赵氏双龙战晋阳

太原作为历代王朝都极为重视的军事重镇，对于黄河流域的中原地区乃至全国的政治、军事局势，都曾经产生过深远的影响。汉文帝龙潜太原入主汉宫，高欢父子盘踞晋阳开创北齐，李渊父子起兵太原定都长安，隋炀帝杨广、唐高宗李治即位前，都曾被任命为以晋阳为封地的晋王。这片凝聚着王者之气的宝地，成为一个造就皇帝、诞生真龙天子的龙兴之地，也由此被叫作龙城。

960年，赵匡胤“陈桥兵变”，黄袍加身，自立为帝，国号宋。赵匡胤即位后，实行“先南后北”的统一中国方略，先着手平定荆南、后蜀、南汉、南唐等南方割据政权。

968年，北汉皇帝刘承钧去世，在北汉政局混乱之际，赵匡胤决定北伐。宋军从潞州和汾州分两路进军，直逼晋阳城下。赵匡胤

宋太祖赵匡胤

向刚刚即位的北汉皇帝刘继元及其大臣下达了40余道劝降诏书，遭到拒绝。十一月，北汉的契丹援兵赶到，宋军撤兵。

三个月后，赵匡胤御驾亲征，在第二年的春天兵临晋阳城下，从四面围攻。太原军民凭借坚固的晋阳城在宋军持续几个月的猛烈攻击下仍旧顽强抵抗，双方伤亡惨重。迫于无奈，赵匡胤在部将建议下，效仿春秋时代的智瑶，决开晋水和汾河，水灌晋阳。大水冲灌了晋阳，但潮湿炎热的环境也使宋军痢疾流行，而两次被击退的契丹援军又卷土重来，宋军无奈撤退。

975年，宋军攻克金陵，南唐灭亡，基本统一南方，北伐重新提上日程。第二年八月，宋军兵分五路，围攻北汉，宋军一路进展顺利，俘获北汉百姓近4万人。不久，党进率领的宋军已抵达晋阳，大败北汉军数千人。然而，就在此时，赵匡胤神秘死去，五路宋军在没有取得预期目的的情况下匆匆撤兵。

赵匡胤死后，他的弟弟赵光义当了皇帝。赵光义总结前几次进攻太原失利的原因，做了长期细致的准备后，于太平兴国四年正月下令北伐，双方激战好几个月，刘继元最终在大臣的劝说下投降，但晋阳百姓仍负隅反抗，他们以砖瓦为武器，与宋军作战。赵光义十分恼火，他认为晋阳百姓是些顽民，他更害怕军人凭借城坚池深的晋阳城再进行叛乱或割据，最为重要的是，他害怕凝聚着王者之气的太原出现与他争夺帝位的真龙天子，于是在攻下晋阳城后，下令火烧晋阳城。太平兴国五年（980年）四月，宋军又引晋水、汾水淹了晋阳废墟，以绝晋阳人民返城居住的退路。晋阳，这座历经1476年的千古重镇化为了一片废墟，有名的大明宫与晋阳宫也成为灰烬。

汾河两岸风光

不仅如此，宋军还削去了系舟山的山头，称为拔龙角，以破坏太原龙脉。并把太原北迁，于982年在晋阳古城的北部重新建城。即使是在重建太原城时，所有街道也只修丁字街不能修十字街，为的就是要“钉”死太原龙脉。

链接

“太原制造”的开国皇帝们

太原与其他古邑相比，有一个特别神秘的地方，那就是从北魏末年开始，太原城突然之间具有了一个特殊的功能——“制造”开国皇帝。从北齐开国皇帝高欢开始，到唐朝的开国皇帝李渊，再到后唐的李存勖、后晋的石敬瑭、后汉的刘知远、北汉的刘崇、后周的郭威，直到宋朝的赵匡胤，这400多年里，几乎所有开国皇帝的发迹都与太原有着密切的关系。

高欢是北齐开国皇帝，也是从太原起家的第一个开国皇帝。东魏武定五年（547年）正月初八，高欢逝世，两年后，他的儿子高洋废魏帝自立，国号为齐。后来北齐被北周所灭，北周又被隋朝所代。

隋大业十三年（617年）五月，唐朝李渊从太原起兵，建立唐朝。这是第二个以太原为根据地的开国皇帝。

690年，武则天建立武周。武则天是文水人，文水古属并州，于是武则天定并州为武周的北都。

名单 **太原历史名人**

战国时赵国名将廉颇

大唐开创者李渊、李世民父子

盛唐著名诗人、画家和音乐家王维

盛唐时期“边塞诗派”先驱王翰

盛唐著名边塞诗人王之涣

盛唐著名诗人王昌龄

唐代现实主义诗人白居易

唐代名相狄仁杰

晚唐著名词人温庭筠

北宋名将杨业、杨延昭父子

元末明初著名小说家、戏曲家罗贯中

文化 CULTURE

太原莲花落

说起太原较早的曲艺表演形式，似乎能让老太原人忆起的，也只有太原莲花落了。

莲花落最早出现于南宋时期，那时的名称叫“落花”，是佛教劝善和募捐的一种演唱形式，清朝道光年间，莲花落传入山西。那时，河南闹水灾，许多难民逃到山西文水、交城和平遥一带，同时，他们把莲花落也带到了山西，于是在山西晋中一带就有了唱莲花落的流浪艺人，一些当地人也用晋中方言来演唱莲花落，被称为“晋中莲花落”，太原莲花落就是在晋中莲花落的基础上发展而来的。

太原莲花落表演者多为一人，自说自唱，自打七件子伴奏，所谓七件子乃是分执于两手的竹板，因一手执两片大竹板，一手执五片小竹板，大竹板打板，小竹板打眼，相互配合得有板有眼，说唱之词则随着板眼节奏进行表演，所以俗称为“七件子”。莲花落的说唱词，基本上是七言四句为一段，全用太原方言来合辙入韵。表演时，先打大竹板，间配小竹板，打板三巡之后，开始说唱，以唱为主，间以夹白，边唱边说，抑扬顿挫，尾音稍长，颇合当地人的审美趣味。其传统曲目多以当地人熟知的历史故事、民间传说为主要内容，长篇的有《五女兴唐传》《万花楼》和《呼延庆打擂》等，短篇的有《小两口打架》《夫妻挑水》等。

莲花落主要是在庙会、街头表演，20世纪60年代初，太原曲艺联合会青年相声演员曹强开始向李连根学习，挖掘、整理濒危的“晋中落子”，并创作以现实生活为题材的“太原莲花落”，使这古老的庙会、街头演出形式登上了文艺舞台，从此，太原莲花落作为一个全新的曲种诞生了。为了保护这种古老的文化遗产，2012年，国务院将太原莲花落纳入国家级非物质文化遗产保护名单。

古代晋商的商业交流会——晋祠庙会

晋祠庙会是流传于太原晋源地区的一种民俗活动，它是以晋祠为载体、以祭祀圣母诞辰为内容举办的赛神会。历史上，晋祠庙会是晋、冀、绥、豫等数省商业交流的盛会，同时也是各种民间艺术展示的载体。

晋祠圣母殿

晋祠最早为晋国始祖唐叔虞祠，祠内晨钟暮鼓，香烟缭绕，而以祭祀圣母之神为最。“圣母原来是邑姜”，即唐叔虞之母。长期以来，晋祠水乡的百姓出于生存的需求，一直把圣母当作晋源水神祭祀，春夏祈雨，以祷丰年，渐成气候。自明洪武二年（1369年）给圣母加封号后，七月初二祭祀圣母的活动已形成传统盛典。《太原县志》载：“农历七月初二为圣母诞辰。”祭祀圣母形成了祀神、演剧酬神和赛会交易三位一体的庙会习俗。

晋祠农历七月初二传统庙会，古称“赛神会”。传统赛神会从农历七月初一开始，在水镜台演戏酬神。七月初二是祭祀圣母诞辰的正日，县、乡、村社的官员、乡绅、社首，斋戒、沐浴、躬至晋祠，致祭圣母之神；在圣母殿前的献殿，陈设香案祭品，然后上香鸣钟，由知县恭读祝文，行礼如仪。并自正日起，水镜台演戏五日，同时在全市范围内把赛神会有序地推向高潮。

在庙会期间，商贾云集，各种民间传统风味小吃、工艺、杂耍纷至沓来，热闹非凡。

如今晋祠庙会原有的祀神仪式已逐渐淡化，演戏也从酬神而转为娱民，人们在活跃文化生活的同时更看重人际交流，庙会的重心也渐渐落在了集市贸易上。

徐沟背铁棍

“南庄的火、太谷的灯，徐沟的铁棍爱煞人。”这是一句流传在山西中部地区的民谚，句中的徐沟位于太原清徐县河东地区，是三晋闻名的文化古镇。

徐沟背铁棍作为一项古老的汉族民俗活动，最早产生于明嘉靖年间，每当遇到大旱，靠天吃饭的农民就会上庙里求神祈雨，之后就要抬神游行，以示谢恩。在抬神这天，人们还要抬上一男一女两个小孩作为侍神的童男童女，当时人们称之为“抬阁”，因此背铁棍又名“抬阁”“走阁”。如今“抬阁”已多演变为一个人背后竖一根铁棍，举一个演员，随着背铁棍演员的步伐起伏，铁棍上的盛装演员就会飘舞起来，下面背的、抬的，还有上面舞的，都有特定的舞蹈步伐和规范动作，具有凌空、高难、精妙的特点，被专家誉为“空中舞蹈”“无言戏剧”“活动雕塑”“流动杂技”。

近年来，徐沟镇不断对这项汉族传统民间艺术进行创新发展，这项古老的艺术也焕发了新生，曾应邀赴多个国家演出，获得高度赞誉，徐沟镇也因此被命名为山西省民间艺术之乡、中国民间艺术之乡。2007年，徐沟背铁棍被列入第二批国家级非物质文化遗产名录。

和顺牛郎织女传说

缥缈逍遥的仙居生活哪里及得上世间的情深似海，于是，天上的织女思凡来到这有情人间。纵有王母的无情阻拦，却也隔不断妻子那温婉美丽的身影，山间平凡的牛郎不离不弃苦守银河边。纵使可望而不可即，但此情若是久长时，又岂在朝朝暮暮？

牛郎织女的故事，以哀婉唯美的爱情感动了古往今来的人，作为中国四大传说之一，在民间广为流传，家喻户晓。但这一传说的起源地却是众说纷纭，没有定论，先后有江苏太仓、河南南阳、河北邢台、陕西西安等多种说法。直至2006年，经过专家学者的反复论证，从山川风物、历史传承、民风民俗、

牛郎织女画像

文化创造诸方面考察，得出一个较有说服力的说法——山西省晋中市和顺县的南天池村一带是牛郎织女传说的发源地。

南天池村位于和顺县东南，村西1000米处，1900多米的天河梁横立南北，犹如一壁屏障，将南天池村与外世隔绝，村境四周山峰常年云雾缭绕，恰似人间天上，牛郎织女的美丽传说便诞生于此。

南天池村西北向邻村是牛郎峪村，相传是牛郎居住的地方，在牛郎峪村向南仰望，云雾中两峰间夹口有一石门或隐或现，此门为南天门，这是牛郎通往南天池的必经之路，当地传说中也是仙女下凡的必经之路。南天门距南天池村约1.5千米，南天门至牛郎峪村一带为牛郎放牧的地方。南天池村南一棵巨大的灌树下，有一池悠悠碧水，此为天池，便是织女洗浴的地方了。牛郎躲在古树后，拿走了织女洗澡时挂在树上的红裙，之后的事情妇孺皆知，不必细说。

如今南天池村一带还保留了许多与传说相关的习俗。每年七月初七，该地村民们除保留看天风俗外，夜间还要在院中南边摆上桌子或案板，供放毛豆、玉茭和蒸馍。和顺县境内许多村子仍沿袭传统，敲锣打鼓，以迎接织女回老家。

晋商神话的见证——平遥票号

平遥古称陶地，是帝尧的封地，它见证了中华文明古国的发展，亦书写了一段晋商神话。

平遥在清代康、雍、乾、嘉年间当铺、账局、钱庄、银楼等组织已初具规模，据嘉庆十八年（1813年）重修市楼碑记载，当时平遥有商号700余家，其中金融字号25家，为票号在平遥首创提供了可能。

中国第一家现代银行的雏形——“日昇昌”票号大约于清代道光三年（1823年）在平遥诞生，票号成立后，解决了国家银行出现前大宗项银两往来的困难，并很快在全国40余个大中城市设立了分号。

道光六年（1826年），在平遥城多年经营数家商号的介休县（今介休市）北贾村大财主侯培余，先后将蔚泰厚绸布庄、蔚丰厚钱铺、蔚盛长绸缎庄、天成亨细布庄、新泰厚绸缎庄5个商号均改营为票号，组成了著称于世的平遥“蔚”字五联号。此后几十年间，相继成立的票号还有其昌德、云丰泰、祥和贞、义盛长等。平遥票号在各地的分号遍布全国68个城市和商埠重镇，分号总数增加到367个的平遥票号在全国各地设立的分号形成了一个庞大的金融网络，成为“汇通天下”的主力军。

光绪十八年（1892年）后，平遥票号进入鼎盛时期。它们不但为国内外贸易和商品流通提供资金和服务，还承担了清政府财政和银行的部分职能，平遥票号与清政府的关系更加密切。一些较大的票号，多有清廷高级官员做后台。同时，平遥票号成为汇解借款的重要角色。到了1906年，平遥票号累计总数达到22家，占全国票号总数的43%。

辛亥革命后，包括平遥票号在内的山西票号毫无准备，放出之款无法收回，损失惨重。1914年，日昇昌票号被迫破产整顿，平遥票号也从此开始走向衰落。1932年，日昇昌改营钱庄，中国第一家票号合上了历史的最后一页，而历时一百余年的平遥票号也最终退出了中国金融的历史舞台。

平遥日昇昌票号

景点推荐 太原城区景点

晋祠 AAAA

感受太原的灵脉

太原市晋源区晋祠镇悬瓮山麓西南

晋祠始建于北魏，是为了纪念周武王次子叔虞而建。晋祠融中国古代祭祀建筑、园林、雕塑、壁画、碑刻艺术为一体，是世界建筑、园林、雕刻艺术的中心。主要的景点有水镜台、金人台、献殿、鱼沼飞梁、圣母殿、难老泉等。

玩家 攻略

1.每年的农历七月初二，当地人总要举行祭祀圣母诞辰的赛神会，已有数百年的历史。每逢这一日，晋祠附近的人们总要在这里搭台，请戏班演几台戏。晚间，还有传统的民间社火，规模宏大，形式多样，精彩不容错过。

2.晋祠附近食宿十分方便，饭店、旅馆坐落周围，均具有上乘的服务和可口的饭菜，且具有本地特色。

3.晋祠的著名工艺品、土特产品有并州剪刀、太原玉雕、太原仿古铁器、汾酒等。

玩家 解说

晋祠在历史上曾经过多次修建和扩建，面貌不断改观。北齐天保年间（550—559年）扩建晋祠，“大起楼观，穿筑池塘”。隋开皇年间（581—600年），在祠区西南方增建舍利生生塔。唐贞观二十年（646年），太宗李世民到晋祠，撰写碑文《晋祠之铭并序》，并又一次进行扩建。宋太宗赵光义于太平兴国年间（976—983年），在晋祠大兴土木，修缮竣工时还刻碑记事。宋仁宗赵祯于天圣年间（1023—1032年），追封唐叔虞为汾东王，并为唐叔虞之母邑姜修建了规模宏大的圣母殿。自从北宋天圣年间修建了圣母殿和鱼沼飞梁后，祠区建筑布局更为宏大。此后，铸造铁人，增建献殿、钟楼、鼓楼及水镜台等，以圣母殿为主体的中轴线建筑物次第告成。

水镜台

水镜台是现存较大的明清戏台，分前后两部分，前台是清代补建，后台为明代建造。前台立12根明柱支撑卷棚式屋顶，周围加各种装饰，制作工艺精细。后台台身四角立柱，有两面围廊与前台连成一体。前后台之间设上下场门，中以木板隔开，上悬“水镜台”横匾。台基高出地面1.3米，前沿排列60厘米高的石望柱，嵌入石勾栏，将前后台围一周，使整个建筑浑然一体。

金人台

金人台位于水镜台的西北方向，也称莲花台，台呈正方形，四周砌栏板。台中心是琉璃制成的小阁，高达丈许，为明代遗物。台四隅各有金人一尊，关于金人解说各异。不论是铸造工艺，还是姿势神态，最为杰出的当数西南隅这尊金人，此乃中岳嵩山名师所铸，历经900多年风雨，仍然明光锃亮，威风凛凛，被称为宋朝的“不锈钢”，其胸前铭文清楚地讲述了铸造铁人的原意是镇水利民。

献殿

献殿始建于金大定八年（1168年），是我国现存古建中为数不多的金代建筑实例之一，堪称我国古建的瑰宝。献殿面阔三间，进深两间，斗拱简洁，出檐深远，外观酷似凉亭，但整体结构轻巧稳固。这座大殿是祭祀圣母、供奉礼品的场所。

鱼沼飞梁

鱼沼飞梁位于圣母殿前，是一座精致的古桥建筑。整个梁架都是宋代的遗物，这种十字形桥也是中国现存古桥梁中的孤例。古人以圆者为池，方者为沼。因沼中原为晋水第二大源头，流量甚或大，游鱼甚多，所以取名鱼沼。沼内立34根小八角形石柱，柱顶架斗拱和枕梁，承托着十字形桥面，就是飞梁。

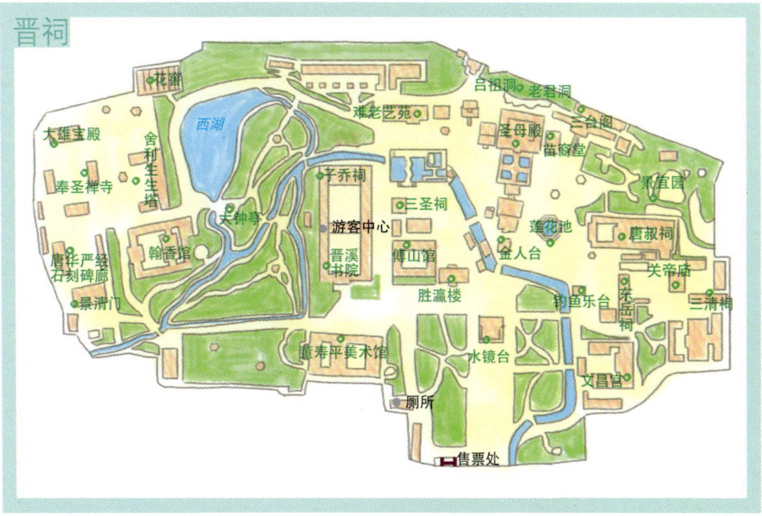

圣母殿

圣母殿为晋祠的核心建筑，位于晋祠中轴线的最后方，是中国现存最早的木构建筑之一。圣母殿高19米，殿顶为筒板瓦覆盖，黄绿琉璃剪边，整个殿宇富丽庄重、雄伟壮观。殿内还有43尊精美彩塑侍女像。

山西省艺术博物馆

精品荟萃的综合性博物馆

太原市五一广场起凤街纯阳宫内

山西省艺术博物馆以纯阳宫这一明代古建筑为馆址。纯阳宫始建于元代，明代万历年间重修，为供奉唐代著名道士吕洞宾的庙宇，坐北朝南，是一座融庙宇、园林风格为一体的五进院落，院内亭、台、楼、阁样样皆有，建筑格局颇为独特。

玩家 攻略

纯阳宫位于太原市中心城区，交通十分便利，电影院、百货大楼、儿童公园、基督教堂、五一广场、银行大楼、柳巷都在周围，特别适合闲逛散步，非常幽静。

玩家 解说

纯阳宫以巧思入神的布局为世人所称道，据说是按八卦的方位而建，具有鲜明的道教建筑特色。吕祖殿是纯阳宫的主殿，位于院落中央，面阔三间，方方正正，是宫内最壮观的建筑。后院巍阁为观中最高建筑，也是精华所在。

天龙山石窟

国内唯一的道教石窟

太原市西南40千米处的天龙山腰

天龙山石窟位于天龙山东西两峰悬崖半腰，东峰八窟，西峰十三窟，山北三窟，寺西南三窟，窟之间山径相通，在中国十大石窟中排名第六。这些石窟始凿于东魏高欢父子时期，现存石窟造像1500余尊，浮雕、藻井、画像1144幅。天龙山石窟造像手法朴实、

晋祠圣母殿

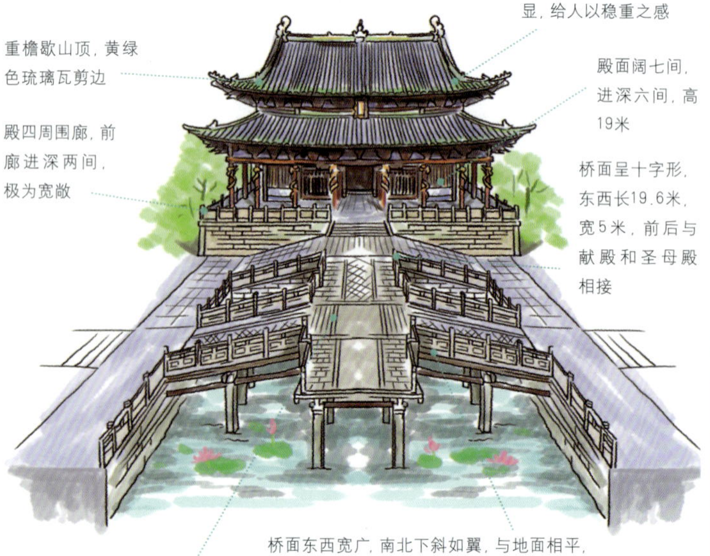

简洁，具有浓厚的民族性和地方性，被誉为“天龙山式样”。

玩家 攻略

天龙山风景区是天龙山国家森林公园的主体，主要的景点有天龙山石窟、龙山石窟、太山寺等。若是时间充裕，可到山上农庄住宿，一并参观。太原天龙山石窟一年四季都适合旅游，不过每年的5~9月太原的天气情况是最好的，空气比较清新，以晴天为主，适宜游玩。

玩家 解说

天龙山石窟各窟的开凿年代不一，以唐代最多。东魏石雕比例适度，形象写实、逼真，生活气息浓郁；唐代石雕体态生动，刀法洗练，衣纹流畅，有灵动之美。第九窟“漫山阁”中的弥勒大佛坐像高约8米，比例和谐，端庄凝重；下层观音立像，高约11米，形体丰满，薄软的罗纱质感清晰，普贤雕像线条柔和，比例和谐，是石雕中的精品。

太原东湖醋园 AAAA

展示老陈醋文化的博物馆

太原市马道坡26号

东湖醋园是山西省第一家动态展示陈醋生产工艺流程以及老陈醋历史文化内涵的博物馆。醋园收集了我国西汉以来各种酿醋器具和700个醋疗药方，原汁原味地展示了古法酿造老陈醋的场景。

进入古色古香的美和居醋坊，犹如来到了500年前的老陈醋作坊，老醋芳香、扑鼻沁心。作坊内“蒸、酵、熏、淋、晒”的老陈醋制作工艺和步骤应有尽有，游客可参与部分制作过程或者尽兴品尝老陈醋。

玩家 攻略

这里是免费开放的国家非物质文化遗产基地，进去会有专人为你做讲解，可以让你了解醋文化和醋的生产过程。特别需要注意的是，由于是食品产业，为了保证食物卫生，所以不能乱走，也不要随意碰触，参观完后，有专门的商店可以购买山西醋带回家。

链接

山西老陈醋

山西老陈醋是中国四大名醋之一，它的生产至今已有3000余年的历史，素有“天下第一醋”之誉。山西老陈醋以色、香、醇、浓、酸五大特征著称于世。与此同时，还流传有老子造醋的传说，老子也因此被誉为“醋祖”。当时的醋因量少，只作为贡品供应于宫廷。

太原植物园景区 AAAA

最美植物园

山西省太原市晋源区晋源街道太古路与晋阳大道交叉口

太原植物园于2020年12月31日正式开园，2022年被评为了AAAA级景区，占地面积1.8平方千米，分为三个主要场馆，分别是展览温室、自然科普馆和盆栽博物馆。园内有植物品种3000余种、药茶植物资源50余种，是集山西省科学研究、科普教育、园艺观赏和文化旅游于一身的综合性植物园。太原植物园荣获“2021年阿拉丁神灯奖优秀工程奖”“2021世界结构大奖”。2022年，获评ENR2021全球最佳项目。太原植物园被誉为最美植物园，这里的网红电梯也成了人们必去的打卡地，是太原旅游不能错过的好去处。

玩家 解说

盆景馆：采用环形流线式的建筑，第一层展出奇石、山石盆景，第二层展出树桩盆景、多肉等植物。

放飞蝴蝶园：由网室放飞区、标本展示区和标本DIY制作区三个区域组成。园内一年四季均能够放飞蝴蝶，可放飞的种类达100余种。

四季花卉馆：占地1470平方米，由温室植物、花卉主题景点、食虫植物、精品花卉、悬吊植物五个展示区域组成。

沙生植物馆：沙生植物馆是集物种保育、科学研究、科普展示于一身的景观温室。由美洲沙漠植物区、非洲沙漠植物区、澳洲荒漠植物区、精品沙漠植物展柜四个区域组成。

热带雨林馆：热带雨林馆占地面积为5521平方米，由热带雨林奇观区、热带雨林群落模拟区、飞瀑观景区、热带雨林果树区、热带雨林风情区和热带水生植物区六个区域组成。

植物科普馆：植物科普馆面积为4300平方米，馆内118部教育科普视频均由太原植物园自主编导自主拍摄，展览主要以“活色生香生生不息”为主题，分为植物演化、植物奥秘、植物智慧等七大主题展览区。

中国煤炭博物馆 AAAA

煤炭行业专题博物馆

太原市万柏林区迎泽西大街2号

中国煤炭博物馆是全国煤炭行业历史文物、标本、文献等资料的收藏中心。博物馆分东、西两院，建筑面积约90 000平方米，由陈列大厅、中国煤炭科教文交流中心、学术报告厅、办公研究楼和现代科技学院等组成。

中国煤炭博物馆基本陈列总体规划为“七馆一井”，现对外开放的有煤的生成馆、煤炭与人类馆、煤炭艺术馆、煤炭文献馆和模拟矿井。另外还新开发了古代壁画馆和煤矿安全教育馆。

玩家解说

中国煤炭博物馆的馆藏珍品主要有煤种标本、化石标本、岩矿标本、煤精雕、书画珍藏等。其中煤种标本主要有贫煤、长焰煤、气煤等；煤精雕主要有新石器时期煤精制品、中国煤精收藏·唐马、中国煤精收藏·汉马；矿山文物主要有静电显影记录仪一台、汉未央宫出土的瓦当、古代煤窑井下照明工具、古代矿工的生活用具等。

■ 煤的生成馆

煤的生成馆复原了亿万年前的侏罗纪森林景观。巨大的硅化木、高耸的标准地层、恐龙的吼叫声、流水的滴答声、巨型恐龙骨架、复原放大可进入参观的植物细胞，给观众的视觉和听觉以强大的冲击力。

中国煤炭博物馆馆藏煤块

玩家解说

煤的生成馆里面有个四维动感影厅，观众在6分钟内即可穿越亿万年的时空隧道，立体感受侏罗纪生存环境，亲身体验火山爆发、地壳运动等自然景象，在惊险和娱乐中体验煤炭的生成过程。

■ 煤炭与人类馆——煤炭文献馆

煤炭与人类馆主要包括古代煤炭开发利用、煤炭与近代工业革命、煤炭与现代生活、煤炭开发技术进步和煤炭与未来世界五个专题。

煤炭文献馆设在陈列大厅东北侧，图书文献中不仅有全国几十个煤炭矿务局、几百个煤矿的历史书刊和资料，更有大量的煤炭开采技术出版物，为开展煤炭历史研究和煤炭文物考古等工作提供了方便。

■ 模拟矿井

模拟矿井是亚洲最大的地下模拟矿井，占地面积3200平方米，参观路线800米。矿井主要设有八大景观：古代煤窑、运输大巷、近代煤巷、炮采工作面、地质隧道、机械化掘进工作面、影视播放区、机械化采煤工作面。在模拟矿井中，以我国煤炭开发历史和开采技术、劳动工具的发展为主线，通过大量实物原型或1∶1比例的复制品给观众营造了一个别具一格的地下“煤炭游乐宫”。

山西省博物院

建馆时间较早的博物馆

太原市万柏林区滨河西路北段13号

山西省博物院建筑群由主馆与四角辅楼组成。主馆造型如斗似鼎，四翼舒展，象征着丰收富足与安定吉祥。四角辅楼分别是临时展厅、多功能报告厅、文研楼和行政楼。整个

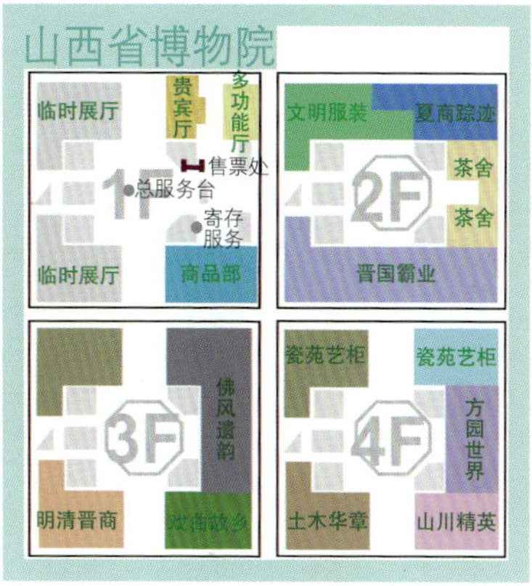

展厅可分为历史部分和艺术部分。

历史部分主要有以下几个板块：文明摇篮——陈列着山西具有代表性的旧、新石器时代遗址出土的遗物；夏商踪迹——呈现了夏、商两代中原王朝和“方国文化”在山西的留痕；晋国霸业——有青铜的鸟尊、兔尊等诸多国宝级文物；佛风遗韵——陈设着从魏晋、南北朝到明清众多的佛像；戏曲故乡——反映了宋元时代戏曲产生的全过程，并陈设有古老的戏台模型、丰富的戏曲资料。艺术部分的5个展厅分别以玉器、书画、古建筑、古钱币、瓷器展示了古代三晋人民的文化艺术创造。

玩家 解说

山西省博物院于2004年新建而成，2004年之前，山西省博物馆有两处馆舍——一部文庙和二部纯阳宫。文庙即孔庙，是博物馆的基本陈列厅，建筑风格仿照曲阜孔庙。收藏有大量的历史文物、革命文物及自然标本。著名的有殷代铜觥、侯马东周盟书等。纯阳宫俗称吕祖庙，是供奉唐代道士吕洞宾的地方。馆内设陶瓷、青铜器、货币、琉璃、雕塑、书画、刺绣、珐琅、碑帖、漆器10个专题，分21个展室，共800多件展品。该馆还经常举办一些有关历史、考古、文物和自然标本等方面的专题展览。

崇善寺

具有典型明代风格的古建筑

山西太原市迎泽区狄梁公街

千年古刹崇善寺，藏有宋、金、元、明、清原版佛教藏经4万余卷，藏经之丰富，不仅世所罕见，而且见证了中国木刻印刷时代的辉煌。寺内的主建筑大悲殿中藏有《释迦牟尼应化事迹图》及《善财童子五十三参图》图册一部，与《金刚经》泰山石刻的唐代拓片一起，被誉为崇善寺三大珍宝。

玩家 解说

大悲殿是崇善寺的主要建筑，也是太原现存最完整、最标准的明代木结构建筑，比北京

山西省博物院精品文物

鸟尊：晋侯宗庙祭祀的礼器，器盖内铸有铭文“晋侯作向太室宝尊彝”。鸟尊以凤鸟回眸为主体造型，凤鸟的腹背上一只小鸟静静相依，并且成为鸟尊器盖上的捉手。凤鸟的尾部，一只可爱的大象探出了脑袋，长长的鼻子恰到好处地与凤鸟的双足形成三足鼎立之势，保证了鸟尊的稳定性。

龙形觥：前端龙首昂翘，瞪目张角，龇牙咧嘴并以此处为流。盖面中央有一蘑菇形钮。器身两侧各有一对耳可以用来悬挂。腹两侧饰鳄鱼、夔龙纹。龙形觥遍饰华丽精美的图案，花纹线条流畅明快。

木板漆画：1965年发现于山西大同市石家寨北魏琅琊王司马金龙墓，为墓室屏风的一部分，画面内容取材于《列女传》。木板漆画笔法熟练，面容生动，衣纹流畅。画面的间隙还有大片题记和榜题文字，似隶非隶，似楷非楷，是难得一见的北魏墨迹。

虞弘墓石椁：上等汉白玉质地。石椁造型为仿木结构的三开间歇山顶建筑，外壁布满了局部描金的精美浮雕装饰。石椁浮雕上是深目高鼻的胡人在举行宴饮、观看乐舞、户外射猎以及家居和行旅的场面。

崇善寺

故宫的太和殿的历史更为悠久，虽然在明成化和清嘉庆年间进行过修葺，但大至梁架，小至门窗基本上还是明代初期的原物，因此具有更高的历史价值。

崇善寺最有价值的地方在于其保存了价值连城的文物和资料。这里保存的佛教藏经，数量之多，版本之名贵，在全国是少有的，还有被誉为“宝石画”的两套壁画临摹本，虽经500余年，依然鲜艳如初。崇善寺的第三宝是指大悲殿正面须弥座上的三尊菩萨立像，正中是千手千眼观音菩萨像；其左为普贤菩萨像；其右为千手千钵千释迦文殊菩萨像，造型奇特，雕工细腻，实为中国雕塑艺术的珍品。

链接

崇善寺的非凡地位

崇善寺虽不及太原晋祠那样引人注目，却在宗教界地位卓然。它的历史最早可以上溯至唐代，至今山门右额还有“宗唐遗址”四个字，还有传言说它是隋炀帝巡幸太原时的行宫，当然都已无从考证。崇善寺最初名为白马寺，后改称延寿寺、宗善寺，明代又叫新寺。新寺这一名称，从14世纪初到民国年间，一直沿用了几百年。

新寺这一名称之所以广为人知，是因为它是在原有旧寺的基础上大兴土木，重新扩建的。

明洪武十五年（1382年），明太祖朱元璋的发妻马皇后去世，朱元璋嫡三子晋恭王朱棡为纪念母后，请求准建崇善寺。崇善寺的修建，从洪武十六年（1383年）动工，到洪武二十四年（1391年）建成，历时八载。建成后的崇善寺南北长550米，东西长250米，总面积达14万平方米。

我们现在仍可在寺内保存的《崇善寺建筑全图》中看到当时崇善寺的盛景是多么的富丽堂皇、宏伟壮观。明代的崇善寺是完全按照标准的宫殿式建筑格式修建的。中轴线上的金刚殿、天王殿、大雄殿、毗卢殿、大悲殿、金灵殿，由南往北一字排开。在各大殿的左、右，又整齐地排列着一系列的小院落。这样整齐划一的格局，与北京故宫极为相似。

崇善寺之所以如此气派，还因为它不仅是一座寺院，而且是朱家王朝的一座祖庙。中轴线上的最后一座大殿金灵殿，就是一座没有帝座的祖庙。清代同治三年（1864年），一场大火将崇善寺大部分建筑化为灰烬，幸存下来的，只有六大主殿中的大悲殿。正是大悲殿中所藏有的大量不同时期、不同版本、不同特色的藏经，使崇善寺至今仍在佛教寺院中占据着重要的地位。

文庙

儒家文脉之地

✉ 太原市迎泽区文庙巷3号

文庙是敬奉孔子的儒教殿堂，主要由琉璃龙壁、六角井亭、棂星门、大成门、大成殿和崇圣祠等建筑组成。突出的是其院心宽广，古木森森，建筑风格恢宏、庄重、婉雅。

玩家 解说

如今的文庙是由晚清名臣张之洞在原崇善寺遗址上兴建而成，主要展厅是大成殿及其东西两庑。展出内容是山西史，分古代和近代两大部分，突出了山西人文荟萃、古建冠绝、戏剧渊薮等特色。

崇善寺三宝

第一宝是藏经数量极多，版本极名贵。珍版有北宋《崇宁万寿藏》、南宋《碛砂藏》、元版《普宁藏》、石刻《金刚经》拓本、金字《法华经》及刺血《华严经》等。

第二宝是两套壁画临摹本，《释迦牟尼应化事迹图》和《善财童子五十三参图》，都有500余年历史。画面中的人物继承了唐代宗教绘画形象丰腴、构图饱满、画法工致、着色艳丽的基本风格，同时在人物形象、处理生活场景等方面又是以明代现实为蓝本的。

第三宝是三尊泥塑贴金菩萨立像。正中是千手千眼观音菩萨像，每只手中各有一眼。左为普贤，右为文殊，三尊立像造型奇特，雕工细腻。

景点推荐

太原近郊景点

双塔寺

太原市的标志性建筑

太原东南郝庄村南

双塔寺本名永祚寺，被誉为"晋阳奇观"。"凌霄双塔"作为太原古八景之一，为太原的标志。寺内不用一钉一木，是明代典型无梁式的砖结构建筑。另有具有收藏价值的碑碣刻石260余通，在这些碑石中，有宋代大文豪、一代书法家苏东坡的墨迹《赤壁怀古》刻石，也有明代的石刻珍品《宝贤堂集古法帖》，十分珍贵。登临塔顶，可一览太原全城风光。

玩家 解说

双塔寺初建之时，还不是我们今天看到的这所寺院，也没有达到现在这样的规模。那时，仅建了一座补辅太原"文运"不足的文峰塔，取名"宣文塔"，即如今偏于东南隅的那座旧塔。当时，寺名也不叫"永祚寺"，而是叫作"永明寺"。

宣文塔和永明寺问世不久，万历三十五年（1607年），晋藩第十一代王——晋穆王朱敏淳觉得永明寺、宣文塔规模简陋，与省城太原的地位不甚相称。于是便下书当时在全国颇有名气的建筑家福登和尚，来太原主持扩建"大塔寺殿宇"的工程。

福登和尚用了4年的时间，即万历三十六年春至四十年（1608—1612年）九月，新建了寺院的三座大殿，即现存永祚寺殿堂的主体建筑：大雄宝殿、三圣阁、两厢方丈和两廊配殿，以及位于旧塔西北方的新塔，形成了"两峰插天""楼阁巍然"的大观。

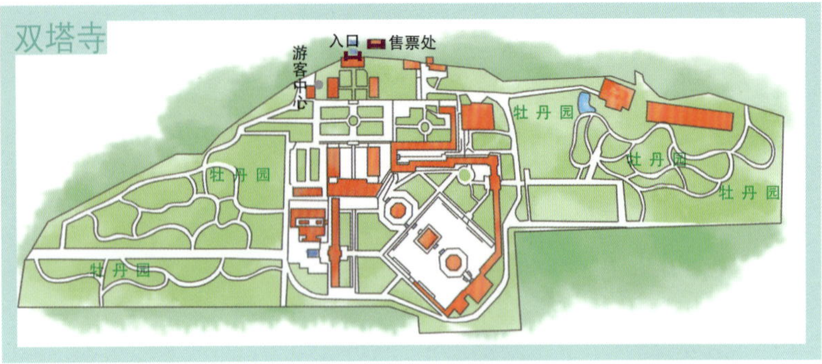

链接

双塔由来

文峰塔虽称为舍利塔，但其实并不是佛塔，因此塔没有塔基座，仅开一门，没有佛龛，没有“阿弥陀佛”刻字，塔檐也不用琉璃瓦剪边。相传宋太宗赵光义为移除太原王气、破坏太原风水，焚毁了晋阳城后，昔日文化之都一直文采凋零，于是有风水家说，太原西北高于东南，“左痹不胜右”，所以“文明不开”“其民挚悍”，因为“奎星”所处的方位地势较低，文运难以兴盛，必须在太原城东南一带建造高塔，才能弥补地形上的不利，兴盛士风。

万历二十七年（1599年），解甲归田的傅霖及太原士绅集资兴建了高约55米的文峰塔。傅霖13岁做秀才、20岁中举人、30岁中进士，为人急公好义，深孚众望。说来也巧，就在他去世5年之后，他的孙子，山西历史上最杰出的学者、思想家傅山先生就诞生了。文峰塔所谓的“开山川之形胜，创文运之兴盛”也似乎得到了验证。

晋阳古城

中国古代北方著名的大都会

太原市晋源镇古城营村附近

晋阳古城自创建以来，曾为战国时期赵国都城，是中国古代北方著名的大都会。始建于春秋中晚期，历经秦汉、三国、南北朝、隋唐、五代，于宋太平兴国四年（979年）毁于战火。

晋阳古城较完整地保存了唐、五代时期城市的面貌，近年发现了建筑基础、砖瓦、琉璃构件和石刻造像，为研究当时的文化艺术提供了珍贵资料。

玩家解说

晋阳古城是太原城的前身，始建于春秋中晚期，曾为战国时期赵国都城，历经秦、汉、三国、南北朝、隋唐、五代，作为太原市建城2500多年的实物见证，它承载了一座城市的历史记忆。

南北朝高欢父子，唐朝李渊父子，五代李存勖、石敬瑭、刘知远以及北汉刘崇等都是依据晋阳，或一统天下，或偏霸割据。

晋阳在盛唐时走向鼎盛，一是因其地势险要，战略位置显重；二是因晋阳为李氏发迹之地。唐朝历代皇帝视晋阳为“王业所基，国之根本”，除修葺汾西旧晋阳城外，还在汾东展扩原太原小县城，继而又在东西二城之间跟汾连堞，增建中城，并先后以晋阳为“北都”“北京”，其地位与京都长安、东都洛阳相等，诗人李白曾誉“天王三京，北都居一”。

至北宋太平兴国四年（979年），赵光义御驾亲征河东灭北汉，以“参商不两立”为借口，将这座历经1500余年的繁华城市火焚水灌，夷为废墟。

晋阳古城

晋阳之战

春秋末期，在当时的晋国发生了四大卿族智氏、赵氏、韩氏、魏氏之间的一场城邑攻守战，晋国赵氏军在古晋阳所在地与智氏、韩氏、魏氏联军进行了一场激烈的城邑攻守战。

此时的中原地区政局动荡不安。越国灭亡吴国，勾践率军北上举行诸侯会盟，成为春秋时期最后一位霸主。而此时的传统霸主晋国却因为卿大夫相互争权内耗，大权旁落，无力对外争雄。智伯掌握晋国实权后，为了重整晋国霸业，决定削藩，并率先将智氏的一个万户城邑献与晋公，韩康子、魏桓子也先后献出了一个万户城邑，而赵襄子拒绝向晋公献地。

为了讨伐赵襄子，智伯和韩康子、魏桓子三家联手围攻晋阳，并以晋水灌溉晋阳城，在晋阳城快要被淹没的时候，赵襄子暗中串谋韩魏两家，最终韩魏临阵反水，以水倒灌智伯军营，智伯兵败身亡。最恨智伯的赵襄子还将智伯的头颅雕刻上漆，当饮酒之器。为了免除后患，韩赵魏三家联手屠杀智伯家族两百余人，瓜分智氏封邑。此后，他们又开始瓜分晋国的土地，而晋国的国君，再无半点儿权威。中国历史也由春秋时代逐渐过渡到了不以道义为重，而以成败论英雄的战国时代。

店头村

中国历史文化名村

太原市晋源区店头村

店头村群山环抱，古槐参天，窑洞鳞次栉比。古村分为五个片区，原有3000余间石碹窑洞，现存较完好的有460间，其余皆倾圮颓废。现存的古石碹窑洞群组中，二层式窑洞占90%以上，三层、四层式建筑石窑洞群有三组，这些石碹窑洞的特点为窑洞串套窑洞、大窑洞套小窑洞。古村的主要景点有店头古民居、文昌宫、真武庙、蒙山寨等。

玩家 攻略

店头村背依蒙山，南面龙山，东距晋阳古城仅5000米，北毗邻蒙山景区，南紧邻天龙山、龙山景区，交通便利。

店头古民居

店头古民居现保存较完整的属千年古建筑，民居建筑物以店头紫竹林寺（又名观音堂）为中心。最典型的当属紧靠紫竹林寺的郭家两个大院，屋居均为下层用河泡石和上层用砖石的二层阁楼。

此两院建筑风格相似，底层均建有四合院，院门向南，底层的主石窑洞坐北面南，主石窑洞采用厚两米有余的河泡石头砌墙，进深4米，面宽五间，高5米，窑洞的中间向南开一大门，大门的两侧各开一个像普通窑洞一样大的窗户，使窑洞宽大而明亮，主石窑洞内原为郭家的店铺，人来人往，日进斗金，甚是热闹。

玩家 解说

据史料记载，清光绪三年（1877年），该村有500余户人家，3000余口人，马帮、驼帮、推车帮熙熙攘攘，店铺林立，商贾云集，号称“小太谷”。又因该村是进入风峪沟后的第一个村庄，人口、店铺也居各村之首，故名店头村。

店头村

文昌宫

文昌宫位于店头村东南山脚上，依山坡而建，坐东面西，二层砖石阁楼硬山式结构，上层为魁星阁，下层为文昌宫，上层魁星阁仅4平方米，墙为砖木结构，顶为四面挑檐式木结构，并扣有蓝色的瓦当，四角安放着昂首的龙头，木檐上雕梁画栋，正前的木檐上清楚地雕刻着一支用红绸带系着的毛笔，阁内原塑有魁星的神像，栩栩如生。

真武庙

真武庙位于店头村的西北山脚上，同文昌宫一样建在八卦所指的坎位上，与文昌宫同在一条轴线上。真武庙面宽一间，进深二间，为木结构与石窑洞式建筑风格。真武庙供亭中央面向真武大帝摆放着供桌、香炉，里间的石碹窑洞为殿堂，殿堂的东西两侧墙面上各绘有两个武士身穿铠甲，头戴将军帽，手持兵器、法器站立的壁画。正面的墙壁与拱形顶墙壁上均绘有龙腾云图。在殿堂正中，靠后墙处，原塑有真武大帝坐压72个恶鬼的造像。真武大帝二目圆睁，络腮胡须，红脸，完全呈现了一种疾恶如仇、以浩然正气压倒邪气的派头。

蒙山寨

蒙山寨之南属店头村辖区域，域内有退耕还林地近0.3平方千米，现成片的核桃园、林果园、桃杏园正在盛果期，域内的植被茂盛，植被和树林覆盖率达85%以上。

玩家解说

北面的蒙山寨，海拔1325米，这里不仅是北汉帝刘薛王（刘继元）的一处避暑行宫，解放战争时期，阎锡山的军队在此还修了很多碉堡。站在蒙山寨上，向下俯视，太原市区尽收眼底。

崛围山风景区

晋阳八景之“崛围红叶”

尖草坪区柴村镇呼延村西

崛围山山峦叠翠，郁郁葱葱，宛如翻卷着的茫茫绿海，四季景色各异。春日山花竞放，秋来红叶满山，“崛围红叶”是太原著名的风景之一。山顶建有多福寺和七级舍利塔，登塔可俯瞰太原全景。寺内现存山门、钟楼、大雄宝殿、文殊阁、藏经楼等殿宇，藏有寺观壁画和傅山墨迹。

崛围山

玩家攻略

崛围山风景区距市区较近，景点各具特色，进出道路便利，景区附近小摊、名吃具有山西特点和风味，极有吸引力。尤其是晚秋季节，气候宜人，漫山红叶，是观光、消遣的好去处。

青龙古镇 AAAA

全国传统古村落、全省十大新锐景区之一

太原市阳曲县与尖草坪区相邻的侯村乡

青龙古镇，可以说是一处巧妙地融合了军事、古建筑、园林、庙宇、祠堂、古道和地道的北方明清古建筑群。青龙古镇作为晋商“走西口”的商贸要道，能够很好地展现出晋商当时的辉煌。这里也是丝绸之路和万里茶道的必经之地，历史上这里曾经是北方的著名重镇。在古镇的建筑格局上，借鉴了北京颐和园和昆明湖的东文西武构建手法，古镇内的建筑布局别具一格。东边是文昌祠，西边是龙王庙，北边筑有凤头寨，巧妙地依托当地的地形，呈现出东文西武、南龙北凤的格局，寓意龙凤呈祥。

青龙古镇的特色在于其保存完好的古城墙和独特的建筑风格，游客来到古镇可以在古镇内欣赏到精彩的戏曲表演，品尝到地道的山西美食，体验到独特的山西晋商文化。

阳曲大王庙

藏山神晋国大夫赵武的行宫

阳曲县东黄水镇范庄村西北隅

大王庙是藏山神晋国大夫赵武的行宫，现庙内建筑仅存大殿，殿内梁架前后内额与四椽袱构成井口方梁，四角用三层抹角梁与斗拱层层挑起井口梁，下饰垂梁柱，构成“悬梁吊柱”，因此也称为“无梁殿”。殿内山墙上有出行、回宫图，后墙有尚膳、尚服壁画80余平方米，沥粉贴金，为明代壁画中的上乘之作。

阳曲大王庙

链接

藏山神晋国大夫赵武

赵武，即历史上有名的赵氏孤儿。晋景公三年（前597年），担任司寇的晋国大夫屠岸贾图谋作乱以控制晋国政权，决计首先消灭赵氏势力。于是就借口赵穿（赵盾的族弟）曾刺杀晋灵公，其责任在于赵盾，便背着晋景公擅自发兵攻打赵氏于下宫，诛杀了赵朔、赵同、赵括、赵婴齐等，灭了赵氏全族。

赵朔的妻子是晋成公的姐姐，当时怀有身孕，逃进王宫躲避。过了不久，生下一男孩，就是赵武。据《史记·赵世家》记载，当时，屠岸贾曾进宫搜索孤儿，赵朔妻把孤儿藏进裤裆里，躲过了搜查。

后来，孤儿赵武终于被赵朔的门客公孙杵臼和赵朔的朋友程婴辗转救出宫来。公孙杵臼为此献出了生命，程婴带孤儿藏匿到山中。

赵武15岁时，在德高望重的晋大夫韩厥等人的努力下，晋景公为赵氏昭雪，平反了冤狱，发兵攻灭屠岸贾，并尽灭其族，立赵武为大夫，恢复了赵氏的土地封邑。晋平公十二年（前546年），赵武担任正卿，主持晋国国政。

清源文庙

珍贵的早期建筑遗迹

太原清徐县县城赵家街西北隅

清源文庙是全国重点文物保护单位，始建于金泰和三年（1203年），元、明、清均有修葺，占地面积7000平方米。文庙大成殿是珍贵的早期建筑遗迹，在金代建筑遗存中具有一定的代表性。

景点推荐

榆次周边景点

榆次老城 AAAA

中国封建城市文化的大观园

晋中市榆次区府兴路俞家街

榆次位于山西省晋中市，老城是隋开皇二年（582年），在汉城旧址上修筑起来的，迄今已有1400年的历史，是一座历史文化名城，也是游览晋商文化走廊的起点。榆次老城以古建艺术为载体，熔晋商文化、民族文化、黄河文化、三晋文化于一炉。境内国家级、省级、市区级文物保护单位130多处，古代城池、衙署、寺观、庙坛、堡寨等遍布全区，旅游资源独具特色，被誉为“中国封建城池文化的大观园”。

玩家攻略

老城免费开放，但是有6个收费景点要买票参观。古城内两条十字交叉的老街，全是明清时期的建筑风格，在古城中可以欣赏到众多的民俗表演，如社火、县太爷升堂、锣鼓等，只是需要注意表演时间。50余部影视剧的取景拍摄逐渐使这里成为华北最大的影视城，同时，晋中古朴的自然、历史、人文、艺术在这里巧妙融合，徜徉其间，有一种时光倒流之感。

榆次城隍庙

古代阁楼式建筑杰作

晋中市榆次区府兴路榆次老城景区内

榆次城隍庙是我国最古老、保存最完整的城隍庙之一，始建于元至正二十二年（1362年），历代屡有扩建，如今已经形成了

占地面积约6000平方米的古建筑群。城隍庙建筑群坐北朝南，整体布局严谨，层次分明，中心对称。其中的核心建筑玄鉴楼高达25米，飞檐翘角，围廊环抱，与背后的乐楼和戏台浑然一体，形态古朴典雅，宏伟壮观，曾被列入世界遗产保护基金会公布的全球最精美的一百处古建筑之一。

玩家 解说

城隍，有的地方又称城隍爷，是古代中国城市的守护神，护城佑民，主掌冥籍，是汉族民间和道教信奉的守护城池之神，大多由有功于地方民众的名臣英雄充当，是汉族宗教文化中普遍崇祀的重要神祇之一。

城隍是冥界的地方官，职权相当于阳界的市长，下辖文武判官、各司大神、甘柳将军、范谢将军、牛马将军、日夜游神、枷锁将军等。明洪武二年（1369年），朱元璋曾下诏加封天下城隍，并严格规定了城隍的等级，共分为都、府、州、县四级，成为古代"人神共治"思想深刻的反映。

常家庄园 AAAA

三晋民居建筑之首

晋中市榆次区东阳镇车辋村

山西榆次常家庄园，占地12余万平方米，是规模最大的晋商大院，也是中国最大的庄园式建筑群。在商儒互长、商业活动日益兴起的明末清初，堪称晋商中流砥柱的名门望族——榆次常氏开拓了一条由福建至欧洲腹地的万里茶路，经销蒙俄北欧，绵延200余年，富甲海内。

经过九世的努力，常家在常万圮、常万达兄弟当家时，已成为当时中国对俄贸易第一世家，其位于车辋村的宅第建筑也随之进入了鼎盛时期。万圮由南向北，建成一条街，俗称西街；万达在村北购置土地，建起一条新街，俗称后街。经之后近200年的完善，这两条街，深宅大院百余处房屋4000余间，楼房50余幢，占地60万平方米。

注重"学而优则贾"的常家兄弟所构建的常家庄园，具有高雅的文化品位和深厚的历史底蕴。无论是精致雅观的挑檐牌楼，恰到好处的楹联匾额、书法碑帖，精雕细琢的石雕、砖雕、木雕和各种彩绘图案，处处传递着主人"可燕居、可耕读、可修身、可遐想、可观赏、可悦心、可咏叹"的精神追求，堪称中华民居之典范。

玩家 攻略

游遍整个庄园，即使走马观花仍需要两个小时以上的时间，而细细品味其中的各种妙处，则至少需要一天。庄园西门鱼跃龙门巨幅石雕，祠堂照壁240个寿字和贵和堂正院340个方篆家训，精雕细琢的影壁花墙……这些都是不容错过的细节。

链接

榆次常氏

榆次常氏原系山西太谷县（今山西省晋中市太谷区）人，明朝弘治十三年（1500年），常仲林迁居榆次县（今山西省晋中市榆次区）车辋村刘家寨，从常仲林一世起到八世常威，常家一直在多伦诺尔、张家口、兴化镇及山西省大同、繁峙等处经商，累积资产十分可观。至常万圮、常万达两兄弟当家时，开始分为"南常""北常"，"南常"以万圮为代表，为"世荣堂"；"北常"以万达为代表，为"世和堂"。

北常从乾隆年间始，就以大德玉商号名义在恰克图经营对俄贸易，随着业务的发展，鼎盛时形成了常氏的"玉"字连号，号称"十大玉"，并在俄罗斯开设了分店。"南常"的商号名称均带有"昌"字，号称"十大昌"，其商号遍布苏州、上海、汉口等地。

《山西外贸志》曾记载："在恰克图从事对俄贸易的众多山西商号中，经营历史最长、规模最大者，首推榆次车辋常家，常氏一门，从乾隆时从事此项贸易开始，历经乾隆、嘉庆、道光、咸丰、同治、光绪、宣统七朝，沿袭150多年，尤其在晚清，在恰克图十数个较大商号中，常氏一门独占其四，堪称清代本省的外贸世家。”

作为儒商，常家曾积极参与清朝的政治和文化活动。晚清时期，除创办家庭工业外，常氏还参与创办近代工业，在山西近代工业火柴局、保晋矿务公司、晋华纺织公司都有过投资。直至清末民初，战乱频繁，常氏商业帝国最终走向衰落，归于沉寂。

在常家的发迹史上，即使富可敌国，榆次常氏家族也从未轻忽过教育，族内子弟多有大才之人，其中既有进士、举人、秀才，又不乏书画名家，因此，榆次常氏家族还被冠称“中华儒商第一家”。其在宅第建筑上亦有非凡的独创之处，是晋中曹家、乔家、渠家等晋商宅院望尘莫及的。

乌金山国家森林公园 AAAA

五台山下院

✉ 晋中市榆次区北部，位于太原市正东

乌金山国家森林公园俗称龙王山，位于榆次、太原、寿阳三市县交汇处的罕山之阳，总面积近40平方千米。地势北高南低，园内群山叠嶂，奇峰毓秀，有天然森林20平方千米，松柏密集，植被茂盛，白皮松亭亭玉立，侧柏风姿卓然，油松苍劲挺拔，冠盖奇特，是榆次的旅游避暑胜地，也是风景绝佳的郊野公园。

乌金山国家森林公园属太行山西缘山脉，由乌金山、大洪山、紫金山、中林山等大小25座山和明珠湖组成。众山之中，以乌金山最高，最高海拔约为1500米，以中林山山脚下之寺沟口为最低，海拔约950米，因此山底和山顶气候温差较大。炎热的盛夏，山下酷热难耐，山上平均气温仅23℃，成为山西中部著名的避暑胜地，有“清凉胜境”之美称。

乌金山森林公园

古战场遗址

遗址位于乌金山卧虎山。唐末，沙陀人李克用进攻太原，与振武军节度使契苾通战于此，这里为著名的古战场。

孟良古寨

孟良古寨位于乌金山西北，平地泉村正东之佛移山，相传为北宋时抗金名将杨延昭的部将孟良驻军的地方，后人称此山为孟良山。

古驿站遗址

鸣谦（今乌金山镇政府所在地）古为驿站，居京省官道要冲。明洪武三年（1370年），鸣谦建驿馆，天顺（天顺元年为1457年）初，增建了周长三里的驿城。嘉靖二十年（1541年），俺答大掠榆次近郊，鸣谦驿遭到严重破坏。次年，重新修复了城墙。清代，康熙帝巡晋，曾驻跸鸣谦驿站。

古佛寺遗存

乌金山古佛寺遗存甚多，其中高壁村的资圣寺为明代建筑，有正殿三间和东西配殿、天王殿各三间，院内有唐柏和经幢。此外，流村的太平桥、志村的琉璃塔等都是具有历史价值的古建筑遗存。

碑碣石雕遗存

石碑：乌金山紫金山华严寺有青石碑5通，为明清时所立。大洪山镇寿寺有石碑11

通，大都为明、清碑。高壁村资圣寺有青石碑7通，为明代所立。

石雕：大洪山镇寿寺侧有幽冥洞，洞内有宋代造像，现存10尊，3尊完好，7尊有不同程度的损毁。

摩崖造像：在乌金山镇东沟半山腰有驴角大仙摩崖造像，此造像系宋代镌刻，有两处损毁较严重。

榆次小西沟景区 AAAA

乡村文旅康养综合体

晋中市乌金山镇小西沟村

小西沟乡村文旅康养综合体项目旨在响应国家乡村振兴战略，大力发展乡村旅游和文化产业。该项目致力于打造一个理想的乡村文化生活环境，让游客在这里能亲近自然、享受文化，并留住那份淡淡的乡愁。它是将乡村文化旅游与休闲度假相结合的新型旅游形态，也是榆次地区2021年新评定的AAAA级景区，游客可以来到这里亲自感受一下什么是“看得见山，望得见水，记得住乡愁”的现代乡村旅游的新业态。景区交通便利，从太原市区出发，仅需6000米的车程；从晋中市区出发，也只需13千米。这里不仅有精彩的表演可供观赏，还有各类美食满足味蕾，更有丰富的打卡拍照点，特别适合年轻游客前来体验。

清虚阁

古代阁楼式建筑杰作

榆次区南关

清虚阁，榆次区人俗称之为南阁，也名玉皇阁、观音阁，是榆次区境内仅见的，也是晋中地区稀有的古代阁楼式建筑杰作。清虚阁是由明代成化元年僧人募缘建筑的。建筑外观宏伟，结构精巧，式样独特，显示出既蔚为壮观，又玲珑别致的韵味。

清虚阁

孔祥熙宅院

具有清代中期建筑风格

晋中市太谷区上观巷1号（太谷师范学校内）

宅院是太谷城内现存最大、保存最完整的具有清代中期建筑风格的一座宅院，省级重点文物保护单位。原系太谷士绅孟广誉的老宅，始建于清乾隆年间，以后逐渐扩建，到咸丰年间方才完工，1930年为孔祥熙购得。1934年，蒋介石曾到此居住，后为日寇、蒋阎兵站、医院、特警占用。1948年8月，邓小平同志曾光临宅院。

现存正院、厨房院、书房院、戏台院、墨庄院、西花园及部分残损的东花园，由多个横向排列的套院组成，每个套院均沿中轴线方向分割为多个四合院。各院间用明廊、抱厦或过厅相隔。主体建筑均使用斗拱飞椽，造型美观大方。木构部分雕梁画栋，沥粉堆金，宛似七彩虹霓。各院之间有垂花门、宝瓶门和八角或月牙门相通，隔墙则用多种造型的窗户予以装饰。

圆智寺

宋代牡丹国色天香

晋中市太谷区范村镇老范村北面，102省道南边

圆智寺始建于唐代，占地9000多平方米，有大小庭院70多间。现存建筑有天王殿、钟鼓楼、千佛殿等，过殿千佛殿是我国罕见的无梁大殿，殿前的两株牡丹相传始于宋代，每

逢花期，百朵牡丹同时开放，异常艳丽。寺内还存有大量琉璃、佛教壁画，形象各异。

曹家大院
三多堂博物馆

晋中市太谷区北洸村

曹家大院为太谷区首富曹家的院落，因院内文物众多，被辟为三多堂博物馆（“三多”即多福、多寿、多子）。大院远观呈“寿”字形。院内分南北两部分，共有15个小院，270多间房屋。整座院落布局合理、厚重古朴，其建筑风格不仅融合了南北方建筑风格，而且还吸收了欧洲的古建筑风格。

明清家具展

陈列有400多件明清家具，有世所罕见的用92块天然花纹大理石镶成的“百寿大屏风”，后部有上下各50个“寿”字和三代帝师祁寯藻摘录古代17位学者启导告诫后人的真迹文章。又有“寸斤寸金”的“红木半圆桌”，立体造化的“大理石座镜”以及数百件明、清家具，有“皇家看故宫，民间看曹家”之说。

瓷器展

瓷器馆陈列有掸瓶、罐、碟、碗、盘，大大小小近2000件瓷器。

在“珍宝馆”展出的清宫国宝金火车头钟，系法国给清廷的贡品，用黄、白、乌三种金制成，重42.25千克，上镶时钟、晴雨表，上好发条可沿轨道行进。这件国宝是慈禧太后逃往西安路经北洸向曹家借款的抵押物。另一件珍宝是明代大画家仇瑛临摹北宋张择端的《清明上河图》。卷长7.74米，宽0.45米，上有1643个人物，208头牲畜。同时展出的还有羽毛镜、商朝白燕古陶、哥窑碎瓷等珍品。

此外，三多堂还展出有清代大书法家赵铁山的40余幅书法真迹，以及形意拳发展史、根雕艺术展、太谷宫灯展、太谷区史等。

百寿大屏风

三多堂博物馆馆藏家具中最为珍贵的百寿大屏风，高3.8米，宽5.02米，重达千斤，上下前后共镶有92块天然大理石，周围用象骨包边。屏风整体由15块组合而成，上下各50个字形不同的中国古“寿”字，此屏风也因此而得名。屏风中间是三代帝师（道光、咸丰、同治）、山西寿阳人祁寯藻的书法真迹。摘录了17位古代思想家、哲学家、帝王贤臣启导告诫后人的名言警句。

玩家解说

曹家始祖曹邦彦是太原晋祠花塔村人，以卖砂锅为生，明洪武年间举家迁移到太谷北洸村，兼以耕作，第14代“三”字辈的曹三喜独闯关东做买卖，获利甚丰，清兵入关，又把生意做到关内，先在太谷设号，向全国辐射。

到道光、咸丰年间，达到鼎盛，大江南北都有曹家的铺面，达640余座，资产高达1200万白银，雇员有37 000人，当时民间有“凡是有麻雀飞过的地方都有曹家的商号”的说法。后又跨出国门，东到日本，北到莫斯科，西到巴黎、伦敦，把国内的茶叶、布匹输往国外，引进日本的钢铁，高丽的人参，俄罗斯的金属制品。曹家在山西和内蒙古之间走出了一条“茶叶之道”，可与历史上的“丝绸之路”相媲美。

曹家在极盛之时，在北洸村相继建起了一批布局庞大、富丽堂皇的宅院，如五桂堂、怀义堂、福善堂、三多堂等，尤以“福”“禄”“寿”“禧”字形建造的四座大院最具代表性。幸存下来的“寿”宅院，是曹氏家族中的一个分支堂名，习惯上称为“三多堂”。

曹家大院

光化寺

始建于唐朝的寺庙

晋中市太谷区西南白城镇

光化寺始建于唐贞观十三年（639年），原名隆兴寺。宋真宗赵恒寓于此寺中时，偶见龙像，遂于咸平二年（999年）敕令重修，改名为“光化圣寺”，明清两代又屡有修葺。寺庙结构完整，在驼峰、角背、蜀柱以及梁枋规制方面保留宋金手法，是研究宋金时期建筑向元代发展变化的重要实物资料。

无边寺白塔

太谷县城的标志

晋中市太谷区南寺街10号

无边寺俗称白塔寺、南寺。寺内建有白塔，所以以塔命名，无边寺创建于西晋泰始八年（272年），北宋治平年间易名普慈寺，元明清历代均有修葺。清光绪三十二年（1906年）改建后复名无边寺。

寺院坐北向南，平面呈长方形，前后三进院落，规模完整，布局严谨而又显疏朗。中轴线上，山门与戏台连为一体，上边是戏台，下边是砖券的巷道式山门。白塔为七层楼阁式砖塔，高43.6米，每层均有出檐和平座。檐座下面都有砖雕斗拱。各层的拱券门洞都和檐外相通，并雕有假门窗。塔内第一层为小型方室，有磴道可上。二层以上塔心中空，安装有楼板和木梯，供人攀登，顶上有尊胜石幢，气势壮观，瑰丽精致。从顶层平台鸟瞰全城及周围十余里景物，历历在目，尽收眼底。现存白塔为北宋元祐五年（1090年）续修无边寺时所建，实为由唐塔中空到宋塔实心过渡的实物例证。

玩家解说

白塔是太谷区的标志。相传古代开科取士之年，有白鹤降落塔顶，落鹤几只，太谷区就有几人皇榜标名，因此太谷人把白塔视为吉祥之物，世代相传。塔北部，依次有过殿3间、正殿5间，原有佛像，现已无存。寺的东西两侧，还建有碑廊、厢房、藏经楼、配殿、禅院等。现今，殿宇内辟为陈列室，陈列着赵昌燮的书法作品及古木器、刺绣等工艺品，殿宇间花草繁茂，彩绘一新，是太谷区的主要旅游胜地。

无边寺白塔

景点推荐

祁县旅游区

乔家大院

北方民居建筑史上一颗璀璨的明珠

祁县东观镇乔家堡村

乔家大院又名在中堂，始建于清代乾隆年间，是清代全国著名的商业金融资本家乔致庸的宅第。经过几代人的不断努力，乔家大院于民国初年成为一座宏伟的建筑群体，集中展现了我国清代北方民居的独特风格。

大院为全封闭式的城堡式建筑群，占地面积约10 600平方米，建筑面积4100多平方米，分为6个大院，20个小院，有房屋300余间。大院三面临街，不与周围民居相连。外围是封闭的砖墙，高10米有余，上层是垛口，还有更楼、眺阁点缀其间，显得气势宏伟，威严高大。大门坐西朝东，上有高大的顶楼，中间是城门洞式的门道，大门对面是砖雕百寿图照壁。大门以里，是一条石铺的东西走向的甬道，甬道两侧靠墙有护墙围台，甬道尽头是祖先祠堂，与大门遥遥相对，为庙堂式结构。北面三个大院，都是芜廊出檐大门，暗棂暗柱，三大开间，车轿出入绰绰有余，门外侧有拴马柱和上马石，从东往西数，依次为老院、西北院、书房院。所有院落都是正偏结构，正院主人居住，偏院则是客房、用人住室及灶房。在建筑上偏院较为低矮，房顶结构也大不相同，正院都为瓦房出檐，偏院则为方砖铺顶的平房，既表现了伦理上的尊卑有序，又显示了建筑上的层次感。

玩家 攻略

1.乔家大院因为张艺谋导演的电影《大红灯笼高高挂》和电视连续剧《乔家大院》而出名，去乔家大院一定要避开黄金周，否则可能只能看人了。

2.乔家大院附近住的地方有很多特色客栈民宿、精品酒店、快捷酒店供游客选择。

3.当地餐馆很多，别忘了尝尝当地的风味小吃，如平遥碗坨子、长生源黄酒膳点。

玩家 解说

1985年，祁县人民政府利用这所古老的宅院成立了祁县民俗博物馆，1986年11月1日正式对外开放。展陈5000多件珍贵文物，集中反映了以山西晋中一带为主的民情风俗，还专门设立了乔家史料、乔家珍宝、影视等专题的陈列。开馆以来先后接待了中外游客800多万人次，包括江泽民、乔石、薄一波、钱其琛、唐家璇等40多位国家领导人，以及郑孝燮、费孝通等专家学者。《大红灯笼高高挂》《昌晋源票号》《赵四小姐与张学良》等40多部影视剧曾在此拍摄。

链接

大院主人——乔致庸

乔致庸（1818—1907），字仲登，号晓池，中国清代山西祁县人，乔家第四代传人，著名晋商，人称“亮财主”。少年时期因兄长病故，乔致庸弃学从商，开始掌管乔氏家族生意。在他执掌家务时期，乔氏家族事业日益兴盛，成为山西富甲一方的商户。其下属复字号称雄包头，有“先有复盛公，后有包头城”的说法。另有大德通、大德恒两大票号遍布全国各地商埠、码头。至清末，乔氏家族已经在中国各地有票号、钱庄、当铺、粮店200多处，资产达到数千万两白银。乔致庸待人随和，讲究诚信为本、“以德经商”，一生诸多善行。

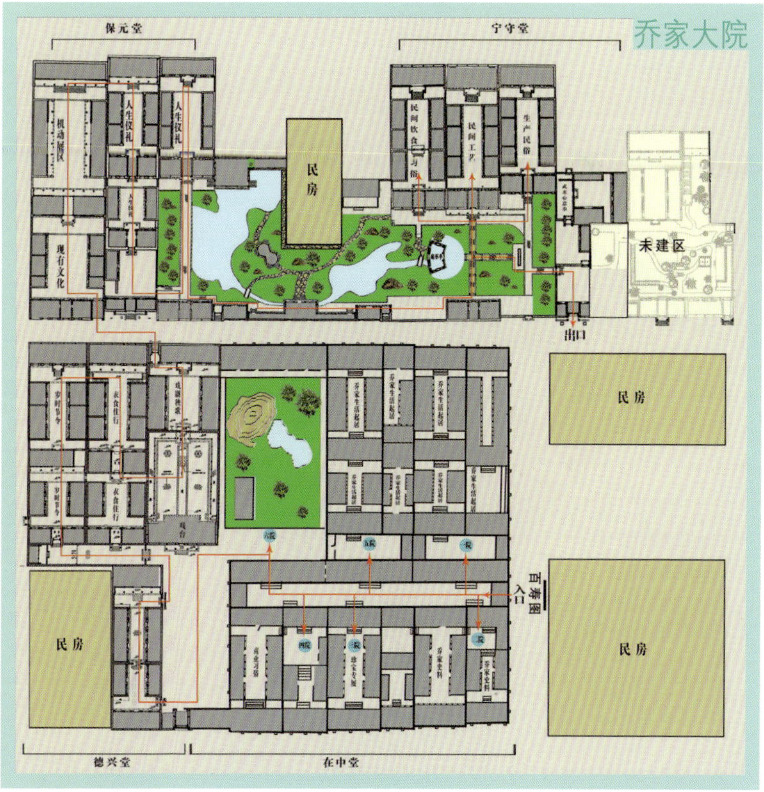

老院

大夫第为北面第一院落，又称老院，该院由乔致庸之父乔全美修建，为晋中一带典型的里五外三穿心楼院。院内正堂为乔家老太爷的住所，也是电影《大红灯笼高高挂》的重要拍摄场地，两边的厢房内设有民俗展，其中最吸引人的是男子夏天用来降温的两件竹水衣。

花园院

大院第三院，乔家原打算在此建院塔，后因“七七事变”而废置，只留下这个花园院。院内傅山亲笔题写的“丹枫阁”匾（现存展于乔家第四院的东房内），挂在戴廷修建的“丹枫阁”门上。二人借“丹”象征明王朝，以秋霜的枫叶表示气节，从而抒发亡明之痛。

西北院

位于老院后面，是北面的第二个院落，建于光绪年间。西北院也是一座里五外三穿心楼院，院内陈列内容丰富而有趣，主要反映的是人生礼仪习俗，包括生日满月、婚丧习俗、祝寿礼仪等内容。

东南院

乔家珍品陈列馆，其中最有名的是被称为“乔家三宝”的三件珍品：万人球、九龙灯、犀牛望月镜，这三件镇馆之宝体现了乔家富可敌国的财力。

乔家大院

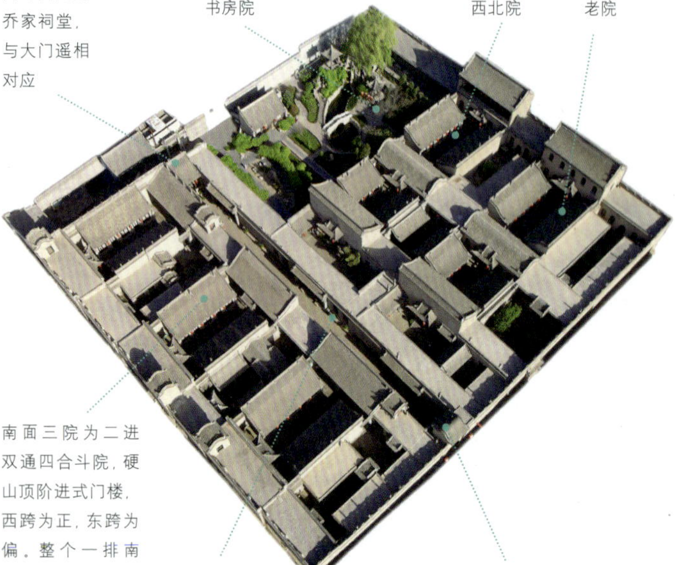

西南院

西南院为乔家的史料展览，里面展出了乔家的兴衰史、经商史，家族世系及乔家大院的建筑模型，详细介绍了乔家的用人制度、经商之道、商业网络和票章号规，有很高的历史价值。

新院

新院修建于1920年，是一个三院双跨四合院，这个院是乔致庸的孙子乔印霞的住所，馆内展示的是“民俗陈列”和反映“商俗”的展品，又称商俗院。电影《大红灯笼高高挂》中的部分场景即在此取景。新院正方的客厅是财东和会计商讨事情的地方，厅内有太师椅，中间为财东乔印霞，左边坐的是会计，旁边站的是伙计，相当于董事长、经理、秘书。厅内摆设有一面镜子，四个瓶子，下有八仙桌，代表谈生意时平平静静、四平八稳。

正门门楼

乔家大院正门“古风”二字笔力雄健，淳朴浑厚，与对联相映生辉，门楼顶部悬挂着山西巡抚受慈禧太后面谕而赠送的牌匾“福种琅嬛”，这是乔家大院内保存的最有价值的四块牌匾之一。大门的周围挂满了大红灯笼，象征着这里红红火火。

珠算博物馆

弘扬珠算文化的博物馆

祁县古城东大街原渠家经理院内

珠算博物馆较系统地向游人展现了大量珠算资料和近千种各式各样的算具，揭示了作为晋商文化精髓的珠算文化的博大精深。馆内陈列着古代原始的算具模型和各个时期的算盘，有远古结绳记事、春秋算筹、古算书《数术记遗》中记录的14种算法算具，其中最长的6米，最小的仅1厘米。此外，还有较全面介绍珠算算法、算理的古代书籍，是全国目前规模最大的一家专门研究、弘扬珠算文化的博物馆。

玩家解说

珠算是以算盘为工具进行数字计算的一种方法，被誉为中国的第五大发明。算盘是汉族劳动人民发明创造的一种简便的计算工具。2013年，中国珠算项目被列入教科文组织人类非物质文化遗产名录。

渠家大院

当之无愧的民居瑰宝

晋中市祁县东大街33号

渠家大院始建于清乾隆年间，也是全国首家展示晋商文化的博物馆。当时的主人在县城内建有40个院落，建筑面积达23 628平方米。渠氏家族是明清以来闻名全国的晋中巨商之一，被称为“渠半城”。整座大院宏伟庄重，高峻威严，为全国罕见的五进式穿堂院。国家建设部专家视察后曾感叹说，渠家大院每一个建筑构件都是不可多得的艺术品，是当之无愧的民居瑰宝。石雕栏杆院、五进式穿堂院、牌楼院、戏台院，堪称渠家大院的四大建筑特色。

在大院内开辟的晋商文化博物馆是全国首家展示晋商文化的博物馆，通过7大系列、25个展室，揭示了晋商之所以能成为全国十大商帮之首的奥秘，展示了晋商博大精深的文化内涵。

玩家解说

渠本翘，渠家大院的创始人，山西工商界名流，中国民族资产阶级的代表人物，出生于祁县晋商世家，其父渠源祯，号称万财主，是三晋源、百川通、存义公票号的财东，拥有白银300万两以上。渠本翘于光绪十八年（1892年）中进士，被任为内阁中书，以后历任外务部司员，派驻为中国清政府驻日本横滨领事。之后，清政府又授其三品京堂候补，后来渠本翘弃政从商，以白银5000两买下双福火柴公司，即平遥火柴厂。渠本翘还领导了山西收回矿权的斗争，成立保晋矿务公司，为第一任总经理。渠本翘热心办教育，积极兴办新式学堂，将祁县城内原昭余中学改办为祁县中学。1910年，其被清政府任命为山西大学监督（校长）。

链接

五进式建筑

进，即院落层次。五进式是大型四合院的建筑布局，即进大门后有五个封闭或独立的院落。以南北纵轴对称布置为基本特征，按规模的大小，有最简单的一进院、二进院，规模大点儿的是沿着纵轴（中轴线）增加三进院、四进院、五进院等。

晋商老街

具有明清建筑特色

祁县昭馀古城中

晋商老街是一条横贯东西、古色古香的大街，为名城文化遗产的精华部分，全长1000米，街道两侧明清时代的茶庄、烟店、票号、钱庄、斗行、当铺等数百家商业店铺旧址和巨商大贾的千余处豪宅大院保存完好，建筑专家称之为"集江南河北之大成，汇宋元明清之法式"，现已被中央电视台拍成《中国民居精华》系列片介绍到海内外。老街内每天进行送财神、开市、走镖、结算、收市等商俗表演，游人置身其中，仿佛回到了明清时代的古老境地，别有一番情趣。

度量衡博物馆

利用晋商老街上明清巨商大贾渠氏家族宅院创办的度量衡博物馆，陈列有近千件从远古至民国年间的用陶、骨、铜、铁、玉、瓷、石、木、竹等制作而成的各式尺、量、釜、升、斗、权、秤、天平，采用以物归类、以史述变、以物系用的方法，系统艺术地展示了我国古代度量衡的产生、发展、统一、完备历程和在人类历史长河中对经济发展、社会进步发挥的作用。馆内还配备有可让大家参与、体验的度量衡器具，是人们了解中国古老文明、学习度量衡知识的乐园，更是游客启迪益智的好去处。

雨楼明清家私博物馆

晋商巨族何氏的宅院，是山西省内少有的四合楼院。馆内主要陈展晋商大户使用过的部分家具、瓷器、字画，并有名贵的黄花梨木、紫檀等家具。

晋商老街雨楼明清家私博物馆

景点推荐

平遥旅游区

平遥古城 AAAAA

"保存最为完好的四大古城"之一

平遥县古陶镇

仅游览免费，内部景点联票125元

平遥古城始建于西周宣王时期（前827—前782年），距今已有2700多年的历史，后于明洪武三年（1370年）扩建。迄今为止，它还较为完好地保留着明清时期县城的基本风貌，堪称中国汉民族地区现存最为完整的古城。

平遥古城内的街道、商店和民居都保持着传统的布局与风貌。街道呈"十"字形，商店铺面沿街而建。铺面结实高大，檐下绘有彩画，房梁上刻有彩雕，古色古香。铺面后的居民宅全是青砖灰瓦的四合院，轴线明确，左右对称。整座古城呈现出一派古朴的风貌。城内著名的景点有平遥城墙、平遥县衙、日昇昌票号博物馆、平遥文庙、清虚观、百川通晋商家私博物馆、蔚盛长珍藏博物馆、古民居博览苑、中国珍奇报纸陈列馆、汇武林武术陈列馆等。

玩家攻略

1.住宿：平遥住宿以古城内最佳，古老方正的四合院，古朴的砖瓦，很有神韵。

2.美食：平遥县的餐饮特色以面食为主，在明清一条街上可以品尝到平遥当地风味小吃。平遥各大饭庄都有自己的特色：云锦成价格经济，面食品种全；长生源的黄酒点心历史悠久，风味独特；昌兴隆以接待过巩利等明星而出名；天元奎饭庄是喝咖啡的好去处。

3.平遥县土特名产品种繁多，古城内的"明清一条街”两侧有建筑风格独特的各式土特产店，如诚义久、协和号等，游客可以在这里购买。

4.摄影：在平遥有许多文物建筑，里面不乏古代雕塑、壁画等，这些雕镂彩绘是创作的好题材，但在拍摄这些文物时，一定要遵守寺院道观中文物保护的有关规定。

5.贴士：古城内古迹众多，游客可通过平遥古城景区服务平台公众号购买通票。

玩家 解说

平遥城内的民居建筑布局严谨、主次分明、轮廓起伏，外观封闭，大院深深。精巧的木雕、砖雕和石雕配以乡土气息浓重的剪纸窗花，精妙异常，是迄今汉民族地区保存最完整的古代居民群落。

平遥古城在19世纪中后期是我国金融业最为发达的城市之一，是当代最有影响的票号总部所在地和金融业总部所在地，也是金融业总部机构最集中的地方。它曾在一段时间内操纵和控制了中国的近代金融业。

链接

平遥十大怪

一怪：给杰（译音）领着去拜年，高高、大大（译音）跑在前，爷爷、呀呀（译音）初一拜，蒋蒋、百百（译音）初二拜，二老、二忙（译音）是初三，初四随着跌跌、忙忙（译音）把家归。二怪：平遥牛肉闻天下，不见田野有牛迹。三怪：平遥小麦稀，面食多得数不清。四怪：平遥人多地亩少，物产贫乏盛产少，票号镖局却振天下。五怪：平遥三轮车二头跺，拉着美女跑得快。六怪：平遥美女额头盖公章，不是公章是拔罐痕。七怪：平遥房子半边盖，财水不能往外流。八怪：平遥男女老少喊透他，不喊透他不说话。九怪：平遥厕所比井大，方便先要上大桥。十怪：平遥土炕大而宽，三代同床还有余。

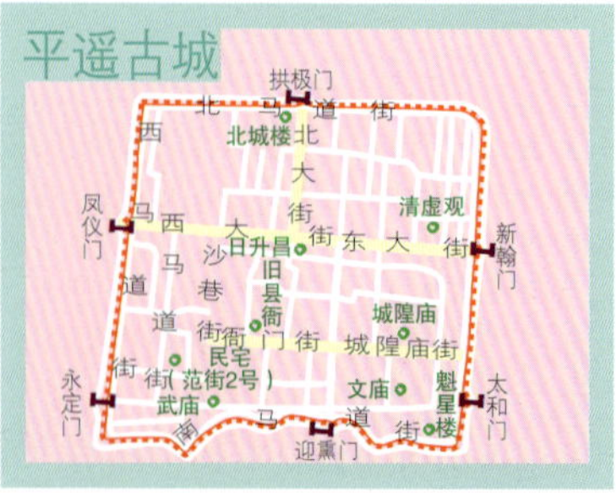

平遥城墙

平遥城墙建于明洪武三年（1370年），周长6.4千米，是山西现存历史较早、规模最大的一座城墙。明、清两代都有补修，但基本上还是明初的形制和构造。城墙历经了600余年的风雨沧桑，至今仍雄风犹存。

平遥古城内的街道、商店和民居都保持着传统的布局与风貌。街道呈“十”字形，商店铺面沿街而建。铺面结实高大，檐下绘有彩画，房梁上刻有彩雕，古色古香。铺面后的居民宅全是青砖灰瓦的四合院，轴线明确，左右对称。整座古城呈现出一派古朴的风貌。

瓮城

瓮城又名月城，是建在城门外的小城，用以增强城池的防御能力。平遥城墙的瓮城共有六座，设城门两道，内分别修建有关帝庙、财神庙、真武庙，组成了内容丰富的景观。

城隍庙

城隍庙初创于明初，现存建筑属清代规制。城隍庙坐北朝南，前后四进院落，是中国道教庙宇殿堂的典型建筑形式。平遥城隍庙与众不同之处是“城隍庙”“财神庙”“灶君庙”三庙合一。

财神庙

财神庙与城隍庙毗邻，两庙互通，庙门为砖券洞，前出廊，洞上建乐楼4间，台顶施八卦藻井，屋面琉璃瓦覆盖，东、西两廊有厢楼。正面高台基上建献殿3间，硬山卷棚式。其后财神殿3间，砖券窑洞，上建真武楼，楼身3间，七檩前后廊式，殿顶施琉璃方心。庙内明清两代的琉璃瓦件与城隍庙琉璃一并为晋中现存古代琉璃之上品。

协同庆钱庄博物馆

协同庆作为平遥规模最大的钱庄院落，在平遥商铺院落中实属典范。第一进院落，有南北各两间账房，账房是钱庄核算管理重地。二院，为营业厅大院，这里与邻街柜台房业务有别。三院作为上房位置，按传统应为长辈或主人居住或办公的地方，这里也正是钱庄总经理、协理、襄理办公的场所。第四院落亭台楼阁，过桥架建，别具风采，如花园一般。协同庆钱庄鼎盛期，白银和制钱流量极大，六院成为护卫们晨暮练习腿脚的重要场地。

点将台

点将台位于平遥城墙东侧，相传为西周卿士尹吉甫驻兵、点将处。旧为夯土高台，明清维修城墙时一并将“高真庙”连成一体，是登高远眺、凭吊怀古的好去处。

明清一条街

明清一条街自古以来就是平遥县最繁华的商业中心，街道两侧的店铺都是具有明清风格的建筑。街中央还有水井一眼，世传“井内水色如金”，故又名“金井楼”，清时被冠以平遥县十二景之一。

华北第一镖局

华北第一镖局介绍了清代中叶华北地区保镖行业三位杰出人物，即神枪王正卿、铁腿左二把、形意拳名家戴二闾三位镖师生平事迹以及三位镖师所在镖局的资料。三人分别为成立于平遥、祁县、文水等地的“同兴公”“太汾”“昌隆”三大镖局的当家。

镖局，或现银运送、解缴，或货物转运，满足商业贸易实行现银结算的需要，因而一度兴旺发达。但票号诞生后，镖局业务锐减。最兴盛的时期为清末国内形势混乱之时。进入民国，各类军警武装押运出现，镖局相继衰败，陆续退出历史舞台。

中国镖局博物馆

中国镖局博物馆位于平遥古城南大街61号，是明末清初镖局的旧址，主要介绍中国镖局发展史，以及明清时期中国十大镖局、十大镖师和走镖过程中的逸事趣闻，尤其为研究形意拳、长拳、弹腿、长枪、套路等武术门派的发展提供了一些实物资料，值得一去。

玩家解说

镖局这种特殊的行业究竟什么时候、由谁第一个最先开始创办，或者开始从业的？史料没有详细的记载，于是现代专家们各执一词，说法不一。

1936年，孔祥熙曾派近代学者卫聚贤到山西调查票号，卫聚贤写了一本书叫《山西票号史》。卫聚贤在书中提出，镖师的鼻祖，应该是当时被称为神拳张黑五的一位山西武师。相传，山西人神拳张黑五学拳艺成之后，上奏了当时的乾隆皇帝，领到了圣旨之后，在北京顺天府前门外大街开设了兴隆镖局。张黑五死后，他的儿子张怀玉继承了镖局。卫聚贤还进一步推论，镖局是明末清初顾炎武、傅山、戴廷轼为反清复明，以保护商人运送现银而设。后来的镖师们一旦看到远处山上有土匪，趟子手就大喊：“合吾一声镖车走，半年江湖平安回。”据说，这个“合吾”即“黑五”的谐音，以资纪念。

平遥市楼

平遥市楼为三重檐木构架楼阁，黄绿琉璃瓦顶。楼之底层面阔、进深各3间，平面

平遥市楼

呈方形，中间南北向是通道，东西两边砖砌台基，四角立通柱，外包砖墙。市楼既居于平遥城“天心十道”处，按理说应有东西向的横街，此处则因地制宜，在东西两边的台基上分设拱门一道，与南大街路面交会成一个象征性的“十”字形通道。楼顶屋面的彩色琉璃瓦镶成“囍”“寿”图案。楼下的中央路面覆盖着当年的“金井”，因而得名“金井楼”。

蔚泰厚

蔚泰厚原是介休侯氏开办的绸缎店，与著名的日昇昌票号中间只隔一个烧饼铺。侯氏见日昇昌由颜料庄改为票号后生意兴隆，十分眼红，但苦于无人能经营票号。恰巧这时日昇昌副经理毛鸿翙与经理雷履泰意见不合，毛鸿翙受到排挤，侯氏就趁机把他拉了过来。清道光十四年（1834年），蔚泰厚正式改组为票号，由毛鸿翙任总经理。在其经营下，蔚泰厚有了比较完善的规章制度，基础愈加雄厚，声势愈加显赫。

玩家攻略

平遥古城在周末的表演活动较多，如北门外的迎宾仪式，南大街的娶亲表演。此外，日昇昌的账房先生写汇票、票号招学徒等表演每天举行。

每年正月初一至正月十六日，有县太爷拜年、赏灯会、社火表演、猜灯谜、烟火晚会、状元祭孔表演等民俗活动，平遥古城的庙会也是当地的一大盛事。

每年9月下旬，古城内都会举办平遥国际摄影大展。

平遥县衙博物馆 AAAA

堪称皇宫缩影

平遥古城

平遥县衙始建于北魏，定型于明清，保存下来最早的建筑在元至正六年（1346年），距今已有600多年的历史。

整座衙署坐北朝南，呈轴对称布局，占地面积26 000余平方米。县衙遵循封建礼制，左文右武，前朝后寝，中轴线上有六进院落，由外至内依次为大门、大堂、宅门、二堂、内宅和大仙楼，大堂又叫“亲民堂”，内堂又叫“勤慎堂”；东侧线上由北至南有花厅、常平仓、赞侯庙、土地祠，常平仓又叫钱粮厅；西侧线由南至北有牢狱、十王庙、洪善

平遥县衙博物馆

驿、督捕厅，整个建筑群主从有序，错落有致，结构合理，无论建筑布局，还是职能设置，都堪称皇宫缩影。

一、二进院落

县衙第一进院落是赋役房，为明万历年间的建筑，是收取赋税钱粮的场所。其东西各有窑洞6间，取六六大顺之意。县衙的第二道门称为仪门，即“礼仪之门”，仪门通常是关闭的，只有在知县上任、迎接贵宾、举行重大庆典活动的时候才会打开。县衙的第二进院落为“六部房”，六房对称设置，清一色的青砖灰瓦。

牢狱

县衙牢狱占地面积在清朝达到1700平方米，有“重狱”“轻狱”“女狱”“狱神庙”“子孙房”等。牢头办公场所为里外套间，狱神庙供奉皋陶，每到初一、十五的时候，犯人、狱吏都会来拜祭。轻狱是仿窑洞建筑，冬暖夏凉，并且有炕有火。重刑牢房位于最后，没有窗户，一关门便暗无天日。

县衙督捕厅

始建于清初，与牢狱南北呼应，主要是便于随时提审犯人。第一、二、三展室，以大量的文物典籍展示中国数千年法律实践活动及其成果，第四到第七展室以大量的实物刑具和文物图片揭开了中国古代刑具神秘的面纱，让人们了解人类怎样从愚昧野蛮走向进步文明。

大堂

大堂是县衙的主体建筑，这里是知县举行一些重大典礼、审理重大案件、迎送上级官员的厅堂。进入大堂，可看到正中屏风绘有山水朝阳图，象征清正廉明，与上悬匾额“明镜高悬”对应。屏前高出地面一尺的地方称作“台”，台上四根柱子围成的空间，叫“官阁”，也叫“暖阁”，“暖阁”是知县发号施令的法堂。暖阁前列有县令仪仗又叫“执事”，即铜棍、皮塑、肃静牌和刑具，如水火棍、执杖、老虎凳等。

中国票号博物馆 AAAA

中国的第一家票号

晋中市平遥县城内西大街38号

中国票号博物馆位于平遥县西大街日升昌票号旧址，是中国的第一家票号，是中国历史上第一家私人银行，也是现代各式银行的鼻祖。中国票号博物馆总占地面积约1600平方米，院落分为三进。院落第一进为柜台、账房；二进为职员住处、客房；三进为二层楼房，楼上为仓储和伙计住处，楼下为花厅；最后一进为贵宾和高级职员住处。

玩家解说

票号的综合办公机构是上传下达信息的指挥部。这里设置有信房、账房等办公地。当年信房共有4个人主持工作，总负责称为文牍，另外3人为录信员。票号每年年底都会把全年的经济情况汇报到账房，再由账房做出详细的统计汇报给掌柜及东家。但不是每年都要进行分红，而是每四年进行一次分红，称为“大账清”。

票号的最后一进院落后厅是逢年过节时摆设宴席的场所，每年在“大账清”之后，各地分

中国票号博物馆

号的老板会集于此，他们各自所取得的经营业绩，也由账房先生统计公布，赚了钱的分号掌柜财大气粗、扬扬自得居于门的正面，十分风光，而那些业绩较差的掌柜只好背门而坐，一副羞愧难当的表情。

平遥文庙 AAAA
中国现存文庙中历史最悠久的殿宇

平遥古城东南隅

平遥文庙是古城内历史最悠久、规模最宏大、气势最雄伟、形制最典型的建筑之一。它坐北向南，占地面积约4万平方米，殿宇规模宏大而布局庄严，内涵丰富而层次井然。庙区红墙灰瓦，宛如帝王宫殿。

文庙总体布局由三组建筑群组合而成，中央为文庙，左为东学，右为西学，前后纵深五进院落。中轴线上由北往南与城墙连为一个整体是平遥文庙建筑群的独有特色。庙区中的主要建筑有文昌阁、魁星楼、石牌坊、状元桥、影壁等。

第一进院落

跨入棂星门，是文庙的第一进院落。棂星门是平遥文庙的主入口，为歇山式木构牌楼，斗拱分别为九踩、十一踩、屋顶琉璃剪边，柱头施冲天云冠，造型精美，巍峨壮观。第一进院落中泮池为文庙的象征性建筑。泮池围栏石板精雕各式吉祥图案。名宦祠、乡贤祠为此院的东西配殿。宦祠为古代供奉有突出贡献的官员之场所。乡贤祠为古代供奉对儒学和乡里做出重大贡献的乡绅之场所。院中斋宿所、更衣厅、神厨、神库为祭孔时供祭祀者更换衣服、斋戒、沐浴以及制作祭品、存放祭品与祭器的地方。

第二进院落

大成门是联系贯通第一、第二进院的建筑物，为文庙中的礼仪之门，庄严凝重，肃穆大方。第二进院由主殿大成殿，配殿东庑、西庑、东西腋门、碑厅组成。主殿大成殿建在一米高的台基上，面阔五间，进深八椽，单檐歇山顶，布瓦覆盖，琉璃脊饰。殿内主要奉祀“孔子”“四配”“十哲”，主像为孔子。配殿东庑、西庑供奉七十二贤人。

链接

“四配”“十哲”

历代统治者在尊孔祭孔的同时，对孔门弟子也加以尊崇，在不同的朝代分别请进了文庙，给予从祀和配享的待遇。即孔子像左右分别为“四配”，述圣孔伋、宗圣曾参、复圣颜回、亚圣孟轲；东西供台上为“十哲”，分别为仲由、卜商、冉雍、冉耕、冉求、宰予、端木赐、闵损、言偃、颛孙师，他们均为孔子的得意门生。

第三进院落

穿过大成殿两侧的东西腋门来到第三进院，首先看到大成殿后墙上硕大的“魁”字。该院落主要的建筑有明伦堂、东配殿时习斋、西配殿日新斋。明伦堂明代即有之，清乾隆、道光时修缮，面阔五间，进深六椽，七檩硬山前后廊式。明代时为儒学讲堂，清代时改为儒学教室，现辟为孔子生平展室。东配殿时习斋，旧时为讲学研读之所，现辟为古代教育展室。西配殿日新斋，旧时为讲学研读之所，现为“古代文墨展”。该展厅向游客展示了专门收集的数十种笔墨纸砚和各类

平遥文庙

文房用具。

第四进院落

从明伦堂穿过，来到中轴线第四进院。主体建筑敬一亭始建于明嘉靖二十年（1541年），1943年日寇驻兵时焚毁，此亭为2003年自晋南移建而成。“敬一亭”为祭天之所，亭内设气势雄伟的祭天大鼎。

第五进院落

第五进院主体建筑尊经阁，建于明初，于近年复修。尊经阁其功用既有藏书亦有振兴文运之意，是文庙建筑中的固定配置，其两侧为清道光八年（1828年）创建的古陶书院，后改名超山书院。是清代官民联办学堂。该院60余间房舍，主从有序，为四合院形制。超山书院现已辟为“中国科举展”，是中国现存规模最大的固定性科举史展。展览分为科举的由来和沿革、院试、乡试、会试与殿试等几大部分，展厅中展出了大量极具文物价值的文献、史料和展品。其中有1300年科举史上仅存的一份状元卷，有古代科举考试作弊的各种夹带等，十分有意思。

东学区

文庙的东学区包括东学宫、崇圣祠、节孝祠。东学宫为古代官办学宫，俗称庙学或儒学，也是全县掌管学业的行政长官教谕的衙门，现为国际摄影博物馆。馆内展览有中国摄影界大师沙飞、吴印咸等人的精彩作品。崇圣祠原名启圣祠，主祀孔子之父叔梁纥。节孝祠，旧时奉祀贞节烈女的祠堂，供奉由乡绅名儒举荐之节孝妇女。

西学宫

文庙的西学宫是儒学训导的衙门，是官学合一之所。清末改称劝学所。现辟为山西平遥展览馆。主要展出书画界名家的书画作品。

慈相寺

研究书法艺术的珍贵资料

平遥县沿村堡乡冀郭村

原名圣俱寺，现存除正殿与砖塔为金代遗物外，余者是清代重建之物。寺院坐北朝南，前后三进院落。中轴线上自南而北为山门、戏台、前殿、正殿和麓台塔，东西两侧有钟鼓楼和廊窑。此外，寺内现存碑碣8通，古柏5株。殿内现存“三身佛”坐像和壁画100余平方米，均系金代作品，而且是高手之作。麓台塔平面八角形，高48.2米，九层楼阁式砖塔。塔内空心，各层间有楼板、木梯，各层南北向开明窗。寺内所存宋庆历六年（1046年）《大宋西河郡麓台山圣俱寺碑》，高5米多，书法艺术极精，是研究书法艺术的珍贵资料。

慈相寺

镇国寺 AAAA

中国大陆所存最古老的木构建筑之一

晋中市平遥县洪善镇郝洞村

镇国寺原名京城寺，整座寺院坐北朝南，由两进院落组成，前院建山门天王殿和左右钟鼓二楼，正中为大殿三间亦称万佛殿，后院东为观音殿，西为地藏殿，各为五间，中建三佛殿。镇国寺的建筑，以万佛殿为最早，是中国大陆所存最古老的木构建筑之一。

寺内各殿皆有塑像，其中万佛殿内塑像最为珍贵，是五代北汉天会年间建殿时的作品。万佛殿内佛坛宽大，长宽为6.09米见方，高55厘米，沿边用青砖叠砌而成，约占全殿面积的一半。坛上正中设束腰须弥座，释迦佛趺坐其上，全殿共有塑像14尊。其中除3尊（观音、善财、龙女）为明代塑造、清代重绘油彩外，其余皆为五代原作，佛坛式样，塑像配置均与五台山唐代建的南祥寺大殿内略同。释迦牟尼像造型高大，结跏趺坐式，手势做拈花印，面相端庄慈祥，反映了唐、五代的风格。

天王殿

天王殿始建于元代，几经修葺，但仍保持了元代的风格，单檐悬山式建筑面阔进深各三间，进入殿内，即可参谒天王殿诸神，殿的中央原塑有身材魁梧的关公塑像，两侧是佛国护法神将——四大天王。它们全是清代重塑作品，第一尊为南方增长天王，手执青风剑，气势磅礴；第二尊为东方持国天王，怀抱琵琶，悠扬自得；第三尊为广目天王，手执雨伞，泰然自若；第四尊为多闻天王，手托

镇国寺

宝塔，气贯长虹（塔在“文革”中被毁）。它们合起来就是“风调雨顺”，象征着老百姓期盼的“五谷丰登，天下太平”的美好愿望，所以四大天王在民间很受欢迎。

万佛殿

万佛殿是整座寺院的精华所在，为镇国寺的主体建筑，建于五代时期，被称为“千年瑰宝”。它是中国现存最古老的木结构建筑之一。在中国共有这样的建筑三处，前两处在五台山，一座南禅寺，一座佛光寺，而万佛殿就是第三处了，所以它在中国历史上早已久负盛名。

万佛殿面阔进深各三间，单檐歇山顶，殿身设檐柱一周，共12根，各柱侧角柱生起，柱头卷刹，柱与柱之间用阑额联系，转角处阑额不出头，设有普拍坊。

殿内佛坛宽大，上面有佛、弟子、菩萨、童子等塑像共11尊，主像为佛教创始人释迦牟尼，因他的地位最高，所以把他塑造得非常高大，结跏趺坐在须弥座上，显得非常安逸慈祥，和颜悦目，被尊称为“佛祖”，佛祖的两旁是他的两个弟子，阿难和迦叶。

土地殿

土地殿殿内供奉的主像就是土地爷，站在他两旁的是金童和玉女，手中分别拿着印玺和印盒，一副忠顺服侍土地的形象，从他们手中所拿的东西可以看出当时男尊女卑的社会现象。最前面的这两尊是判官和招魂小鬼，他们本是地藏殿的。传说土地爷把他们请到这里，询问人世间的美善丑恶。

地藏殿

地藏殿俗称阎王殿，是明代的建筑，供奉的主像为地藏王菩萨，地藏王菩萨的两旁同样是他的两个弟子，闵公和道明两父子，因为儿子先出家，所以把他塑到了左边（左为上），其父在右边，左右各5尊为十殿阎王，六朝判官（南面3尊在“文革”中被毁），还有牛头（马面在“文革”中被毁掉了），这些彩塑都是明代的作品，它们所表现的形象各有特色，有的威严端庄、栩栩如生，有的怒不可遏，有的文质彬彬，还有的慈祥和蔼，表情不同，性格各异，形神兼备，殿内墙上的壁画描述了一些鬼卒正在专心职守，不善之徒正在被用刑的场面共十四幅。

三佛殿

三佛殿创建于明代，清代重修时保持了7尊彩塑52幅壁画的原貌，3尊主像分别为法身佛（中）、报身佛（左）、应身佛（右），佛为了超度世间众生，根据不同情况和需要，而塑造了其不同的化身，称之为三身佛。殿两面的壁画描述了佛祖释迦牟尼的一生，集山水花鸟、人物于一身，以鲜明的主题，古朴、娴熟的绘画手法和技巧，用连环画的形式表达了出来。

镇国寺观音

景点推荐

介休周边景点

绵山 AAAAA

佛寺神庙、革命遗址集于一身

介休市绵山镇

旺季8:00~19:00，淡季8:30~18:00

旺季110元，淡季80元，换乘小交通50元

介休绵山又称介山，属太岳山脉，居介休、灵石、沁源三县交界处，绵延50余千米，海拔2072米。绵山山势陡峭，多悬崖绝壁，苍松翠柏，自然景色非常优美，是晋国名臣介子推抱母殉难的地方，也是一处融自然山水和佛道文化为一体的风景名胜区。绵山主要由龙头寺、龙脊岭、蜂房泉、大罗宫、介公岭等小景区构成。早在北魏之时就有寺庙建筑，唐初时已具有相当规模的佛教禅林。山上文物古迹颇多，俗称"九里十八弯，二十四座诸天小庙，各处罗列"。

玩家攻略

1.住宿：绵山景区周边很多民宿、客栈、农家院可供选择。

2.美食：绵山传统名宴——秦王宴，即绵山传统"八大碗"。四干果，四蜜饯，四荤四素，四盘，八碗，一羹，主食六种，寒食点心四种，时令水果若干。

3.购物：绵山的特产主要有秦王贡酒、绵山黄酒、风味醋、益生醋、香小米、黑木耳、白木耳、松蘑、花菇、元菇等。

4.旅游时间：每年的4~10月，尤其是4月清明是访绵山的好时节。

链接

寒食节由来

相传春秋之时，晋国贵族介子推跟随晋公子重耳逃亡十余年，曾在重耳饥饿时割下自己大腿上的肉给重耳吃。晋文公还国为君后，介子推携母亲到绵山隐居，晋文公派人寻找至此。为逼迫介子推出山，采取放火烧山的办法，却把介子推和他母亲烧死了。文公得知，悲愤交加，命将绵山改为介山，把阳县改为介休县（今介休市）。又将“环绵山山中而封之，以为介推田”，以示怀念。并于清明节前一天，即介子推被焚的日子，不许烧火，家家户户只能吃冷饭，谓之“寒食节”。

龙头寺

原名塔岩头，因岩下黄土坡原有空王塔院而得名。后因唐太宗李世民来绵山朝山谢雨，见双龙显灵而改现名。现有圣迹亭、百龙壁、关帝庙、南天门、龙门石牌楼等20多处景点。

南天门

绵山正门，始建于北宋年间。门楼由三层组成，凭栏远眺，三层景色各有不同：第二层是五雷殿，供奉五雷将军，“五雷轰顶”就是他们对恶人的惩罚；第三层是雷神殿，供奉九天应元雷神普化天尊，它是雷部众神的统帅。

龙脊岭

因位居双龙交会的背脊而得名，以介子推文化和道教养生为主线，有龙涎泉、龙须瀑、介子推母子巨型雕像、雷祖殿、真武殿、八卦园、仰止亭等20余处景点。岭上景行、仰止石亭造型独特，做工精细，堪称精品。

李姑岩

李姑岩，也叫皇姑岩，位于龙脊岭西侧，是一处长达200余米的天然巨型岩洞，庙殿分建为上下两层。依山筑阁，别具特色。其中庙殿有皇姑殿、释迦殿、关帝殿、都龙王殿、罗汉堂、三身佛殿等名胜。

蜂房泉

又名圣乳泉，是一处罕见的悬泉。悬崖绝壁上数十对苔藓集结的石乳，乳汁如珍珠断线，清代康熙年间山西名士傅山曾把此泉水比作佛家最正法、乳酪最上品，即使神龙那伽也只能品尝一勺，而不许多贪。

大罗宫

大罗宫依山而建，画栋雕梁，金碧辉煌。整个建筑群面积30 000余平方米，共13层，总高110米，可谓天下道家第一宫观。主要有讲经坛、混元殿、群仙殿、灵霄殿、三清殿等诸殿。藏经阁是中国名胜区最大的藏书之处。宫内有《道德经》木刻、石刻及英日俄等译文，堪为《道德经》文化之大观。岩上有一天然石洞，夏日常有白云飘出，故称为“白云洞”。洞旁建一草庵，叫白云庵。庵内的《金刚经》石刻，为唐代遗留的珍贵文物。

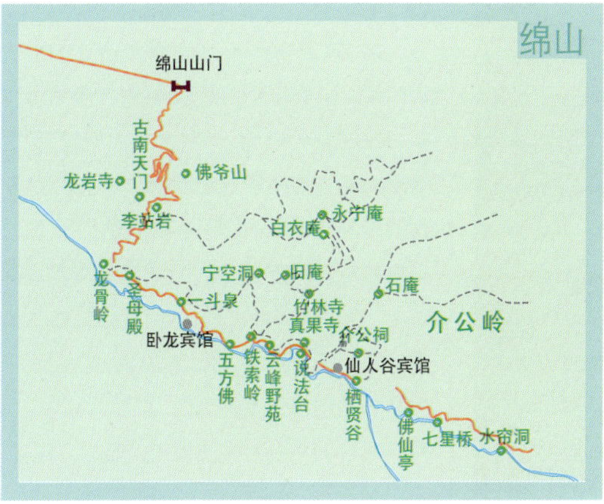

朱家凹

朱家凹是上清灵宝天

尊的道场，左右偏殿为十方灵宝殿和诸仙殿。西面山岗上有玉皇阁，明嘉靖二十一年（1542年），朱世宗在此建醮，祈求大明江山千秋永固。岩下是卧龙宾馆，原意出自《易经》“潜龙在渊”“利见大人”。在明代是个山房，明代天子朝山时都要在此驻跸，所以称卧龙宾馆。

一斗泉

一处天然生成的石泉，因仅仅能盛一斗水而得名。传说很久以前绵山缺水，元始天尊云游至此，用拂尘蘸东海之水，往绵山洒了几点，绵山便出现了很多泉水，最后一点滴在此处，形成一斗泉。后来这里成为元始天尊的道场，为了感谢神恩，百姓依山而建了洞真宫。

云峰寺

原名抱腹寺，因建于抱腹岩而得名。抱腹岩坐东面西，高60米，分上下两层，抱200余间殿宇、馆舍于“腹”内，容两千年历史文化于其间，为天下“绝无仅有”。主要景点有毗卢殿、玉皇阁、空王殿、五龙殿、迪公洞、鸾公洞、志超洞、五龙松、铁索岭。寺内保存有许多唐、宋、元、明碑刻、雕塑，具有很高的文物价值。

绵山云峰寺

正果寺

正果寺乾坤塔内有13尊包骨真身像，近及元明，远至唐宋。虽历经千年而骨架完好，颇有灵气，是研究绵山历史文化和地理气候的重要文物。这种彩塑造型的内部不是一般的木制支架和黄泥，而是真人的遗体。

玩家解说

包骨真身像是我国的一种独特的宗教造像方式。所造的偶像不是神像，而是具有极高修行的、修炼成功的僧人。高僧通常在生命将尽时，禁食禁水。在坐化圆寂之后，如果其身体不坏，形神不散，则被视为修成正果，便由弟子们请来彩塑艺匠，以其肉身为胎，包塑成像，供人信奉。

介公岭

介公岭是介子推的隐居地、焚身地和享祀处。本区内还有哀号坡、鱼龟山、避火洞、足下亭、柏树岭、介公墓等景点。鱼龟山是介子推的归隐处。思烟台记载了晋文公焚山，有“白鸦绕烟而噪，使火不能焚”的故事。哀号坡、足下亭，讲述着晋文公面对枯木余烟，用烧剩的木头制成木屐穿在脚上口呼“足下”，顿足哀号的往事。介公墓建于柏树岭中央，古墓依山而建，有元、明、清历代墓碑数通。

古藤谷

俗名“西水沟”，地处闻名遐迩的水涛沟西侧，与水涛沟相媲美，谷内古藤缠绕古树，形成似伞、似尾、似洞、似桥、似网、似宫等形态各异的藤景奇观。此外，这里还是天然的中草药植物园，千百年来吸引了众多的历史名人来此游览，留下了许多珍贵的题留石刻，至今仍清晰可辨的还有唐玄宗、令狐楚、文彦博、贺知章、张煊等的手迹。由于谷内是典型的温带雨林气候，被游人称为“天然氧吧”，是消夏避暑的最佳去处。

介休绵山五奇

奇岩：绵山"抱腹岩"奇绝、幽深、规模之大，不能不叫人称奇；云峰寺建在抱腹岩内，又称抱腹寺、抱佛寺。在大岩抱佛的空灵意境中，望挂铃、观神灯，能体会到抱腹岩的况味和奇特。绵山还有中小抱腹岩及众多奇岩。

奇峰：绵山前山景区有一奇峰，山形如坐在椅子上的弥勒佛，当地俗称佛爷山。天然坐佛高度近400米，大佛两侧的瓦瓮岩，是绵山地质保护的重点。奇峰还有香炉峰、独秀峰、五龙峰、莲花峰（岩峰）及摩斯塔处绵峰绝顶。

奇谷：绵山"栖贤谷"为九曲一线的岩谷，峡谷宽度3~50米，两岸相对似一天然山门；岩谷由水流冲刷侵蚀形成一线天、石池、石盆、石瀑等，这里怪石挂悬崖、树木参天、鸟语花香、曲径通幽，可真是天下之奇谷，栖贤谷是绵山重点地质保护区域。另外，水涛仙谷和岩沟大峡谷，是三晋第一"凉沟"，盛夏进入水涛沟或岩沟响水滩游览非常凉爽，这里雾起谷底、云罩半崖，人在山腰行如临仙境。

奇泉：绵山中岩景区的蜂房泉，又称圣水泉、石乳泉，俗称母奶头泉；中抱腹岩绝壁上悬挂着几十个石乳，状如蜂房，泉水长流不息，是绵山地质保护的重点。奇泉还有聚仙泉、铁锅泉、龙池泉、绵峰铁瓦寺院内井泉及水涛沟诸多山泉。

奇树：中岩风景区的"回头望柏龙"是绵山又一奇观，龙柏横挂在悬崖绝壁上，身长3米，多有头角、龙尾，从唐朝以来龙柏千年常绿不变。奇树还有抱腹岩顶的五龙松，这五棵乔松近千年矗立在大岩绝壁上；水涛沟的山杨树似一龙头，被称"五龙神树"；茶房庵的古灌木及铁瓦寺院内的沙棘也长成了粗大的乔树，另外还有西水沟等自然保护区内的藤树王，有许多古藤奇树很有观赏价值。

张壁古堡 AAAA

中国星象第一村

介休市龙凤乡张壁村

张壁古堡是中国现有较为完好的一座融军事、居住、生产、星象、宗教活动为一体的、罕见的古代袖珍"城堡"，整座古堡顺塬势建造，南高北低、地势险要，可谓"易守难攻，退进有路"，地下遍布地道，与堡内四通八达。张壁古堡保留下来的古代建筑颇多，大都是明清遗物。著名的有明代空王佛行宫、真武庙、三大士殿、可汗王祠等。

玄神楼

山西三大门楼之一

介休市北关顺城街

玄神楼位于介休市城内三结义庙前，始建于清康熙七年，二层三檐，高约20米。平面呈"凸"字形，整个楼身雕工精湛，构造奇特，把过街楼、山门、乐楼巧妙地融为一体，是山西三大门楼之一。

后土庙

三晋琉璃艺术的瑰宝

介休市城内庙底街

庙内的琉璃囊括了从明代正德年间到清代嘉庆、道光年间的制品，为三晋琉璃艺术的瑰宝。庙内还有反映道教内容的近千尊悬壁彩塑，衣纹线条流畅、形象丰满，是不可

后土庙

多得的彩塑艺术佳作。

王家大院 AAAA

华夏民居第一宅

- 灵石县静升镇静升村
- 旺季8:00~18:00，淡季8:00~17:30
- 旺季55元，淡季30元
- 0354-7722122

王家大院由历史上灵石县四大家族之一的静升王家所建，是清代民居建筑的集大成者。建筑经明清两朝、历300余年修建而成，包括五巷六堡一条街，总面积达25万平方米。

现已开放的高家崖、红门堡、崇宁堡三大建筑群皆为黄土高坡上全封闭城堡式建筑群，共有大小院落200余座、房屋2000多间。主体院落为前堂后寝式布局，不同身份的人的居所和不同功能的院落均按照封建等级制度巧妙布设在有限的空间中，不仅体现了功能齐全、成龙配套的实用性，而且形成了院内套院、门内有门、层楼叠院、错落有致的艺术构架。巧夺天工的三雕装饰品俯拾皆是，中国传统的吉祥花草、珍禽瑞兽、历史典故等在古代匠人的精雕细琢下，定格成一幅幅或抒发情怀、或寄托希望、或勉励自身、或训诫后辈的美丽画卷。

玩家 解说

王家大院的建筑装饰是清代“纤细繁密”的代表，结构附件装饰均绚丽精致、雍容典雅。如穿廊上的斗拱、额枋、雀替等处的木刻，柱础石、墙基石等石刻装饰以及各院落内的楹联匾额，形式多样，做工极佳，体现了中国古代北方地区汉族民居“坚固、实用、美观”的建筑特点。

链接

灵石王氏家族

灵石静升王氏家族，源出太原王氏，自元代先祖王实迁至静升后，逐渐发家，读书入仕，遂“以商贾兴，以官宦显”，成为当地望族。王氏家族鼎盛于清朝康、乾、嘉年间，大兴土木，除营造住宅、祠堂、坟茔和开设店铺、作坊外，还在当地办义学、修桥筑路、蓄水开渠、赈灾济贫、捐修文庙等。王家从清道光年间逐渐衰败，王氏家族子孙后代或沉迷鸦片，或游手好闲，生活奢靡，不事生产，卢沟桥事变后，王氏家族举家南迁，流落他乡。

高家崖

王家大院高家崖建筑群是由十七世王

王家大院

汝聪、王汝成兄弟俩修建，总面积19 500余平方米，有大小院落35座，房屋340余间，其建筑依山就势，层楼叠院，继承了我国西周时即已形成的前堂后寝的庭院风格。其匠心独具的砖雕、木雕、石雕，内涵丰富，有极高的文化品位。

红门堡

红门堡建筑群建于1739年至1793年间，总面积25 000平方米。建筑总体布局既隐一个“王”字在内，又附会着龙的造型。除前堂后寝的院落外，一部分又应变为前园后院。因有些院落建于乾隆早期，故其装饰纤细繁密中带着古朴粗犷，接近明代风格。红门堡内有中华王氏博物馆、书画馆、珍宝馆、拙居茶馆和“全国晋商会馆图片展”等。

司马院

司马院位于红门堡二甲西巷，是王氏十六世孙王寅德的宅院。该院落特点为一关辖三门，三门通四院。四座院落主题各异，分别为加官、进禄、增福、添寿。

孝义祠

乾隆帝为旌表王氏十五世孙王梦鹏的孝行义举而下旨为其修建孝义坊，后又于嘉庆元年（1796年）扩建为孝义祠。祠堂坐北向南，分楼上楼下两院。院内一层有正窑三间，陈列静升王氏宗祠、王家坟茔模型以及记载王梦鹏一生孝行义举的立体雕塑。楼上正厅五间，为供奉祖先牌位之地，前面有一座坐南朝北的戏台，歇山顶，四角挑檐，平面呈“凸”字形，有元代戏台遗风。

石膏山 AAAA

与介休绵山鼎足而立

晋中市灵石县南关镇峪口村

旺季60元，淡季40元

0354-8558888

石膏山海拔约2530米，属太岳山脉。景区内奇峰叠翠，风景奇特。每当春末或初冬，山下已是春雨沙沙，或秋雨绵绵，山上依然是白雪皑皑，蔚为奇观。

王家大院珍藏宝物

圣旨：这是王家后人历经数代保存，后来自愿捐赠的嘉庆年间颁发给王家的一道圣旨。这道圣旨不仅是王家先祖留给我们的一份珍贵的实物资料，同时对于研究清代历史、文书制度、官制、书法、针织等方面的演变、发展具有极大的参考价值。

千工床：敦厚宅后院“洞房”内摆放的“千工床”，采用雕、嵌、描、绘等多种装饰技法，以最能体现喜庆气氛的红色为主色调，搭配鲜艳欲滴的中国红，彰显富贵的金漆，显示了其作为“婚床”的独特风采。

大清万年一统天下全图：凝瑞居大厅内陈列的“大清万年一统天下全图”尽管为刊印本，但在该图存世量越来越少的今天，它对于研究我国疆域和行政区域的历史变迁十分有用。

其他家具：有在花梨木中间镶嵌螺钿并得以完整保存的书柜式多宝阁，以及许多用红木、梨木、榉木等珍贵硬木精心打造的精美古典家具。

山上有上、中、下三个大溶洞，又名上岩、中岩、下岩。下岩最大，洞内原有寺院，毁于战火。中岩内有“天竺寺”，现殿宇多已倾圮，仅存木构大殿，门额上书有“天竺古刹”四个大字。寺内仍存铁碑、石碑若干，大都是重修碑记。寺旁有洞，潺潺泉水喷出，称为龙洞，泉水贯流三洞，叮咚作响。洞旁有钟泉，铁钟置于泉眼之中，故谓钟泉，其泉水清澈透明，圣洁无尘，四季长流，旱涝不断，饮之沁人心脾。上岩是石灰岩溶洞，深30米。洞内钟乳石天然形成各种形状的动物、植物，还有白衣观音坐像，旁有石灰岩石钟乳和石笋。县志记载，塑像曾三次被淹而三次增高。

玩家 解说

石膏山有钟泉澄澈、松塔玲珑、高山瀑布、梵音洞天、石膏叠翠、云路横空、石猴望月、柏登飞悬等景致，这些景致相互映衬，熠熠生辉。还有罗丁松涛、莲寺争泉、神飞壁峰以及南天门、蘑菇岩、舍身崖、乌龟石、棋盘石、桃花岭、猴王峰、香炉山、尖阳山等景点，雄奇秀丽。滴水岩瀑布落差50余米，悬挂空中；天水河奔流而出，一泻百里。石膏山的山路，窄而奇险，俯视山下，毛驴犹如蚂蚁蠕动。惊呼绝叹，回声相应，经久不息。站在岩洞顶上，遥望群山，宛如凌空直下，览尽无数小山。

资寿寺

院落宽敞，布局完整

灵石县翠峰镇苏溪村

资寿寺创建于唐代，重建于宋代，在金代遭破坏，元泰定三年（1326年）重建。资寿寺规模颇大，院落宽敞，布局完整。寺内主要建筑物有天王殿、雷音殿、罗汉殿、地藏殿、药师殿、二郎殿等。屋顶三彩琉璃瓦覆盖，制作精巧，很有特色。

玩家 解说

资寿寺内各殿塑像79尊，以菩萨和十八罗汉塑像艺术水平最高。十八尊罗汉头在1998年曾惨遭浩劫，被歹徒盗卖到海外，后由爱国台商购买后捐回寺内，十八尊罗汉经过修补后，已重新与游人见面。寺内墙壁上画有壁画，内容为佛、菩萨及佛祖释迦牟尼的传说故事。画面精美，笔力雄健，着色深厚，虽经历代沧桑，却仍然保存完好。

资寿寺

景点推荐

晋中东部景点

大寨景区 AAAA

全国农业示范点

昔阳县大寨镇

大寨景区坐落于太行山的西部，不仅包括了大寨村，还囊括了大寨森林公园。这里物产丰富、人文深厚、风景如画，吸引了无数游客前来探访。大寨村曾经是全国农业的一面旗帜，如今，这里已经成为昔阳县重点打造的红色旅游品牌，吸引了众多游客前来感受那段辉煌的历史。

虎头山森林公园

综合性游览区

晋中市昔阳县大寨村

虎头山森林公园空气清新，湿润宜人，仿若绿色氧吧。郁郁葱葱的绿色植被，如流如泻，密密匝匝，绵延数千米。

玩家 攻略

虎头山本来是一座名不见经传的小山，因其山形酷似伏虎，且虎头又直冲凤凰城，每当夜幕降临，其“虎头横晚”的依稀景观被列为宁乡八景之一。传说700余年前，虎头山曾是金元征战的战场。1967年，共有370多万人前来参观，高峰期一天高达数万人，那时去往虎头山的路上人流汹涌、万头攒动，接待站从早到晚都有人吃饭。

石马寺

石窟艺术的小家碧玉

昔阳县乐平镇石马村

石马寺因寺前有石马一双，俗称之为石马寺。寺中现存石刻造像千尊左右，石雕大者5米，小者5厘米，其中北魏、北齐时期造像约占70%，其余为隋唐作品。

麻田八路军总部纪念馆 AAAA

太行山老革命根据地

左权县麻田镇上麻田村

麻田八路军总部纪念馆在左权县麻田镇麻田村，抗日战争、解放战争时期，麻田曾是中共中央北方局及八路军总部驻扎最久的太行山老革命根据地，有革命旧址多处。

太行龙口

无限风光在险峰

和顺县青城镇百备村

太行龙口位于和顺县境东部，景区位于晋冀分水岭，太行山大断崖，南北走向30千米处全是陡壁悬崖之构造，看后令人胆战心惊、头晕目眩，可谓无限风光在险峰。历史上，唐朝末年的黄巢起义军曾在这里凭据天险与唐军激战。景区内的姑崖天险素以雄奇险峻名闻晋冀，更以天险栈道悬庙给游人留下难以忘怀的印象。栈道长约百米，平均宽度不到1米，最险处仅有0.5米许，古人描述此栈道为“绝壁凿开此栈道，尺余至二尺宽，仰首悬崖龛壁，俯视万丈深渊，不及瞻前顾后，令人提心吊胆，有幸从此通过方免终生遗憾，可谓栈道难，难于过刀山”。

麻田八路军总部纪念馆

化石博物馆

县级化石专题博物馆

榆社县箕城镇南街迎春南路27号

博物馆建于1983年，分为文物和化石两个陈列展室，陈列着上新世到晚更新世初期化石及部分出土文物。

响堂寺石窟

有“石室方丈”的千佛洞

榆社县箕城镇庙岭山

石窟始建于北魏。现寺宇已毁，佛像尚存，并有千佛洞一区。千佛洞又名“石室方丈”，其状如瓮，初入甚小，愈进愈大，石声铮铮，故名“响堂寺”。前洞内石壁环列，有石佛1090尊，高者1米许，低者八九厘米。后洞内有八幅山水、飞鸟图案。

链接

中国四大石窟

1.敦煌莫高窟。敦煌莫高窟是甘肃省敦煌市境内的莫高窟、西千佛洞的总称，是我国著名的四大石窟之一，也是世界上现存规模最宏大、保存最完好的佛教艺术宝库。

2.麦积山石窟。麦积山位于甘肃省天水市东南约45千米处，是我国秦岭山脉西端小陇山中的一座奇峰，山高只有142米，但山的形状奇特，孤峰崛起，犹如麦垛，人们便称之为麦积山。山峰的西南面为悬崖峭壁，石窟就开凿在峭壁上，有的距山基二三十米，有的达七八十米。在如此陡峻的悬崖上开凿成百上千的洞窟和佛像，在我国的石窟中是罕见的。

3.龙门石窟。龙门石窟位于河南省洛阳市南13千米处，它同甘肃的敦煌石窟、山西大同的云冈石窟并称为中国古代佛教石窟艺术的三大宝库。龙门石窟凿于北魏孝文帝迁都洛阳后，直至北宋建成，现存佛像10万余尊，窟龛2300多个。

4.云冈石窟。云冈石窟位于大同市西16千米的武周山麓，武州川的北岸。石窟依山开凿，东西绵延1000米。现存主要洞窟45个，计1100多个小龛，大小造像51 000余尊。云冈石窟是我国规模最大的石窟群之一，也是世界闻名的艺术宝库，1961年被国务院公布为第一批全国重点文物保护单位。

景点推荐

阳泉旅游区

娘子关景区
平阳公主的驻地

平定县东北的绵山山麓

娘子关原名苇泽关，建于唐初，旧因唐太宗之妹平阳公主曾率娘子军驻此设防故名。现在关城为明嘉靖二十一年（1542年）所筑，有关门两座，中为居民区。外城门为砖券门洞，上有平台，为检阅士兵和瞭望敌情之用。内城门下为砖券，上为门楼，筑构坚固。关城西翼之长城依山势蜿蜒，成为晋冀之间的天然屏障。

玩家 攻略

娘子关的水磨面有玉米面、豆面、小麦面以及各种杂面，以味道香甜享誉三晋，是娘子关的一大特产。

链接

社火和河灯

社火：自古在娘子关镇诸多村庄每年正月十六日都要表演，是村民欢度新春佳节的形式，有武打、耍叉等内容，多为模拟古战场故事。在正月十六日上午，村民自发组织带上长矛、大刀、钢鞭、剑、战旗等道具上街，锣鼓擂起社火便开始，围观人群越聚越多，非常热闹。

河灯：是流传于娘子关的一种古老习俗。每年农历六月六日是河神的节日，俗语有“六月六，大河大水斗一斗”之说，是日，为祈求河神的护佑，村民在晚上成群结队将灯放于河中，河灯随水漂流，灯光与水色互相辉映，构成了一道美妙的水乡夜景。据民间传说，此风俗最早参与者为开河磨的人家和水边居住的人家，后来参与者逐步扩大，演变为村民的一种庆典行为。最初的河灯是用木板作为底座，四周用彩纸糊贴，中间放麻油。现在用泡沫塑料做底座，再糊纸、点蜡，制作也比较讲究。

平阳公主

平阳公主出生日期不详，她是唐高祖李渊的第三个女儿，母亲是窦皇后，唐太宗李世民的胞姐，丈夫是谯国襄公柴绍，出身高贵，平阳公主是中国历史上非常有名的开国女将军，才识出众，胆略惊人，是真正的巾帼英雄。她本名李秀宁，生前被封为“平阳公主”，死后谥号“昭”，史称平阳昭公主。

公元617年5月，李渊起兵太原，李秀宁从长安回到鄠县（今陕西西安市鄠邑区）的李氏庄园，女扮男装，自称李公子，将当地的产业变卖，赈济灾民，很快招收了一支几百人的队伍。随后，她以超人的胆略和才识，在三个多月的时间里，到处联络反隋的义军，招纳了四五支在江湖上已有相当规模的起义军。其中最大的一支就是胡商何潘仁，当时他手下有几万人，随后又连续收编了李仲文、向善志、丘师利等义军，势力大增。

李秀宁在军事上的直觉与见地，堪称天才，她治军令出必行，组织和指挥能力出众，军队纪律严明，老百姓将她称为“李娘子”，将她的军队称为“娘子军”。娘子军威名远扬，隋将屈突通就曾经在她手下连吃几场大败仗，很多人都千里投奔而来。在此期间，她率领的义军不但打败了朝廷大军的每一次进攻，而且势如破竹，连续攻占了鄠县、周至、武功、始平等地。不久，娘子军就超过7万人。

公元617年9月，李渊主力渡过黄河进入关中。这时李秀宁已经在关中打下大片地盘。随后她挑选了1万多精兵与李世民会师渭河北岸，共同攻打长安。攻陷长安后，配合李世民扫荡陇西之地的势力，平阳公主驻守山西。山西是李氏一族的大本营，是中原和关中地区的屏障，无山西则中原和关中不稳。平阳公主率军驻守在今山西省平定县东北的绵山上，此处为出入山西的咽喉，原名苇泽关，因平阳公主率数万“娘子军”驻守于此，更名为娘子关。

公元623年，平阳公主去世。她是中国封建史上唯一一个以军礼下葬的公主。当时礼官提意见说女人下葬用军礼与古礼制不合，高祖李渊反驳他：“以前平阳公主总是亲临战场，身先士卒，擂鼓鸣金，参谋军务，从古到今何尝有过这样的女子？以军礼来葬公主，有什么不可以的？”于是特地破例以军礼下葬平阳公主，并且按照谥法所谓“明德有功曰‘昭’”，谥平阳公主为“昭”。这就是后世称她为“平阳昭公主”的由来。她是中国封建史上唯一一个由军队为她举殡的女子。

藏山景区 AAAA

晋东第一名山

孟县苌池镇藏山村东

藏山古名盂山，坐落于太行山西麓，山西盂县城北18千米处的长池镇藏山村东，因春秋时藏匿赵氏孤儿得名。藏山下有个天然生成的洞，洞深六尺有余，洞口不足一尺，洞中套洞，极其隐藏。当年，赵盾门客程婴携孤儿赵武，为躲避佞臣屠岸贾的追杀，藏匿于此洞，一躲就是15年，后人为了颂扬程婴、公孙杵臼等人舍生取义之壮烈事迹，遂在藏山立庙祭祀，代代香火不绝。藏山祠规模宏大，由文子祠、寝宫、藏孤洞、梳洗楼、八义祠、报恩祠、启忠祠组成，是一个气势壮观的建筑群体。藏山祠历代都受到过朝廷的赐封，其中藏山神庙更是升格为“万岁朝廷香火院”，在全国各大寺庙中实属少见。

藏山迎宾瀑

冠山

平定八景之一

平定县冠山镇西南郊4千米处

冠山因主峰顶状似冠而得名，山势雄伟，风景秀丽，“冠山雨过”为平定八景之一。冠山森林公园有森林景观、山岳景观、人文景观多处，分为名胜文化旅游区、苍龙山景区、黄金坡景区、聚宝盆景区和生活娱乐区五大区域。

冠山

平定州古八景

红楼晚照：景址在平定上城之天衢阁（后改建为阳春楼）。据州志载：“相传今天衢阁处旧有楼，高若浮屠，夕有返照，后遭火毁。”无名氏诗曰：“百尺危楼高拂云，晚来佳气倍氤氲。鸦翻金背渔归渡，雁落寒汀酒半醺。不独山光凝紫翠，更夸树色荡清芬。此时偏倚栏杆坐，笑捻吟须看夕曛。”

冠山雨过：景址在平定城西南4千米之冠山（状如冠而名）。无名氏诗曰：“层峦迭嶂接苍穹，更喜纱笼翠髻松。朝过雨岚飞黑水，晚垂虹带挂晴空。阴来云气连三岛，日上霞光近九重。杜笏频看情思好，漫吟佳句乐雍雍。”

白岸秋霜：景址在平定城东南7.5千米之西白岸村（古属东回都，今属锁簧镇）。无名氏诗曰：“榆关八月雁来秋，肃气棱棱暑气收。夜合苍旻银絮乱，晓凝碧岸玉花浮。色添枫叶红如锦，寒逼芙蓉醉若羞。更喜农家禾稼熟，涤场开酒乐悠悠。”

阳泉春色：景址在平定城西7.5千米之大阳泉村（因泉源有五，四季不涸，漾泉讹传而名，今属郊区义井镇）。无名氏诗曰：“此地从来先得春，桃红柳绿竞鲜新。有时雨过山添翠，长日溪流水皱鳞。似语野花开灼灼，唤人小鸟叫频频。回头更有南峰胜，青霭葱葱岱岳邻。”

五渡平波：景址在平定城东北7.5千米之五渡村（因古有五个溪滩，即五个渡口而名，今属郊区李家庄乡）。无名氏诗曰：“一湾溪水五重滩，雨后行人过最难。碧映山光留翡翠，清涵树色浸琅玕。风生浪卷湘潭橹，月映波沉碧玉盘。我欲放怀眈胜览，何如庄子坐观澜。”

清泉浸月：景址在平定城西北15千米之蒙村山谷间[古称门村，因蒙村沟前后有3道门，即红岭湾、大石头、玉兰寺，其两边的石山形似门而名，清乾隆五十四年（1789年）《重修玉兰庵碑记》中有载，后谐音讹变为蒙村，今属郊区平潭镇，分称半坡、大村、庙上]。据州志载：“蒙村有清泉亭”“蒙村山谷间上有龙母祠”，清泉池即在龙母祠的院中。无名氏诗曰：“榆关西去是通津，皓皓娟娟照水邻。翡翠光中开宝镜，琉璃影里浸冰轮。”

帽石烟凝：景址在平定城西12.5千米之蒲台山（又名狮子山、狮脑山，因山状如狮而名，今属郊区义井镇所辖）上。据州志载：蒲台山上“有巨石数丈，盘耸古松间，石上有穴，深尺许，中产菖蒲，水冬夏不竭，祷而辄应”。无名氏诗曰：“有石如山翠且高，无端烟霭四时包。晚云似练笼梳髻，夜月如纱映绿袍。淡抹远山青缕缕，寒分五渡水漕漕。今朝喜得攀跻乐，骐马归来胜驾鳌。”

双林古寺：景址在平定城西南40千米之松塔乡宜同铺村西南山岗上（今属寿阳县管辖）。据州志载：双林寺是“唐时名普济院，宋大中祥符间（1008—1016）赐牒，有碑仅尺余，光鉴秋毫”。无名氏诗曰：“古木参天黛色新，中藏兰若隔松筠。长廊斋署飞训雀，宝殿钟敲接大宾。喜见老僧朝面壁，净修香积午迎人。闲来策马寻诗句，烟水云林总是真。”

翠枫山 AAAA

自然仙境，天然氧吧

阳泉市后峪村 ¥50元

翠枫山海拔1430米，山上各类植物生长茂盛、分布均匀，形成了独具特色的山奇、水秀、景美的自然风光。景区目前已探明的各类植物多达300余种，稀有珍奇植物20余种，药材种类180余种。

翠枫山自然风景区内景点繁多，有展现山西民间文化的“八百米文化大道”、体现中国人崇拜自然的“图腾柱”、黄巢起义西征的古战场“黄巢沟”、为抗战屡建战功的“挡马墙遗址”、象征抗战胜利的“胜利树”、一览众山小的“翠枫亭”等。

玩家攻略

翠枫山自然风景区每年的大型节庆活动有：“正月春节民间文化大庙会”“正月十五灯展节”“四月桃花节”“暑天纳凉休闲节”“十月红叶节”“冬季冰雪娱乐节”。除此之外，平时还有丰富多彩、形式新颖的文艺演出、民间表演、体育比赛等活动。

八百米文化大道

八百米文化大道是进入翠枫山大门后的第一道风景。它由40根图腾柱、800米大道、山西民间的泥人、木偶、皮影和各种休闲酒吧及红枫演艺广场组成。每年的“春节文化大庙会”“正月十五灯展节”“四月桃花节”“十月红叶节”等节庆及大型活动都将在这里举行。堪称一条既宏观壮丽，又热闹非凡的休闲旅游文化大道。

动植物标本馆

动植物标本馆展出的动植物标本约400余种，供游人欣赏，让游人从中了解自然、融入自然、享受自然，为青少年提供学习自然科学知识的场所，增强人们热爱自然科学、保护生态环境的意识。

亲水园

翠枫山景区充分利用岩石缝隙水蓄水，建成了翠枫山水乐园——“亲水园”。亲水园由四个水池组成，每个水池水面平静，清澈

翠枫山

见底，从不同的角度观看能看到不同的山影倒立水中的美景。

关王庙

供奉关帝的庙宇

阳泉市郊区白泉乡林里村南

关王庙又名关帝庙，俗称老爷庙，位于山西省阳泉市郊区白泉乡林里村南玉泉山腰。庙宇坐西南朝东北，背山面阜，占地面积近7000平方米，分内外两个院落。建筑以关王正殿为主体，由献殿、过门马殿、南北配殿、围插廊以及外院的戏台、大门、忠恕牌坊、落箭亭、饮马亭等组成了一座错落有致、气势雄伟、左右对峙、布局合理的宋代及明清木构建筑群体，为全国重点文物保护单位。

大王庙

寺庙存碑最多的一处

盂县秀水镇西关

大王庙是春秋时期晋国上卿赵武的行宫，始建于金。大王庙原建有碑房三间，是盂县寺庙存碑最多的一处，刻石荟萃，造型优美，笔工遒劲，今部分碑刻已遭损坏。庙前有古槐两株，树冠高大，腰围达7.5米，传说是庙宇初建时所植，迄今已有千岁高龄。

药林寺

综合性森林公园

阳泉平定县张庄镇

药林寺山势陡峭，沟壑深邃，山路迤逦，苍松翠柏，满山遍野鲜花簇拥，气候凉爽宜人。2平方千米的森林郁郁葱葱。春来翠绿如染，夏时气候清爽，秋季色彩纷呈，红叶似火，冬季银装素裹，青松独秀，是一处集休养、避暑、观光和进行爱国主义教育于一身的综合性森林公园。

天宁寺双塔

省爱国主义教育基地

阳泉市平定县冠山镇平阳路

双塔位于平定县冠山镇南郊土垣上，始建于宋代。塔为楼阁式，平面为八角形，高约30米，每层收刹甚急，轮廓形制奇异。底层四面砌有券洞，内置佛像一躯，二层以上平座甚高，外观很像七层塔。塔下存有北魏石佛一躯，眉目清晰，躯体完好。

药林寺

攻略资讯

- 交通
- 住宿
- 美食
- 购物
- 娱乐

交通

飞机

太原武宿机场位于太原市东南方向，距太原市约13千米。航线辐射北京、天津、上海、成都、桂林、南京、沈阳、西安等全国各主要大、中城市。

可乘坐机场大巴1~4号线直达，此外也可乘坐201路公交车，至机场航站楼公交车站下车即可到达。

火车

太原火车站位于太原市迎泽区迎泽大街建设南路2号，连接北京、上海、西安、成都、包头等数十个大、中城市，途经和终止在太原火车站的快车每天有数十列。市内有多路公交车站可到达。

太原东站位于太原市杏花岭区的北同蒲铁路上，主要是一些省内的短途客运列车，以及很少一部分过路的慢车会在这里停靠。

太原南站位于太原市小店区北营，是太原的高铁站，多条公交线路通达南站。

晋中榆次火车站位于市区西部的站南街和迎宾街交汇处，每天都有发往北京、上海、太原、杭州、成都等地的列车。

大西高铁晋中站位于榆次区张庆乡红马营村境内，从晋中站乘车可到达介休、临汾、侯马、运城、西安、宝鸡等地。

阳泉火车站位于阳泉市德胜街130号，已开通到达太原、北京、天津、上海、杭州等城市的列车。

阳泉北站位于阳泉市盂县孙家庄镇大吉村和西吉村交界，距离阳泉市区4千米。

汽车

太原及周边地区公路系统完善，以太原为中心向外辐射。境内主要有太原汽车客运东站、太原市建南汽车站、太原汽车客运总站等。

太原市建南汽车站：位于小店区建设南路447号，每天有开往长治、介休、昔阳、平遥等地的班车。乘坐11路公交车至建南汽车站下车即可。电话0351-7071191。

太原汽车客运总站：位于太原市迎泽区迎泽大街88号。电话0351-4042346。

太原汽车客运东站：位于迎泽区五龙口街，一般运营开往晋西北方向的班车，如忻州。电话0351-2389072。

住宿

太原

作为华北地区比较发达的城市，太原的

太原夜景

酒店服务业也比较发达，太原的高档豪华酒店也多位于迎泽商业区；迎泽区以北的府东商业区，酒店价格相比迎泽区便宜，环境相比较也安静些；南部地区，集中了山西大学、山西财大等高校，文化气息浓厚，有比较实惠的酒店和旅馆，而且相比市区更加靠近太原机场。少数游客会选择在机场和晋祠附近住宿，赶飞机和去景点都更为便捷。

●山西国贸大饭店

酒店地理位置优越，距离机场40分钟路程，有游泳池，房间干净整洁，大堂的酒吧全天供应咖啡、茶、饮料、各式西点、冰激凌甜品和时尚鸡尾酒。粤菜餐厅是山西国贸大饭店的特色餐厅，提供一流的广东经典名菜。✉ 杏花岭区府西街69号 ✆ 0351-8688888

山西国贸大饭店

●湖滨国际大酒店

湖滨国际大酒店坐落于繁华的太原市核心地段，紧邻商务、娱乐及购物中心，交通便捷。酒店与迎泽公园相连，举步向北即是柳巷商业区。湖滨国际大酒店裙楼为山西国际会议中心。✉ 迎泽区青年路5号 ✆ 0351-7786823

晋中

晋中的住宿设施主要集中在榆次区，这里有高档型、经济型各个档次的宾馆可供选择，另外平遥、介休、灵石等也有宾馆可供住宿。

●晋中万豪美悦国际酒店

晋中万豪美悦国际酒店是一家五星级豪华酒店，距离太原武宿机场和榆次火车站都很近，交通便利，酒店各种娱乐健身设施齐全。✉ 榆次区迎宾西路345号 ✆ 0354-3166666

●晋中颐景国际酒店

晋中颐景国际酒店位于榆次区顺城街。地处山西省晋商文化旅游区中心。客房十分宽敞，酒店配备儿童用具，附近便是儿童乐园，适合亲子旅行。✉ 榆次区顺城街150号 ✆ 0354-2088648

●锦江之星风尚快捷酒店

锦江之星风尚快捷酒店（晋中榆次老城店）处在榆次最繁华的地段，周围有榆次老城、购物中心、天河娱乐城、榆次文化艺术中心、田森超市等，是购物、旅游时的绝佳住所。 榆次区顺城街81号，国美电器东侧（近花园路） 0354-2024123

阳泉

阳泉住宿较为发达，除星级酒店外，还有很多小型旅馆。星级酒店主要集中在阳泉市的南、北大街，是旅游居住的极好选择。阳泉的小型旅馆几乎遍布市区，干净整洁，住宿条件也不错，而且价格低廉。

●北冰洋大酒店

北冰洋大酒店是一家四星级酒店，前临市中心商业街，后倚碧波万顷的桃河公园，上下毗邻大型仓储超市、城市休闲广场和沃尔玛购物广场。建筑面积达万余平方米，整体建筑典雅别致，气势恢宏。 阳泉市中心繁华地段北大街80号 0353-4236666

平遥古城

●阳泉中心智选假日酒店

距离阳泉站2.8千米，位于开发区中心位置。交通便利，是洲际集团旗下连锁酒店品牌。酒店设计时尚简洁，充满创意。 阳泉市开发区大连街1号 0353-2052777

●阳泉海悦大酒店

阳泉海悦大酒店是一家经济型酒店，周边店铺林立，商业云集，与市、区两级党政机关和各大企业相邻。前院地势开阔、绿荫环绕，方便停车并安全可靠。 阳泉市德胜东街东段310号（近长途客运总站） 0353-3036666

美食

有道是“天下面食，尽在三晋”，在太原周边地区别的美食或许没有特别多的特色，可是论起面食却可以独步天下。太原的面食品种多，历史久，制作方法各异，浇头菜码考究，几乎达到了一面多样、一面百味的境界。比较出名的美食有刀削面、羊杂割、飘抿曲等。

●刀削面

山西的特色传统面食。刀削面全凭刀削，因此得名。用刀削出的面叶，中厚边薄，棱锋分明，形似柳叶；入口外滑内筋，软而不黏，越嚼越香。

刀削面

● 羊杂割

羊杂割，地方小吃。据传始于元朝，其名为忽必烈之母所赐。把羊的心、肺、肝、肠、血等洗净、煮熟切碎，配上花椒、辣椒、盐、大蒜、葱、姜等作料，加上一些煮肉汤，做成“羊杂”，加上粉条一起吃。

● 头脑

头脑是太原市特有的一种名早点，为汤状食品，具有滋补、活血功能。所谓“头脑”，是用羊肉、羊髓、酒糟、煨面、藕根、长山药、黄芪、良姜八种物品混合煮成的不稠不稀的汤，故又称作八珍汤。

● 百花稍梅

百花稍梅是太原的一种传统风味小吃。“稍梅”，就是我们平时所称的烧卖、烧梅，只不过太原的稍梅，内馅是纯羊肉的，皮薄如纸，圆如盘，洁白如玉，顶端蓬松束折，层次分明，稍梅馅大香醇，放在笼里，犹如朵朵雪梅。

● 莜面栲栳栳

莜面栲栳栳是用营养价值极高的莜面做成的，和面一般是由体力较好的人负责，加以烧开的水，用擀面棍搅拌成面团，必须趁热将面揉精，然后将小莜面团一揉、一搓，再往手指上一绕，就变出了一卷卷的莜面栲栳栳，接着将薄片卷成空心卷，竖立在笼中蒸熟。

● 老豆腐

老豆腐又叫豆腐脑，正宗的做法是用糖起色，加火烧开后，加入湿粉芡，放入泡好的油粉丝，加豆腐脑适量，葱盐椒调味。其色泽金红透亮，质微稠，舀入碗中再加入海米、海带丝、韭菜末、胡椒粉，淋点儿芝麻香油，同时泡食饼馍，是山西人喜爱的早餐。

老豆腐

● 过油肉

过油肉是山西最著名的传统菜肴。色泽金黄鲜艳，味道咸鲜中有醋意，质感外软里嫩，汁芡适量透明，不薄不厚，稍有明油。

● 鸡蛋醪糟

鸡蛋醪糟也是太原的特色小吃，雪白的醪糟里飘着金黄色的鸡蛋，喝起来甘甜、清香，街边早点摊随处可见，是太原市民喜爱的早餐或饭后小吃。

鸡蛋醪糟

● 豌豆糕

太原特色糕类小吃，属甜食，宜在夏季食用。香甜可口，清凉下火，爽口绵甜。富含优质蛋白质，可以提高机体的抗病能力和康复能力。

● 飘抿曲

飘抿曲，亦称小河捞，大约从明朝开始风行于阳泉。它是以绿豆掺少量精白面粉和面，经特制抿曲床压制而成。煮熟后捞入各种调料配制成的汤汁中即可飘起，长如挂面，细如毛粉，清香利口，鲜味扑鼻，还具有消火消暑之功效。

购物

太原及周边特产

太原及周边地区物产丰富，在几千年的发展历程中，留下了许多土特产，其中以山西老陈醋最为著名，另外还有晋祠大米、太原玉雕、太原仿古铁器、平遥推光漆器等，都值得购买。

●山西老陈醋

山西老陈醋是中国四大名醋之一，太原醋以清徐老陈醋和益源庆最为有名。清徐老陈醋呈黑褐色，体态清亮，鲜明诱人。除了具有酸醇、味烈、味长的三大优点，还有香、绵、不沉淀，以及“挂碗”的特点。

山西老陈醋

●郭杜林晋式月饼

郭杜林晋式月饼为清朝郭、杜、林姓三位专做糕点的师徒所创。由于这种做法是他们三人喝醉之后率性而为，因此也被称为“醉饼”。郭杜林月饼配料讲究，工艺独特，口感绵软、醇厚，曾为清廷贡品。

●晋祠大米

晋祠大米产于太原晋祠镇一带。大米颗粒饱满，色泽晶莹，呈半透明状，米色微褐，连蒸数次，仍然粒粒分明，素有“七蒸不烂”之说。吃起来清香爽口，有韧性、黏性，有嚼头。

晋祠大米

●太原玉雕

太原玉雕有着悠久的历史，雕刻工艺精致、细腻，所用原料石质精美，产品品种多样。太原玉石主要为来源于娄烦县的玉石，盂县的绿软玉、刚玉，夏县的碧玉，乡宁的玛瑙。太原玉石因料取材，因材施艺，是色、形、态俱佳的工艺美术产品。

●太原仿古铁器

太原仿古铁器是太原古代冶金技术的继承和发展。仿古铁器以优质生铁做原料，用工精细，产品形象酷似原物，如“马超龙雀”“明九龙鼎”“云冈佛头”“晋祠铁人”等，形象逼真，神态自如，与原物陈列在一处，几可乱真。

●平遥推光漆器

平遥推光漆器始于唐朝开元年间，距今已有1200多年的历史。这里的漆器质地优良，风格独特，大部分产品远销日本、法国等地。其表面光滑明亮，画工精巧细腻，着色鲜明，线条刚柔相济，笔法刚劲秀丽，轻巧坚固，耐热防潮，具有的独特的民族风格和地方色彩，既能作为欣赏品陈列装饰，又有实用价值。

●连翘茶

连翘茶又名黄金条，每年早春时节开放着金灿灿的小黄花，花落后开始吐嫩绿芽，将嫩绿芽经过配料加工、泡制就可以成为能够饮用的保健茶，名曰“连翘条”。

购物场所

开化寺古玩市场是太原市内最大的古玩市场，位于柳巷的黄金地段。周六、周日有早市，会一直持续到11点左右。在这里，可以淘到各种有意思的古玩摆件。想要买玉雕和仿古铁器，这里是最好的选择。只要拥有一双识货的慧眼，在这里，就能找到想要的玩物。

娱乐

太原及周边地区有许多独具特色的传统娱乐活动，如晋剧、锣鼓、莲花落、飞火流星等。在山西农村，逢年过节、婚丧嫁娶都要唱戏，因此看戏、唱戏是他们最为喜爱的娱乐活动，此外，民歌、社火表演也不可错过。

山西戏曲：山西是中国戏曲艺术的发祥地之一，有着悠久的历史传承，出现于明代的“蒲州梆子”逐步发展成为今天山西的四大剧种：晋剧、蒲剧、北路梆子和上党梆子。另有地方小戏，如秧歌、河曲二人台等。山西晋剧院、晋剧排演场等场所经常会有名伶演出。

山西民歌：山西的民歌，曲调优美，易于传唱，感情真挚，情真意切，歌词生动，富有浓郁的乡土气息，具有独特的艺术风格和鲜明的地方特色。经典民歌有《走西口》《绣荷包》《拜大年》等。每年9月的太原国际民间艺术节上，都能欣赏到此类传统表演。

太原锣鼓：依传统习俗，太原锣鼓的演奏乐器以堂鼓、铙、钹为主，鼙声金响，交错参差。太原锣鼓的最大特色在于两队摆开阵势互相对抗。常见于喜庆之日的街头。

春节社火：社火作为一种广泛存在于晋中民间的传统表演艺术，已成为富有喜庆、吉祥、祝福等美好愿望的民间娱乐活动，太原每年元宵节期间为社火的固定日期，要在街道和广场挂彩灯、搭彩车，进行各种演出和街头文艺表演。抬棍、背棍、旱船、高跷、舞龙、抬花轿、民间八音会、晋剧、秧歌、锣鼓等，可谓集民间艺术之大成，熔民族精华于一炉。

节日和重大活动

节日	地点	时间
中国醋都·清徐国际音乐焰火节	太原市清徐县	10月前后
山西艺术节	太原市	9月前后，隔年举办
龙城双塔寺牡丹文化艺术节	太原市双塔寺	4月前后
晋商社火节	太原及周边	元宵节前后
晋祠古庙会	太原晋祠	农历七月初二

晋商社火节

发现者旅行指南

长治

概览

亮点

青龙峡

集青山、绿水、峡谷、洞穴等自然景观与古道雄关、战事翰墨等人文景观于一身的原生态自然风景区。

太行山大峡谷

绿浪滔天的林海，刀削斧劈的悬崖，千奇百态的山石，雄奇壮丽的庙宇，引人入胜的溶洞和令人神往的传说。

观音堂

始建于明万历年间，距今已有400多年的历史。正殿中彩塑、悬塑设计精妙，手法精湛、造型精美，具有极高的艺术价值和文物历史价值。

金灯寺石窟

金灯寺

著名的石窟寺院，14个洞窟内有佛龛37个，摩崖造像500余尊。

天脊山

素有“赛江南”的美称，完好的植被、清澈的泉水、美丽的传说，荟萃了太行山水之精华。

线路

太行山峡谷二日游

第一天：下午抵达景区游览因珍稀树种红豆杉而得名的国家AAAA级风景区红豆峡景区，包含七仙峪、红豆杉园等景点，观奇特的石林，听潺潺的流水声，感受中国最美峡谷的雄、奇、险、幽。

第二天：参观紫团山，游览一线天、凌空栈道、龙宫等，然后前往黑龙潭，主要景观有龙湖荡舟、悬梯漫步、龙潭灵泽、索桥探险、孤山巡游等。

长治红色两日游

第一天：走进山水画廊洗耳河，聆听许由洗耳的故事，寻访“洗心革面”“洗耳恭听”的渊源。下午参观曾是华北敌后最大的兵工基地——黄崖洞，缅怀先烈。

红豆峡

第二天：参观中国唯一一座全面反映八路军和华北各根据地14年抗战史实的大型军事专题纪念馆——八路军纪念馆，游览中国唯一一个体验式红色旅游主题公园，体验浓郁热烈的军旅风情。

为何去

长治山水绝美，南北兼容，坐山水秀丽之胜，拥文化昌盛之富，风土人情热烈淳朴，保留着许多中华民族的文化精粹，游览长治革命胜迹，可感受先辈保家卫国的爱国热情。

太行山

何时去

春秋两季为前往长治旅游的最佳时间。长治属暖温带季风气候，四季分明，秋季可以观看太行峡谷美丽的红叶景观；春夏之交可去太行峡谷漂流。

太行峡谷漂流

漳泽湖国家湿地公园

区域解读

区号：0355
面积：13 955km²
人口：314.2万人

地理 GEOGRAPHY

区划

长治市下辖4个区（潞州区、上党区、屯留区、潞城区）、8个县（长子县、壶关县、黎城县、平顺县、襄垣县、武乡县、沁县、沁源县）。

地形

长治位于山西省东南部，东倚太行山，与河北、河南两省为邻，西屏太岳山，与临汾市接壤，南部与晋城市毗邻，北部与晋中市交界。

长治被太行山、太岳山环绕，构成高原地形，通称“沁潞高原”，境内山地、丘陵、盆地纵横交错，海拔大多在800～1500米，最高处为太岳山北台顶，海拔2453米。

红豆峡

气候

长治属典型中温带半湿润大陆性季风气候，四季分明，全年冬无严寒，夏无酷暑，雨热同季，气候条件与避暑山庄承德相近。每年的1月最冷，平均最低气温为零下6.9℃；7月最热，平均最高气温为22.5℃，号称“无扇之城”。

历史 HISTORY

历史大事记

●古代

战国时期，赵、魏、韩三家分晋，长治为韩国别都，称“上党郡”。

公元前262年，秦攻韩上党，上党守冯亭为了联赵抗秦，遂把上党的17座城邑献给赵国，由此而爆发了长平之战，赵军败降而被坑杀。

唐中宗景龙元年（707年）四月，李隆基以临淄王的封爵和卫尉少卿的四品官职，兼任潞州别驾，景龙三年（709年）十月卸任回长安，在潞州治政近三年，其间多方延揽人才，收取民心，显示了杰出的政治才能，后于延和元年（712年）即帝位。

明嘉靖八年（1529年），置上党区取“长治久安”之意，长治由此而得名。

太行板山

●近现代

抗日战争时期，中国共产党在这里创建了以太行山和太岳山为依托的抗日根据地，后来发展成为晋冀鲁豫边区，这是当时华北最大的一块根据地。八路军总部和中共中央北方局等领导机关曾长期驻扎在武乡、潞城等地，使这里成了华北抗日前线的中枢。

1945年8月，日本宣布无条件投降。为抢夺抗战胜利果实，阎锡山挑起上党战役，人民解放军在刘伯承、邓小平同志的指挥下取得上党战役的胜利，揭开了解放战争的序幕。

唐玄宗发迹潞州

唐神龙元年（705年），张柬之等5人发动政变，逼武则天下台，拥立武则天的儿子李显即位，是为唐中宗。唐中宗与韦后执掌朝政，政治上胡作非为，生活上荒淫奢侈。唐玄宗李隆基是唐高宗、武则天的孙子，唐中宗的侄子，他的父亲李旦当时被封为相王。景龙二年（708年），身为临淄郡王的李隆基被派离京城，担任潞州别驾，当时潞州大都督府的府衙在今山西省长治市。李隆基虽然只在潞州待了很短的时间，但这一段经历对其一生至关重要，可以说李隆基正是由此发迹而登上皇位的。

李隆基在潞州的时间虽短，但已显露出他的政治才能，史志称他在潞州任上颇有德政，礼接士大夫，爱护百姓，颇为当地人民所称道。

当时朝政昏暗，朝野都很沉寂，大家都在黑暗中等待希望之光的出现，潞州当然也不例外。当怀有远大抱负和杰出才能的皇孙李隆基出现时，他身边的人们似乎看到了唐朝的希望，于是，他们开始附会各种自然界的奇特现象来为李隆基将来当皇帝制造舆论。据《潞安府志》记载，他到潞州不久，就出现“月重轮”现象，也就是我们今天说的“月晕”，人们就附会说这是“瑞之大兆”。重九日（九月初九重阳节），他与同僚到壶关（今山西壶关）羊头山去游玩，人们便望见那个方向有紫云出现，光彩照日。当地还传说，有一天，在他内寝的墙上忽有蜗牛篆成“天子”二字，他看见后，十分惊惧，立即除掉，但不几天就又出现了。正史上也记载说，他在潞州时，“州境有黄龙白日升天。尝出畋，有紫云在其上，后从者望而得之。前后符瑞凡一十九事”。这些所谓的符瑞，有的是人为编造，有的是牵强附会，但在当时却为李隆基夺取皇位做足了舆论准备。

第二年，李隆基回京参加完“祀南郊”大典后，便没有再回潞州，而是留在长安，暗中蓄养“才勇之士”，等待机会。公元710年，荒唐的韦皇后竟与女儿安乐公主合谋，毒死了自己的丈夫唐中宗，企图效法武则天临朝称制，这种大逆不道的行径激怒了朝野上下，李隆基抓住时机，联合他的姑姑太平公主，交结禁军高级将领钟绍京、葛福顺、陈玄礼、李仙凫等，发动兵变，杀死韦后和安乐公主，拥立自己的父亲李旦做了皇帝，这便是唐睿宗。没过多久，睿宗就宣布传位于李隆基，即唐玄宗。

李隆基登基后，又曾经多次回到潞州，体察民情，慰问疾苦，赏赐"父老"，他之所以对潞州情有独钟，也正因为潞州是其发迹之地。

解放区军民的自卫反击战——上党战役

1945年8月，日本宣布无条件投降。为了抢夺抗战胜利果实，"山西王"阎锡山按蒋介石密令于8月16日命令史泽波率1.6万余人从临汾、浮山、翼城侵入上党地区，接着又占领了八路军从日伪军手中解放的襄垣、潞城及被太行军区部队包围的长治、长子、壶关、屯留等地。

与此同时，蒋介石耍起了两面派手法，三次电邀毛泽东主席赴重庆谈判。为了保卫胜利果实，刘伯承、邓小平根据毛泽东主席和中共中央关于保卫上党的指示，决定集中力量，先打入侵上党之敌。刘邓调集太行纵队的陈锡联部、太岳纵队的陈赓部、冀南纵队的陈再道部，三个军区的主力及地方兵团一部共3.1万人，于9月上旬开始上党战役。太行纵队首先肃清了武乡的日伪军，接着乘胜南下，于9月1日攻克襄垣，在襄垣，组织实弹演习，研究攻城和巷战经验，为上党战役的胜利做准备。

9月10日，上党战役正式打响，12日攻克屯留，全歼守敌，17日攻克潞城，19日解放长子、壶关，使长治之敌完全陷于孤立。9月下旬，各纵队大军将长治孤城团团围住，逐步占领城关据点多处。24日，围城部队开始攻城。阎锡山增援长治被围孤军，派第七集团军副司令彭毓斌率2.2万多人，于28日进抵沁县以南。同日，刘邓首长下令"攻城打援"，命令冀南纵队陈再道指挥部队佯攻长治，吸引援军南下，同时令太行纵队全部和太岳纵队主力兼程北上歼灭援军。10月2日，我军将敌援军合围于屯留老爷山地区，又急令冀南部队北上参战，3日向老爷山主阵地发起攻击，激战5日，攻下老爷山，敌残部仓皇北逃，

上党门

在襄垣土落村被我部队全歼，彭毓斌自杀身亡。

援军被歼，长治守敌等援无望，决定率部弃城西逃。刘邓首长早有准备，命令太岳纵队司令员陈赓在3天内歼灭西逃之敌。陈赓立即指挥部队取捷径直出沁水以北的安泽县马壁村，协同跟踪部队于10月12日在沁河东岸的将军岭、桃川村一带围困史泽波万余人，激战6小时，全歼逃敌，史泽波被俘。至此，上党战役胜利结束。

上党战役是解放区军民在抗战胜利后，为保卫胜利果实进行的第一次大的自卫反击战。其胜利，不仅保卫了上党地区，而且有力地配合了毛泽东在重庆谈判中的斗争，促进了《双十协定》的签订。

文化 CULTURE

独特的说唱艺术——长子鼓书

长子鼓书是长子县土生土长的地方曲种，其前身为长子评书，宋元时流行，清代盛行，只说不唱，文字风格类似于“话本”。为适应祭神娱神之类活动的需要，曲艺艺人创出“扇鼓”说唱艺术，这种扇鼓在清初流传长子全境。

长子鼓书队组织规模一般为10~12人，音乐、演唱各一半，人人均可吹拉弹唱，人称“万金油”。曲艺观演场所多为平地搭台，少数为广场演出；现在演唱人员自带音响设备，既能演出大型书目，也能演唱短小段子，并可即兴就事表演，适合于农家喜庆、做寿、满月、周年，以及庙会、开业庆典等吉祥娱乐活动。其传统书目有《包公案》《徐公案》《回龙传》等30余个。

长子鼓书的特点在唱腔方面一般是说与唱的结合。每段书唱的曲调基本一致，中间加上说词、对话，在小段中基本都是纯长子方言倾向口语化，使其通俗易懂，引起百姓

鼓书所用乐器之一

共鸣，娱乐性高；在正本中添了普通话后更书面化、更正规，适于一些大型演出。在内容方面，长子鼓书一般为家庭婚姻故事，有古代与现代的故事，小段多为百姓身边事，更贴近人民生活，如婆媳问题、儿女孝道等都是百姓故事，有一定的教育意义。在正本中都是大家熟悉的民间故事，如秦香莲的故事、石人记等，在认识程度上能够引起大家的共鸣，通俗易懂。

长子鼓书将娱乐与教育融为一体，在谈笑过后更多的是对自己的反思和对人民的教育。在段子中，有大量包袱的存在，而且与当今社会实事相结合，比如“头发烫了像方便面”等。故事往往以大团圆为结局，除感人外，教育性极强。

20世纪80年代，长子鼓书风靡了整个上党大地，成为长治市第一大曲种。目前，长子鼓书演出队伍不断发展壮大，常年活跃在长治、晋城等地。

立体国画——长治堆锦

长治堆锦又称“堆花”，有“立体国画”之称，为民间画类工艺品。它源出1000多年前的宫廷，曾和汾酒一道称雄于1915年巴拿马太平洋万国博览会。

长治堆锦源于唐代，时称“堆绢”。据说，公元707—709年之际，尚未登基的李隆基到潞州（今长治）任职，将宫廷里的“堆绢”工艺带到上党古城，后来流入民间，从此，古上党就有了这种叫作“堆花”的手工艺品。李隆基到过不少地方，何以唯独把堆绢带到上党？这和上党地区丝绸业发达相关。隋唐时，上党的潞绸已闻名北方，被列为宫廷贡品；明代时，潞州成为北方最大的手工丝织中心，境内有桑树8万株、织机9000余张，大部分农民“专事机杼，不问耕耘”，时有“南淞江，北潞安”之说。潞绸在很长一段时间内都是高档的丝绸织品，尤其是以潞绸制成的上党堆锦，因制作精细、费时费工而价格昂贵，非一般百姓所能问津。直到明清时期，泽、潞商人兴起，为上党堆锦艺术的生存与发展创造了有利的条件。

长治堆锦制作工艺流程复杂，首先要将所要表现的内容画成色彩艳丽的工笔画，描在薄纸板上，剪裁成若干条块，然后在这些条块上“贴飞边”“絮棉花”或“压纸捻”，按图案要求蒙上所需色彩的丝绸锦缎，进行“拨硬折”或“捏软折”，使其增加立体感和层次感。其次还要将上述丝绸锦缎条块“堆粘”在一起，形成相对完整的图案，用特殊的颜料或丝线装饰图案的细部，对人物形象的脸、眉须、手、脚等部位进行巧妙装饰，并在所需部位以金银彩线精心加工。最后将所有半成品拼贴在特制的场景底板上，镶入框内，一幅精美绝伦的堆锦艺术画就完成了。

长治堆锦

长治目前有一定规模的堆锦生产商有三四家，题材略显单一，多为佛教内容，价位偏高，寻常百姓不能问津，长治堆锦要想重拾昔日的辉煌，任重而道远。

独辕四景车赛会

四景车是平顺县城西北社乡每年农历三月举办的九天圣母庙庙会中进行的民俗表演的道具。四景车的“四景”并不是车本身的四种景致，而是车本身结构有四处巧妙的设计。

所谓四景，一是一根独木辕套两头大犍牛；二是用一根牛角杆和三个木辋环环相套承驾辕头；三是第二节的主木构架，不用卯不开榫直立在底平板上，用麻绳上下捆扎紧固；四是第二节主木构架上端和第三节主木构架下端相接点，不用卯不开榫，而是四条麻绳上下捆扎固定。

车的动力除四头牛拉拽外，前面用两根直径约5厘米的麻绳由近百名粗壮劳力拉拽，车后和车左右还备有4根牵绳，以防车体歪闪倾倒。过去，四景车从东河九天圣母庙到主会场（圆心地）相距约5千米，中间还要经过约50米45度的土坡，其路程之远、坡度之大给跑车带来一定的难度。但据百岁老人回忆，从来没有听人说过在历年大赛会中发生过翻车事故。由于四景奇特，沿途观者甚多，是否参加过大赛会、是否观看过四景车成为当地人的一种资历、一种荣耀。所以，至今民间仍流传着“赶了大赛会，死了不后悔”的谚语。

2011年，“独辕四景车赛会”被列入国家非物质文化遗产名录，成为上党古城的一张新名片。

景点推荐

长治周边景点

上党门

长治的象征和标志

长治市潞州区西大街的府坡街北端

上党门始建于隋开皇年间，唐玄宗李隆基任潞州别驾时，在衙署内大兴土木，增建飞龙宫、德风亭，最盛时亭堂楼阁有280余间。金元之际毁于兵火。明洪武三年（1370年）重建上党门门庭，后又增建钟鼓楼。

上党门坐北向南，建筑布局依次有琉璃影壁、门庭，鼓钟二楼居大门左右，二门及二门影壁，中门及东便门、西便门，牌坊、大堂、二堂及东西配房厢房，飞龙宫、德风亭、办公院、西花园、瀛春台等建筑。亭堂楼阁组群结合，高低错落，规模宏阔。

玩家解说

上党门是全国文物保护单位潞安府衙的重要组成部分，是古上党郡署（后为潞安府府衙）的大门。上党门始建于隋开皇年间，唐玄宗李隆基任潞州别驾时，在衙署内大兴土木，增建飞龙宫、德风亭，最盛时亭堂楼阁有280余间。金元之际毁于兵火。明洪武三年（1370年）重建上党门门庭，后又增建钟鼓楼。弘治三年（1490年）重修。1932年再次重修。

老顶山

太行山西南部的主峰之一

长治市区东部

老顶山又叫百谷山、五顶山，从北向南由老顶、南顶、玉皇顶、奶奶顶和新顶5个山峰组成。老顶是五顶之最，海拔1378米，是

上党门

太行山西南部的主峰之一。老顶山不仅山峦秀丽、林木繁盛，而且天然岩洞众多，景致各异。大小30余座岩洞，多位于半山陡壁悬崖、深谷幽壑之地。

神农洞

在滴谷寺正东半山腰处，有一神农洞，相传为神农氏尝百草之所。洞口向西，在一天然青石上开凿而成。洞口高1.7米，宽约1米，洞内宽5.7米，深6米，高约3米。洞口左侧为一长方形石壁，似一天然石匾。洞外平坦，青草如茵，四周松柏掩映。置身洞中，一种对先祖的仰慕之情油然而生。

南崖宫

新顶的东南半山腰处，有老顶山最大的一座天然山洞，名为“南崖宫”。洞口为一仿古门庭。洞内宽阔。涧高数十米，面积约500平方米。洞顶钟乳下垂，洞壁参差。洞腹自然分为内外两洞。外洞正好供奉祖神像，对面为送子观音像。内洞比外洞略高，亦宽阔，岩洞正中供奉如来佛祖神像，两侧凹凸不平的浮雕十八罗汉，工艺精湛，神形兼备，呼之欲出。

古寒泉

老顶山除了这众多的岩洞，还有一处“寒泉绝胜”。在滴谷寺村有一股甘甜的清泉，洞口匾额上嵌清朝所留楷书“古寒泉”。古寒泉即百谷泉，亦名神农泉。《潞安府志》称：“百谷泉，在百谷山神农庙前，砥石涌泉，寺僧引为伏流，注为塘，由螭口飞下大壑，注石子河，味甘。”洞口有宋代风格的浮雕龙头，泉口雕有卧龙，龙嘴开张，下为圆形石凿小井，布局精巧。

抗日五专署旧址

山西省级“德育基地”

长治市潞州区南石槽村

抗日五专署旧址是主城区重要的“革命传统教育基地”，曾负责长治、长子、屯留、潞城、平顺、壶关、晋城、高平、阳城、陵川、沁水、浮山12个县的行政工作。

玩家解说

1939年，“五专署”建立党团组织，领导辖区的抗日战争。此时长治除了“五专署”，还有八路军总部、中共中央北方局、一二九师的指挥机关、抗大一分校，充满着热火朝天、生机蓬勃的抗日救国气氛。

始祖百草堂
中华养生第一园

长治市东部老顶山国家森林公园风景区内

始祖百草堂在老顶山国家森林公园风景区内，建有28个主要景点，分为祭祀朝圣区、生态养生区、休闲度假区三个区域，主题是“神农医药文化与养生”，森林覆盖率高达90%，是原生态的天然养生宝地。

玩家 攻略

始祖百草堂距长治市中心仅5000米，交通方便，东有太行山大峡谷，南有皇城相府，北有黄崖洞，西有八路军纪念馆。其特色的神农百草宴据说是根据《神农本草经》，采用药膳方谱精华所制作的上百种菜肴、粥食、汤羹，有美容养颜、滋体强身、保健益寿等功效。

玩家 解说

神农氏，上古部落首领之一，被后世之人尊为帝王，列入“三皇系统”，汉族民间传说中的农业和医药以及人类茶叶的发明者，他尝遍百草，教人医疗与农耕，被世人尊称为“药王”“五谷王”“五谷先帝”“神农大帝”等，为掌管医药及农业的神祇，不但能保佑农业收成、人民健康，更被医馆、药行视为守护神。

长治市博物馆
综合性地方历史博物馆

长治市太行西街259号

长治市博物馆设有6个展厅，馆藏文物达6万余件（套），其中包括一级、二级等珍贵文物1200余件，从政治、军事、科技、生产、艺术、宗教等多方面反映着长治各个历史时期的文明进程和成就，是民族优秀文化的重要组成部分。

目前馆内长期固定开设有《长治战国车马坑》《长治历代墓葬》《上党从来天下脊——长治古代文明》三个基本陈列，以精美简约的形式、广博深厚的内涵、庄重大方的氛围，向人们直观展示长治地区的悠久、辉煌的文明史。

长治市博物馆馆藏文物

上党区振兴小镇 AAAA
中国十大最美乡村之一

长治市上党区振兴新区振兴村境内

坐落于长治上党区的振兴小镇，享有“太行无扇之城、上党天然氧吧”的美誉。这里，山水风光与休闲娱乐相得益彰，民俗体验与度假养生相互辉映，农艺博览更添乡村旅游的魅力。振兴小镇，不仅是一个乡村旅游的胜地，更是一处心灵的栖息地。它以自身的美丽和魅力，荣获了“中国美丽休闲乡村”“中国生态文化村”“中国避暑小镇”“中国最美休闲旅游度假目的地”“中国十大最美乡村”。

天脊山 AAAA
有“赛江南”的美称

长治市平顺县东寺头乡

乘坐301路公交车在常青镇政府站下车

60元

天脊山地处太行山腹地，海拔1886米，被誉为“天之脊”。天脊山素有“赛江南”的美称，完好的植被、清澈的泉水、美丽的传说，荟萃了太行山水之精华，融奇、险、绝、秀、幽为一体，气候宜人，是观光旅游、休闲度假、探险写生的理想去处。

天脊山奇峰险秀，高耸天际，直入云霄。山势海拔由500米至1800米呈三级绝壁分布。景区之中四季流水不断，各种瀑布溪泉遍布山谷之间，峰峦叠翠，植被繁多，绝壁、峡谷、清潭更是令人叹为观止。形态各异的奇峰异石贯穿整个景区：惟妙惟肖、栩栩如生的天然佛祖像；与民间神话传说相关的神牛峰、三炷香、三生石、十八潭等，各有各的奇特。扶梯而上的绝壁栈道，依崖而凿，俯视山谷，落差300余米，惊险刺激之余，山间美景尽收眼底。

玩家 攻略

1.“大佛真形胜，仙坛亦壮观”，形态逼真的百米坐佛、落差高达346米的飞天瀑布；悬崖绝上的凌空栈道，这三处是天脊山景区的最大亮点。

2.娱乐设施：狩猎场能够真正体验到山林的野趣，还有高空缆车、绝壁攀岩等惊险刺激的活动。

3.景区内有同时可容纳300人的三星级宾馆，游客可根据出游时间及消费水平自行选择，也可返回平顺县或长治市区住宿。

4.天脊山景区每年在佛诞日和成佛日都会举行大型法会。

玩家 解说

与坐佛相邻的一处崖壁有一八戒拜佛石像，是天然形成，惟妙惟肖。相传猪八戒曾云游到此，遇见天脊坐佛，因猪八戒好吃懒做，为了祈求佛祖的饶恕，他头戴和尚帽，身披袈裟，双手合十，正朝着天脊大佛敬拜呢。

天脊栈道

出灵音洞，在高达数百米的悬崖绝壁、云雾深处，有一被称为“华北第一栈”的壮丽景观——“云崖（螺旋）栈道”。整个栈道分两部分，一条呈“之”字形，在高达数百米的绝壁上由人工开凿而成，拐来拐去，沿阶而下，直通崖底，通往桃花洞，此栈道全长400米，共2000多个台阶；另一条由“之”字拐弯处，经过红屋，平伸远去，沿山崖向前延伸。栈道离地面垂直高度400多米，全长500米，再现了当地人民“愚公移山”之壮举。护栏如练，方便游人安全行走，游人凭栏眺望，可鉴太行天脊雄姿，可观山下旖旎景色，可览脚底云海翻腾，山上山下，万般景致，尽收眼底。

天脊山

天脊龙瀑

“风经绝顶回疏雨，石倚危屏挂落泉”，天脊山的瀑遍布山谷，水流清澈透明，流水声清脆悦耳。其中天脊龙瀑，落差达346米，气势宏伟，堪称“华夏第一高瀑”。站在瀑底仰望高瀑，瀑水从天而降，似颗颗珍珠被风吹过洋洋洒洒而落，令人叹为观止。“南有黄果树，北有天脊瀑”，真可谓名不虚传。

百米坐佛

天脊山天然百米坐佛是天脊山三大特色之一。它坐南朝北，佛陀的头顶上有清晰可见的圆圈似凸起的“肉髻”，眉如新目，耳轮垂长，面容丰满，两肩宽圆，给人一种庄重端庄的感觉。此时，佛陀凝神注视着这世间万物的沧桑变化，用一颗佛心来度化芸芸众生。

步云天桥

步云天桥堪称天脊山最引人注目的景点。它全长200多米，宽2米，整个桥身悬在半空中，桥的两边是悬崖峭壁，而这座桥像是一条绳子，把两座山连在了一起。走在桥上，摇摇晃晃，低头往桥下看，有随时都有可能跌入万丈深渊的感觉。

玉皇观

明代琉璃艺术的代表

上党区南宋乡南宋村

玉皇观的创建年代不详，元、明、清均有修葺。现存建筑以五凤楼建造最佳。五凤楼为山门，有五层屋檐，是元代遗物，出檐深邃，飞檐挑角，顶部藻井全用斗拱组成，楼顶琉璃脊兽、龙凤、人物、花卉等图案皆为明万历作品，是我国琉璃构件中的佳作。观内玉皇大殿屋顶的琉璃塔楼，小巧玲珑，制作精细，还有琉璃仙人及角神，均为明代琉璃艺术制品的代表作。

玉皇观

法云寺

保留宋、元、明风格的禅林

上党区八义乡西八村

法云寺始建于唐代，宋、元、明各代均经重修。现存前殿为宋代遗构，琉璃脊兽全为明代风格，殿内梁架形制手法全属宋金风格。前后殿多为圆材构成，沿袭金做法，装修和殿顶脊饰为明代工艺。

正觉寺

“登上正觉彼岸”

上党区苏店镇看寺村

正觉寺，取自佛经中“登上正觉彼岸”之意，俗称大寺，东拱太行山，西临漳河水，始建于唐，现存建筑以后殿历史最古。殿内梁架规整，结构简洁合理，为现存宋代木构建筑中所少见。

城隍庙

为祭祀城隍神而营建

长治市大北街庙道巷

火车站可以直接乘坐6路公交车到达城隍庙

现存的城隍庙中大殿和角殿为元代建筑，寝宫、戏楼、玄鉴楼等为明代建筑，廊庑、耳殿为清代建筑，占地面积约12 000平方米，正殿塑有彩色城隍像，还有城隍奶奶，以及城隍爷的部属塑像，是国内现存府、县两级城隍庙内所没有的。

玩家 解说

城隍庙为祭祀城隍神而营建。城隍是古代神话传说中守护城池之神。长治市潞安府城隍庙，是反映道教和民间信仰的宗教建筑，规模宏大，反映了元代时期我国古建筑构架与布局的特点及上党地区的地方风格与手法；各殿屋顶上皆以五彩琉璃装饰、釉色斑斓，艺术价值极高，整座庙院中元、明、清三代建筑共存，是全国现存府城隍庙中规模最大、保存最好的。如今，城隍庙已成为长治一景，每逢国内外贵客嘉宾光临，都要到此一游，一饱眼福。

观音堂

儒、释、道三教合一

长治市西郊梁家庄村

观音堂始建于明万历十年(1582年)，距今已有420多年的历史，是长治市内保存较好的一处寺院。结构为四合院形，主要建筑有山门、天王殿、钟鼓楼、观音殿和配殿，保存完好。正殿中彩塑、悬塑设计精妙、手法精湛、造型精美，具有极高的艺术价值和文物历史价值。

观音堂的殿堂内儒、释、道三教合一，老百姓喜爱的神仙应有尽有，如关公、罗汉、玉皇大帝、王母娘娘、八仙、孔子七十二贤人等，这在全国也是少见的。在观音堂，人们可以直观地了解儒、释、道三教人物及其历史演变和三大宗教在明代时期相互吸收、相互融合的发展历史。

法兴寺

唐代布局，规模宏大

长子县张店乡翠云山南坡崔庄村

长治市区沿长晋公路（227省道）自驾至长子县张店乡翠云山南坡崔庄村

寺庙原址位于长子县城东南15千米的慈林山中，创建于北魏，唐肃宗年间曾改名为广德寺；宋英宗年间才更为现名。在寺内中轴线上，依次排列有山门、舍利塔、长明灯、燃灯塔、圆觉殿、毗卢殿、阿弥陀佛殿、中后两院廊庑配殿等历代古建筑，唐代布局，规模宏大，寺内佛像精美、石塔耸立，是不可多得的艺术宝藏。

舍利塔

又称“石殿”，通体以沙石板砌成，塔平面呈“回”字正方形，每边长8.8米，拱形石板门，重檐楼阁式，塔檐迭出三层，内部构成四方藻井，上面四坡施檩椽，斗拱支檐，四角攒尖宝珠顶；下层内槽可绕行一周，四壁壁画，人物形象端庄，服装色彩深沉。整个建筑的外形似塔非塔，似殿非殿，这在中国现存的古塔中是独一无二的。

燃灯塔

通高2.26米，平面呈八角形，有两层基座，下层基座为叠涩束腰式，底盘周围雕刻有跑兽，壶门内雕有伎乐天8个，底座雕圆形仰覆莲瓣，上雕四门空心八角灯亭，塔身中空，每门边雕束莲柱一根，上置栌斗，两柱间上刻阑额，雕有方形门与破子棂窗，夜间灯光由四门射出。塔的整体造型十分秀美，雕刻精细，是我国现存石灯塔中的上佳之品。

中圆觉殿

殿内的佛坛十分宽大，平面呈“凹”字形，坛上释迦结跏趺而坐，二弟子躬身相侍，文殊菩萨、普贤菩萨分驾狮、象位于两侧，

法兴寺

护法金刚两尊位于台上前角。殿的两次间各塑圆觉像6尊，面部丰腴，肌肉丰满，体态自如而神情各异，项下璎珞简练，特别是北宋政和元年（1111年）塑造的圆觉像，一手托腮做沉思状，神情溢于眉梢，流于口角，更给人以和颜悦色可亲之感。此殿彩塑是宋代彩塑的精品，与大同华严寺辽代塑像、太原晋祠的宋代塑像都是同一时期彩塑艺术的代表作。

玩家 攻略

20世纪70年代末，寺院地基因煤矿采空严重下陷，殿宇倾斜变形，经国家与省文物局批准，迁建于原址对面的翠云山上，1984年破土动工，1996年10月竣工。

附近传统食品有油面。油面本为年节佳品，由于“文字号”创出了名声，油面遂成为民间常吃的一种面点及馈赠亲友的佳品。

老爷山

后羿嫦娥的神话发端地

屯留区上莲乡

老爷山原名三嵕山，本山三峰鼎峙，一名麟山，一名灵山，一名徐陵山，因当地人对所有神灵概称“老爷”，山上神庙颇多，故俗称“老爷山”。老爷山有着悠久的历史文化渊源，据西汉时期的思想家刘安所著的《淮南子·本经训》载，“尧乃使羿射九乌于三嵕之山，杀九婴于凶水之上，缴大风于青丘之泽”。这里的“三嵕之山”指的就是现在的屯留区老爷山。就是说，当时十日并出，禾苗焦死，草木尽枯。尧就命后羿射下了9个太阳，射杀猛兽长蛇，为民除害，从此万民复生，天下太平。因为三嵕山有这样的传奇故事，所以自唐代开始在山上修建庙宇，并逐渐形成了佛、道、儒“三教”和谐共存的格局。

玩家 解说

山上的三座山峰：东峰麟山为道教所在，有三嵕山神庙，祭祀着我国的神话人物羿神与嫦娥；西峰灵山为佛教所在，有金禅寺尊奉着佛祖

老爷山广为流传的后羿射日故事

释迦牟尼；南峰为儒教所在，有先师庙供奉着至圣先师孔子。

太行太岳烈士陵园

国家重点陵园保护单位

长治市英雄南路东华门

太行太岳烈士陵园的烈士纪念堂四周悬挂着33位烈士的遗像，安放着烈士们的骨灰盒。其中，有我军著名的高级指挥员、八路军副总参谋长左权等五位将军，还有长征时强渡大渡河十八勇士之一的周平烈士和活捉侵华日军驻山西总顾问铃木川山郎少将的英雄赵亨德。纪念堂东西两侧是烈士陈列馆，馆内陈列着120余位革命烈士。他们为了抗击日寇，保卫祖国，在对敌作战中英勇战斗，流尽了自己的最后一滴血。纪念堂后面是烈士公墓。国民革命军98军军长武士敏烈士的遗骨也安葬在这里。每年清明节之际，人们纷纷来到这里为英烈们祭扫坟墓，敬献鲜花，表达对他们的深切缅怀和悼念。

玩家 解说

此处原为古皇城遗址，明嘉靖年间，这里修筑有城门、城墙，建有府第，颇具规模。时至今日，只留下皇城西北一部分土城墙。陵园正门两侧的楹联“英雄功劳换来民族幸福，烈士血汗奠定国家安全”，是八路军老战士戎子和亲

笔题写的。太行太岳烈士陵园是抗日战争胜利后，中国最早建立的一处具有革命意义的建筑，1986年10月，被民政部公布为国家重点陵园保护单位。

太行山大峡谷 AAAA
浩荡壮观的奇绝大峡谷

长治市壶关县桥上乡

绵延40多千米的太行山大峡谷，位于长治市壶关县境内，集雄、奇、峻、美于一身。相对高差200~800米，峭壁陡立，峡谷纵横，极为壮观。刀削斧劈的悬崖，千奇百态的山石，甘甜可口的清泉，如练似银的瀑布，碧波荡漾的深潭，引人入胜的溶洞，遍布群山的林海尽在峰峦涧壑之中。

景区主要由五指峡、龙泉峡、王莽峡三大峡谷组成，串联黑龙潭、紫团洞、羊肠坂、红豆峡、八泉峡、青龙峡、天桥、万佛山、十八盘等多个景点，构成了雄浑壮丽的太行山大峡谷奇观。

玩家 攻略

每年的5~10月是太行山大峡谷的最佳旅游时间。5月，山清水秀，气候温和，夏季凉风习习，是避暑的宝地，秋季秋高气爽，是很好的旅游季节。

太行山大峡谷每年都会举办攀岩锦标赛，其间会有开幕式晚会、美食节、招商会、拓展之旅等系列活动。

女娲洞

女娲洞位于壶关县东南杨家池村郊沟河。景区内奇洞、古建、飞瀑、流泉、深潭、溪涧、湿地、峰林、草木等景观，构成了一幅山川秀美的画卷，是一处雄奇的山与秀丽的水、自然景观与人文景观、宗教文化与园林山水文化相得益彰、妙景天成的好去处。主要景点有女娲洞、女娲宫、半含寺、潜龙泉、婴儿泉、滋淇潭、飞凤潭、银花瀑等。

玩家 解说

女娲是中国上古神话中的创世女神，是华夏民族人文先始，福佑社稷之正神。相传女娲以黄泥仿照自己抟土造人，创造人类社会并建立婚姻制度，后因世间天塌地陷，于是熔彩石以补苍天，斩鳌足以立四极，留下了女娲补天的神话传说。

女娲不但是补天救世的英雄和抟土造人的女神，还是一个创造万物的自然之神，她神通广大、化生万物，每天至少能创造出70样东西，开世造物，因此被称为大地之母，是被民间长久崇

太行山大峡谷

拜的创世神和始母神。

阁老陵

阁老陵是王莽峡风景区的主要景点之一，位于王莽峡西口，阁老陵周围环绕着座座高山，高山形状奇特，妙不可言。陵后的高山形似一座官轿，故得名轿顶山。陵东北是官帽山，官帽山中间山峰庞大浑圆，颇似帽盔，两侧山峰对称低平，颇似两支帽翅。陵东南高山凹凸不平，峰峰相连，好似笔架，故名笔架山。陵东高山孤立，上小底大，整体浑圆，形似官印，人称印把山。

玩家 解说

阁老陵地处峡谷山坳中，周围有青松翠柏，左右两侧有天然石城墙，墙顶长着20余株古松，虬根缠绕，枝节相依，针叶茂盛，仿佛是一道绿色屏障，护卫着阁老陵。右侧石城墙与左侧石城墙相接，把阁老陵拥抱在怀中。

红豆峡

红豆峡是龙泉峡的一条支峡，是太行山大峡谷的精品景区，也是专家认定的世界级自然风景区，因峡内生长着成片珍稀树种红豆杉而得名。红豆峡主峡长15千米，占地5余平方千米。境内有陡峭的崖壁，多样的山石，潺潺的流水，壮丽的瀑布，珍稀的物种，奇特的石林，原始的植被，是一处幽美的天然风景区。

玩家 解说

红豆杉，属浅根植物，主根不明显、侧根发达，是世界上公认的濒临灭绝的天然珍稀抗癌植物，也是第四纪冰川遗留下来的古老树种，在地球上已有250万年的历史。由于在自然条件下红豆杉生长速度缓慢，再生能力差，所以很长时间以来，世界范围内还没有形成大规模的红豆杉原料林基地，中国已将其列为一级珍稀濒危保护植物。

黑龙潭

因传说有黑龙在此盘踞而得名，为太行山大峡谷五指峡风景区主要景点之一。黑龙潭处于危崖绝壁之下，系于美丽幽谷之间，飞流潺潺，潭体多变，深度莫测，古为方圆百里的乡民遭受旱灾时拜祈甘霖的神圣之地。

红豆峡

青龙峡

青龙峡是集青山、绿水、峡谷、洞穴等自然景观及太行山国家地质博物馆、古道雄关、战事翰墨等人文景观于一身的原生态自然风景区。景区地处黄土高原与中州平原断裂层带，钟灵毓秀，地质奇异。这里气候温润宜人，林木浓荫蔽日。

主要景点有“一线天”“丹壁园”“青龙潭”“硕石苑”“女娲洞”等。在这里既可以欣赏到大自然的鬼斧神工和秀丽风光，也可考察了解地质变迁的历史和现状。青龙峡自然风光优美，是休闲、度假的好去处。

玩家 攻略

景区设有“峡谷漂流”“闯三关”“攀峭岩”“荡秋千”“悬翘杆”等游乐项目。尤其是漂流，有两级水库可保全天候漂流，可开展“晴漂”“雨漂”“夜漂”，值得尝试。

三峻庙

三峻庙位于壶关县黄家川乡南阳护村，始建于金大定十五年（1175年），元明清时曾多次修葺。该庙坐北向南，两进院落，现存过殿、香亭、正殿、钟鼓、廊庑、配殿，共有殿宇23间，主要供奉之神为后羿。

玩家 解说

后羿，又称“夷羿”，相传是夏王朝东夷族有穷氏的首领，善于射箭。当时夏王启的儿子太康耽于游乐田猎，不理政事，被后羿所逐。太康死后，后羿立太康之弟仲康为夏王，实权操纵于后羿之手。但后羿只顾四出打猎，后来被亲信寒浞所杀。神话传说中后羿是嫦娥的丈夫。后羿时期，天上有10个太阳，烧得草木、庄稼枯焦，后羿为了救百姓，一连射下9个太阳，从此地上气候适宜，万物得以生长。他又射杀猛兽毒蛇，为民除害。民间因而奉他为“箭神”。

真泽宫

真泽宫位于紫团山区树掌镇神郊村，宫内供奉着乐氏二仙女，又称“二仙奶奶庙”“二圣庙”。宫外红墙碧瓦、巍峨庄严，内部雕梁画栋、结构巧妙，占地7000平方米，依山筑砌成五进院落，一院高于一院。有香道、牌坊、山门、当央殿、万寿亭、钟鼓楼、寝宫、圣公母大殿及两侧的楼阁式配殿，有阳宫、阴宫、婴儿宫、奶水宫、梳妆楼等，使整个建筑统一在古朴典雅、高低错落的环境之中。

链接

真泽宫的由来

传说中，“二仙奶奶”冲惠、冲淑是孪生姊妹，出生后亲母杨氏去世，其父乐山宝又娶继妻吕氏。二人饱受继母吕氏虐待，苦痛不堪，仍然无怨行孝，感动上天。唐乾宁二年（895年），二人在翠微山升仙台被黄龙驮去，上天做了神仙。当地百姓在翠微山北建庙祭祀，奉她们为地方神祇。宋崇宁四年（1105年），宋军攻打西夏，路经二真人庙时，军粮用光。忽见有二位女子煮粥供给士兵食用，随吃随有，没有停滞，带兵将领这才知道是两位女真人显灵，连忙向宋徽宗报告。宋徽宗大惊，封两位女真人仙号冲惠、冲淑，庙号真泽宫。

真泽宫

紫团山

紫团山是大峡谷主要避暑胜地，有紫团洞、白云寺、慈云院、南极园、云盖寺、福水泉等近10处景观。紫团山麓有一个石灰岩溶洞，洞口常有紫气团聚如盖，故名紫团洞，紫团山也因此得名，自古就有团峰倚秀的美誉。紫团山山峦纵横，峭拔高耸，漫山苍翠碧绿，珍禽和鸣。山涧泉流潺潺，长年不息。

玩家 解说

紫团山麓的紫团洞，可供游人探险寻幽；山巅现存明清时修建的白云寺，其木雕、砖刻艺术令人叫绝；山下东北处是云盖寺遗址，可发思古之幽情；南极园种植的紫团参，更是游客首选的购物佳品；离紫团洞不到5千米的福水村盛产天然矿泉水，日流量200吨，含锌、锶、锂，为祛病、健身、益寿的上好饮品。

十八盘

十八盘是王莽峡的主要景点之一，在300多米高的悬崖峭壁上，筑有1300多个台阶，打了九折十八弯的天梯通道，故称十八盘。古时为晋豫通商之道，现沿途景点颇多，如刘秀隐身像，五官清晰可见；太上老君道德碑，倚山而立；苍松翠柏之中有圣人坛；天然石洞“隐身洞”，洞内塑有观音像和刘秀像；再顺洞下行，有一绝壁悬梯，高50余米；走下十八盘，河槽沿山底向南延伸，泉水清澈，千尺崖下，却永不结冰，人称“热水湾”。

万佛山

万佛山风景区位于壶关县丁家岩村，景区因特殊的地质构造形成各种独特的自然景观。云海、日出、秀石、红叶、奇峰、异壁、

峭岩、溶洞、险峡、怪峰、动物、植物，千奇百怪，是深藏在大峡中的一颗璀璨明珠，是天然的地质博物馆。

万佛寺建在山腰一座秀丽的孤峰上，整个建筑风格独特，艺术精湛。寺院由正殿和东西殿组合而成。正殿中央立有1米多高的佛祖，三面墙壁贴有万余尊宋元雕刻石佛，现共存800余尊。石佛大者20厘米，小则三五厘米。东西殿塑有观音菩萨和文殊菩萨像，约高1.6米。

太行山大峡谷八泉峡景区 AAAAA
世界级极品旅游资源

长治市壶关县桥上乡

太行山大峡谷中的八泉峡，无疑是群山中的一颗璀璨明珠。它以卓越的品位、错落有致的布局和磅礴的气势，成为太行山最具代表性的景区，被誉为“太行第一雄峡”。八泉峡雄踞于太行山大峡谷的中部，占地面积24.11平方千米。这里最低海拔600余米，最高海拔1400余米，最大落差约1100米。作为峡谷中的精华景区，八泉峡提供了完善的设施、优美的线路，让游客尽享游览的乐趣。这里蕴藏了太行山的精髓，荣获了“国家AAAAA级景区“国家森林公园”“国家地质公园”“中国十大最美峡谷”等荣誉，被誉为“世界级极品旅游资源”。

八泉峡的原名是“八道水”，源于峡谷中八股泉水同出一地的独特景致。这里有姿态万千的山石、绿意盎然的林海、潺潺流淌的泉水以及清澈见底的池潭。景区内主要划分为门楼景观、峡谷景观、索道景观和步道景观四大区域，其中包含36处主要景点，为游客提供了丰富的自然观光、生态旅游和休闲度假的选择。

链接

三溶洞的传说

三溶洞中的第二洞朱砂洞，是5亿年前至4亿年前形成的天然石灰岩溶洞，据民间传说，溶洞里原来蕴藏着丰富的朱砂矿藏，把流出来的水都染红了，因此人们称其为朱砂洞。三国时期，曹操率大军进攻壶关，高干粮尽援绝，只好单人匹马逃出关城。守关高军士兵树倒猢狲散，各自逃命，其中一个士兵跑到八泉峡朱砂洞中，发现了洞里的朱砂矿藏，他欣喜若狂，抽出宝剑，拼命挖掘朱砂，打算运出去卖掉，发一大笔横财。不承想竟然从朱砂里挖出石碑，上面刻着“贪财者必自毙”六个大字。士兵吓坏了，慌忙扔下宝剑，逃离朱砂洞。经他胡挖乱掘，洞内朱砂矿产资源遭到破坏，流出的水越来越清。

景点推荐

平顺旅游区

九天圣母庙

千年历史古建筑群

平顺县北社乡东河村　¥10元

九天圣母庙创建于隋唐，现存有宋、元、明、清四朝建筑，是一座有着千年历史的古建群。庙内现存宋、元、明、清及民国年间重修碑20余通，大都记载了创修、增建及重修庙堂的历史沿革和主要事宜。在北宋建中靖国元年（1101年）重修碑中看到创建舞楼的记载，说明在宋代戏剧艺术和舞蹈艺术就已经发展到了一定的程度，并且与宗教文化的发展结合在一起，记载戏剧舞台的碑刻在我国极为少见。

平顺县通天峡景区 AAAA

北方小九寨

山西省长治市平顺县虹梯关乡梯后村

通天峡景区汇聚了日月潭、青龙峡、女娲池等70余处胜景，有高山映衬下的平湖，有深不见底的潭水与飞泻的瀑布，被誉为“北方小九寨”。此地的山势雄伟、奇特、险峻、挺拔，集多种风貌于一身，让人游览后有“三山五岳汇太行，通天峡归来不看山”的深切感慨。景区内气候适宜，是理想的避暑和养生胜地。游客可以选择多种方式来探索这片神秘的峡谷：徒步穿越谷底，乘船在水中仰望峡谷，乘坐缆车在空中俯瞰，或沿着栈道和涵洞观赏，甚至登上仙人峰顶俯瞰整个峡谷。

金灯寺石窟

石窟造像巅峰之作

平顺县杏城镇背泉村东的林虑山巅

金灯寺原名宝岩寺，相传金灯从山头升起，飞落寺顶，故改名金灯寺。石窟开凿于山巅自然形成的石凹内。石窟和建筑坐北面南，依崖布列，现存七进院，有洞窟14个、佛龛37个、摩崖造像500余尊。木构建筑有延寿殿、关公殿、丈八佛殿等34间，寺内保存历代碑、碣20余通。寺外山凹中保存有明、清千佛塔、墓塔共44座。洞窟开凿从明弘治十七年（1504年）起，至明嘉靖四十四年（1565年）止，历时60余年。洞窟外观均雕成仿木建筑，规制严谨。窟内造像有释迦佛、三世佛、三佛、观音、文殊、普贤三大士、弟子、金刚等。尤其是第5窟水陆殿规模最为宏伟，三间仿木式殿堂，面宽10.2米，深9.2米，高4.89米。殿内泉潭、桥涵、堤坝荟萃一堂，是海内外孤例。正壁雕“横三世佛”，环列菩萨、罗汉28尊，东西山墙有平雕水陆画69幅，题材包含了儒、释、道众神，在全国石窟中属罕见。

玩家解说

金灯寺石窟中的佛、菩萨、金刚、天王、罗汉以及佛教故事中的人物造像形体秀美、装饰富丽，承唐、宋圆润风格之遗风，独具明代俊俏娴静的特色，具有极高的文物艺术价值。金灯寺作为山西省第二大石窟群，规模宏大，雕造精美，是我国石窟造像的巅峰之作。

大云院

唐将马三宝屯兵之地

平顺县中五井乡

大云院原名仙岩寺，相传为唐将马三宝屯兵之地，始建于五代时期，最辉煌的时候这里曾有僧舍殿宇100多间，殿内存有五代壁画。明代时寺院遭受了山洪的侵袭，除主殿大佛殿外的其他建筑全都未能幸免。历经千年，大云院几度兴衰，唯独大佛殿古貌仍旧，原构依然。寺院中尚存山门、天王殿、后殿和两庑，均为清代建筑。寺外悬崖峭壁上有20余孔窑洞。

大佛殿

本名弥陀殿，五代后晋天福五年（940年）建。梁架为“六架椽屋”，上有驼峰、托脚承平梁，平梁上有驼峰、侏儒柱、大叉手、捧节令以承负脊。驼峰尺寸、形制各异，多达8种。殿顶明清补葺过，非原貌，但从少量瓦件可看出非宋元以后之物。殿内斗、枋、替木等构件上还保存有一部分五代彩绘，是中国古建筑中稀有之例。殿内东壁画题“维摩变相”，8个伎乐天一边奏乐一边起舞，表现出超人的神态仙姿。扇面墙正面上部画飞天，两侧是观世音菩萨和大势至菩萨，后面画“西方净土变”，云气缭绕，菩萨、天王、侍从等掺杂其中，上部天宫楼阁悬空，可见唐代画风犹存，是中国现存寺观中唯一的五代壁画遗作。

七宝塔

塔有两层，平面八角形，基座两级有束腰须弥式，雕仰覆莲瓣、狮子、麒麟、力士等，第二层门内还雕有乐伎和舞伎，塔身雕

大云院

有间柱，正面雕版门，门两侧置二天王像，背面雕比丘半掩门，塔檐下雕飞天。二层塔身雕假板门、门簪、帷幔等，置仰莲、矮柱、宝珠等制成塔刹，都是五代原作。该塔因地形变迁大半埋入积土之中，经清理保存完好。

玩家 解说

马三宝（？—629年），唐初名将。最初为李渊之女平阳公主的家童。平阳公主在鄠县（今陕西西安市鄠邑区）起兵之后，曾派马三宝去说服拥兵数万的胡商何潘仁。何潘仁攻击鄠县，被俘获。马三宝又说服群盗李仲文、向善志、丘师利等，各率众数千人来投于平阳公主门下。这时京师留守频遣军讨伐公主，马三宝、何潘仁屡挫其锋。

马三宝因平定长安有功，拜太子监门率。另外击败反叛胡人刘拔真于北山，破之。又跟随平阳公主平掉了薛仁杲，升迁至左骁卫将军。再次跟从柴绍击吐谷浑于岷州，冲锋陷阵，斩其名王，前后虏男女数千口，累封新兴县公。唐高祖顾谓三宝曰："是汝建英雄之处，卫青大不恶！"累除左骁卫大将军。贞观三年（629年）卒。唐太宗李世民为之废朝，谥曰忠。

龙门寺

集后六代木构建筑于一寺

平顺县石城镇源头村龙门山

龙门寺创始于北齐天保年间，现存殿堂廊庑，布局严谨。中轴线三进院落，东西禅堂、经舍等各成一区。前院西配殿为三开间悬山式，殿内无柱，梁枋简洁规整，犹存唐风。五代木构建筑悬山式殿宇仅此一例。大雄宝殿琉璃脊兽为元代烧造。天王殿构造灵活，梁枋断面互不一致，为金时所建，后殿三间，悬山式，元代形制，其他殿堂均为明清重建。集后唐、宋、金、元、明、清六代木构建筑于一寺，为中国现存文物中所仅见。龙门寺有龙口吐水、石谷龙门、金灯流油、幡杆圣脑、五檀闹槐、透灵石碑、菩萨迎宾、峭壁石佛等景点，素有"八宝龙门"之美称。

西沟村

全国农业旅游示范点

平顺县西沟乡西沟村

西沟村已建成观光旅游、森林休闲、田园采摘、农产品开发四大园区，成为全国农业旅游示范点。主要景点有金星森林公园（太行金星）、西沟展览馆、陈卿故里、赵树理小说《三里湾》的生活创作基地——川底村等。西沟森林公园成为西沟人民自力更生、艰苦奋斗改造山河的真实写照。

玩家 解说

西沟村是全国著名劳动模范李顺达与全国著名劳动模范、一至十届人大代表申纪兰的家乡，是全国农业旅游示范点，中国第一个互助组合作的诞生地，全国第一批爱国丰产金星奖章获得者郭玉恩、李顺达的家乡。西沟展览馆已成为山西省百个爱国主义教育基地和全国著名的红色教育基地之一。胡锦涛总书记视察西沟村时写下赞语，称西沟是中国农业战线的一面旗帜，是新中国农村发展的一个缩影。今日的西沟已成为闻名华夏的红色旅游地，有李顺达纪念亭、李顺达故居、全国第一个互助组雕塑群等10多处爱国主义和革命传统教育场所，艰苦奋斗是西沟永远的景观。

西沟村

景点推荐

武乡周边景点

灵空山景区

森林覆盖率高达99%

沁源县灵空山镇

灵空山又名九顶山，海拔2000米，中心处三座孤峰突起，如倒置的三只鼎足。在灵空山山腰，有一块平台地，古老的圣寿寺就坐落在这里。据史籍记载，唐懿宗第四子李侃，因黄巢起义，避难到此，削发为僧。这位皇子死后，被封为“先师菩萨”。唐景福二年（893年）建先师禅院，宋端拱二年（989年）赐额“圣寿寺”，相沿至今。由于历代的增补修缮，圣寿寺的现存殿宇已经不是唐代原建筑了。但其规模宏大，建造奇巧，仍然是一处较有价值的寺庙建筑群。

除寺院外，灵空山还有茅庵、仙桥、峦桥、东钟楼等建筑。茅庵建于寺东崖畔石洞之中，是游者最感兴趣的地方，它凌空高建，寺院山门对面悬崖壁立，一道幽谷横在寺院前沿，相距数丈，古人在寺院左右修建了仙、峦二桥，沟通南北、贯连三山。其中峦桥上部，丹柱长廊，雕龙绘凤，斗拱斜插，工艺精巧。跨过峦桥，穿林海沿小路东行，再过仙桥，就到了东峰脚下。从山脚到峰顶的东钟楼，要攀缘陡峭曲折、宛如飘带的“十八盘”。东钟楼以南，是苍黄色的“舍身崖”。再向南，山峦之中有一四面峭壁的孤峰，据说那是李太子初到时结庐的地方，名叫“唐山寨”。

灵空山巨松

灵空山随处可见的巨松令人叹为观止，两人合抱的巨松数不胜数。著名的"九杆旗"，堪称"山西巨松"，它一茎出土，派生九株，株株笔直挺拔。它们各有名目，有"二仙传道"，有"一炉香"，有"三大王"，有"一佛二菩萨"等，为灵空山增色不少。距圣寿寺不远，有一株树围长约5米、树身高至40余米的巨松，因为在它的主干之上后来又派生出九枝高插云天的茁壮新干，许多人就戏称此松为"九杆旗"。据知，这株"九杆旗"以其硕大的体魄，已成为整个华北地区的油松之王。

玩家 解说

唐乾符六年（879年），19岁的唐僖宗李儇把自己的四哥李侃派到古城晋阳（今太原），担任战乱中的太原府尹和北都留守兼充河东节度使。李侃中途却遁入灵空山去当了和尚。

到灵空山当了和尚的李侃因不是皇后所生，未能继承大统。新旧《唐书》本纪中讲唐懿宗崇仰佛教，过于迷信，且在这方面用度极为奢靡。后人对唐懿宗四儿子李侃弃官不做而入灵空山削发为僧之事，多以为是由于唐末黄巢起义引起的战乱所促成，事实上唐懿宗生前狂热地沉迷于佛教对李侃后来的遁世出家也有相当的影响。

灵空山景区

据当地方志记载，灵空山及其附近至少有四座寺院的初建与李侃的到来有密切关系。这四座寺院分别是灵空山峦桥附近的圣寿寺、韩洪镇的海泉寺、沁源县城南10千米处北石村的螺山寺和灵空山南麓的灵寿寺。其中第一座寺院原本并不称圣寿寺，因李侃圆寂坐化在此，人们就习惯上称该寺为先师菩萨寺。

链接

灵空山的传说

相传，从前仙桥脚下对峙的悬崖相距甚远，沟内风景迷人。灵空山住着位五龙王，其母见此处景美，常来赏玩。后来她与山庙中的老和尚相识，彼此就在这里对弈。五龙王对此十分不满，一天趁其母与和尚下棋之际，运用法力将灵空山上的第一川、韩洪川、猫尾川、水洞川、五龙川等五川的河水聚拢而来，企图淹死其母。其母听到水声，抬头见洪水已汹涌而来，忙取头帕一蘸，便将洪水吸尽。所以现今五道川水贵如油。五龙王一计不成又生一计，将相隔千尺的两座高山迅猛挤来。其母取下头上金簪向空中一扬，金簪立刻化作现在仙桥底下的巨大石条顶住两山。

黄崖洞 AAAA

中国金融的摇篮

📍黎城县黄崖洞镇赤峪村板山岭

黄崖洞景区海拔多在1500~2000米，因黄崖峭壁中有一天然石洞而得名。黄崖洞风景雄奇秀美、林木茂盛、山泉清冽。抗日战争时期，曾是华北敌后最大的兵工基地，朱德、彭德怀、刘伯承、邓小平等长期在这里生活，震惊中外的黄崖洞保卫战，以敌我伤亡6:1的辉煌战绩，开创了中日作战史上前所未有之"纪录"。1985年，景区进行大规模修整，在翁圪廊口建起一座由邓小平题词的"黄崖洞"牌楼，后建有纪念馆、军工亭等人文景观。在黎城黄崖洞镇上，有个黎城小寨冀南银行，被誉为"中国金融的摇篮"，是中国人民银行的前身。

高山公园

黄崖洞的自然风光，集雄奇与壮美于一身，黄崖洞旅游景区开辟后，缘山建造亭塔，堵泉造就石池，借水搭垒步桥，建成高山公园。在这里驻足小憩，可尽情赏阅水色山光的情趣。在高山公园的西南边，有一座锥形孤峰，孤峰上耸一高塔，和孤峰浑然一体，叫镇倭塔，呈锥形，高7米，用整块石头雕刻而成，工艺精细，模型生动。著名作家马烽、孙谦、李束为和著名书法家徐文达的题词面塔而立，为其增色不少。

烈士陵园

烈士陵园主要由烈士塔、烈士公墓和纪念馆组成，是为纪念黄崖洞保卫战中殉国的烈士而建的。纪念塔为一座7米高的四方体水泥结构，上书“黄崖洞殉国烈士众垂不朽”11个大字。纪念塔后是烈士公墓。墓为拱顶圆形水泥结构，墓前有一石碑，刻着当年保卫战的直接指挥者欧致富同志撰写的碑文和43位烈士的英名。纪念馆位于公墓的后面，以大量的史料、实物和照片再现了当年兵工厂的原貌和保卫战的壮烈场面。

玩家攻略

黄崖洞景区每年4月28日会举行大规模纪念活动。峡谷里的风有时较强，可准备一件外衣，在景区内，信号不太好；黄崖洞所在的黎城有一道很著名的小吃“油炸菜角”，是一种用豆腐、粉条、韭菜、红萝卜加调味品制成馅心，再用烫面包上馅心，捏成“角子”，用素油炸熟的小吃，不可错过。

链接

黄崖洞传说

传说，黄崖洞原名叫黄龙洞，因洞内住有一条黄龙而得名。黄龙修行得道成仙后成为黄龙真人，后赴昆仑山做原始天尊门下的弟子。黄龙真人走后，瓮圪廊水池中一只成妖的乌龟出来兴风作浪，残害百姓，将此处一家9个姑娘抢去做他9个儿子的媳妇。此事被天神得知后报与玉帝，玉帝令黄龙真人回山降妖，为民除害。9姐妹得救后将9个龟儿子打入9个山头下，她们分别坐定山头，令龟儿子永世不得翻身。据说黄崖洞山上的9个凤凰般美丽的小山头就是这9个姑娘变的。

黄崖洞翁圪廊

洪济院
保留北魏风格的建筑

武乡县城故城镇东良候村

洪济院始建于北魏，现存三进院落，有山门、前殿、戏台、大雄殿、韦驮殿、观音殿、厢房、耳殿等，殿内还保存着数尊北魏石刻佛像及历代重修碑刻。

八路军太行纪念馆 AAAA
八路军抗战纪念馆

武乡县太行西街363号

纪念馆位于八路军总部长期驻扎过的太行山区山西省武乡县县城，占地面积180 000平方米，馆区主要分为主展区和游览区两大部分。主展区包括八路军简史陈列厅、八路军将帅厅、日军侵华暴行厅；游览区包括八路军游击战术演示厅、八路军抗战纪念碑、八路雄风碑林、徐向前元帅纪念亭等。

八路军太行纪念馆是我国唯一一座全面反映八路军和华北各根据地8年抗战史实的大型军事专题纪念馆，是集教育、科研、旅游观光于一身的优秀爱国主义教育基地。

八路军太行纪念馆

“和平颂”主题公园

“和平颂”主题公园位于主展馆东面，东接八路军文化园、眺望马牧河，西面与“百团大战”半景画馆、窑洞战模拟景观相望，与凤凰山紧紧相连，为八路军太行纪念馆2005年大型扩建改陈工程项目之一，于2010年建成并对外开放，适逢纪念抗战胜利65周年，为了教育后人永远不忘历史、热爱和平，遂命名为“和平颂”主题公园。

“和平颂”主题公园是一座以中国自然山水园林风格为特色、具有综合性休闲功能的公园。占地60 000余平方米，其中水面积2500平方米，设计上主张以人为本，定位于自然，充分体现现代园林风格，山、水、建筑、植物配置相得益彰，风光宜人。

八路军将领组雕

八路军将领组雕位于八路军太行纪念馆内中轴线上，是2005年八路军太行纪念馆扩建改陈工程的重要项目之一。组雕于2009年9月26日落成，主要反映抗战时期朱德、彭德怀、叶剑英、林彪、聂荣臻、罗荣桓、刘伯承、徐向前、贺龙、邓小平、左权共11位八路军将领的光辉形象，由清华大学美术学院教授、全国著名的雕塑家李象群大师设计制作，是目前国内展示人物最多、体量最大的领袖群雕，充分再现了八路军将领的光辉形象。

八路丰碑

“八路军抗战纪念碑”矗立在风景宜人的凤凰山巅，旨在铭记八路军将士在中国民族解放史上的丰功伟绩。碑身呈四棱形，用白色大理石贴面，上书“八路军抗战纪念

八路军将领组雕

碑”8个镏金大字，高19.37米，寓意1937年抗日战争全面爆发。碑体两侧为镌刻着谷穗与长枪的铜质图案，象征八路军依靠“小米加步枪”打败日本侵略者的传奇历程。碑后为长达30米的弧形浮雕墙，生动再现了八路军从誓师东渡到取得最后胜利这段波澜壮阔的抗战历史，浮雕背面是刻有抗战时期728位血洒疆场的八路军正团级以上干部的英名录。

八路碑林

“八路雄风碑林公园”位于凤凰山山林地带，由孙毅将军题写园名。开馆以来，党和国家领导人、八路军将领、省军级以上领导、社会知名人士等共300多人为八路军太行纪念馆题词。

窑洞战景观

窑洞战景观依托凤凰山而建，是在因袭抗战时期遗留下来的窑洞战旧址基础上修复扩建而成的一座窑洞战演示实景。

窑洞战是抗日战争时期，八路军和太行根据地人民在抗击日本侵略者的自卫战争中创造出来的一种游击战术。八路军太行纪念馆在复原窑洞战旧址基础上挖掘修建了长达1000米的模拟实战景观。景观外面为一棵吊有铁钟的消息树，内部构造与地道战相似，筑有会议室、储藏室、抢救室、指挥所、单人掩体、瞭望楼、陷阱、迷魂阵以及灶台、马槽出入口等设施，采用立体音响技术、仿真技术，通过绘画、造型、声光等展示手段，栩栩如生地再现了根据地军民利用窑洞与敌斗争的战争场面。

半景画馆

百团大战半景画馆位于抗战史陈列馆东面，二者紧紧相连，融为一体。该馆在国内首次以半景画的形式，运用声、光、电等多媒体手段，全景式再现了抗战时期八路军百团大战的壮烈情景。

百团大战是抗日战争中八路军在华北地区发动的一次规模最大、持续时间最长的战略性进攻战役，严重地破坏了日军在华北的主要交通线，收复了被日军占领的部分地区，粉碎了日军的“囚笼政策”，给侵华日军以强有力的打击，推迟了日军的南侵步伐，鼓舞了全国人民夺取抗战胜利的信心。

主题展馆

八路军抗战史陈列馆位于八路军太行纪念馆内凤凰山麓，与八路军将领组雕、八路丰碑遥相呼应，呈“一”字分布，背倚凤凰山、东眺马牧河，坐北朝南，因山而建。从空中俯瞰，为“工”字形布局，两侧是平顶现代建筑，中堂尖顶为传统建筑，融传统风格和现代气息为一体。

陈列馆展示了八路军总部、中共中央北方局、八路军野战政治部以及朱德、彭德怀、左权、任弼时、刘伯承、邓小平、罗瑞卿、杨尚昆等老一辈革命家在太行山革命根据地的伟大革命实践和太行山根据地军民在中国共产党领导下抗击日寇、勇御外侮的历史。

攻略资讯

- 交通
- 住宿
- 美食
- 购物
- 娱乐

交通

飞机

长治王村机场位于长治机场路上，距离市区仅7千米，可起降中小型客机，并开通了直达北京、上海、成都、广州、大同等地的航线。

火车

长治现在有4个火车站，即长治站、长治北站、长治南站、长治东站，其中长治站和长治北站都是老火车站，长治南站在上党区南董村，长治东站在长治市潞州区老顶山街道朝阳村，这两个新的火车站都是高铁站，打通了南北的通道。

汽车

长治西站（长治客运中心）位于长治市潞州区府后西街347号，电话0355-6063886。

长治公路与桥梁

长治东站为公交汽车站，位于长治市潞州区东环路与太行东街交叉口东北角，电话0355-2256008。

班车客票实行线上和线下同时售票。网上购票请关注“大美太行众众行”或“山西联网售票”微信公众号购票或到客运中心指定售票窗口购票。

住宿

长治市酒店、宾馆众多，高端商务人士可以对比各大酒店预订商的价格和预订信息，选择最适合的酒店，资深驴友则可以选择心

长治市区夜景

长治农村风光

仪的长治青年旅舍，有多种高性价比的选择。

● 长治奥汀堡主题酒店

现有客房50余间，以欧式主题的风格装修为主，并设有各式主题房。酒店装修别具一格，是长治首家主题风格酒店，交通便利，周围商圈发达，附近有各种特色饭店及KTV等。 长治城区城西北路38号 0355-6917777

● 尚客优品酒店（长治高铁东站店）

酒店位于长治市高铁东站北300米，毗邻力达购物广场3千米，汇聚众多知名服装品牌，紧邻长治学院校区、景家庄小吃街。此地是通往壶关大峡谷、八泉峡、平顺通天峡等知名景点的重要交通枢纽。 东环路长治高铁站东站北300米 0355-3558388

● 都市月光商务酒店

都市月光商务酒店是一座集住宿、餐饮、休闲、娱乐于一身的豪华型商务酒店。酒店地理位置优越，交通便利，人文气氛浓郁。酒店环境幽雅，宾至如归的服务、配备齐全的实施，让客人体验到家的感觉。酒店共拥有90间客房，有豪华套房、商务单间、标间、主题间可供选择。 长治市城东北路 0355-2134567

● 长治赛福时尚快捷酒店

长治赛福时尚快捷酒店地处市中心繁华地段，交通便捷。酒店现代简约，客房空间宽敞、布置洁净齐整，房内配置液晶电视、空调等基础设施齐全。 长治市潞州区长兴中路515号 0355-8225888

美食

长治的美食种类很多，如长子炒饼、潞城甩饼、长治三和面等。长治城隍庙的美食非常多，夜晚更是热闹非凡。

● 上党腊驴肉

上党腊驴肉具有较高的营养价值，是理想的高蛋白、低脂肪食品。同时又可健胃、活血，是脾虚肾亏和贫血症患者的滋补佳品。

● 壶关羊汤

喝壶关羊汤先要讲究时令，约从当年中秋到次年清明之间7个多月时间是喝壶关羊汤的好时候。壶关羊汤一大特点是讲究尝全羊，另一个特点是讲究老汤。在长治及壶关县城的很多羊汤馆里可以尝到它的美味。

壶关羊汤

● 三合面

三合面是长治市民间的一种古老的面食，是用白面粉、黄豆面粉、小麦面粉按比例拌和后制成。这种面条柔韧光滑，久煮不溶，浇卤滴醋食之，口味鲜美，豆香气浓。

● 武乡枣糕

枣糕不但味道香甜、质软利口，而且还有很好的食疗作用，能够润肺止咳、解热消毒、保健脾胃、防治高血压。

武乡枣糕

● 酥火烧

酥火烧是长治市区有名的小吃之一，它用白面粉、鸡蛋做原料，以熟驴油或熟猪油和面，经火烤制而成。其色淡黄纯净，其味香酥可口，可做主食，亦可做点心。

酥火烧

● 长子炒饼

炒饼是长子县具有独特风味的传统名食，色鲜、质软、清香、味美，口感极好，一经品尝，美味难忘。用饼丝、水泼粉条、猪肉丝、植物油为主料，配之精盐、酱油、葱丝、蒜苗、米醋和鸡汤等佐料，用炒锅在旺火上翻炒而成，是长子县人用来招待宾客的主食之一。

购物

长治商业繁荣，以东大街、英雄街、八一广场为中心的商业区域里聚集着八一百货大楼、金威商场、百佳购物中心、华联商城等大型购物场所，所售商品样式繁多、品质优良。

在长治还可以买到许多著名的土特产品，如党参、长治堆锦、长子铜乐器、潞城草帽辫等，它们历史悠久，做工精美，具有浓郁的地方特色。

● 长子铜乐器

长子县的铜乐器制造业已有600多年的历史，长子县也是全国铜行业八大产地之一。产品有40多种，所产乐器音质纯正，音域宽广，多为民族、民间乐队使用。

长子铜乐器

● 长治堆锦

长治堆锦色彩艳丽、形象生动，因其精湛的工艺和浮雕般的效果被人们称为“立体国画”。工艺：先将图案描绘在薄纸板上，再分解成若干块，每块纸板通过续棉花、蒙绸缎、彩绘等传统工艺制作成半成品，再拼贴在一起，装框密封即成。

●潞城草帽辫

潞城草帽辫轻薄柔韧、辫条匀称，用它做成的草帽既能遮风挡雨，又清凉透气。草帽辫还能用来制作提篮、扇子等日用品，轻便实用，深受人们喜爱。

●党参

主产于长治，因该地古称上党，故名党参。党参以根入药，具有补中益气的功能，可治多种疾病。以党参为主药，可配制多种中药。

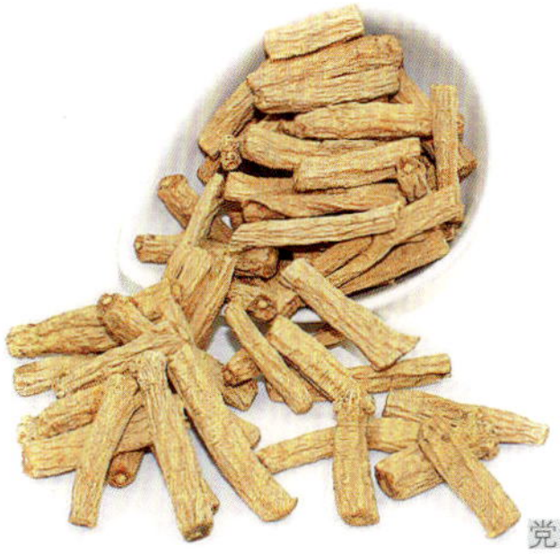
党参

娱乐

“穿一回军装、照一张军像；扛步枪、吃小米饭、住老区坑；唱抗战歌曲、看抗战戏剧、当一天八路军”。在长治，怎能不观一次抗战情景，体验八路军的魅力文化，真正当一回八路军?

八路军文化园：八路军文化园位于长治市武乡县城内。文化园背靠景色宜人的凤凰山，东临风光涟漪的马牧河，依靠太行山区得天独厚的地理环境，以抗日战争、民族革命战争为背景，运用珍贵的革命文物和部分仿制生活用品，生动地反映了抗日战争时期八路军和太行人民在太行山浴血奋战、艰苦创业的光辉历程。在这里游客可以体验到八路军当年参加战斗、参与生产的艰苦奋斗精神及与当地民众鱼水情深的军民情谊。

游击体验园：八路军游击战体验园位于百团大战总指挥部、抗战旧址——蟠龙镇砖壁村，其园区以朱德总司令提出的“八路军十大游击战法”为主题设计，园区主要由地雷战、地道战、追击战和麻雀战等战术以及勇士扣篮秀现场情景表演、军事对抗体验区、儿童军事体验区等景点和项目构成。游客可以亲自参与“打一场游击战”的角色扮演活动，真正当一回抗日英雄，体验烽火年代的场景。

八路军文化园

发现者旅行指南

大同及周边

（含大同、朔州）

概览

亮点

华严寺

千年古刹，是我国华严宗的重要寺庙之一，上华严寺和下华严寺自成格局，建筑风格古朴严谨。

九龙壁

中国现存规模最大，建筑年代最早的九龙壁，堪称中国九龙壁之首。

善化寺

中国现存辽金时期布局最完整、规模最大的寺庙建筑群，距今已有近千年的历史。

恒山

五岳之北岳，恒山主峰天峰岭海拔2016.1米，号称“人天北柱”“绝塞名山”，

悬空寺

被誉为北国万山之宗主。

悬空寺

全寺为木质框架式结构，在陡崖上凿洞插悬梁为基，楼阁间以栈道相通。

应县木塔

我国现存最高最古的一座木构塔式建筑，外表古朴端庄、结构交错严谨。

崇福寺

我国现存辽金时代规模最大的三大佛寺之一，弥陀殿是崇福寺内最大的殿堂。

线路

大同经典二日游

第一天：早上先去平城遗址，了解遥远的北魏文化和历史。之后先去华严寺，欣赏千年古刹的气魄，再去九龙壁，看真龙再现。然后顺道参观关帝庙，最后去雁塔，晚上回市区住宿。

第二天：去云冈石窟，领略云冈艺术。下午游览得胜堡，体会这座古关隘的沧桑之美。

朔州二日游

第一天：首先游览位于

华严寺

朔州市东大街的崇福寺，之后前往小南山。游览完毕后前往杀虎口，之后赴怀仁安排晚餐和住宿。

第二天：早上乘车前往金沙滩，凭吊杨家将可歌可泣的抗辽壮举。之后赴应县木塔参观。

为何去

大同是国家历史文化名城之一，又是闻名中外的"煤海"之乡。大同地处晋冀蒙交界处，内外长城之间，地理位置险要，曾为三代京华，两朝重镇。现存古建筑、古墓葬、古遗址两万多处，其中国家级和省级重点文物保护单位60余处。

大同古城墙

何时去

最佳时间为七八月。大同夏季显得较为凉爽，尤其是恒山、采凉山一带，由于海拔较高，夏季平均气温也只有十几度，可以说是清凉世界、避暑胜地。秋天可到云冈石窟参观旅游。冬季可去华严寺等室内景点。

恒山风光

云冈石窟

区域解读

大同区号：0352
朔州区号：0349
面积：24 776km²
人口：469.07万人

地理 GEOGRAPHY

区划

大同现辖4个区（平城区、云冈区、云州区、新荣区）、6个县（浑源县、阳高县、天镇县、广灵县、灵丘县、左云县）。

朔州市辖2个区（朔城区、平鲁区）、3个县（山阴县、应县、右玉县），代管1个县级市（怀仁市）。

地形

大同市境内地貌类型复杂多样，山地、丘陵、盆地、平川兼备。西北部山脉属阴山山脉和吕梁山脉，主要有双山、二郎山、云门山、采凉山等；东南部山脉属太行山脉，主要有恒山、太白山、六棱山等。桑干河自西南向东北横贯全市，形成了周围高、中间低、两山夹一川的槽形盆地。

大同土林

朔州北、西、南三面环山，山势较高，中间是桑干河域冲积平原，相对较低，呈倒“V”字结构。全市山地、丘陵、平原各占三分之一。朔州的河流分属海河和黄河两大水系，主要有沧头河、桑干河等20条河流。

气候

大同地处中温带大陆性半干旱季风气候区，四季鲜明。春季气温回升很快，多大风，降雨较少。夏季气候温和，雨水集中，凉爽舒适。秋季来临后气温便逐渐下降，时常碧空万里、天高气爽。冬季较为漫长，长达4个多月，盛行西北风，日短天寒。

朔州属温带大陆性季风气候，主要特征是低温干燥，冬长夏短，日照长，风沙多，降水少而集中，干旱、风灾、冰雹、霜冻、洪涝等灾害性天气时有发生。

历史 HISTORY

大同历史大事记

阳高县古城镇许家窑村南的许家窑人遗址证明，远在10万年前，许家窑人——北京人的后裔就在大同这块土地上劳动繁衍生息。

大同火山

战国初为代国，后并入赵地。经历赵武灵王改革后，赵国逐步强盛起来，当时大同已成为赵国的“边陲要地”。

汉高祖七年（前200年），刘邦亲率32万大军迎击匈奴，在白登山（今马铺山）上被匈奴围困，后重贿单于之妻阏氏，加上援军即将到达，方才解围。

晋永嘉四年（310年），晋怀帝封鲜卑拓跋猗卢为代公后，进封代王，猗卢修秦汉故平城为代国南都。此为大同建都之始。

北魏道武帝天兴元年（398年）七月，北魏迁都平城。从此大同成为北魏首都，历经六帝七世，举世闻名的云冈五窟，就是在此期间开凿的。

936年，后唐河东节度使石敬瑭拜契丹主耶律德光为父，借契丹兵灭后唐，把北方包括大同在内的燕云十六州割让给契丹，使中原失去了北方屏藩。

北宋太宗雍熙三年（986年）第二次对辽战争中，西路副将杨业在朔州南陈家峪被俘，绝食而死，其子杨延玉及部将皆战死。这种英勇不屈的精神为历代所传颂，也即中国古代戏剧中杨家将的原型。

明朝时为维护国家的统一和边境安全，设立“九边重镇”，大同为首，驻重兵最多时有13.6万人，当时有“大同士马甲天下”之说。

清顺治六年（1649年），由于明大同总兵率部投降清军后又反清失败，大同遭清兵“屠城”之灾，使这座曾经一度繁华的城市几乎沦为一座空城。

朔州历史大事记

朔州峙峪、边耀、鹅毛口古遗址证明，早在旧石器时代晚期（距今约28 000年）就有人类在今朔州地区生息。

战国时期，今朔州地区并入赵国版图，赵孝成王元年（前265年），李牧在此训练了一支包括1300多乘兵车、13 000匹精骑、50 000名善战的战士和100 000名射手的军队，曾歼灭匈奴100 000余骑，使匈奴远逃漠北。

公元前133年，西汉拟设伏兵袭击匈奴的“马邑之谋”，终因军机泄露而流产。由此揭开了卫青、霍去病三次大破匈奴的战事，匈奴被迫远遁漠北，西汉打开了通往西域的要道。

隋大业十二年（616年），突厥始毕可汗率数万骑大举南犯马邑郡（郡治善阳，在今朔城区），晋阳留守李渊、马邑太守王仁恭率兵抗击，斩首数千级。突厥闻风丧胆，一时不敢轻易南下。

隋朝大业十三年（617年），马邑郡人刘武周率众起义，自称皇帝，定年号为天兴，后被唐军打败。

北宋雍熙三年（986年），宋太宗发动对辽战争，史称雍熙北伐，连克寰（马邑）、朔、应、云（大同）诸州。后辽大兵压境，杨业兵败陈家谷（朔城区南之阳方口），雍熙北伐失败。

明嘉靖三十六年（1557年），蒙古进犯应州、朔州，毁掉明朝营堡70多座，围攻右玉林卫城，尚表组织军民抵抗，在孤城无援的情况下，以少胜多，坚持守城达8个月之久。

顺治六年（1649年），清军遣将满达海、瓦克达进攻朔州，朔州军民浴血奋战，誓死抵抗，终因力量悬殊，被清军攻入城内，州城人民惨遭血洗。

1937年9月28日，日军从岱岳和井坪两路进犯朔县城，制造了骇人听闻的“九二八”屠城惨案。

汉高祖被困白登

秦始皇统治时期，匈奴被远远驱逐到长城以外，北方平静了十几年。到秦灭亡之后，中原发生了楚汉相争，匈奴就趁机骚扰，不断向南侵略，时常南下烧杀抢掠一番，成为汉朝一大隐患。

汉高祖时期，匈奴的冒顿单于带领了40万人马包围了韩王信的封地马邑（今山西朔城区）。韩王信抵挡不了，向冒顿求和。汉高祖刘邦得到这个消息，派使者责备韩王信。

白登之战遗址

汉高祖六年（前201年），韩王信向匈奴投降，献出了马邑。随后韩王信与匈奴挥师南下，进入雁门关，又继续向南进攻，围住晋阳。汉高祖刘邦于是亲自率领了32万大军迎击匈奴，同时镇压韩王信叛乱。

汉军进入太原郡后，连连取胜，特别是铜鞮（今山西省沁县一带）一战，大获全胜，使韩王信军队遭到重大伤亡，于是刘邦下令乘胜追击，直至楼烦（今山西宁武）一带。

刘邦到达晋阳后，先派人侦察冒顿虚实。时值寒冬天气，天降大雪，到处白茫茫的一片。冒顿将其精锐士兵、肥壮牛马等隐藏起来，只显露出年老弱小的士兵和瘦弱的牲畜，刘邦于是轻敌冒进，率骑兵先行追至平城（今山西省大同市），此时汉军步兵还未完全赶到。冒顿单于见汉兵蜂拥赶来，在白登山设下埋伏。刘邦带领兵马一进入包围圈，冒顿单于马上指挥40万匈奴大军，截住汉军步兵，将刘邦的兵马围困在白登山，使汉军内无粮草、外无援兵，不能相救。刘邦发现被包围后，组织突围，经过几次激烈战斗，也没有突围出去。于是刘邦和他的先头部队被围困于平城白登山达七天七夜，完全和主力部队断绝了联系。当时正值隆冬季节，气候严寒，汉军士兵不习惯寒冷的气候，很多人被冻伤。

汉军在被围了七天后，粮食也快吃完了，饥寒交迫，危在旦夕。陈平看到冒顿单于对新得的阏氏（单于妻妾）十分宠爱，朝夕不离。这次在山下扎营，经常和阏氏一起骑马出出进进，浅笑低语，情深意笃。于是陈平向刘邦献计，想从阏氏身上打主意。刘邦采用陈平之计，派遣使臣，乘雾下山向阏氏献上了许多的金银珠宝。

于是阏氏就对冒顿单于说：“军中得到消息说，汉朝有几十万大军前来救援，只怕明天就会赶到了。”单于问：“有这样的事？”阏氏回答说：“汉帝被围了七天，军中没有什么慌乱，想必是有神灵在相助，你又何必违背天命，非得将他赶尽杀绝呢？如今汉朝皇帝被困在山上，汉人怎么肯就此罢休？他们人多，肯定会不断派来大军相救，既然无法彻底消灭他，还不如放他一条生路，免得等汉军的救援军一到，内外夹攻，那样我们就不能共享安乐了。”

冒顿单于本来与韩王信的部下王黄和赵利约定了会师的日期，但他们的军队没有按时前来，冒顿单于怀疑他们同汉军有勾结，就采纳了阏氏的建议，打开包围圈的一角，让汉军撤出。当天正值天气出现大雾，汉军拉满弓安上箭，从已经解除包围的一角慢慢地走出，才得以脱险。

“白登之围”后，刘邦认识到仅以武力手段解决与匈奴的争端不可取，因此，在以后相当长的一段时间里，“和亲”政策便成为笼络匈奴、维护边境安宁的主要手段。

文化 CULTURE

云胜锣鼓

云胜锣鼓原名得胜锣鼓，起源于大同北面40千米的得胜口一带。得胜口是大同外长城之重要隘口，也是蒙晋交通要道。古代大同，战争频繁，军队出征、还朝皆从此处经过。每次得胜归来，则由一名德高望重长者率领民众在得胜口敲锣打鼓，热烈欢迎凯旋将士，故称之为得胜锣鼓。后来它在云州（大同）地区广泛流传，因而改称云胜锣鼓。后广泛应用于喜庆大典、商肆开业、秋后丰收、逢年过节等事宜之中。其演奏队伍可大可小，小者十多人，大者百人左右。乐器为大鼓一面或三面、锣四面、铙四副、钹四副。锣鼓曲谱有点将出征、拼杀四门、得胜还朝、万民欢庆和过街秧歌等，演奏人员身穿彩衣，手击锣鼓，通过抢摘金瓜、金龙戏水、凤摆细浪、夜静摇铃等高难度的演奏技巧和二龙出水、八字扇面、一字长蛇、丹凤朝阳等队形变换，充分体现出云胜锣鼓的四大艺术特点：急如狂涛骇浪，缓若涓水长流，重似霹雳闪电，轻比夜阑摇铃。使人感到鼓曲刚柔相济、节奏欢快、轻重有秩、层次分明，给人以赏心悦目之艺术享受，充分反映了塞上高原人民热情豪爽、雄浑剽悍、勤劳勇敢、奋发图强的乡土特色。

广灵剪纸

作为中国民间剪纸三大流派之一的广灵剪纸，以其独特的风格、艳丽的色彩、生动的造型、纤细的线条、传神的表现力和细腻的刀法独树一帜，自成一派，奠定了剪纸行业的至尊地位，被誉为“中华民间艺术一绝”。

广灵剪纸可上溯至周成王剪桐封虞，把桐叶剪成“圭”形赠予弟弟叔虞，并封他为唐王，这个桐叶“圭”即是最早出现在三晋大地上的剪纸品，距今已有3000年的历史。据专家考证，广灵剪纸的雏形可追溯到初唐，“镂金作胜传荆俗，剪彩为人起晋风”，正是诗人李商隐对当时广灵剪纸的真实写照，它的形成大约在明代，独特风格的成熟期则在清道光年间。

广灵剪纸图案处理以阳刻为主，阴刻为辅，刻制精巧、造型写实、色彩艳丽。表现题材和内容上分门别类、品种繁多，主要包括花鸟鱼虫、戏曲人物、脸谱、十二生肖、自然景观、名胜古迹等。一张剪纸的成形要经过设计图

广灵剪纸

样、拨样、熏样、刻制、剪裁、染色等工序。

刻制时第一步为起画稿。在白纸上起稿时要将画面中线条之间不连接的地方（如人物的眼、口鼻、眉之间以及人物与景物之间）合理地连接上，接着用墨笔描图，先看预想的剪刻效果如何。第二步是把纸张裁好，放在画稿的下面，然后用订书钉或纸捻针线把它固定在一起，放在刻制桌的蜡版上面。刻制时要从画稿的中央部分往外刻，先刻细部，后刻其他地方，如刻人物时先从五官和衣纹刻起，逐渐往外进行，最后剪刻外缘。剪刻完后取下所钉的固定钉子或线，用小镊子慢慢地把作品一张一张地揭开。成品线条清晰明快、舒展、光滑，绝不允许留下一丝一毫的毛刺、豁口。

2008年，广灵剪纸被列入国家级非物质文化遗产名录，2009年10月，被列入世界级非物质文化遗产名录。目前，广灵剪纸生产主要集中在4个乡镇，共有1200余家农户，兴办有广灵剪纸职业培训学校和大同市广灵剪纸技工学校，并在国内多个地区设立了展示厅和专营店。

流行乡村的戏剧——晋北道情

道情脱胎于唐代的道观经韵，原系宗教艺术，最初以说唱道教故事或有关题材为主要内容，是道家用以宣传其宗教思想的艺术形式。到了北宋，随着说唱艺术的兴起，逐渐

晋北道情

活跃在群众之中，并诞生了“道情”这个名称。后随着戏曲艺术的发展，特别是清代梆子戏的兴起，部分道情开始由说唱向戏曲转化。

晋北道情是山西道情戏中成戏最早的，它是在乾隆初年借助“风搅雪”的组班形式，在与“勾腔”的交流结合中登上戏曲舞台的。在此之前，曾有过一种叫作“过街道情”的过渡阶段，实际是说唱道情与社火结合的产物。每逢元宵佳节，晋北民间便举办社火活动，踩高跷、扭秧歌，扮成八仙人物穿街走巷，路经大的店铺或大户人家，便停下来表演或演唱，扮八仙者演唱道情中的一些唱段，形成一种有说、有唱、有扮相、有简单表演的戏曲雏形，这种过渡对晋北说唱道情向戏曲的演变无疑是一个极为重要的条件。由于晋北道情属于地方土戏，登上戏曲舞台之后，与当地其他民间艺术一直保持着密切的联系，并通过“风搅雪”的组班形式进行频繁的交流。晋北道情正是在这种交流中发展剧目，汲取了丰富的表演技艺。

晋北道情俗称“咳咳腔”，它的唱腔中保留了大量的虚腔、无实际唱词的乐句、衬字“啊、呀、哎、咳”，这与它源于说唱道情有关，虚腔、衬字本无内容表达的需要，只是为了增添气氛而已。由于衬字的频繁使用，唱者感到杂乱无章，听者感到句意难解，但衬字的运用却是道情唱腔音乐的一大特点，去掉衬字，便失去了道情的色彩。

晋北道情又分为神池、代县、应县三个艺术流派。“教坊”是晋北道情的活动基地，也是为它培养造就人才的学堂。每年冬季农闲，各村镇便纷纷开设教坊，或收徒传艺，或说戏排戏，春节一过便搭台唱戏，直至春和日暖，再度农忙才封箱停戏，这是晋北村民世代沿袭的一种传统。

和大部分传统戏曲一样，晋北道情近年来的发展遭遇困境，人们对慢节奏的传统戏曲的兴趣越来越淡漠。2006年，晋北道情戏被

公布为第一批国家级非物质文化遗产，一系列救助措施已实行，更多的保护举措也在酝酿之中，晋北道情的发展传承又有了新的希望。

北魏王朝的不朽杰作——云冈石窟

398年，北魏迁都平城（今山西大同），共建都于此达97年之久，在此期间，北魏不仅完成了统一中国北方的伟业，还留下了一座宏伟的艺术宝库——云冈石窟。

云冈石窟始凿于北魏兴安二年（453年），大部分完成于北魏迁都洛阳之前（494年），造像工程则一直延续到正光年间（520—525年）。北魏王朝立国仅159年（386—534年），他们将大量财富（约积攒了70年）投入石窟的开凿，并且在文成、献文及孝文在位时，也是王朝最兴盛时，将云冈视为国家工程全力经营，据说当时有数万名工匠参与，其中还包含来自印度、西域、凉州等地的佛教僧人及能工巧艺。

云冈石窟的开凿和北魏帝王的崇信佛法有关。自道武帝拓跋珪以下，明元、文成、献文及孝文诸帝都笃信佛法，即便是曾禁灭佛教的太武帝早年也是虔诚的佛教徒，建造石窟除了能弘扬佛法，还能增添自身福报，且又能展示帝国实力，因此自文成帝倡议后，北魏的帝王无不用力投入，即便迁都洛阳，也仍在洛阳另凿龙门石窟，成就另一伟构。

当时深受道武、明元二帝重视的法果和尚即提出“能弘道者人主也，我非拜天子，乃是礼佛耳”的说法，这种天子与佛合二为一的主张也为后来云冈石窟“造大佛也是造天子像”的“人佛合一”理论奠定了基础。发生在445年的太武帝灭佛事件也间接促成了这一伟业，他统治初年也和祖父（道武）、父亲（明元）一样笃信佛教，但受到当时的大臣崔浩及崔浩的好友天师道教主寇谦之的影响，信仰逐渐由祈求来生福报的佛教转为追求今生长寿的道教；441年，他更是将年号改为“太平真君”，十足的道教名号，成了不折不扣的道教徒。

6年后，太武去世，他的孙子文成帝即位，决意要恢复佛教国教的地位，但在破坏之后，必须要一番特别的作为才能一挽颓势，创新气象，宏图伟业的云冈石窟在此劫后就成了重振佛教信仰的一帖良方。

最后，云冈石窟的诞生还赖一位催生者，那就是首倡“昙曜五窟”的昙曜法师，他在文成复法后成了统领全国佛教事务的“沙门统”，文成帝待其以师礼。文成帝在他的建议下，以“人佛合一”为理论，以北魏开国的五位帝王作为模范，首开气势雄伟的“昙曜五窟”。

云冈石窟

景点推荐

大同城区景点

大同古城墙 AAAA

风采依旧，雄姿再现

大同市平城区

大同古城墙为明洪武二十五年（1392年）在北魏平城的古城墙旧土城上增筑而成，颇有名气。大同城墙的总周长为7270.7米，形制为东西略长的矩形城池。墙体用“三合土”夯填，墙表包砖，高约14米，比西安古城墙高2米，最宽处16.6米，比南京古城墙最宽处还宽6.6米。城墙上有62座门楼、角楼、望楼。城墙四角雄峙着四座角楼，尤以西北角楼最佳，呈八角形，称为乾楼。54座望楼中以洪字楼为望楼之最，为其他古城墙中少有。

雁塔原名文峰塔，位于南城墙上，外形秀丽，结构奇特，其建造位置极为特殊，因春夏飞雁众多故俗称雁塔。该塔建于明代，是古代“登科及第”的士子们祭拜、夺官的场所。塔高约14米，是八角七级空心砖塔。

玩家 攻略

古城墙景区距离华严寺、九龙壁和善化寺都很近，仅1000米左右，建议这几个景点可以安排在一起参观。城墙晚上人烟稀少，没有保安人员，建议单身女士慎行。

玩家 解说

目前东城墙、南城墙已依明代大同城规制修复完毕，并对游客开放。修复后的东城墙建有瓮城、月城、吊桥、护城河，并建有城楼、月楼、箭楼各1座，望楼12座。南城墙不仅修复了瓮城、月城，还有关城和东西耳城。修复后的古城墙雄伟壮观，特别是夜幕降临，华灯初上，古城夜景分外迷人，流光溢彩的灯光，使古城墙楼阁俊俏秀丽，更具魅力。

九龙壁

朱桂代王府前的琉璃照壁

大同市平城区东街路南

九龙壁建于明代洪武末年，是明太祖朱元璋第十三子朱桂代王府前的琉璃照壁，距今已有600多年的历史，由426块特制五彩琉璃构件拼砌而成，壁上均匀协调地分布着9条飞龙，飞腾之势跃然壁上。壁顶覆盖琉璃瓦，顶下由琉璃斗拱支撑，腰部由75块琉璃砖组成浮雕，有牛、马、羊、狗、鹿、兔等多种动物形象，生动活泼，多彩多姿。

玩家 攻略

1.九龙壁在大同的老城镇里，地方不大，摄影的话建议下午来，光线更好。

九龙壁

2.这里的九龙壁保存完好，设计和图样与北京的还是有很大的区别。这里的龙爪都是四爪，图形都是盘龙，而北京是皇帝待的地方，都是坐龙，爪也是五爪。

玩家 解说

照壁即建筑物大门外正对大门以作屏障的墙壁，俗称照墙、照壁。影壁是由“隐避”演变而成。门内为“隐”、门外为“避”，以后就惯称影壁。大同九龙壁被誉为“九龙壁之首”，它是

九龙壁的来历与传说

明朝开国皇帝朱元璋定鼎应天府后，把他的许多儿子分地为王，拱卫中央。

朱元璋第十三个儿子叫朱桂，但他从小不读诗义，秉性愚顽，脾气十分古怪，朱元璋见他无才无德，初封豫王，后改封为代王，镇守大同，大同百姓背地叫他“愣怔代王”。

代王的正妃是大将徐达之次女，虽是将门之女，却是个又丑又妒的泼妇，两口子把大同城搅得鸡犬不宁，民不聊生。朱元璋废了代王太子之位后，又立四子继承王位。代王听到这个消息后，大闹金殿，嚷着也要当皇帝。朱元璋没法子，只好在大同城内大兴土木，修建宫殿，让代王过过“皇帝瘾”。

一天，愣王爷忽然要到燕地逛逛，看看四哥朱棣。燕王只好硬着头皮、耐着性子三天一小宴五天一大宴地款待他。有一天代王酒足饭饱，在王府外闲逛，抬头一看王府门前新修了一座琉璃九龙壁，非常高兴，吵嚷着也要在大同的皇宫前造一座讲究讲究，并把图样带回了大同。王妃徐氏知道后，要求一定要比燕王府的龙壁长二尺、高二尺、厚二寸，所以至今大同的九龙壁为全国最大，故宫里的那座也比不了它。

半年以后，九龙壁建成。代王朱桂、老将军徐达及其女儿王妃徐氏登上城楼凭栏观赏，九龙壁果然高大雄伟，辉煌夺目。阳光下壁顶的琉璃瓦光彩耀眼，正脊上的两条金色卧龙栩栩如生。愣代王高兴得愣性大发，狂饮一番，大声叫好。一会儿，浓云密集，天空阴沉，下起雨来。代王命人秉灯点烛，不一会儿红烛高照、宫灯齐亮，透过雨帘，彩壁上九龙浴水，扑朔迷离，别有一番情趣。

代王又叫了一声好，忽然空中电闪雷鸣，接连三声霹雳震耳，仿佛看见从天上下来一黑一黄两条飞龙，在壁前吐水如泉。原来，龙壁上的龙以假乱真，引来了天上的巨龙送来了甘霖。一会儿，彩虹当空，晚霞通红。代王忙命人前去打探龙壁有无伤痕。回来的人禀报，龙壁之后的金泊仓三步之内被霹雷砸出两眼井，两眼井水一甜一苦。至今民间流传着“三步井两眼，一眼苦来一眼甜”的俗话。

龙壁前被炸雷轰了一个坑，里面集满了一汪碧水，代王就在壁前让人砌了一个水池。九条龙倒映在水中，风吹水动，像游龙戏水。水池把两井的水引到其中，甜水井人食用、苦水井能治病。

我国规模最大、建造最早的九龙壁，由426块特制的五彩琉璃构件拼砌而成，长45.5米，高8米，厚2.02米，体积是北海九龙壁的3倍，它的建造年代比北京北海九龙壁早250年，是建筑年代最早的一座九龙壁。另外，龙的造型雄壮有力，气势磅礴，为雕塑艺术中的杰作，九龙壁前有倒影池，龙在水中倒影，把静态的龙变成动态的龙，可谓匠心独运。

关帝庙

大同最古老的关帝庙

大同市鼓楼东街

关帝庙俗称大庙，因专祀关羽而得名，创建于元代，是大同最古老、最有代表性的关帝庙。现修复后的关帝庙总占地面积达1.2万平方米，沿中轴线依有山门、过殿、主殿、春秋楼等，中轴线的两侧还建有钟楼、鼓楼、名将祠、财神庙、奶奶庙等；在庙宇的西侧还设有西跨院，内建结义堂、武侯祠、邀月亭等，西跨院中专门种植桃树，让人想到“桃园结义”的历史典故；在山门对面，有观景廊和关帝庙广场。

玩家 解说

关帝庙内共绘制有总面积达700平方米的22幅壁画，生动地讲述了关羽的生平、典故，庙内大殿内的坐姿关公像，及其两侧的周仓、关平立像与春秋楼内的关公夜读春秋像四尊大型缅甸楠木雕像是由国内著名木雕大师黄文寿精心创作完成的。

华严寺 AAAA

分为上下两寺的寺庙

大同市古城下寺坡街14号

华严寺位于大同古城内西南隅，始建于辽，依据佛教经典《华严经》而命名，是当时我国华严宗的重要寺庙之一。寺院坐西向东，明中叶以后分上下两寺，各开山门，自成格局。现上下二寺虽连成一体，但仍各以一主殿为中心。上寺以金建大雄宝殿为主，下寺以辽建薄伽教藏殿为中心，是我国现存年代较早、保存较完整的一座辽金寺庙建筑群，是全国第一批全国重点文物保护单位。

大雄宝殿

主殿大雄宝殿始建于辽清宁八年（1062年），金代依旧址重修，面阔九间，是我国现存辽金时期最大的佛殿；檐高9.5米，庑殿顶，正脊上的琉璃鸱吻规模甚大，高达4.5米，北端鸱吻系金代遗物，历经风雨，至今光泽灿然。大雄宝殿内四周墙壁色彩鲜艳，金碧辉煌，绘满了巨幅壁画，规模之大，为全国的寺院壁画所罕见；内容丰富，除佛讲《华严经》的“七处九会”外，还有佛传故事、善财童子五十三参、罗汉图和千手千眼观音等，均为鸿篇巨制，气魄宏大。殿内殿外的殿墙上嵌有四块石碑，为南宋著名理学家朱熹书写的《易经》碑，弥足珍贵。

薄伽教藏殿

薄伽教藏殿建于辽重熙七年（1038年），面阔五间，殿内依墙排列重楼式小木作藏经阁38间及“天宫楼阁”五间，巧夺天工，玲珑之致，整个壁藏和天宫楼阁是一组辽代建筑模式，也是国内唯一规模宏大的壁藏制作，被著名建筑学家梁思成先生誉为“海内孤品”。

玩家 攻略

参观寺庙的时候，不要踩踏在庙宇的门槛上，也不要坐在上面。不要随意拍照、喧哗，寺内雕塑和壁画均是珍贵文物，请勿开闪光灯。

华严寺大雄宝殿

下华严寺内有大同市博物馆，是中国综合性地志博物馆之一，馆藏文物1.3万余件，国家一级品132件，多数为地方出土文物。馆内长期设有《大同简史陈列》，现开辟有《远古的大同》《北魏平城》《辽金西京》三个基本陈列和专题展。

华严寺门前就是仿古街，逛街、吃饭都很随意，著名的凤临阁就在这条街上。

玩家 解说

华严寺一反寺庙南北向的常规，坐西向东，这是源于辽代崇拜太阳的习俗，他们拜日为神，中轴线上的山门、普光明殿、大雄宝殿等所有的殿门都是向东开的，这在我国现存的寺庙中是绝无仅有的。

善化寺 AAAA

现存辽金时期寺院中布局最完整

大同市平城区南寺街9号

善化寺又称南寺，始建于唐开元年间，后毁于战火，到金代重修，是国内现存辽、金时期寺院布局最为完整的一座。寺院坐北朝南，整个布局唐风犹存。

主要建筑沿中轴线坐北朝南，渐次展开，层层迭高。前为山门，中为三圣殿，均为金时所建。辽代遗构大雄宝殿坐落在后部高台之上，是我国现存规模最大、最为完整的辽、金寺院。寺内还保存着泥塑、壁画、碑记等珍贵文物，其中金代泥塑造型优美，个性突出，特别是二十四天王像，或袒膊赤足，披纱衣华似来自天竺国土，或身着铠甲，衬皮毛以抵御北国寒风，极富感染力，堪称国之瑰宝。

五龙壁

善化寺五龙壁位于天王殿西侧，原为兴国寺山门前之影壁，五龙壁分上、中、下三个部分。下部为须弥座，座面雕有牛、马、蛇、兔等十多种动物，姿态各异，栩栩如生；中部宽大的壁面之上雕有5条四爪金龙，腾云驾雾，大有龙飞虎跃之势；顶部为仿木构建筑形式，上有琉璃瓦覆盖，下有琉璃斗拱支撑，两端置有鸱吻垂脊兽。

大雄宝殿

大雄宝殿是善化寺的主殿，也是寺内最大的殿堂。殿前有宽阔的月台，是一处具有民族风格的木构建筑。殿顶当心间有八角形藻井，内围列有两层斗拱，下层为七铺作，上层为八铺作，由下而上层层叠收。殿内亦采用减柱法配列支柱，空间开阔。殿内佛坛正中有泥塑金身如来5尊，端坐于莲台，人称五方佛，是金代原作，虽然经过历代彩绘修饰，但仍保留辽金塑像的艺术风格。

三圣殿

三圣殿是善化寺的中殿，殿内中央三尊像为“华严三圣”，建于金天会六年（1128年），该殿结构上糅合宋辽建筑特点且独具风格，可谓金初代表性木构建筑。殿内四根立柱与四根辅柱支撑梁架，左右次间各出60度斜拱，形如怒放的花朵，金代斜拱盛行，硕大华丽者以此为最。殿内塑立像三尊，中为释迦牟尼佛，右为普贤菩萨，左为文殊菩萨，称“华严三圣”。三圣佛像之前，有两位助侍菩萨侍立，佛坛后面有护法韦驮塑像，手持降魔杵，威武雄健无比。此殿还存有四通碑碣，为研究该寺之重要文献资料。

善化寺三圣殿

大同府文庙

现存较大的一处明代建筑

大同市平城区东南隅

大同府文庙于明洪武二十九年（1396年）由原云中驿改建为大同府学。宣德、正统年间均有续建。嘉靖十二年（1533年），在兵火中遭破坏。万历、天启年间又有增建。历经200余年，形成了规模宏大的建筑群。

府学内殿宇、斋堂、廊庑、祠、坊、门、亭台楼阁、环桥、泮池30余处，直到清末民初兴盛不衰。后多数建筑失修，加上人为的拆改，已失原貌，仅大成殿尚存。殿面宽5间，进深3间，单檐歇山顶，上覆黄色琉璃瓦，斗拱六铺作，每间两朵，结构完好。月台栏杆石刻音乐舞蹈、花草禽兽，千姿百态、意趣横生。

大同府文庙

玩家攻略

20世纪90年代，大同市第六中学将校址迁入大同府文庙内，府文庙残存的文物只余大成殿、神厨、神库、乡贤祠、名宦祠、戟门六处。2005年，文物部门对大同府文庙神厨、神库两大配殿进行了落架大修。2008年，大同市启动府文庙保护修复工程，同年7月20日，大同六中从府文庙迁出，历经近两年的修建，依史籍原样重建了府文庙的尊经阁、东西配殿、东西廊庑、碑亭、碑廊、泮池、棂星门、义门，对尚存的六处古

中国四大文庙

文庙是孔庙的别称，是纪念和祭祀思想家、政治家、教育家孔子的祠庙建筑，在历代王朝更迭中又被称作文庙、夫子庙、至圣庙、先师庙、先圣庙、文宣王庙，尤以“文庙”之名更为普遍，是儒教徒活动的场所。

历代封建王朝对孔子尊崇备至，从而把修庙祀孔作为国家大事来办，到了明、清时期，每一州、府、县治所在都有孔庙或文庙，其数量之多、规制之高、建筑技术与艺术之精美，在中国古代建筑类型中堪称最为突出，是中国古代文化遗产中极其重要的组成部分。其中南京夫子庙、曲阜孔庙、北京孔庙和吉林文庙并称为中国四大文庙。

●南京夫子庙

南京夫子庙，又称孔庙，位于南京市秦淮河北岸贡院街，南京夫子庙是中国四大文庙之一。六朝至明清时期，世家大族多聚于夫子庙一带，素有“六朝金粉”之称，为古代中国江南文化枢纽之地，不仅是明清时期南京的文教中心，同时也是居东南各省之冠的文教建筑群。

南京夫子庙与上海城隍庙、苏州玄妙观和北京天桥为全国四大闹市。但南京夫子庙历史之悠久、古迹之众多、文化之深厚、商业之繁荣，为各地所不及，千百年来名扬中外，举世瞩目。

●曲阜孔庙

曲阜孔庙位于曲阜市中心鼓楼西侧300米处，中国历代帝王、文人和史学家对孔子非常崇敬，在他的家乡，当时鲁国国都兴建起大型的孔庙，并修建了孔子后代子孙居住的孔府和他的墓地——孔林。1961年，国务院把“三孔”列为全国重点文物保护单位。

曲阜孔庙始建于公元前478年，以其故居为庙，岁时奉祀。西汉以来，历代帝王不断给孔子加封谥号，曲阜孔庙的规模也越来越大，成为全国最大的孔庙。现存的建筑群绝大部分是明、清两代完成的，占地218 000平方米，前后九进院落。庙内有殿堂、坛阁和门坊等460多间。四周围以红墙，四角配以角楼，是仿皇宫样式修建的。整个庙宇气势恢宏，布局严谨，是我国现存规模最大的三大古建筑群（故宫、避暑山庄）之一。1994年被联合国教科文卫组织列为“世界文化遗产”。

建进行了修复，同时整治了府文庙的周边环境，复建了府文庙中轴线南、北、东、西的云路坊、大成坊、义路坊、礼门坊。

纯阳宫
山西三大纯阳宫的“北宫”

大同市鼓楼西街

大同纯阳宫，又称吕祖庙、吕祖观，是山西三大纯阳宫的“北宫”，芮城永乐宫为“南宫”，太原纯阳宫为“中宫”。三宫处在一条中轴线上，南北呼应，各有千秋。

修复后的纯阳宫，共建有殿堂70余间，是一座融庙宇庄严、园林精巧为一体的三进院落。第一进院中为面阔五间的龙虎殿，两旁为钟鼓楼，东西配房各两间。龙虎殿前有

纯阳宫

吕祖诗联：“利名身外终非道，龙虎门前辨取真。”二进院院落中央是纯阳宫的主殿吕祖殿，也称三祖殿，供吕洞宾、王重阳和丘处机，面阔五间，呈方形，四面回廊，单檐歇山式，是宫内最壮观的建筑。

玩家 攻略

纯阳宫、华严寺、善化寺、鼓楼、清真大寺、

●北京孔庙

北京孔庙位于北京城内东城区国子监街，占地2.2万平方米，历代多次重修，为元、明、清三代祭孔建筑，又名“先师庙”。殿内供奉孔子及“四配”“十二哲”。大成殿后有崇圣祠，自成院落，为祭祀孔子先祖之地。今辟为首都博物馆，展出北京地区出土的历代珍贵文物。

北京孔庙坐北朝南，有四进院落。主体建筑依次为先师门、大成门、大成殿、崇圣祠。前院东面有碑亭、神厨、省牲亭、井亭；西面有碑亭、致斋所，并有持敬门与国子监相通。两侧排列着198座元、明、清三代进士题名碑。

大成门面阔五间，台基四周有白石护栏，前后三出陛。中陛有雕龙御路，黄琉璃筒瓦单檐庑殿顶，东西稍间内置鼓悬钟各一，两侧放置清乾隆年间仿制的石鼓10枚。大成门左右各有一座角门通向中院，中院甬路两旁有11座明清两代的记功碑亭，还有一座砖砌焚帛炉和一口经清高宗赐名“砚水湖”的古井以及古树“除奸柏”。

大成殿是从前举行祭孔典礼的地方，是孔庙的主体建筑，面阔九间，进深五间，黄琉璃筒瓦重檐庑殿顶。前檐装修为菱花格扇门窗，砖石台基四周出石护栏。崇圣祠在大成殿后，自成一座独立的小四合院。南面为正门——崇圣门三间，北面正殿为崇圣祠五间，东西各有配庑三间。崇圣祠及崇圣门为绿琉璃筒瓦歇山顶，配庑为灰筒瓦硬山顶。

●吉林文庙

吉林文庙位于吉林省吉林市，是吉林省重点文物保护单位。作为清朝在东北建立的第一座孔庙，既是清朝对汉文化传入东北的认可，也是汉文化与东北少数民族文化互通的历史见证。吉林文庙建筑群规模之大、等级之高，在封建社会所建的地方文庙中是独有的。

现在的吉林文庙于1909年落成，坐北朝南，四周红墙高达3米，南北长221米，东西长74米，占地16 354平方米，有大成殿、崇圣殿等殿堂、配庑64间，呈三进院落。

吉林文庙还有孔子生平事迹展览、圣迹石刻图陈列、历代衍圣公及夫人绣像展室、吉林碑林等。2006年5月25日，吉林文庙作为清代古建筑，被国务院批准列入第六批全国重点文物保护单位名单。

九龙壁都在一起，游览非常方便。纯阳宫旁边就是清真寺，建议可以去看看。鼓楼附近有诸多特色小吃，可以顺路前去品尝。

玩家 解说

吕洞宾，名岩，字洞宾，道号纯阳子，自称回道人，是道教中的大宗师。目前道教全真派北派、南派、东派、西派，还有隐于民间的各道教门派，皆自谓源于吕祖。吕洞宾原为儒生，40岁遇郑火龙真人传剑术，64岁遇钟离权传丹法，道成之后，普度众生，世间多有传说，被尊为剑祖剑仙。

法华寺

大同现存唯一一座覆钵式琉璃喇嘛塔

大同市和阳街北侧

法华寺始建于明代，寺院坐北朝南，占地面积5万平方米，仅存白塔。白塔是一座覆钵体的喇嘛塔，塔高18米，塔身白色，中粗下细，形似宝瓶，塔四面各开一拱式小窗，饰以“云卷”，塔顶嵌有相轮宝珠，整体造型典雅，色调和谐柔美。

修复后的法华寺采用传统中轴线对称布局，整体院落共分五进，寺内佛像熠熠，壁画流光溢彩。庭院构建园林，花木掩映，曲径回廊，古朴雅致，其整体建筑风格传承了佛教文化的智慧，吸取了中国传统建筑的气韵，堪称精雕细镂，辉煌气派。

魏都水世界 AAAA

华北最大的室内水上乐园

大同市迎宾主干道——魏都大道南端

大同市魏都水世界作为山西乃至华北地区规模最大、项目设施最完备的室内水上乐园，不仅是华北地区最全面的生态旅游休闲综合体，更是一个大型水上公园娱乐项目。这里集温泉洗浴、水上乐园、韩式汗蒸、餐饮美食、酒店客房、商务会议、酒吧茶艺、购物休闲、农业采摘、滑冰、滑雪、休闲垂钓、跑马场、射击场等设施于一身，为游客提供一站式休闲娱乐体验。

在大型的戏水区内，游客可以尽情体验趣味水寨、彩虹竞赛滑梯、大喇叭滑梯、敞开皮筏滑梯、水上飞龙滑梯、冲天大回旋滑梯、暴风谷滑道、高速滑梯、巨兽碗滑梯、敞开螺旋滑梯、疯狂海啸等众多刺激的游乐设施。此外，这里还有水质优良的游泳池供游客畅游放松。

魏都水世界以其丰富的娱乐项目和完备的设施，成为华北地区家庭休闲、朋友聚会、商务活动的理想之地。在这里，游客可以尽情享受水上乐园带来的欢乐与刺激，度过一个难忘的假期。

法华寺

景点推荐

大同近郊景点

云冈石窟 AAAAA

世界闻名的石雕艺术宝库之一

大同市云冈区

旺季8:30~17:30，淡季8:30~17:00

旺季120元，淡季100元

云冈石窟始凿于北魏，由佛教高僧昙曜奉旨开凿，至今已有1500多年的历史。云冈石窟现存洞窟53个，石雕造像达51 000多躯，是中国三大石窟群之一，也是世界闻名的艺术宝库。

云冈两道山麓，把石窟分成东区、中区和西区。东部的石窟多以造塔为主，故又称塔洞；中部石窟每个都分前后两室，主佛居中，洞壁及洞顶布满浮雕；西部石窟以中小窟和补刻的小龛为最多，修建的时代略晚。

玩家 攻略

云冈石窟有云冈皮影、木偶馆。在每年的文化遗产日（6月10日）、云冈恒山旅游文化节（8月18~28日）等重要节日会有各种演出。

玩家 解说

云冈石窟佛教艺术按石窟形制、造像内容和样式的发展，可分为早期、中期、晚期三个阶段。早期石窟即今第16~20窟，亦称为昙曜五窟，揭开了云冈石窟开凿的序幕。中期石窟是云冈石窟雕刻的鼎盛阶段，它所呈现的内容繁复，雕饰精美的雕刻艺术特点大异于早期石窟，雕刻造型追求工整华丽，从洞窟形制到雕刻内容和风格均有明显的汉化特征。晚期石窟大窟减少，中、小型窟龛从东往西布满崖面。洞窟大多以单窟形式出现，不再成组。造像题材多为释迦多宝或上为弥勒，下为释迦。

链接

云冈石窟

云冈石窟原名武州（周）山石窟寺，明代改称云冈石窟。作为北魏建都平城（今山西大同）时期的大型石窟寺文化遗存，是从北魏文成帝时开始开凿的，到北魏正光年间终结，大致历经了近70年之久。石

窟艺术内容丰富，雕饰精美，是当时统治北中国的北魏皇室集中全国人力、物力所雕刻，堪称一座佛国圣殿。它以壮丽的皇家风范造像而异于其他早期石窟，展现的佛教文化艺术涉及历史、建筑、音乐等多方面内容。它是东方石雕艺术的精魂，也是中西文化融合的典范，代表着公元5～6世纪佛教艺术的最高成就，与敦煌莫高窟、洛阳龙门石窟并称为中国三大石窟。

鲁班窑石窟

鲁班窑石窟位于云冈石窟以西十里河西岸的山丘上，开凿年代不详。传说当年开凿云冈石窟的能工巧匠曾居住于此，从而得名“鲁班窑”。从现存的石窟造像风格辨析，应为北魏的遗物。鲁班窑石窟坐西朝东，与云冈石窟隔河相望，只有两个洞窟。第1窟进深4米，穹隆顶，顶板无雕刻，周壁雕有坐佛四排，入定坐佛高50厘米，服饰偏袒右肩。北壁、西壁尚存佛像三十七躯，南壁存佛像三排二十四躯，在窟壁和顶板接壤处周围雕有锯齿状帷幕。第2窟相距第1窟约5米，进深4.17米，窟内周壁雕有规整的千佛龛。现存佛像六十六躯。

昙曜五窟

昙曜五窟指云冈石窟的第16～20窟，是由昙曜和尚主持开凿的。它是北魏开凿最早的窟群，也是云冈石窟最引人注目的部分之一。在形制上表现为椭圆形平面，穹隆式窟顶，主像占据洞窟绝大部分空间，外壁满雕千佛。五窟主像以道武、明元、太武、景穆、文成五帝为模本雕刻而成，雕饰奇伟，冠于一世。其造像风格既有挺秀劲健、浑厚质朴的民族特色，又融合了凉州石窟以及犍陀罗、秣菟罗造像的一些艺术特点。

石佛古寺

石佛古寺即现存第5、第6窟前的云冈寺院，为清顺治八年总督佟养量所修石佛寺，后世修葺。现遗存有山门、天王殿、厢房、石狮及钟鼓楼。山门上旧题曰：“石佛古寺”，墙壁各嵌二字，左曰“蠹頭”，右曰“念佛”。天王殿现左侧门洞上题“大佛寺”、右侧门洞上题“石佛寺”。

玩家解说

云冈石窟第5、第6窟前室东西两侧，存有清初绘制的16罗汉和18罗汉壁画，这是云冈石窟中为数极少的壁画中的精品。绘画中的人物个性鲜明，形象逼真，衣纹服饰线条流畅、色彩艳丽。千百年来，他们与云冈石窟中的佛、菩萨、弟子、飞天一道，共同见证着这座千年宝库的辉煌和沧桑。

乐舞雕刻

乐舞雕刻是古代多元文化结合的产物，既富时代特征，又具民族特色，是北魏皇家石刻艺术的奇葩。云冈乐舞雕刻以西凉乐为艺术主流，体现了北魏崇尚西凉乐的社会音乐风尚。

石窟中尚存各种乐器雕刻500余件，27种，乐队组合60余组。有表现佛界或俗界的专门性伎乐，也有点缀于壁面空间的图案化装饰性伎乐；有规模宏大，形式侈丽的天宫伎乐，也有态势缥缈悠逸，具有回旋流动之美的飞天伎乐。第38窟“音乐树”雕刻，树枝头着花，花上各一童子持天乐共奏，歌颂佛德。

玩家 解说

舞蹈雕刻的内容多言武事，表现于第9窟前室北壁明窗两侧五层直檐方塔上，塔层间一对对舞者或托掌吸腿、或回首反击，姿态劲健古拙，弯曲的肢体略含僵意，透示出强烈的生命意蕴。

佛传浮雕

云冈石窟的佛教故事画雕刻手法为高浮雕，主要分布在第6窟中心塔柱的四周，把释迦牟尼出家至成佛的故事用连环画的形式加以表现。另外，在第9、第10窟前室下层画面上还出现了条状榜题。在晚期石窟中，多数故事画镶嵌在窟室南壁、门拱附近或佛龛周围，起着点缀的效果。

灵岩寺

位于云冈石窟景区的湖心岛中央，大殿内的主佛像全部采用巨大的香樟木作材料。到寺中游览必看的还有中央石雕方形造像塔和千佛殿里的千佛阁。前者高达5层，每层有主佛像四面12尊。连同塔柱、佛龛周围的小佛像，数以百计，堪称同类石雕塔中的极品；后者分为两组列于千佛殿的两壁，共供奉小型铜制佛像800余尊。

大同火山群

我国第四纪火山群之一

大同市云州区东部阁老山、西坪等乡，昊天寺在县城北郊1000米

昊天山，为大同火山群之一，位于云州城北1000米处。

大同火山群主要分布在大同盆地东部，是我国第四纪火山群之一，大约在6万年前

云冈石窟第9窟

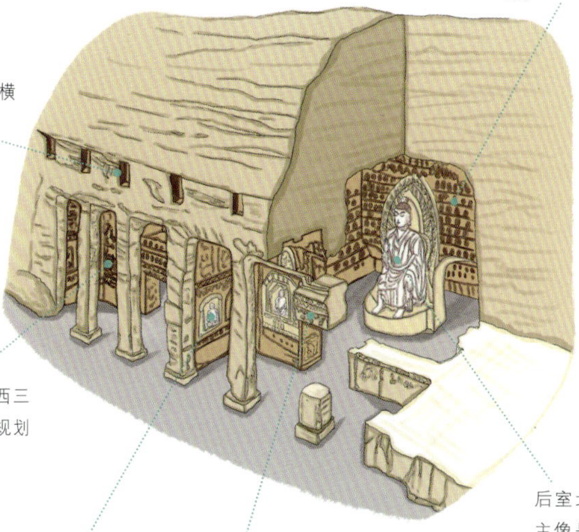

就停止了喷发，所以也是华北地区著名的死火山群。这类火山共有30多座，又可分为东、西、南、北四个区，从外形来看，犹如一座座半圆形的小土丘。但细看的话，会发现其山顶火山口处有水土流失冲刷切开的剖面，剖面又由各色的火山熔岩、砂砾、火山灰等物质堆积而成。大同火山群是远古时地壳运动的产物。昊天寺是建在火山口的一座寺庙，周围土壤呈红色，十分独特。

玩家 攻略

在风和日丽、天气晴朗的时候，游览昊天寺之后，站在寺院的门台上，极目远眺，不但可以尽览大同火山群的景色，更能将湖东睡佛尽收眼底。

玩家 解说

大同火山群根据火山外部形态特征，可分为四类：一是穹隆状的，由玄武岩组成，没有火山口，如孤山和峨毛疙瘩等；二是壳状的，由玄武岩组成，如肖家窑头火山和大辛庄火山等；三是半圆形的，系火山喷发物沿山前裂隙喷出，依山坡流动而成；四是马蹄状的，由玄武岩流、火山碎屑互层组成，火山形成后，流水切穿火山口，形如马蹄状，如东坪山、金山等。上述除马蹄形火山已被冲沟切穿外，其余的仅在锥体四周有窄浅的沟峪，说明火山地貌还处于侵蚀初期。由火山喷发物与上覆下伏地层接触关系判断，大同火山群是在上新世末、晚更新世马兰黄土堆积之初多次活动的产物，最早活动的是北区、东区，南区次之，西区最新。

土林

色彩斑斓的黄土之美

大同市云州区杜庄乡杜庄村

土林位于大同市杜庄乡，方圆1000米，被当地人称作“石板沟”，土林是水蚀地形，由于土壤中盐碱含量非常高，流水冲蚀后，露出一层层的彩色土壤结构，而表面又被厚厚的盐碱壳包裹，不容易坍塌，形成了一个个高耸的土峰、土台、土峡谷，在不同光照的情况下，土林会呈现出奇异的色彩变幻：时而金光闪闪，时而红若火焰，时而黛如深渊，时而白如霜田，气势恢宏，鬼斧神工，尽现黄土高原苍凉肃穆之美，成为众多摄影爱好者的创作天堂。

土林

玩家攻略

6~11月是摄影的最佳时期，形式各异的形状、光照的色彩，尤其是冬季的蓝天、白雪，更赋予这一地质遗迹奇妙景观。最佳的拍摄时间是日出和日落时分。拍出来的效果十分绚丽，有风的时候，灰尘特别多，建议戴上口罩，并给摄影器材做好防尘保护。

晋华宫国家矿山公园 AAAA

首批国家矿山公园

大同市云冈区晋华宫国家矿山公园

晋华宫国家矿山公园，位于大同市西12.5千米处，与世界文化遗产云冈石窟隔河相望，占地面积32.9万平方米。晋华宫国家矿山公园由多个景区组成，包括大同煤炭博物馆、工业遗址参观区、井下探秘游、仰佛台、晋阳潭、石头村和棚户区遗址等，每个景区都独具特色，共同展现了煤炭历史、工业遗迹和绿色矿山建设的魅力。

作为一座集多种功能于一身的矿山公园，晋华宫国家矿山公园为游客提供了丰富的游览体验。晋华宫国家矿山公园不仅是一个旅游胜地，更是大同市乃至全国的煤炭工业文化遗产的重要组成部分。

大同方特欢乐世界 AAAA

高科技主题乐园

大同市平城区南环路南侧3666号

大同方特欢乐世界作为晋北、蒙地区第四代高科技主题公园，以其科幻和互动体验为最大特色，吸引着无数游客。园区内拥有35个主题项目区，包括飞越极限、生命之光、逃出恐龙岛、魔法城堡、唐古拉雪山、火流星、海螺湾、华夏五千年及熊出没脱口秀等，共计200多项主题项目、游乐项目、休闲及景观项目。这些项目充分利用自动控制、人工智能、VR等高科技技术，为游客带来极高的互动体验，让游客身临其境地感受现代科技与科幻世界的独特魅力。

边墙五堡

尽览塞外风光

大同城北

边墙五堡是指大同明长城上修建的堡城。大同镇边墙五堡有内五堡、外五堡、塞外五堡之分。通常说的“边墙五堡”是指“内五堡”，即镇边、镇川、宏赐、镇鲁、镇河五堡，均在大同城北。如今由镇边堡西经三墩、镇川口，西跨西寺梁山，抵宏赐堡这段内五堡长城，为黄土夯筑，墙体十分坚固，保存较好，城墙高5米以上，是大同市境内明长城较为突出的地段，又与永固陵、万年堂邻近，是边塞风情旅游的最佳地段。登方山，越长城，攀堡台，一条巨龙飞腾在塞上古城崇山峻岭之间，配以内堡外墩，烽堠相望，边塞风光尽收眼底，蔚为大观。

五堡边墙始建于明代，是为防御蒙古族南侵而修建的。它们分布在大同府城西北25千米的长城沿线上，每堡相距12.5千米。在这里，可以尽览塞外风光，了解古代行军作战的知识。

镇边堡

镇边堡位于大市镇大一村，城平面呈长方形，南北长312米，东西宽215米，周长1054米，内外用石头包砌，中夯黄土。城墙四隅各设有一方形角台。南墙中部开有一门，宽5米，门额上刻“镇边堡”三字。西墙北部设有马面。城门已毁。北面墙体保存较为完整。东、南、西面墙多塌毁近半，有部分墙段无存。

镇川堡

镇川堡原名水尽头，属大同镇分巡冀北道北东路所辖。据《三云筹俎考》载，为嘉靖十八年（1539年）创筑，万历十年（1582年）砖包。堡城周“二里五分，高四丈一尺”。明时在此设守备，分守长城“二十里，边墩二十八座，火路墩三座”。

如今破坏严重，砌砖全部被拆毁，夯土城墙西侧、南侧已毁为平地，东侧墙半毁，仅北侧墙多残存。

宏赐堡

宏赐堡亦称红寺堡，属大同镇分巡冀北道北东路所辖。据《三云筹俎考》载，为嘉靖十八年（1539年）筑，万历二年（1574年）砖包。宏赐堡周“四里三十二步，高三丈六尺”。明时在此设守备，分守长城“十九里，边墩二十六座，火路墩八座”。此堡战略位置十分重要，直接关系到大同镇城的安危。

宏赐堡口东至镇川堡10千米，西至镇鲁堡10千米，南至大同30千米，北镇羌堡10千米。今堡城砌砖早已被拆光，残土墙亦破坏严重，城南侧墙基本已平，南门原为砖砌券拱门，今已成豁口状。

镇鲁堡

镇鲁堡原名护村，属大同镇分巡冀北道北东路所辖。据史载：“镇虏堡于嘉靖十八年（1539年）筑，万历十四年（1586年）包砖。周二里有奇，墙高四丈。”此城周长250米见方，墙体高厚，非常宏伟。大同五堡虽然地势平夷，无险可恃，如果敌虏一旦突入拒墙，不测之祸必延及本堡，进而危及云冈和大同，所以镇虏堡的战略地位极其重要。

镇河堡

镇河堡原属大同镇分巡冀北道北东路所辖，是内蒙古高原通向内陆的重要战略要地、交通要道，是农业民族与游牧民族的分野。

明代始终受到北方强悍的游牧民族的侵扰，统治者为了对付元朝后裔的残余势力和东北方向女真部落的崛起，全力加强边防建设。

保安堡长城

保安堡长城
走土堡看长城

左云县保安村

堡城为明嘉靖年间所筑，明代时此地是草原与内地相通的重要关口，相传“苏武牧羊”“昭君出塞”均从此出塞，因此是明代的重要军事要塞。长城由大同进入左云县东北角的保安堡，继续向南到徐达窑，这一带的长城基本上是在广阔的原野上展开，长城两边建墩台相互依托，因墩台孤立高耸且有围墙，经岁月剥蚀损坏，使长城满目疮痍、一派苍凉，俨然一位巍巍老人脸上写就的沧桑，让人肃然起敬。

太玄观
塞外悬空寺

采凉山西麓红石崖下

10元　8: 30~18: 00

太玄观是新荣区唯一保存比较完整的道观。整个道观红砖碧瓦，玲珑剔透，宛如一颗镶嵌在巨崖中的明珠。每到雨季，太玄观在薄雾缭绕中时隐时现。

太玄观依山势分上、中、下三层，庙院八

处，由一条长达二百五十多米的中轴线串起观门、石窟、佩宫、三宫殿等五套建筑物。入观门，西壁绘有《巡视图》，东壁绘有《圣驾出宫图》，皆以警世为内容。太玄观成功地把“道”变成具有无限权威的至上神形象，绘制大小三十余幅彩画，容貌服饰无一雷同，印证了“道为宇宙万物之本原”的“君权神授”宗法思想。

整个道观依山傍水，布局浑朴，古色古香；人物塑像喜怒有别，栩栩如生；壁画内容丰富，寓意深刻；雕梁画栋，色彩斑斓，构图新奇，充分再现了黄河流域古文化熏陶下的道家艺术风采与气韵。

李二口长城景区 AAAA

全省最具观赏价值的土长城

大同市天镇县李二口村

李二口长城景区占地面积7平方千米，修筑于明嘉靖年间，作为明长城的一部分，以“奇、伟、雄、绝”而闻名。该段长城地势独特，东西蜿蜒，南北攀升，不仅保存完整，而且建造奇伟，成为山西省最具观赏价值的土长城。

景区内现有五个区域，包括长城景观、历史文化、民俗风情、生态休闲和康养研修。这些区域围绕着“小八达岭长城”“错长城”和云东古道等宝贵的历史文化资源，为游客提供了丰富的游览体验。

景区内还建有历史陈列馆、“石头记”大观园、红色记忆馆、九曲黄河灯阵、水景游园和杏韵天成等景点，集文化、访古、生态休闲于一身。

天镇温泉度假区

享受温泉的滋养

大同天镇县马圈庠村

驾车从大同出发，途经孙右高速公路、天黎高速公路可到达天镇县

天镇温泉度假区距天镇火车站2000米，邻张家口大同公路500米，在天镇县城西环翠山南麓的古长城脚下，环境幽雅，温度适宜，绿树成荫，条件舒适。天然温泉自古就有开发利用，清乾隆《天镇县志》记载：“城西有泉焉，其温若汤，洗之润肤且能去疾也。”

玩家攻略

天镇温泉泉水水温44℃，含有硅酸、重碳酸、钠、锂、锶、钙、硒等28种对人体有益的微量元素和矿物质，素以温、润、绵、清而名扬天下，有“塞外瑶池”之称，是开会、度假、休闲的好地方。

天镇温泉度假村

景点推荐 浑源周边景点

恒山 AAAA

"塞北第一山"

大同市浑源县

恒山为五岳之北岳，沿东北走向蜿蜒而来，绵延五百里，锦绣一百零八峰。恒山主峰天峰岭海拔2016.1米，号称"人天北柱""绝塞名山"，被誉为北国万山之宗主。

恒山风景区面积约147平方千米，含13个功能各异、景色纷呈的子景区。主要有天峰岭、千佛岭、天赐沟等景区。

恒山因其险峻的自然山势和地理位置的特点，成为兵家必争之地。许多帝王、名将都在此打过仗，至今仍有古代关隘、城堡、烽火台等众多古代战场遗迹保存了下来。秦始皇时期，朝封天下十二名山，恒山被推崇为天下第二山。历代名人、学士，诸如李白、贾岛、元好问、徐霞客等人也都游览过恒山胜地，并留下吟咏恒山的诗章。

玩家 攻略

农历四月初八是恒山传统庙会，其间，恒宗殿前会举行盛大的法事活动。鼓乐声声，香火浓浓。白天，恒山庙群人头攒动，摩肩接踵，步云路上游人如龙；夜晚，整个庙群灯火通明，善男信女们烧香敬纸，祈祷还愿，通宵达旦，整个庙会规模蔚为壮观。

在恒山的主峰上向南方俯视，可以看到很多梯田，这里的梯田是赤裸裸的黄土旱田，给人一种视觉的享受。

千佛岭

千佛岭怪石嶙峋、林木茂密。东南峰如斧劈就，颇像华山的仙人掌；西南的明古尖梁，怪石峥嵘，又似泰山的玉皇顶；而北面的孙膑寨和庞涓岭，则奇峰插天，壁立万仞，是修仙养道之佳境。

千佛岭顶，有一块天然磐石，上面建有一座仿木砖塔，塔下岩石南面开门，内凿佛洞3个，称“千佛洞”。洞内三面，各雕刻高1.5米的石像一尊，佛像四周又雕有小石佛像千余尊。第二层洞内雕刻石佛10尊，色彩艳丽，雕琢细腻。

恒山的特色食品主要为浑源凉粉，风味奇特，别具一格。还有蚕豆、恒蘑、恒山黄芪等特产。

链接

恒山道乐

恒山道乐至今已历经1500多年的历史，基本内容有赞叹、器乐曲、工尺谱、宫律调系统等几个部分。恒山道乐的乐器和法器自成体系。吹奏乐器有管子、笙、竹笛等；打击乐器有鼓、铦子、铛子、大铙、大钹、云锣等；法器有木鱼、铜磬、法螺、法铃等。恒山道乐保留着大量古代乐曲，是道教与民间音乐相结合的历史产物，反映了道教的艺术表现形态与美学追求。

天峰岭

天峰岭景区是北岳恒山主峰所在地，庙宇集中，规模宏大，自秦汉始建庙宇以来，到明代已形成了“三寺四祠九亭阁，七宫八洞十五庙”的庞大建筑群。现在，天峰岭景区主要有恒宗殿、会仙府、寝宫、九天宫、白虚观、姑嫂崖、翠雪亭、奎星阁等古建筑。除此之外，景区崖壁上摩崖题刻随处可见，庙宇中碑碣匾额比比皆是。

恒宗殿又名“北岳庙”“贞元殿”，俗称“朝殿”，是北岳恒山之主庙，也是五岳中岳庙建在山上的孤例。

王庄堡—汤头景区

王庄堡是古代平型关、雁门关之间的重要军事寨堡。王庄堡、古寨堡及西部、南部5个烽火台现较为完整，王庄堡具有塞北古寨堡的特色。景区除边关寨堡、烽火台群外，还有被誉为“北方第一泉”的汤头温泉。

神溪景区

神溪景区内有凤凰山，山脚下有碧泉数处，为浑河的源头之一。凤凰山南，有一块占地667平方米大小的孤石，高约10米，孤石四周有水，名神德湖，神泉涌溢，池水荡漾，林木掩映，花果飘香。就在这块孤石顶上，建有律吕神祠。在凤凰山东和西南分别建了浑河水库和神溪旁引水库。

天赐沟

天赐沟景区风景秀丽，溪水潺潺，空气清新。景区内有云峰寺，又名“天赐禅林”，

恒山十八景

磁峡烟雨：即金龙峡，位于天峰岭与翠屏峰之间，其间石壁万仞，青天一线，在细雨蒙蒙时晴岚缥缈，烟雾纷飞，妙趣横生，涧底流水，夺口而泻。

云阁虹桥：即古栈道，位于金龙峡最窄处，南北交通要道。古人沿峡东崖绝壁，凿崖插木，飞架栈道，同时建有一座连接东西的高空飞桥，合称云阁虹桥，民间传说是鲁班的妹妹一夜所建。峡壁至今还残留着修栈道时的行行方窟。

断崖啼鸟：即姑嫂崖，又称舍身崖，位于夕阳岭中段极陡峭的一段山崖，传说因姑嫂投崖而得名，姑嫂投崖后，小姑化作白灵鸟，嫂子化作找姑鸟，在舍身崖上绵绵双飞。

云路春晓：即步云路，从岳门湾至恒宗殿，称十里步云路。旧时一里一亭，一步一松，亭亭不同，步步入云。沿路有大字湾、四大夫松等景观。

虎口悬松：即虎风口与悬根松，在步云路的石阶风口上，人到此处，清风飕飕，松涛阵阵，犹如虎啸龙吟，临风屹立着一株参天古松，即悬根松，根茎盘露，紧抱岩石，遮日留阴。相传松根外悬是张果老拴在树上的神驴受惊而拔起松根的缘故。

果老仙迹：即果老岭，位于悬根松北的登山途中，石径上陷有行行小圆坑，形似驴蹄印，据说是张果老在恒山修仙时倒跨驴留下的蹄印。

危崖夕照：即夕阳岭，位于果老岭东侧，是一段插入云天的万仞绝壁，面西峭立，每当夕阳西下，“余晖反照千山色，满峪参差入画中”，奇光异景，令人神往。

幽窟飞石：即飞石窟，位于姑嫂崖北端，为一天然大石窟。据《尚书》载，舜帝北巡，至恒山下，忽有一石从恒山飞来，坠于帝前，帝起名为“安王石”。5年后，帝又北巡至曲阳被大雪阻路，便望祀恒山，此灵石又飞到曲阳。窟内有寝宫、梳妆楼等。

龙泉甘苦：即苦甜井，位于白云堂东侧，有一玄武亭，亭内并列双井，名玄武井，一井水如甘露，清凉爽口；一井水味苦涩，人不能饮，人称苦甜井。唐明皇亲手赐匾“龙泉观”，历代游

始建于北魏。寺庙为一组建筑群，分布在山崖石窟中，依窟而筑，垒石作墙，当地号称“二悬空”。石窟高数十丈，与崖上险径悬道相连，道路崎岖惊险，峡底溪水淙淙，南坡桦林茂密，北崖万仞壁立，奇特壮观。

金龙峡

金龙峡居于天峰岭和翠屏峰之间，峡谷幽深，峭壁侧立，石夹青天，最窄处不足10米。这里是古往今来的绝塞天险，交通要冲。北魏时，道武帝发兵数万人，在这里劈山凿道，作为进退中原的门户，宋代时，杨业父子在这里以险据守，抵抗外族的侵入。金龙峡内，悬崖中腰有古栈道盘绕，名为“云阁”。

桃花洞

桃花洞属恒山“七宫八洞十五庙”之一，位于真武大殿后的恒宗峰上。洞口坐北朝南，高有丈余，宽近八尺，入深约15米。传说，这里是桃花仙女修行的所在。这里集中着大量恒山桃花群，清明前后桃花盛开，红若香珠，灿若彩霞，点缀着山谷，传递着春意。

悬空寺 AAAA

佛、道、儒三教合一的寺庙

大同市浑源县翠屏山景区

悬空寺原名玄空阁，是取道家之玄，佛

悬空寺

客争先品尝龙泉圣水、恒山奇茶，求取吉利。

茅窟烟火：即三茅窟，位于白虚观紫微阁旁断崖上，是三茅真人修仙得道处。传说三窟有怪异现象，一窟点火，另两窟冒烟，两窟点火，另一窟冒烟，三窟同时点火，即三窟都不往外冒烟了，此现象成了不解之谜。

金鸡报晓：即金鸡石，位于朝殿西古楼外，以石相击，声震幽谷，如金鸡鸣叫，情趣绝妙。传说是黄山鸡吃了三茅真人失落的金丹而变。

玉羊游云：从朝殿瞭望东峰峭崖翠顶上，有白石累累如群羊吃草，在云雾的推动下，别生情趣，称为玉羊游云。

紫峪云花：即紫芝峪，位于恒宗殿东侧，是一道草木丛生、曲折幽奇的沟峪。《恒山旧志》载，峪内长着灵芝仙草，为恒山的镇山宝草，状如云锦，有起死回生、益寿延年之功效。后被明世宗皇帝采去十二株。

石洞流云：即出云洞，位于紫芝峪东崖上，洞口上刻有“白云灵穴”四字。传说此洞深不可测，下通地海龙宫，白龙公子掌管北国云雨，每逢降雨时，洞内吐出团团白雾，霎时风雨来临，甘林遍野，俗话说：恒山戴帽，大雨必到。

脂图文锦：即石脂图，位于主峰东崖上，由五色卵石天然结成，约四尺见方。值中午，松荫翠柏蒙于图上，远望状如剥落之古碑，中有蝌蚪文字，又似锦绣画图，实为奇景一绝。

仙府醉月：即会仙府，位于朝殿西侧，为恒山最高庙观，置身府院，如临仙境，夜宿仙府，依栏望月，饮酒作诗，真有点儿起坐出世之感。传说是仙人聚会之地。

弈台鸣琴：即琴棋台，位于会仙府西北处，有巨石迸裂，西南有条崖缝，沿石缝而上，陡壁高处有一片风蚀岩石，台上刊棋一局，崖壁上是双钩书“琴棋台”三个字，此处传说是仙人对弈弄琴之处。

岳顶松风：即天峰岭，登上峰顶，极目不知千里远，举头唯见万山低，烟岚缥缈，松涛贯耳，北国风光，气象万千，恒山十八景尽收眼底，吸引着万千游客前来观光，北岳恒山美不胜收。

家之空，形貌楼阁而得名。因悬与玄谐音，以及寺院像悬挂在半崖之上，习惯地称作悬空寺。

悬空寺始建于北魏太和十五年(491年)，距今已有上千年的历史。悬空寺距地面高约58米，最高处的三教殿离地面90米。远望悬空寺，像浮雕嵌在峭壁间，近看，大有凌空欲飞之势。该寺建筑采用凿洞插木的方法构筑而成，背倚陡峭的绝壁，下临深谷，充分利用峭壁的自然状态布置和建造寺庙各部分建筑，将一般寺庙平面建筑的布局、形制等建造在立体的空间中，是中国古代建筑精华的体现。

玩家 攻略

为了保护悬空寺，每天的登寺人数有限制，人数太多会长时间排队，因此不建议黄金周前来。

如果在网上订票的话，是要先去恒山售票处取票的，非常麻烦，所以建议不要在网上预订

悬空寺

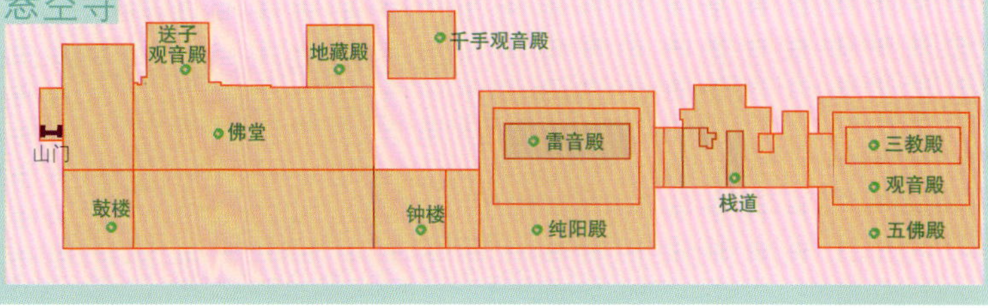

悬空寺的门票。

玩家解说

唐开元二十三年（735年），李白游览悬空寺后，在石崖上书写了“壮观”二字，明代大旅行家徐霞客称悬空寺为“天下巨观”。悬空寺发展了我国的建筑传统和建筑风格，突出了“奇、悬、巧”的特点。

值得称“奇”的是其建寺设计与选址。悬空寺处于深山峡谷的一个小盆地内，全身悬挂于石崖中间，石崖顶峰突出部分好像一把伞，使古寺免受雨水冲刷。山下的洪水泛滥时，也免于被淹。优越的地理位置是悬空寺能完好保存的重要原因之一。

“悬”是悬空寺的另一特色，全寺共有殿阁40间，表面看上去支撑它们的是十几根碗口粗的木柱，其实有的木柱根本不受力，所以有人用“悬空寺，半天高，三根马尾空中吊”来形容悬空寺。悬空寺真正的重心撑在坚硬的岩石里，利用力学原理半插飞梁为基。

悬空寺的“巧”体现在建寺时因地制宜，充分利用峭壁的自然状态布置和建造寺庙各部分建筑，将一般寺庙平面建筑的布局、形制等建造在立体的空间中，山门、钟鼓楼、大殿、配殿等都有，设计非常精巧。

永安寺

浑源第一大寺院

大同浑源县城内东北鼓楼北巷

永安寺始建于金代，元代重修后定名永安，历代修葺，有山门、护法殿、传法正宗殿、观音殿、伽蓝殿、达摩殿、霜神殿、关帝殿等。传法正宗殿为元代遗构，单檐庑殿琉璃顶，饰琉璃脊兽，殿内起藻井，四周为天宫楼阁，四壁有巨幅重彩工笔壁画，绘有各种人物880多个，为元代作品。

圆觉寺砖塔

我国古代风向仪

大同市浑源县城内石桥北巷

圆觉寺，俗名小寺，始建于金正隆三年（1158年），建于金代，是我国现存金代砖

圆觉寺砖塔

塔中的代表作。释迦塔高30米，实心平面八角，九层密檐式，四周嵌砖刻浮雕，有乐伎、力士、鸟兽等，线条流畅，细腻纤巧，具宋代风格。塔刹造型特殊，最下设束腰刹座，上为仰莲式受花，再上为覆钵、相轮、宝盖、圆光、宝珠，砖塔最高顶上立一只翔凤，又称铁凤或候风鸟，随风飞转，有风标的作用，可辨风向，是古代观察气象的珍贵仪器，为我国目前唯一的古代风向仪。

大同浑源州署

独具特色的州衙建筑

浑源县城永安西大街

大同浑源州署始建于金代，现存建筑是明朝太祖洪武七年州判张溥主持营造，距今已有645年的历史，占地约32 500平方米，有房舍310余间。

浑源州衙建筑群是中国北方现存的古官署衙门中独具特色的明清风格州衙建筑，它在整体布局上严格按照《明史》《清会典》所载的地方官署规制，体现了“坐北朝南、左文右武、前朝后寝、狱房居南”的传统礼制思想，整个建筑布局对称、合理、紧凑、主次分明、高低错落、井然有序、浑然一体。

龙山大云寺
文殊菩萨道场

浑源县龙山森林公园秀丽峰巅寺洼村

龙山，又名封龙山，主峰海拔2267米，因曾有元代大诗人元好问光顾声名四播。龙山大云寺为文殊道场，东晋高僧道安在此立寺弘法，使龙山与恒山并称为全国最大的佛道传播中心，惜于清乾隆年间烧毁，现正修复。山上有西岭、文殊岩、北岭、望景台和龙山绝顶萱草坡等。元代大诗人元好问和刘祁在龙山留下了千古佳话。元好问、李冶、张德辉常游此，号称龙山三老。

荆庄大云寺
祭祀天地的庙宇

浑源县荆庄乡荆庄村

荆庄大云寺俗称下寺（龙山大云寺为上寺），早在2000多年前这里就已有作为祭祀天地的庙宇，后改寺院，现大云寺大殿建于金大定六年（1166年），四壁至今保存着精美的元代壁画，十分珍贵。

千佛岭
塞外小黄山

浑源县城南30千米处，龙咀村西南

千佛岭因高山绝顶凿有千佛石窟而名，自古是修行静养的宝地，从辽代就有寺院，原千佛寺、千佛洞、千佛塔、板方寺、碧峰寺等，依山就崖，顶岩临谷，奇险高绝。现存7米千佛塔耸立于山巅高耸的巨大峭岩之上，上刻“千佛宝塔”。塔下峭岩上凿有三个洞窟，洞内雕刻石佛千余尊，故名千佛洞。半山上还有深50米的碧峰洞等。

觉山寺
三轴三进的寺庙

灵丘县红石塄乡觉山村

觉山寺又名普照寺，位于县城东南15千米处，周围依群山环抱，脚踩通天大道，坐拥苍松翠柏，耳听唐河吟笑。该寺始建于北魏太和七年（483年），现存庙宇为清代重修。主要建筑分庙宇和砖塔两部分。寺院建在三条轴线之上，由三进院落、30余座殿宇组成。寺院西北崖上还有一石洞，名为悬钟岩舍利洞，亦称翠云洞。

砖塔是寺内主要建筑，与寺同建，现存塔重建于辽大安六年（1090年），是山西省保存较好的一座辽代密檐式砖塔。塔高13层，平面呈八角形，密檐实心砖砌。塔内有八角形塔宝，中心有八角形塔心柱。底层可攀登，内有木雕卧佛一尊，四壁有壁画。塔座周围有砖雕歌舞伎，是辽代砖雕艺术的珍品。

荆庄大云寺

平型关大捷景区 AAAA

全国红色旅游经典景区

大同市灵丘县白崖台乡

平型关大捷景区是平型关大捷发生的主战场区域，主要景点包括平型关大捷纪念馆、平型关大捷纪念碑、将帅广场、平型关大捷遗址。平型关战役红色文化遗址由9个部分组成（乔沟遗址、平型关口遗址、八路军686团指挥所遗址、115师指挥所遗址、驿马岭阻击战遗址、林彪、聂荣臻临时住所旧址、老爷庙高地争夺战遗址、115师师部旧址、115师动员会遗址），分布于灵丘县的4个乡镇。

玩家 攻略

看平型关的关门，一定要顺着背面的城墙，到顶上去看看起伏蜿蜒的平型关长城，很壮观。另外，从长城上下来，要继续西行，到繁峙县的平型关村去转一转，那里的瓮城、过街戏台、南门和民居也是非常有特色的。附近的老爷庙也有值得游览的地方。

链接

平型关大捷

平型关大捷，又称平型关战役、平型关伏击战，是指1937年9月25日，为了配合友军作战，阻挡日军攻势，由八路军第115师师长林彪、副师长聂荣臻指挥，在山西省大同市灵丘县平型关附近，首次集中较大兵力对日军进行的一次成功伏击战。25日晨，敌（坂垣第5师团）21旅团一部及辎重车队沿灵丘至平型关公路向前线西进。7时许，全部进入我八路军115师伏击地域，经过约6个小时的浴血奋战，至13时许战斗结束，115师取得首战大捷，这就是著名的“平型关大捷”。

平型关战役，我军歼敌1000余人，击毁汽车100余辆，缴获一批辎重和武器。它是华北战场上中国军队主动寻歼敌人的第一场大胜仗，有力地配合了正面战场的防御作战，打破了日军不可战胜的神话，振奋了全国人心，提高了共产党和八路军的威望。

桃花山

山花烂漫，百鸟争鸣

灵丘县红石塄乡沙湖门村

桃花山内山势逶迤起伏，草木郁郁葱葱，山花烂漫芬芳，百鸟啼啾争鸣。桃花山下的桃花泉水，不仅清爽甘醇，而且形成了十分壮观、颇具特色的瀑布群。半山腰处蝙蝠洞内的蝙蝠，昼伏夜行，十分有趣。

桃花山瀑布群属桃花山景区内的又一壮丽景观。桃花泉乃山西第四大泉，日流量8000余吨，且为天然优质矿泉水。该泉自桃花山腰喷涌而下，至山脚有146米落差，形成了形态各异的瀑布群。

桃花洞坐落于桃花山海拔1900米处。该洞距今已有170万年的历史，并且仍处在生长期，洞内钟乳林立，形态各异。西侧洞的洞壁、洞顶有天然形成的壁画。半山腰处的蝙蝠洞，位于桃花山北海拔900米处。该洞高大宽阔，四通八达。主洞深70多米，有6个出口，洞内数以万计的蝙蝠密密麻麻地倒吊在洞顶，像一串串黑色的精灵，昼伏夜行，十分有趣。

灵丘县车河有机社区

有机生态野趣公园

灵丘县红石塄乡车河村

灵丘县车河有机社区占地面积27平方千米，坐落于太白山东麓的车河村，这里自然环境优美而古朴，为发展观光农业提供了得天独厚的条件。车河村地势独特，北靠大黄岭，南望观音梁，形成一片东西向的山间谷地。

山上广袤的草甸子为游客提供了牧羊、骑行和野营的理想场所，站在这里，整个车河社区的美景尽收眼底。山坡上生长着各种植物，随着四季的更迭，展现出不同的风貌：春季迎春花点缀山野，春夏之交山桃花盛开；夏季翠绿的灌木丛生机勃勃；秋季黄叶与丰硕的果实相映成趣；冬季则白雪皑皑，银装素裹。

山下溪流潺潺，绿树成荫，曲径通幽，花香四溢。整个车河有机社区自然环境优越，负氧离子含量极高。夏季气温比大同、北京低3℃~5℃，是一个集旅游、避暑、疗养、度假、休闲于一身的“有机生态野趣公园”。

赵武灵王墓

“灵丘”起源之地

大同市灵丘县新华西街西段

坐公交车到大同城区街心公园下车，步行即可到达

赵武灵王墓位于县城中心地带，原占地6万平方米，现保护面积为10 900平方米。墓冢周长220米，高10米。明崇祯年间在墓南立石碑1通，并建有碑楼，高4米。民国七年（1918年）修葺，树碑1通，筑神道长246.67米。1984年，四周筑围墙加以保护。墓园遍植树木，坟丘绿草覆盖。经重修牌楼、墓丘后，武灵墓更显得气势宏伟，巍峨壮观。赵武灵王是中国历史上战国时期赵国的第六代君王，他死后所葬的地方，在汉高祖时建县，取名灵丘。

链接

胡服骑射——赵武灵王

赵武灵王（前340—前295），名雍，战国时赵肃侯之子，赵国的第六代国君，公元前325至前299年在位。赵武灵王是具有雄才大略和远见卓识的一代英主。赵武灵王在抗击胡人入侵的战斗中，发现胡人身穿短衣，骑着快马射箭，远比赵国军队身穿盔甲、驾驭战车的战斗力强。于是他采用“胡服骑射”，即穿着游牧民族的长裤、窄袖短衣和皮靴，以利于行军打仗，为赵国开疆拓土，使赵由弱变强。在中国历代帝王中，赵武灵王是一位颇有建树的政治家、军事家，他推行的“胡服骑射”在中国古代战争史上具有划时代的意义。其修筑长城、迁民北疆、开发边地、设置郡县等重大措施，促进了华夏与北方少数民族的大融合，被现代史学界誉为中国历史上最有影响的百名伟人之一。

水神堂

儒、释、道三教合一的建筑群

大同市广灵县壶泉镇壶山上

水神堂是大士庵和沣水神祠的合称，始建于北魏，由林区、壶山、寺庙建筑、名泉风景四部分构成，壶山上水神堂、圣母祠、观音殿、老君殿、文昌阁、钟鼓楼，玲珑剔透，精美绝伦，是儒、释、道三教合一的建筑群。每年农历六月十八日、七月初三是水神堂庙会，非常热闹。

文昌阁

位于正殿东侧，碑载系全县文人捐建，成创于清嘉庆元年（1796年），原祀梓童。阁体为双层四角攒尖楼阁式全木结构，系广灵仅存的古代木构建筑。其平面呈正方形，深、广均6.4米。构架精巧，造型轻盈。底层正面，画栋飞檐，爽廊稍阔。入内转过屏窗，有木梯可通上层。上层四柱双梁，尖顶飞檐；正东开门，三面临窗；外环围廊，木栏相护。新制牌匾数面，复刻傅山手书一联高悬，使之更添风韵。

百工社

位于圣母殿西侧，单檐硬山式，深7.57米，广8.33米。原为三教九流祭祀师祖之所在，故塑像为老子、鲁班与孔子，道工儒三家，和衷共济，颇有风趣。原塑像已毁，后

水神堂

重塑神像，并修复壁画，但正面壁画未能保护下来。壁画内容十分丰富，全面反映了清代手工业和人民的生活状况。于本县来说，属于形象史料，弥足珍贵。旧时农历二月十五日和五月初七，各行工匠至此聚会祭鲁班。

灵应宝塔

灵应宝塔位于院内东南隅，通高17.5米。塔基为1.2米高的六角形石砌平台，边长为3.28米。塔身七层，高16.3米。塔刹覆钵以上部分在1911年地震时掉进壶山泉池之中，相轮、宝珠与刹杆系新补。塔体保存较好，仿木结构，呈六角形锥体，自下而上，逐层减缩。造型平稳端庄，玲珑俊逸。通体砖雕，精巧朴实。第一、第二层为风格样式各异的砖雕隔扇假门，第三层至第五层为半圆形砖券空心门，具有减轻风力摧推的作用。第六层空心门内，藏有阴刻砖碑，碑高36厘米，宽15.8厘米，厚4.7厘米，座高6厘米，正中有“灵应宝塔”4字，右刻“大清光绪二十五年七月重修”，与塔身第三层假门之刻记相符；左刻“经理：复全店、至诚号、裕亨店。泥工：白鄂、李盛”。塔身各角柱为砖制，上置平板枋、阑额。转角为木制老角梁、仔角梁，仔角梁首端装砖制套兽，下坠铁制风铃。仿木结构的灵应宝塔是水神堂建筑群的精粹，被推为雁北清代砖塔的代表。

水神堂灵应宝塔

曲回寺石像冢

地下佛像，千古之谜

大同市灵丘县三楼乡曲回寺村

从灵丘驾车沿S201、G108可到达

曲回寺又称哭回寺，供奉的佛像全都深埋于地下。高高的九龙岗群山环抱，清清的独峪河蜿蜒而过，山水环抱着曲回寺村。唐玄宗天宝元年（742年），大禅师慧感奉诏创寺。在曲回寺方圆20平方千米范围内，于唐天宝十一年（752年）“奉诏因建石塔306座”，即石像冢306座。原来两进院的寺院毁于1939年，306座石像冢现只找到50多座。石像冢均为圆形墓丘状，封土下用石块垒方框和圆圈，内放石雕造像。这些塑像神态各异，大小不一，栩栩如生，估计有四五千尊。如此众多的佛像从何而来，为何埋藏于地下，是难解的千古之谜。

圣泉寺

“小悬空寺”

广灵县宜兴乡宜兴西村

圣泉寺有上、中、下三层石窟，有千佛洞、观音洞、地藏洞，因在悬崖之上，故称“小悬空寺”，其中圣泉松风为广灵八景之一。

景点推荐

应县旅游区

应县木塔 AAAA

最古老、最高的木塔

应县金城镇佛宫寺内

应县木塔始建于辽清宁二年（1056年），原名佛宫寺释迦塔，是我国现存最古老、最高的木构建筑。这座保存完好的纯木建筑塔不仅被国内外建筑界称为"建筑瑰宝"，而且也是国内辽代珍稀文物的保护地。

木塔自下而上由砖石台基、木构塔身、砖砌刹座、铸铁塔刹四部分组成。塔身建在4米高的台基上，总高约67米。木塔共有五层六檐，其实为九层，外表呈平面八角形。木塔每层檐下及暗层平座围栏之下，都是或大或小一组挨一组的斗拱，塔层的转角处更是三组斗拱组合在一起，犹如朵朵盛开的莲花。

塔上60余块珍贵的匾联是历代帝王将相、达官显贵、文人墨客、佛门高僧游览木塔时挥毫泼墨留下的历代珍品，特别是辽代秘藏中的两枚弥足珍贵的佛祖释迦牟尼的真身遗骨——佛牙舍利，更为木塔增光添彩。

应县木塔

佛牙舍利

塔内供奉着两颗佛牙舍利，盛装在两座七宝供奉的银廓里，经考证确认为是释迦牟尼灵牙遗骨。佛灭度后，共留下七颗佛牙舍利。应县佛宫寺释迦塔发现的两颗佛牙舍利是南本《大般涅槃经》中记载的捷疾罗刹所隐身盗取的一双佛牙。

莲花台下八力士

木塔底层大门对面有一尊高大的如来像，坐在一个巨大的莲花台上。这个莲花台被八个力士扛着，力士个个仿佛力举千钧，形象生动逼真。

匾额经卷

明成祖朱棣亲题“峻极神功”；明武宗题“天下奇观”。塔内有明、清及民国匾、联54块。塔内还有一批珍贵的辽代文物，尤其是辽刻彩印，填补了中国印刷史上的空白。文物中以经卷为数较多，有手抄本，有辽代木版印刷本，有的经卷长达30多米。为纪念慧能大师，画家绘制“采药图”，原来藏在第四层佛像腹内，现保存于应县文物管理所。

玩家攻略

应县离恒山较近，参观木塔可与浑源悬空寺安排在同一天。从大同市出发，先游览浑源县的恒山悬空寺，然后再去应县参观木塔，从应县返回大同是比较合理的路程。

每年端午节，当地百姓都要身着新装，全家老少相伴到木塔前烧香拜佛，并登上木塔的最高层，表示节节高升。如今木塔受到保护，虽不能登临塔顶，但每年的仪式依旧十分隆重。

链接

应县木塔的传说

在民间传说中，木塔的建造归功于中国传说中的木匠鼻祖——鲁班。传说鲁班的妹妹与哥哥赛手艺，妹妹说在一夜里能做十二双绣花鞋，哥哥鲁班要是能在一夜之间盖起一座十二层的木塔就算哥哥的手艺高。结果，鲁班真的修成了十二层的木塔，只是修完之后土地爷承受不住，塔直往地下陷，鲁班便举手一推，将塔分成两截，上半部被他一掌拍到了今天的内蒙古一带，留下的五层慢慢地钻出地面，就成了如今的释迦塔。

文殊寺

古应州十三大寺之一

朔州市应县南河种镇小石村

古应州十三大寺之一。相传文殊菩萨曾在此处说法，故而得名。现存建筑系明代中期之物，正殿三间，东西配殿各三间，前有钟鼓楼。殿内佛像是研究明清塑像壁画的实物资料。寺中古松霜皮苍翠，枝干如龙，俗称“古龙松”。据传是印度僧人所栽，至今已有900多年历史。

永镇寺

雄伟壮观的古寺

朔州市应县小石口村东北，距县城16千米

永镇寺依山而建，雄伟壮观，寺内建筑结构严谨，造型优美。现存正殿三间，东西配殿六间，山门六间，进深四间，东西跨耳新建钟鼓楼，构式仿古。善男信女，游人不断，香火不绝，古香古朴。登其远眺，苍山绿水云飘似带，令人赏心悦目。

净土寺

金代古建筑

朔州市应县全城镇东北角

净土寺创建于金天会二年（1124年），为佛门净土宗宝刹。“净土”为佛家对西方极乐世界的美称，原建筑宏伟，现仅存大雄宝殿。大雄宝殿为金大定年间（1161—1189年）所建，三间见方，单檐歇山顶，筒板瓦覆盖，绿琉璃瓦剪边。殿内尚存壁画，构图、技法具有浓厚的民间色彩，藻井及天宫楼阁构造尤精。另外8个藻井呈八角形，雕刻精细，色泽华丽，是少见的金代珍品。

跑马梁

可信马由缰

朔州市应县白马石乡，县城东南30千米处

跑马梁属恒山山脉，海拔2287米，山顶平坦，面积20平方千米，可以信马由缰。相传唐末李存孝据守朗岭关，屯兵山地，曾于此处牧马练兵，故名跑马梁。跑马梁翠松似装，缠裹着山峦，郁郁葱葱；浮云如带，萦绕着苍松，飘飘然然。五彩缤纷的野花点缀在绿草中，犹如色彩斑斓的锦缎。置身其间，如同在云海天空中遨游。

净土寺

景点推荐

右玉旅游区

右玉国家级生态旅游示范区 AAAA

晋商的发源地

山西省朔州市右玉县

右玉县曾是古老民谣《走西口》中的西口所在地。其西北及北方以历史悠久的长城为界，紧邻内蒙古的凉城和林格尔县。自古以来，这里便是我国北方的军事重地，如今仍可见到遍布境内的古城堡和烽火台，它们沿着山脉相望，构成了壮丽的自然景观。这里有着“塞上草原”的美誉，是休闲度假和体验骑马射箭的理想之地。

作为国家级生态示范区，右玉县荣获了联合国颁发的最佳宜居生态县称号，同时也有着“中国古堡之乡”和“中国魅力小城”的美名。它还是山西省唯一以县名命名的国家级AAAA级旅游景区，被誉为最值得向世界推荐的旅游县。

“西口”的具体景点，便是位于晋蒙交界处的杀虎口。这里北靠古长城，西临苍头河，拥有两千多年的历史。在明清时期，杀虎口是晋商的重要通道，也是曾经繁荣一时的“大盛魁”商号的发源地。这里的古长城巍峨耸立，保存完好的杀虎堡、连绵不断的烽火台、充满历史感的古战场，以及清晰可见的古桥、古道和古乐楼等，都如同璀璨的明珠，点缀在杀虎口的土地之上。

“走西口”这段历史，不仅记录了晋商的辉煌与梦想，更深深铭刻了山西人民为谋生而移民的血泪与悲情。杀虎口，作为明清山西历史的缩影，见证了中国近代金融贸易的兴衰历程。

宝宁寺

明清建筑

朔州市右玉县旧城城关镇内东街北侧

宝宁寺俗称大寺庙，为明清建筑，建筑坐北向南，原占地东西宽约100米，南北长约150米。在中轴线上的主要建筑原有四进院落，五座殿宇，依次为牌楼、山门、天王殿、大雄宝殿。遗憾的是，该寺在新中国成立前后和“文革”当中遭到严重破坏，殿舍倒塌，椽栋皆毁，除大雄宝殿和过殿外，其他建筑全部不存。

寺内原藏明代以前的水陆画100多幅，据传此画是朝廷敕“为生民造福”的，现藏于山西省博物馆。

链接

水陆画的来历

相传清代康熙皇帝西巡，路经右玉，正遇蒙古叛匪噶尔丹大军南扰，康熙几乎被俘，幸亏右玉民众保驾，才免于难。康熙回朝后，念当地民众保驾有功，特将宫中珍藏的水陆画赐予宝宁寺，一套计136幅，名曰定边水陆神帧。此后，每年农历四月八日悬挂于寺内，远近僧道及右玉的士、农、工、商都要前来礼拜观赏，作水陆道场。该画幅主要是描绘佛教为超度水陆一切鬼魂，普济六道四生的一种法会——水陆斋仪。画面儒、释、道三教人物同堂，布局合理精妙，色泽鲜艳逼真，人物生动传神。这是中国现存明清绘画当中不可多得的艺术珍品。

右玉古堡

历朝古堡遗存

朔州市右玉县境内

右玉县一直是中原汉民族与北方少数民族争夺的前沿阵地，历朝历代修城筑堡，驻军屯防。境内分布有古城、古堡，据不完全统计有上百座之多。这些古城、古堡在历史文献中有明确记载的就有80多座，全县近100个村庄现存或曾经有过古堡。保存较好的古堡现在仍有14座，其他不同程度地受到人为或

右玉古堡

自然因素的毁坏，有的虽有记载，但已荡然无存，但大多数还存有遗址。这些古城、古堡按功能分，大致可分为军事、民筑、古代驿站等。

小南山森林公园

“寿比南山”之意

朔州市右玉县城南2000米处

小南山森林公园以方位命名，兼取“寿比南山”之意。园内有亭、台、楼、阁、湖、园、观、花及针阔混交树种百余株。沿途按照不同的植被群体，建起了先锋林、青春园、双馨园、同根园、战友林、爱心家园等九处不同风格的园区。此外还建成了占地面积2.5万平方米、蓄水量1.5万立方米的玉林湖，湖内有假山池塘、瀑布桥梁，登上小船可浏览湖内景色，景区内还建有民俗展馆，展出当地各种民俗饰物及土特产品。另外，在中心广场树起了一座20米高的丰碑，记载着右玉人民50年来治水治山、绿化家乡数百万亩的丰功伟绩。

景点推荐

朔州周边景点

崇福寺 AAAA

现存辽金规模最大的三大佛寺之一

朔州市朔城区东大街94号 在朔州火车站乘坐8路公交车，到综合商厦站下车即可

崇福寺建于唐代，俗称大寺庙。寺内建筑巍峨高耸，甬道纵横，幽静雅致，是同朔地区现存规模最大、总体布局最完整的古代建筑群之一。现存有山门、天王殿、钟楼、鼓楼、千佛阁等10座建筑，是我国现存辽金时代规模最大的三大佛寺之一。崇福寺整体建筑主次分明、布局严整、规模宏大，是规模较大的金代建筑。殿内金代塑像壁画保存完好。

平鲁烈士陵园

雁门关外著名的烈士陵园

朔州市平鲁区井坪镇陵园路北

主要是为纪念抗日民族女英雄李林烈士及革命战争年代和社会主义建设时期牺牲的1366名平鲁籍革命烈士而建的，是雁门关外著名的烈士陵园之一。

瑞云寺

研究元代墓塔的重要实例

山阴县沙家寺村

瑞云寺始建于金代明昌二年（1191年），明、清、民国时期皆有修葺。现存谦公和尚寿塔、砖塔等建筑。谦公和尚寿塔为1318年建造，通体石制，高约2.5米，平面呈六角形，样式古朴简单，是研究元代墓塔的重要实例。砖塔创建于明万历五年（1577年），总高约11米，对研究明代砖塔具有一定的参考价值。

金沙滩生态旅游区 AAAA

集生态景观与人文景观于一身

山西省朔州市怀仁市金沙滩镇

旅游区主要有金沙滩镇、何家堡乡，包括金沙滩林区和洪涛山林区。区内百里苍翠，万顷碧波，清流似带，鸟语花香。以宋辽交战和崇国寺佛教文化为主题的园林建筑群，掩映于莽莽林海之中，气势恢宏，覆压1.33平方千米。整个景区以林海为躯，古战场为魂，集生态景观与人文景观于一身。置身其中，既能领略到自然风光的清幽旖旎，又能感受到历史文化的浑厚凝重。

广武城

明长城重要关堡

山阴县张家庄乡　全天开放

广武城分新旧二城。旧城建于辽金时期，东西长约300米，南北长约500米，只在东南西三面修有城门，是防范北方扰敌的军事据点，现存城墙完好，城内有居民200余户。新城建于明洪武七年（1374年），在雁门关北口，依山建造，周长1.5千米，一半坐落在半山坡，一半修在山前平川，北方筑有北关，形势险要，亦是雁门关的山前防卫据点。相传杨家将中的杨六郎曾在广武城与辽兵大战，电视连续剧《杨家将》的部分外景就是在这里拍摄的。

广武汉墓群

迄今发现的最大汉代墓群

山阴县张家庄乡

广武汉墓群南依群山，北连朔州平川，从南向北俯瞰，由高到低，大小不一的封土堆星罗棋布。最高的封土10多米，最低的也有3米多。广武墓群从墓群西北端被水冲塌的四座墓室看，为砖室墓，出土的文物有陶壶、陶罐、陶钵、陶奁及五铢钱等，从墓的形状和出土文物考证当为东汉时期。广武汉墓群于1988年被列为全国文物重点保护单位，并在汉墓群南端修建了广武汉墓群保管所。

广武汉墓群

攻略资讯

- 交通
- 住宿
- 美食
- 购物
- 娱乐

交通

飞机

大同云冈机场位于云州区倍加造镇北，距大同市中心15千米左右。目前与北京、上海、太原、天津、香港、南京、深圳、运城、长治、广州、西安、沈阳、烟台、厦门都有直航。市内乘坐40路公交车可到达机场。

朔州滋润机场位于朔州市朔城区滋润乡陈庄村。2023年8月，朔州滋润机场实地试飞圆满成功，标志着该机场已具备保障大型飞机公共航空运输的能力。

火车

大同火车站位于大同市城区站前街4号，每日有多趟列车开往太原、北京、杭州、包头、沈阳等国内大、中城市。

大同南站位于平城区文瀛南路开源东街，为高铁站。从北京到大同的高铁只要2个小时左右，非常便捷。

朔州火车站位于朔州市朔城区，可到达北京、杭州、西安、太原、南京、石家庄、沈阳、大同、包头、神木等全国各大中城市。市区可乘坐1路公交车到达火车站。

汽车

大同有开往市内各县、区以及太原、呼和浩特、宣化的客车，还有前往云冈石窟、五台山、恒山的客车。太原有直达大同的全程高速大巴，行程4.5小时左右。如要去各景点，可不选择进市区。

大同新南站：位于大同市平城区开平街。

大同客运东站：位于平城区白登山街道北环路1039号。电话0352-2464510。

朔州汽车客运站（迎宾汽车站）：位于火车站对面，是全市公路客运的枢纽，目前拥有前往北京、石家庄、呼和浩特、包头等地的省际客运线路；还有到达太原、大同、忻州等省内城市及市内各县区的多条省内客运线路。

大同城市风光

大同城市风光

住宿

大同

大同住宿条件较为便利，距景区或城中交通枢纽不远处均有住所，各种档次的酒店和青年旅舍应有尽有，可根据自身需求自由选择。

●大同花园大饭店

大同花园大饭店是大同市享有盛名的一家集住宿、餐饮、娱乐、购物、商务于一身的四星级旅游商务饭店。位于大同市繁华商业区的中心地带，与各大购物中心、肯德基相毗邻，距离鼓楼、善化寺、九龙壁等文物古迹步行也只要五分钟的路程，交通十分便利。✉ 大同市永泰街59号（近鼓楼）☎ 0352-5865888

●大同红旗大饭店

大同红旗大饭店位于火车站北100米处，建筑面积8000平方米，交通便利，地理位置优越，是集住宿、餐饮、桑拿、娱乐和商务于一身的三星级旅游涉外饭店。✉ 火车站广场北侧（近火车站广场北侧）☎ 0352-5366111

●大同锦江之星品尚

大同锦江之星品尚坐落于大同市站北街，临近九龙壁和城墙等景区，周边设有华林超市，出行购物极其便捷。步行可至大同火车站，地理位置优越，交通优越，保证每一位宾客住得放心、安心、舒心，高兴而来，满意而去。✉ 城区站北街5号（近大同火车站）☎ 0352-5559222

朔州

朔州住宿主要集中在市中心区域，其中有高档型、经济型酒店可供选择。另外，应县、山阴县、怀仁市也有宾馆可供住宿。

●朔州海苑酒店

朔州海苑酒店是一家四星级高档酒店，是朔州市最豪华的商务酒店之一。特聘粤菜名厨主理，以燕、鲍、翅、参、海鲜为主，还设有健身房、棋牌室和桑拿洗浴。✉ 朔州市朔城区民福东街大运高速路口（近朔州市文化局）☎ 0349-5668888

●朔州如家快捷酒店

朔州如家快捷酒店（火车站店）属于朔州火车站商业区中心地带，近邻万人新天地、玉百商贸、崇福寺、七里河公园，环境优越，出行便捷。✉ 朔州市朔城区鄯阳东街怡卿苑小区10号楼（近建设路）☎ 0349-2223222

朔州小年夜夜景

美食

大同及周边地区美食以晋北菜为主，口味偏咸，菜肴重油重色，以面食为主，比较出名的有刀削面、涮羊肉、盐煎羊肉等。此外，由于大同地处塞外，受草原游牧民族饮食习惯影响，牛羊肉菜肴也颇具风味，特别推荐涮羊肉、大同兔头等特色美食。

●刀削面

刀削面对厨师的手艺有很高的要求，制作的过程非常具有观赏性。厨师手持一把形状独特的瓦形刀，立于盛满了滚水的大锅前，另一只手托着一块筒状的面团。开始削面以后，面条从上向下飘入锅中，条条相连。成品面条呈三棱形，宽、厚、长度一样，再佐以浇头、菜码，吃起来光滑筋道。

●涮羊肉

大同涮羊肉以味香、肉嫩、质鲜、外形美四大特点在全国赫赫有名。

涮羊肉的原料遍布大同各地，其中以广灵的大尾巴羊和朔州的五花羊肉最为闻名。厨师将切好的羊肉薄片放在盘内，吃的时候，只需用筷子将羊肉往烧开的火锅里一涮，便可捞出来，再蘸上芝麻酱、辣椒油、酱油等作料，吃起来味香扑鼻，十分可口。

●兔头

大同兔头十几年前就已美名远扬。这种令食客交口称赞的美食也并不难做，用姜、葱、辣椒、八角等十余种香料红焖兔子的脑袋，熬制约莫3小时以上，直至入味。

大同兔头

●应县凉粉

应县凉粉清凉爽口、解暑解渴，入口滑溜，软中有顽，顽中有筋，筋中有香，香中透辣。应县凉粉的淀粉与水的比例为10∶1，故比别处的凉粉软。咸盐、酱油、醋、味精、芥末、葱、蒜、香菜等作料齐备，各味俱全。

应县凉粉

●右玉盐煎羊肉

盐煎羊肉以羊肉为制作主料，盐煎羊肉的烹饪技巧以煎菜为主，滋味醇正，肥嫩香烂，别具风味。

购物

大同地区物产丰饶，主要食材、药材特产有大同黄花、恒山黄芪等，工艺品有大同艺术瓷、云冈绢人等。朔州土特产主要有应县紫皮蒜、平鲁面塑、油果子、怀仁糖干炉、梨花春酒等。

●艺术瓷

大同生产陶瓷历史悠久，已有1400多年的历史。这些陶瓷制品的生产，以大同煤峪口矿美术陶瓷厂生产的数量、质量为最。这里生产的陶瓷制品多达130多种，几百个花色，其中有许多富有民族传统和神话传说色彩的制品。

●羊毛地毯

大同地区的毛织地毯远在春秋战国赵武灵王设郡之时就已经开始生产，东汉时期已经具有很高的生产技术水平，能够用红、褐、紫、绿等各种颜色织出各种花纹图案。大同地毯具有舒适、隔潮保温、冬暖夏凉等特点，既有使用价值，又有艺术欣赏价值。

●云冈绢人

大同市绢人艺术家康巧玲多才多艺，在“缝布娃娃”的基础上发挥了自己的艺术造诣，将戏剧人物的脸谱、服饰、身段以及云冈石窟、华严寺各种佛像、胁侍菩萨、伎乐飞天以及戏剧人物的艺术造型用绢人表现出来。她的绢人是采用绫、罗、绸、缎、纱、绢、绉、锦等料制成的，颇有地方特色，广大群众誉以美称——“云冈绢人”。

●火锅铜器

大同的火锅铜器历史悠久，工艺精湛，早在北魏时期就享有盛名。它由底盘、锅身、火座、锅盖、火筒和小盖六部分组成。在底盘、锅身、锅盖和小盖上，分别刻有“龙凤呈祥”“喜鹊登梅”“八仙过海”“花鸟山水”等图案。

火锅铜器

●应县紫皮蒜

应县紫皮蒜产于恒山脚下应县小石口一带，蒜皮紫红，头肥瓣大，辛辣味浓，外皮松而内瓣衣紧。紫皮蒜做的蒜泥和一般蒜的蒜泥不同，一般蒜泥隔夜变色变味，而应县紫皮蒜泥却可以放两三天，色味如初不变。如今的应县紫皮蒜，已成为出口的土特产品。

●平鲁面塑

平鲁面塑也称“面人”，是平鲁区的工艺品。制作时用白面粉捏成各种鸟兽、果品或各种人物形象，蒸熟再进行彩绘。面塑细致精巧，形体生动，常当作吉祥物品供人欣赏或馈赠亲友。

●梨花春酒

梨花春酒是朔州市应县历史名酒，用独特的传统酿造技艺酿制而成。梨花春白酒传统酿造技艺既是以汾酒酿造工艺为代表的清香型蒸馏酒的酿造技艺，又从少数民族酿酒技艺中汲取先进经验，具有鲜明的地域文化特征。梨花春白酒传统酿造技艺被列入国家非物质文化遗产名录蒸馏传统酿造技艺项目。

娱乐

在大同及周边地区，除可以欣赏云冈石窟、华严寺、九龙壁等著名景点外，还可以体验煤炭文化。

晋华宫矿山公园：晋华宫矿山公园位于大同市以西约13千米处，与世界文化遗产云冈石窟一河之隔。这里开发了中国第一、亚洲唯一的“井下探秘游”项目，成为首批全国工业旅游示范点。公园集工业遗址保护、环境更新、生态恢复与绿色矿山建设于一身，是一座新型休闲观光园区，也是为世人留下完整近代工业记忆的矿业文化创意园。公园内主要景点有煤炭博物馆和井下探险游。

晋华宫煤矿

王莽嶺

发现者旅行指南

晋城

概览

亮点

皇城相府

清康熙年间的名相陈廷敬的故居，整个皇城由内城“斗筑居”和外城“中道庄”两部分组成。

海会寺

海会寺既是古刹名寺，又是书院学府，也是风景名胜。

王莽岭

王莽岭相传因西汉王莽追赶刘秀至此而得名。又因其险峰幻叠，云海浩瀚，瞬息万变，被称为“云山幻影”。

珏山

珏山又名角山，其双峰对峙，宛若一对碧玉镶嵌在太行山上，钟灵毓秀，人文内涵丰厚。

青莲寺

整个寺院雄峻秀奇，别

皇城相府

具风格，所临山崖一池清水经年不涸不溢。

必逛街道

驿后商业步行街： 北起新市街，南至红星街，全长约270米，商业网点20家以上，以品牌服饰专业店、专卖店为主。

新市西街： 新市西街东起泽州路，西至前进路，是晋城市最具代表性的时尚商业街。该街横跨南大街、步行街、小吃街等街道，商业区域优势明显，集中了市区各大百货商场和各种专卖店。

线路

晋城精华二日游

第一天：游览皇城相府，参观康熙字典总阅官、康熙皇帝35年经筵讲师陈廷敬的故居，感受中国北方第一文化巨族之宅的辉煌气势；下午去往柳氏民居看一看融明、清建筑风格为一体的文人府邸。

柳氏民居

第二天：游览被称为“清凉圣境”的王莽岭，亲身体验壁挂公路这一世界奇迹。走访锡崖沟自然村落，感受真正的世外桃源。

为何去

晋城市地处山西省东南，历史悠久，文化遗产丰厚，是华夏文明的发祥地之一，境内的王莽岭、旗子山等都是北方风光的雄奇与南方景致的秀丽完美结合的典范。名胜古迹星罗棋布，其中高平开化寺、阳城海会寺等均名扬于世。

皇城相府外城区

何时去

最佳旅游时间是每年的4~10月。晋城属暖温带大陆性季风气候，冬长夏短，气候温暖，四季分明。避开漫漫寒冬与炎炎夏日，每年的春夏之交是至此旅游的最好时节，不仅大地回暖、万物复苏，而且温度适宜，出行方便。

郭峪村汤帝庙

皇城相府

区域解读

区号：0356
面积：约$9490km^2$
人口：约218.93万人

地理 GEOGRAPHY

区划

晋城市辖1个区（城区）、4个县（泽州县、阳城县、沁水县、陵川县），代管1个市（高平市）。

地形

晋城市全境位于泽州盆地中央，全市平面轮廓略呈卵形，整个地区的地势呈北高，中、南部低的簸箕状。境内分布有平原、丘陵、山地，全境平均海拔600~700米，最高点为海拔2322米的中条山舜王坪，最低处是丹河、沁河下游河谷地，海拔接近300米。

晋城水景

气候

晋城市属暖温带半湿润大陆性季风气候区，受大陆性季风影响，年平均气温为5℃~10℃，为"长日照地区"，最佳旅游季节为4~10月。这里气候温和，冬季与夏季比山西西北部温度稍有上升，又因与河南新乡接近，早午晚温差变化稍有缩小。

历史 HISTORY

历史大事记

●远古时代

高都、塔水河、下川遗址出土的文物表明，早在两万年前的旧石器时代晚期，就有人类在此居住。塔水河遗址和小南海遗址一样，是旧石器时代中期代表。

●先秦时期

公元前927年，周穆王出巡，经翟道上太行山，过泽（今阳城县境内），做居范宫，观看当地桑农，并在此狩猎。传今阳城县的驾岭村、护驾村分别为周穆王及随员驻地。

公元前260年，秦、赵长平之战，秦将白起于长平（今高平境）大败赵国，坑杀赵降卒40余万人。

王莽岭

386年，西燕30万军民在从长安东迁徙途中，众将拥立慕容永为大单于，这年，慕容永进据长子，自称皇帝，年号中兴，同时划出上党郡南部地区置建兴郡，这便是今天晋城市的雏形。

●宋至明清

宋英宗治平四年（1067年），北宋哲学家、教育家程颢任晋城县令，推行“乡必有校”，在任3年，建乡学72所、社学数十所，使晋城大地学风如潮，对晋城文化产生了深远影响，此后的古晋城“岁贡甲天下，名儒辈出”。

明太祖洪武六年（1373年），在泽州设益国铁冶所，时为全国13个铁冶所之一，年产生铁约25万千克。历史上的泽潞商帮中的泽商也得益于此，一开始泽商主要从事冶炼业，后涉及丝绸、盐运。晋城在明朝成为相对富庶的地区。

舜曾经农耕过的历山

清光绪三十一年（1905年），凤台创办兴顺合商号，用蚕丝织乌绫，为山西最早的丝织机纺。

晋城老城

晋城老城的组成部分有程颢书院、景德桥、景忠桥、张院民居、玉皇庙等，始建于唐武德初年，有千年历史，留下女娲氏、神农氏、九黎部落首领蚩尤及尧、舜、禹的传说。女娲补天（传说中华人文始祖女娲氏炼石补天遗址和栖息地——娲皇窟，在晋城市郊水东乡丹河北岸浮山北谷）、神农播种（中华第一人帝神农氏采五谷尝百草的羊头山和古墓冢在高平市境内）、禹凿石门（晋城市阳城境内有石门）、愚公移山等历史传说都有实地可指。古书《墨子》中曾有“舜耕于历山”（今晋城市沁水境内有历山舜王坪），“渔于获泽”（今阳城东有获泽河）的记载。

不仅有“珏山吐月”“白马拖缰”“松林积雪”“孔子回车”等历史古迹，还有唐代大诗人陈子昂登上泽州城北楼，写下了《登泽州城北楼宴》，明代开国皇帝朱元璋的孙子隰川王和宣宁王迁于此，于谦在这里写下了《到泽州》，近代的朱德、冯玉祥、赵树理等人在这里留下了自己的足迹。

公元前260年，历史上著名的“长平之战”就发生在晋城高平市一带。后周世宗显德元年（954年），后周世宗大胜北汉军于巴公原（今晋城市郊北），更是留下著名的巴公原遗迹。

秦赵争锋——长平之战

战国后期，秦国自商鞅变法以来，国势如日中天，连横破纵，远交近攻，有一统天下之势。此时只有赵国自实行“胡服骑射”军事改革以来，军力较强，且拥有廉颇、赵奢、李牧等一批能征惯战的将领，尚有与强秦一战的实力。

此时，秦正先出兵攻占了魏国，又逼近韩国。韩国朝廷一片惊慌，赶忙遣使入秦，准备献上党郡（今山西长治一带）向秦求和。谁知此时，韩国的上党太守冯亭却将上党郡献给了赵国。赵王派了平原君赵胜去接收了上党郡，并将其纳入自己的版图。

秦王于是大怒，乘机出兵攻赵，秦、赵之间的矛盾因此全面激化。此时秦军锋芒正盛，上党赵军兵力不敌，退守长平（今山西高平西北）。赵孝成王命令廉颇迎战，廉颇分析情况后认为应该以以逸待劳的方式首先挫杀秦军的锐势，于是依托有利地形，命令士兵固守营垒，以逸待劳，疲惫秦军。任凭秦军屡次挑战，赵兵都坚守不出去应战，但赵孝成王却认为廉颇坚壁不出是胆怯的表现，多次派人责备廉颇。

晋城今日风光

此时，秦国丞相范雎又派人到赵国施行反间计，并散布流言说："廉颇很容易对付，秦国其实害怕的是赵奢的儿子赵括。"赵孝成王早已恼怒廉颇的军队数次战败，又反感廉颇坚壁不敢战，于是不顾蔺相如和赵括母亲的谏阻，派赵括去取代廉颇为主将。秦昭王得知反间计成功，便暗地里调武安君白起为上将军，并令军中严守秘密。

赵括是个只会纸上谈兵的将领，他一上台，就改变了廉颇的作战方针，主动出兵进攻秦军，而白起则命令秦军佯装战败溃退，赵括不问虚实，就命令赵国的军队乘胜追击，一直追到秦军的营垒。此时白起截断赵军后路，围困赵军主力长达40多天，由于主将赵括在突围中被秦军乱箭射死，赵国数十万士兵既无粮草又无法突围，只得向秦军投降。白起先是接受了投降，随后却命令将数十万赵国降兵全部活埋。

长平一战，秦国军队前后斩杀赵国士兵40多万人，消息传回，赵国上下一片震惊。此后，赵国一蹶不振，再也无力与秦国抗衡。

名单　晋城历史名人

唐代著名佛经注疏家高僧慧远

宋代文学家刘羲叟

明代经济学家王国光

诗书大家张慎言

清代文渊阁大学士、《康熙字典》总编纂陈廷敬

数学家张敦仁

当代著名作家赵树理

文化 CULTURE

围棋发源地——陵川棋子山

棋子山方圆数十里，酷似班固《奕指》及《围棋辞典》所称的天然棋石俯拾即是。经国家有关部门考察论证，陵川棋子山为中国围棋发源地。

棋子山相传为殷商时期箕子的封地。箕子，本名胥余，商末著名贵族，是殷纣王的叔父，与微子、比干齐名，史称"殷末三贤"。他因反对殷纣王的荒淫与暴虐，几次谏阻后却被纣王囚禁起来，贬为奴隶，箕子见成汤600年基业即将断送在纣王手中，心如刀绞，欲言不能，索性割发装癫，每日里唱"箕子操"，曲以泄心中悲愤。后来周武王灭了纣王，箕子便逃往陵川隐居。箕子在陵川的棋子山上，用那里的天然黑白石子摆卦占方，借以观测天象、星象、授时制历，却于不知不觉中创造了围棋，并且经常与人对垒，使围棋日益成熟。

棋子山有两个古岩洞，一洞中有康熙年间刻制的一通石碑，记述围棋雅事；另一洞顶壁保留着古代围棋棋盘图案，相传为箕子隐居卜筮研棋所在。

棋子山

景点推荐

晋城东部景点

二仙庙

晋代乐氏二仙女的庙宇

晋城市城区岭坡村南二仙岭

二仙庙建于北宋时期，历代均有所修葺，由二进院落组成，现存有山门、中殿、后殿、左右配殿、东西廊庑等建筑。庙内存有二仙及四侍女像，是我国仅存的宋塑乐氏二仙女像。

王莽岭 AAAA

“清凉圣境”

陵川县古郊乡

王莽岭是陵川与河南辉县的界山，地处黄土高原与中州平原断裂带之最险要处，由高低错落的50多个山峰组成，既有北方山脉的雄浑，又有南方山区的清秀。相传是因西汉王莽追赶刘秀到此安营扎寨而得名，又因其险峰幻叠，云海浩瀚，瞬息万变，被称为“云山幻影”。这里的云海、日出、奇峰、松涛、挂壁公路、红岩大峡谷、立体瀑布，形成了八百里太行最著名的自然景观。

山东崖

俗称天柱关，由高低错落的56个山峰组成，有“鸵鸟峰”“一柱擎天峰”“姊妹峰”“天官赐福峰”“龙泉宝剑峰”“莲花峰”“仙女峰”等；山南部千仞峭壁，如一石削成，“千峰争攒聚，万壑绝凌历”；北部巍岩相迭，青莲秀出，群峰连绵。

▢ 抚云崖

登上王莽岭，从接待中心沿山上石径可到达抚云崖。这是一座峭立于峰岭之巅的天然巨崖，两侧为陡直如削的崖壁，脚下是深涧峡谷。每当云聚谷中，可静观云海形成的胜景，一旦峡谷云雾上升形成云海，或如江河汹涌澎湃，或如万马奔腾向前，或如蛟龙起舞，气势磅礴，雄浑壮观。“抚云崖”意即站在崖上可抚摸身边环绕的流云，是王莽岭第一奇观。

▢ 锡崖沟大峡谷

锡崖沟景区位于王莽岭景区南端，四周落差1000多米的深谷之中，锡崖挂壁路被称为世界奇观。该地山陡沟深，地势险恶，峭壁环列，由于天险阻隔，沟中200户人家几乎与世隔绝。自1962年起，沟里人历时30年，在村西绝壁上凿出一条长7.5千米的挂壁公路，开创了中国乡村筑路史上的奇迹。

▢ 王莽岭国家地质公园博物馆

王莽岭所在的南太行山是华北平原和黄土高原的分界线，也是断层地质带上形成的地质奇观。王莽岭国家地质公园博物馆通过用声、光、电特效展示的电子沙盘、视频、展板、各种化石标本及矿物岩石标本，形象直观地让游客了解地质遗迹景观。

玩家 攻略

春季风沙大，所以最好准备太阳镜、帽子等物以防风沙。夏天光照较为强烈且持续时间较长，一把遮阳伞为旅游必需品。

玩家 解说

王莽岭的天然溶洞众多，如黄龙洞、苍龙洞、黄巢洞、新砦洞等，洞中钟乳石造型千姿百态，有的还能发出声音，或如洪钟，或如琴瑟，悠悠深长，不绝于耳。还有一条深800多米、延伸15千米、深邃幽长的大峡谷穿村而过，谷中风光旖旎，清泉飞瀑，气势恢宏，堪称一绝。

链接

王莽岭五大传说

1.远古神话传说“愚公移山”的发生地。

2.道家始祖老子西行路过并创作《道德经》的地方。

3.新朝皇帝王莽和汉光武帝刘秀斗智斗勇的古战场。

锡崖挂壁公路

王莽岭景观“四绝”

绝顶日出：在王莽岭顶上，有多处可观日出的峰点，可从不同角度观赏到不同的日出奇观，另外，还可在不同季节和气象条件下观赏，其中有神龟峰日出、天门日出、云海日出、雪地日出等。绝顶日出为王莽岭景观第一绝。

云山幻影：云雾蒸腾中的王莽岭更具魅力，云雾缭绕使眼前的山石林木变幻出千姿百态的画面；远近峰峦时而轮廓分明，时而朦胧虚幻，扑朔迷离。如遇雨天，满山烟雨，万壑风云，云雾时而笼罩峰头，时而飘散飞离。雨后天晴，或晨曦初露之时，岚烟四起，弥漫山谷，汇成浩荡的峡谷云海。王莽岭千变万化的云海是第二绝。

佛光异象：站在王莽岭佛光台上，在佛光初现的时候会发现自己的身影被投映在东侧八仙峰浓雾弥漫的帷幕上，形象清晰，大小与人体相近，置于一直径丈余的七彩光环之内。人影的周围光芒四射，构成了罕见的“佛光”奇观。更奇异的是众人同处一崖顶上，各人只能看到自己的身影和身影周围的光环。随着时间的推移，佛光光环也逐渐放大放远。先是两人，后三人、四人紧靠一起时，能相互看到共处同一光环之中的身影和光环影像，以及断崖上的怪石和高大松树，全在光环影像之中。佛光异象为王莽岭景观第三绝。

雾凇冰挂：冬雪之后，王莽岭漫山皆白，山舞银蛇，满山树木荆丛皆是银雕玉妆。长达四个月的隆冬，使岭上遍地小草变成了玉珊瑚、冰菊花，在阳光下闪闪发光。满山松树和灌木丛林，处处是雾凇冰挂形成的玉叶琼枝，冰清玉洁，晶莹剔透，纤尘不染。山上树树银花盛开，谷下玉龙盘山，峰岭上冰雪素裹，构成壮丽的太行冰山雪乡画面。“雾凇冰挂”为王莽岭景观第四绝。

4.伯牙创作古代十大名曲《高山流水》的地方。

5.唐代大诗人白居易经羊肠坂登太行赋诗的地方。

棋子山
围棋鼻祖休闲之所

距陵川县城17千米的六泉乡西南

棋子山，又名谋棋山，位于陵川县侯庄乡，据说是围棋鼻祖商代箕子的休闲之所，山势平缓，松树成林，山清水秀，风景优美。棋子山方圆数十里之内，酷似班固《奕指》及《围棋辞典》中所称的天然棋石俯拾即是。棋子山景区的主要景点有箕子洞和象天枰。箕子洞洞深约10米，高4米左右，洞内岩石上有一处极似围棋棋盘线条的痕迹并有像围棋棋子印上去的凹痕，洞内清泉四季奔流，洞外壁上刻有中国棋院院长陈祖德题“箕子洞”。象天枰主体工程长42米、宽33米，号称“天下第一枰”。

玩家 解说

箕子，名余，为箕国国君，商纣王之亲戚。纣王生活骄奢淫逸，箕子进谏，纣王不听。有人劝他出走，他说作为人臣，因进谏不听而出走，是播扬君王之恶而自悦于民，这种事情我不能做，于是箕子披发佯狂而为奴。周武王克殷后，曾访问箕子，征询治国之道，并将他封于朝鲜。箕子从朝鲜至周都朝拜时，路过殷墟，看到宫室毁坏，长满禾黍，伤感万分，乃作麦秀之诗。殷民闻之，皆为流涕。

今朝鲜平壤有箕子陵，是其遗迹。唐朝时，在朝歌南关建箕子庙，文学家柳宗元为其写了碑文，犹存。明正德年间，在南门内路西建有“三仁祠”，以祀其位，遗址尚存。

龙岩寺
金明时期建筑

陵川县礼义镇梁泉村

龙岩寺，原名龙泉寺，为金、明时期建筑，有前后两院，主要建筑有过殿、正殿、配殿、廊庑等30余间。过殿位于前院中轴线上，面阔三间，进深六椽，平面近方形；单檐歇山顶，灰布瓦。两山墙内壁有壁画，外镶有金大定三年《龙岩寺记》石碑一通。正殿在后院，面阔五间，进深六椽，平面长方形，单檐悬山顶。正殿和寺内其他建筑为明代建筑，具有较高的建筑历史价值。

黄围山
陵川古八景之一

陵川县城东南30千米处

黄围山长约20千米，主峰海拔1447米，巍峨奇秀，孤峰插天，登顶远眺，可见黄河。山间有一大洞，山腰有两个透空小洞，由此而上可达主峰祖师顶。这里就是陵川有名的八景之一“黄围灵湫”。整个黄围灵湫由宫院、天桥、顶庙三部分组成。纵观黄围灵湫，祖师顶以道观为主，天桥及宫院以天然洞穴和佛寺为主。佛道合流，道教气氛浓烈。

凤凰欢乐谷
避暑休闲生态度假旅游区

陵川县夺火乡和马圪当乡境内

凤凰欢乐谷地处太行山之巅人迹罕至的山坳中，景区内山幽水清、潭瀑遍布，是一处以山、水、崖、洞、林为特色的避暑休闲生态度假旅游区。凤凰欢乐谷包括八大景区——凤凰峡、门河峡、乌龙峡、苍龙峡、龙峡湖、武家湾、云顶、百里红叶区，共千余处景点，有国家一级保护植物红豆杉，稀有树种白皮松。

北吉祥寺
北宋原构寺庙

陵川县城西15千米礼义镇西街村

北吉祥寺创建于唐大历五年（770年），历代重修。寺周细流环绕，寺前有古柏四株。寺宇规模宏大，布局严谨，三进院落，皆用卡墙相隔，现将天王殿称之为山门，两侧有掖门和钟鼓楼，内有厢房、中殿、左右配殿等，还是北宋原构。

北吉祥寺

南吉祥寺
保存元代建筑手法的寺庙

陵川县城西20千米平川村

南吉祥寺的寺宇建筑宏大，结构完整，形制壮观。前后两进院落，有山门（天王殿）、中殿、后殿、左右配殿及两厢廊庑。中殿历史最古，为宋建，据碑文记载，宋代“潞城里崔氏寄居平川，年迈乏嗣，自捐资财，创修中央殿三间”。后殿金建元修，还保存着元代手法，余皆明、清遗构。南吉祥寺的文物价值还体现在寺庙中众多的塑像和彩绘上。据资料描述，该寺庙内的塑像多为明代作品。

崔府君庙
仅有的汉唐高台式建筑

陵川县城西15千米的礼义镇东北山冈上

崔府君庙，又名显应王庙，因唐代长子县令崔珏立有功德，所以建庙祀之。这种高台以上的门庑或殿宇，多见于敦煌壁画，实物少有。

玩家 攻略

崔府君，姓崔名珏，字子玉，唐乐平人。其父崔让，乐善好施，年近五十，膝下无子，遂与其妻同往北岳祠祷祝求子。是夜，夫妻两人梦见一童子擎一盒，内盛美玉两枚让其吞食。以此，崔夫人十月怀胎，于隋大业三年六月六日生下一子，遂取名珏。崔珏幼时即神采秀美，聪敏好学。

唐贞观七年（633年），崔珏入仕，授长子县令。据传他“昼理阳事”“夜断阴府”(《列仙全传》),死后被封为磁州土地神,并建祠祀之。安史之乱后,因其曾显灵于玄宗,被封为灵圣护国侯。随着崔珏封号的不断升级,崔府君庙由磁州兴建至全国各地。礼义镇的崔府君庙即是其一。

珏山 AAAA

“晋魏河山第一奇”

泽州县晋庙铺镇

珏山又名角山,其双峰对峙,巍峨苍翠,宛若一对碧玉镶嵌在太行山上,故名珏山。古有“晋魏河山第一奇”“小华山”“小武当”之美称,珏山在东汉时就被辟为道场,山上建有玄帝殿、真武宫、灵官顶及一、二、三天门等,寺庙依山势而筑,远望凌空入云,殿角飞椽于绿树花草中若隐若现,珏山月、天下奇,双峰捧月,绝无仅有,“珏山吐月”不仅为晋城四大名胜之一,珏山亦有“中国赏月名山”的美誉。

玩家攻略

到珏山游玩,最好下午到达,住上一晚,既可领略“珏山吐月”的美景,也可以远离城市的安静。没有车的喧哗,只有山虫的吟唱。没有霓虹灯的耀眼,只有天上星星的闪烁。据说每逢月圆之夜,月出于正顶和西顶之间,双峰吐月,月华如水,穿“过月亭”直射青莲寺,为一大胜景。

链接

珏山吐月

相传在古代,每年八月中秋之夜,站在山脚下青莲寺内的款月亭中观望,一轮硕大的满月自珏山双峰间突涌而出,如水似银的月光将珏山周边的山、林、水、石泼泻得银光闪烁。而珏山双峰则被裹在轻纱似的月色中,勾勒出其绝美的形象,朦胧迷离,宛若天宫。这就是晋城名景“珏山吐月”,又谓之“双峰捧月”。

南顶

南顶又叫慈云阁,分上下两层,下层供奉观音菩萨,上层供奉三圣像,中央供奉释迦牟尼,两边分别为道教的太上老君和儒家的孔子。儒道佛三教圣人共居一山、共奉一殿的景观在全国极为罕见。

早在汉、魏时期,珏山就被开辟为道场,与青城、武当、天坛并称为天下四大道教名山。南北朝时期,有僧人和儒家弟子来到这里搭庐住宿,珏山道人不仅不加阻拦,而且还竭诚帮助他们兴建寺院和庙宇,于是便形成了三教合一的奇观。

殿外供奉的是送子观音,怀不上孩子的可以在这里给送子观音上香。另一面供奉的是药王孙思邈。

珏山

正顶

正顶又名东顶或金顶，供奉着玄天上帝、周公、桃花。玄武本是玉皇大帝的化身，在四方神中，北方玄武最受尊崇，被玉帝封为“玄天上帝”，拜祀玄武能够风调雨顺，四季平安。正顶下方的三官殿里面供奉的有天官、地官、水官。故慈善之人求天官赐福、有罪之人求地官赦罪、运气不顺之人求水官解厄。

真武殿

西顶真武殿内塑有真武帝君和龟蛇二将。真武本为玄武，玄武入武当山修炼，在珏山镇守，久而得道。宋真宗时，为避始祖赵玄朗之讳，改玄武为真武，并封为镇天真武灵应佑圣帝君，珏山因此再建真武殿。

文昌殿

殿内塑有文昌帝君，并配塑天聋、地哑、加官童子、晋爵童子、诗书童子、经文童子。文昌帝君分管人间禄籍与文昌府事，所以，求官、求学的人都要拜祀文昌帝君。

过月亭

在西顶和正顶之间有一四柱亭子，每月农历十五日，一轮圆月穿亭而过，直射青莲寺，形成了天下奇观。亭内墙壁有乾隆年间的“双峰捧月”和18位举人、秀才题诗的石刻碑记。

一天门

珏山共有三个天门，由西南向东北依山而建，一天门位于半山腰月老亭之上，1991年在原址上重新进行了修缮。

一天门为石拱门，门楣上有明代初建时镌刻的石匾额，匾额两边刻有两条飞龙，手法细腻，技艺精湛。门洞两旁有石刻图纹及石刻人物。门洞内左右立有石碑，详细记载了一天门修建的年代、规模、“珏山吐月”的来历等，以及当时修建珏山一天门的捐资者，上至黄亲族室，下至寻常百姓均有。

正殿为五路财神殿，供奉的是招宝天尊——萧开、纳珍天尊——曹宝、招财使者——陈九公、利市仙官——姚少司、财神——赵公明。

二天门

天梯的尽头是二天门，塑有马光华、赵公明、温琼、岳飞四大天王的塑像。这四个人为四大护法元帅，其中，马光华为大帝，相传，他姓马名灵耀，因生有三只眼，所以民间称“马王爷三只眼”。赵公明为财神之一，相传为终南山人，能够使买卖公平，财源茂盛。温琼为温元帅，他可以驱除邪恶、诛罪叛逆、巡查真司、庇护商贾、招财进宝。关公为关圣地君，因其“忠孝节义”，是唯一道、儒、佛三教共同供奉的王。道教称他为武圣帝君，佛教称他为伽蓝神，而儒教则称他为武圣人。

珏山风光

文笔峰塔

文笔峰塔又称回军塔，始建年代不详，塔高37米，八角九层，巨石为基，青砖砌身，自上而下，逐层内收，各层塔檐以青砖叠砌外伸，间隔饰有龙头砖雕，上部被覆琉璃瓦，布局协调，结构精巧。塔内夹墙有砖石蹬道，盘旋而上，可进入各层塔室。通过塔室门窗，近可鸟瞰泽州全貌，远可眺望晋豫山河。

丹河龙门口

该景点内有丹河渡槽、五龙宫庙及峡谷胜境三大景观，曾是历史上泽州人祈雨的地方。峭壁上有远近闻名的青龙洞和卧虎洞。丹河水顺流而下依次分布有竹竿圪洞、石缝流水、龙壁夕照、龙嘴瀑布、腾龙脊、点将台、仙人洞、珍珠泉、赢钱石、五龙潭等奇观异景，是休闲的好去处。

关帝庙

关帝庙创建于宋代，有古建筑160余间，中轴线上依次分布着戏楼、山门、过亭、关帝殿和三义殿。关帝殿前的镂空雕龙石柱具有极高的艺术价值，三义殿前的四根石雕廊柱上刻着各种历史故事和神话传说，如郭子义父子同朝、八仙过海等，其中的微雕算盘更是一绝。

娲皇窟

相传此地为女娲炼石补天处，其凿山取石之痕现仍可见，左崖上书“女娲氏炼石处”，右崖上刻“层峦耸翠”，均系古代名士之作。半山腰上有200平方米的平台，石壁上有娲皇窟和三清洞，系天然石洞，分别供奉有女娲及侍女像和道教神灵，其中三清洞内壁上还有高大的树干化石。洞外的石碑上详细记述着宋、元、明、清各代重建庙宇的情况。

二仙观

二仙观创建于北宋大观年间，是国家重点文物保护单位，由二进院落组成，内奉乐氏二仙，现仅存后院正殿、耳殿、香亭、配殿等。正殿三间见方，殿内木制“天宫楼阁”，由三个单体建筑和一个单拱廊桥组成，斗拱柱枋，勾栏门窗，脊瓦吻兽皆备。斗拱出挑之多为宋代建筑之罕见，是不可多得的艺术珍品。仙台上有二仙塑像及侍女像4尊，体态端庄，眉清目秀，为宋塑中的佳作。

白马禅寺

白马禅寺始建于唐代，是泽州府佛都活动的主要场所，经历过明清两次大修，白马寺的规模不断扩大，香火越来越旺，1942年毁于日本侵华战争。寺院的后山又发现了唐代以前的石窟佛像群，共有78尊，大到1米高，小到20余厘米，佛像保存完好，具有很强的参研价值。1989年，五台山善财洞住持释隆慧来此筹备修缮，成立了“白马寺山旅游公园领导组”，修建公路及各景点，使该寺重现昔日雄姿。

孔子回车处

传说因孔子及其弟子周游列国时在拦车村被顽童刁难，被迫返郑州而得名。明朝年间，当地人修建了一座文庙和一幢碑楼，刻下了“孔子回车之辙”六个大字，路旁石头上

珏山关帝庙

的两条浅沟，相传为孔子当年回车的车辙。

三天门

三天门为双层的阁楼式建筑，下层塑有大肚弥勒佛，有诗称“大肚能容，容天下难容之事；开口便笑，笑世间可笑之人”。

青莲寺

有“文青莲武少林”之称的隋唐佛都

泽州县晋庙铺镇

青莲寺初名硖石寺，下临丹河，背依高山而建，为北齐高僧慧远大师初创，慧远在此翻译涅槃经，后注疏涅槃、十地等经论。我国四大译经家之一不空、“僧中状元”紫羽、“唐室贵叶”神墨、惠愔等大德高僧，都曾在此当过住持或习经弘法。隋唐时期，青莲寺规模达到鼎盛，周围分布寺院6座，组成青莲寺庙群，与著名的少林、法门寺比肩而立，故一直流传有“隋唐佛都”的美誉。

青莲寺以“文”著称，自创寺以来，历任住持都非常重视文化教育，寺内各院配备主僧、副主僧，均要通过考试来决定，类似过去的科举制度。寺内设有书院，专供读书之用，教寺僧琴棋书画、吟诗作赋。自此，少林寺武功代传，青莲寺文才辈出。

玩家解说

青莲寺中西侧与罗汉堂相对的楼房叫地藏阁。该阁始建于唐，宋建中靖国元年（1101年）重修时改名地藏殿。据说，罗汉堂相与地藏阁原先都是一层房，清乾隆十年（1745年），住持慧祥大修时，将原有的一层增加为二层。上层是将原来的构件按原样安装上去的。殿内所塑地藏菩萨和十殿阎君为宋代原物，明代曾经重修。对于文物界普遍的说法，目前存在争议。如果是拆除原先的一层房，编号再组装到二层，那伫立在地面的泥塑何以能“原封不动”不遭到毁坏？因此，目前有一种说法是“抬楼增基”，即一层并没有被拆，而是整体顶上去成了二楼。具体地讲，罗汉堂和地藏阁的一层原为宋代修建，在清代把宋代遗留的一层整体抬起，在宋代的建筑下附加一层，形成现在的二楼为宋代原建，一楼为清代建筑的奇观，真可谓“举世罕见，古建绝版”。

青莲寺

司徒小镇 AAAA

晋南风情精品小镇

泽州县司徒小镇景区

司徒小镇位于晋城市主城区东北部5000米处，是一处融合了特色餐饮、休闲娱乐、农耕体验、旅游购物和文化演艺等多元化功能的“老晋城民俗体验地，新晋城美食之窗”。这里充满了晋南地方的风土人情，是一座精致的小镇。

在3~5月，你可以来到小镇的稻草人庄园欣赏桃花和柳树的美丽，或在凤栖湖欣赏湖面的波光粼粼，或是在开心农牧场感受生机勃勃的春日气息。到了6~8月，司徒小镇成了一个理想的避暑胜地。小镇的夜景尤其迷人，夜晚游览小镇已成为当地人喜爱的夏日休闲活动。

在9~10月，你可以目睹小镇农场的丰收景象，在开心农场采摘新鲜的果蔬，在阳光牧场与动物亲密互动，感受秋天的清爽。

到了春节期间，园区会举办一系列的春节主题活动和民俗文化演艺，如“千人打铁花”“万人戏雪乐园”“百组山西民俗花灯”“千人社火巡游”等。其中，非物质文化遗产的打铁花表演尤其受欢迎，吸引了众多游客前来观赏。

大阳古镇 AAAA
中国古城镇活化石

山西省晋城市泽州县大阳镇

大阳古镇拥有长达2600多年的历史，秦始皇就曾在此设立县治。在明清时期，大阳古镇的仕官众多，因此当地民谣有云：“有官不到大阳夸”，这句话也真实地展现出了大阳古镇当时的文运之兴盛。此外，大阳古镇还拥有丰富的矿藏资源，使其成为我国冶铁业的重要发源地之一。大阳古镇因手工制针业的发达，被誉为“九州针都”。

从西汉至明清，大阳古镇的历史上涌现出了众多的传奇人物，其中就包括色艺双绝的赵飞燕、首创诸宫调的孔三传，以及为国捐躯的武状元张大经等历史人物。

大阳古镇的明清古建筑群规模十分宏大，被誉为“中国古城镇活化石”。漫步其中，你可以看到城池寨堡、纵横交错的街巷、官宅商居、楼阁桥梁及寺庙祠庵等建筑互相映衬，这些建筑散发着历史的沧桑韵味。从远处望去，大阳古镇被群山环抱，景色壮丽。

谢家大院
独特的作战防御体系

泽州县山河镇洞八岭村

谢家大院修建于明末清初，一共有18座院落，房间近300间，它与山西晋中的其他大院有明显的不同，全部是二层的砖木结构的楼房，而且18座院落座座相连，防御性能非常好，座座房屋上下畅通，户户贯通，院院连通。更让人迷惑的是8条胡同、8个城门（圆圈）、8条丁字街的街道，外地人在屋内穿行或在街道上行走，就如在八卦阵中。

全村19个古院建筑群落，自然形成了一个防御网络体系。它的地下秘密防御地堡，地上地下城防一体，遇到紧急情况可迅速从地道、屋内、房顶以及像迷宫一样的街道撤离或转移，形成坚不可摧的防御堡垒。同时，各院都体现了内外有别、长幼有序的伦理道德观念，层楼叠院，错落有致。这种集古代传统民居、庙院宗祠、书院学堂、防御工事于一身的独特建筑风格，在山西乃至全国也堪称一绝。

大槐树

在建村之初，村民便规划在村周围和要塞口种植大槐树，南北对称，东西等距，成双成对。洞八岭村的12棵隋唐古槐，繁密森森，高耸入云，粗10米之多，细6米有余，这些大槐树在方圆邻近罕见。爬到大槐树上，可观察瞭望数千米之外的敌情、匪情，在战乱频起的年代，它们被村民称为信息树、瞭望台。

村民为确保一方平安，以本村庙院为中心设立防御指挥部，以村周围的12棵古槐为基本点，共设东、南、西、北4个大哨卡。东哨卡设在庙院，这里挂有一口直径约1米的八

谢家大院

脚大钟，声音能传到周边邻村，如有土匪强盗来扰可直接撞钟报警；南哨卡设在村南的两棵老槐树下，西哨卡设在西岭大槐树下，北哨卡设在老谷堆上的两棵大槐树旁，此地是全村的制高点，能瞭望到村东北西三面数千米之远，也是进村公路的必经之地。

回音壁

回音壁即老百姓所说的“应山娃娃”。凡逢丁字街头或小胡同对大街的地方和村周围的几处大壁之地，如西碾道、狮地等地，回音效果就特别清晰。由于高墙挡音，遇到响声，音量倍增。在各处回音壁的作用下，全村立刻显得惊天动地。回音可相互传导，从上街传导到下街乃至全村。

空板街

空板街是指沿街地下的地道兼水系工程。古人在地下挖掘并用石板铺设的沿街地道兼排水通道，除其本身具有的藏身、撤离、潜入和排水功能外，还具有良好的传音功能，能有效地把通过街道的行人和车辆动静传导到沿街东西两侧大宅院内的各家各户。在雨季，排水系统内的水声潺潺，仿佛从屋里通过。它的传导声音功能是古人在建房之前就规划好的，大宅院内的排水工程与街上的排水通道连为一体，构建成一个完整的地下水系排泄工程，在战乱时大大加快了防御警报的传播速度。

开化寺

令人惊艳的宋代壁画

高平市陈区镇舍利山

开化寺始建于五代后唐同光年间，初名清凉寺，宋代改称开化寺，为山西著名古刹。开化寺建有一进二院，前为钟楼，中为大雄宝殿，后为演法堂，均为北宋所

开化寺

建。以后历代均有修葺，但大雄宝殿斗拱仍保持宋代形制。殿内四壁满绘佛教故事，成于北宋年间，人物形象逼真，笔法精细，技艺高超，富有艺术美感，有极其重要的研究价值和极高的艺术价值，是全国现存宋代壁画中面积最大，保存最完好的，为全国稀有文物。寺内历代碑碣及寺外的三座石制高僧墓塔也都保存完好。

定林寺

寺侧有定林泉

高平市城东南5000米处米山镇北七佛山南麓

定林寺的寺侧有定林泉，寺名由此而得。寺中轴线上分列山门、雷音殿、三佛殿、七佛殿四进院。寺内竖有石雕八角形经幢两座，皆建于北宋初年，造型完全近似。下为基石，上托八角台座，再上为须弥座、幢身、华盖、腰檐、莲座。

玩家攻略

暑伏天洒酒观蝴蝶是定林寺一大奇观。每到暑伏天，游人蜂拥而至，携带美酒，遍洒山头，蝴蝶漫天飞舞，有幸者可看到碗口大小的珍稀蝴蝶。

链接

大粮山传说

大粮山在高平县城东南十余里处，传说廉颇曾在此山屯粮，因名大粮山。

为抗击秦军，廉颇曾在米山村西北的摩天岭驻守重兵，挖沟筑墙，屡次挫败进犯之敌。有一天，廉颇到大粮山上察看地形，发现此山西部半腰，地势十分平缓，而东边山坡下，到处是成片黄沙。望着这状如米粒的细沙，联想到眼前缺粮，怕秦军知道，廉颇忽然生出一条妙计。于是他便命人在西山坡上用芦席和牛皮修起大片大片的粮仓。粮仓修成后，他不仅把兵将的食用粮拉入仓内，还将东山坡下的黄沙，也往仓库里装。这样一来，大粮山可就热闹起来了。每天有浩浩荡荡的车辆往山上运粮，也有不少马车往各处运粮，真真假假，难以辨别。兵卒们不解地问他，廉颇风趣地说："兵不厌诈嘛！别看你们运沙的人辛苦些，作用可不亚于冲锋陷阵啊！"

果然不出所料，驻守在西山的秦军望见大粮山上大片的粮仓，又见赵军运粮的人马源源不断，大为震惊！俗话说，军中有粮，人心不慌。这一下不仅表示赵军粮食充足，有长期坚守的打算，也给缺粮的秦军造成一种威压。

秦帅不信，派人暗地打探，有的暗探从粮仓门前走过，却没看出破绽，致使秦军人心惶惶，军无斗志。直到赵括兵败，白起派人来搬粮食，才发现全是一仓仓黄沙。连白起也佩服廉颇计策的高妙。后来人们便把此山命名为大粮山，把摩天岭改为营防岭。岭上尚有"廉颇屯"遗址。

定林寺

崇明寺

保存宋代建筑风格

高平市米山镇

崇明寺俗称狼谷寺，背依青山，前临深谷，创建于北宋开宝年间，现存山门、钟鼓楼、中佛殿、后殿及东庑，为两进院。中佛殿内一对"断梁"为民间匠师因材设计，小材大用。据寺内北宋淳化二年及清道光六年重修碑文记载，虽屡经修葺，其规制仍保存宋代建筑风格。

羊头山石窟

精美的石刻造像和石塔

晋城高平市神农镇羊头山顶

羊头山有山巅刻石，状为羊头。羊头山石刻造像和石塔，是羊头山历史遗物中的精华所在。可分为九区，较大窟龛22个，小型佛龛80多个，千佛碑一通，石塔四座，皆为魏至唐物。

主峰极顶列为首区，有石塔两座，佛龛一区，龛为三块巨石叠成，下为卧羊，中为佛龛，上为瓦垄式屋顶，龛内佛像结跏趺而坐，面型衣饰皆属北魏风格。

西南山巅“八十八佛”窟，距羊头石龛二百余米，列作二区。第三区为千佛洞，第四区为方塔窟区，第五区为圆塔窟区，第六区为多宝龛窟区，第七区为大石窟龛区，第八区为佛山区，第九区为唐代龛区。

玩家 攻略

千佛碑四面满雕佛像，正面碑身中心雕火焰形大龛一区，内置坐佛一尊；侧面中雕佛像两龛，为一佛二菩萨。造像发髻光滑，面相方圆，宽衣博带，肩膀较平，尚存魏碑风格。

石塔是山上石雕作品中的一个组成部分，原为六座，两座损毁，现存四座，分布于山巅和山腰。山巅两塔，南北对峙，十里外皆可望见。山腰两座，一方一圆。此处石塔虽然不大，但造型甚殊，在我国已知的古塔中，尚属奇构。

古中庙

现存最早祭祀始祖炎帝的庙宇

高平市城东北10.5千米的下台村西北的高地上

该庙创建年代不详，坐北朝南，分为上下两院，建筑规模宏大。下院建筑有舞台、看楼、香积厨等。上院有山门、太子殿、正殿、耳殿、厢房等。

山门为三道门洞，在西面的拱券式门洞上方，有明代石刻一块，上面刻有“古中庙”三个大字。太子殿为元代遗构，面阔三间，进深四椽，平面方形，单檐歇山顶。殿内无梁，所以亦称无梁殿。周檐施大额枋，殿内施八角藻井，中悬垂莲柱，柱头斗拱为五铺作双下昂。建筑形制独特，是我国祭祀始祖炎帝现存最早的建筑。正殿为清代遗构，面阔三间，进深六椽，悬山式屋顶。殿内东山墙上，有一块清康熙年间的碑刻，记叙了始祖炎帝的伟大功勋，其碑云：“帝亲尝百草，乃得味于天造晦冥之初，是帝之德，在养生立命而帝之功，在亿万斯年也。”

清梦观

殿内四壁满绘道教故事

高平市城东北12.5千米的铁炉村东

据清《高平县志》记载：“金姬志真，号洞明子，皇统中游五岳，归语所亲曰‘人生一梦耳，舍宅作观名清梦。”清梦观即由此而得名。该观创建于南宋时期，现存主要为元明建筑。

观坐北朝南，二进院落。现存建筑有山门、三官殿、阎王殿、三清殿、玉皇楼，两侧有厢房、钟鼓楼、耳殿等。三清殿为观内主体建筑，为元代建筑，面阔三间，进深六椽，单檐歇山式屋顶，琉璃剪边，屋顶琉璃脊饰。殿内四壁满绘壁画，内容为道教故事，以连环画的形式绘制而成。

观内现存有元中统二年（1261年）所立创修碑1通，明清重修碑2通。

清梦观

二郎庙
我国目前发现最早的古代戏台

高平市寺庄镇王报村

创建年代不详，唐代已存，历代屡有修葺。庙坐北朝南，现存建筑有戏台、献殿、正殿、东西垛殿、廊房等。戏台为金代遗构，其余均为明清遗物。

戏台面阔一间，进深四椽，单檐歇山顶。台基高1.1米，略呈长方形，长7.4米，宽5.9米。台身四周立柱，四柱上设大额枋，柱头上施有转角斗拱，形成方形框架承托屋架，台基束腰处刻有题记。是我国目前发现最早的古代戏台。

炎帝陵生态文化旅游区 AAAA
庄里村的“皇坟”

高平市神农镇庄里村

炎帝陵俗称“皇坟”，东、西、南三面沟壑纵横，北面丘陵起伏，青山映翠，风景优美。陵后有庙，谓之五谷庙，创建年代不详，坐北面南，建筑规模宏大，周有城墙，分为上下两院，在其中轴线上，分列有舞台、献台、山门、南道、正殿。原来庙院内碑石林立，约有四五十通碑。2016年5月完成了炎帝陵修复工作。修复后景区总占地面积约40万平方米，建筑面积11 000平方米，共有大小殿堂房屋308间。建筑群为木构，采用晋东南传统祭祀建筑手法和宋式建筑风格，建筑格局为四进三重院落。目前共有人文及自然景观20余处。

玩家 攻略

高平小吃三合面条、酸菜黑圪条、烧豆腐、肠子汤、氽汤、小酥肉、核桃肉等较著名，可以一尝。

玩家 解说

炎帝，是中国上古时期姜姓部落的首领尊称，号神农氏，又号魁隗氏、连山氏、列山氏，别号朱襄。

传说姜姓部落的首领由于懂得用火而得到王位，所以称为炎帝。从神农起姜姓部落共有九代炎帝，神农生帝魁，魁生帝承，承生帝明，明生帝直，直生帝牦，牦生帝哀，哀生帝克，克生帝榆罔，传位530年。

相传炎帝牛首人身，他亲尝百草，用草药治病；他发明刀耕火种，创造了两种翻土农具，教民垦荒种植粮食作物；他还领导部落人民制造了饮食用的陶器和炊具。传说炎帝部落后来和黄帝部落结盟，共同击败了蚩尤。后将炎帝与黄帝共同尊奉为中华民族人文初祖，炎帝被道教尊为神农大帝，也称五谷神农大帝。

炎帝陵

景点推荐

晋城西部景点

皇城相府 AAAAA

东方第一双城古堡

阳城县北留镇皇城村

8:00~18:00　100元

0356–4858062

皇城相府是清康熙年间的名相陈廷敬的故居，由内城、外城两部分组成。内城为陈廷敬伯父陈昌言于明崇祯六年（1633年）所建，名为“斗筑可居”。外城为清康熙四十二年（1703年）陈廷敬所建，名为“中道庄”。全城总面积3.6万平方米，为城堡式建筑。主要景点有御书楼、石牌坊、河山楼等。整个建筑依山就势、随形生变、层楼叠院、错落有致，显得古朴庄严。在河山楼内还有暗道直通城外，聚甲藏弩、护城保庄、抵御外侵。

玩家攻略

1.景区每天不同时段会有各种演出节目，9:30在迎宾广场举行“迎圣驾”；10:00~11:00在景区内举行“御驾观光”；11:00~12:00在藏兵洞举行“八音会”；10:30~16:00在麒麟院举行“编钟乐舞”。

2.在皇城相府游览时还可品尝相府家宴。相府家宴乃300年前相国陈廷敬恭迎康熙皇帝时期的宫廷宴。相府宾馆查阅了大量的馆藏史料，经过长时间的潜心研究才挖掘整理出具有明清风味、满汉传统的99道相府菜、10道相府宴、6道迎圣接福宴，使广大游客在欣赏深宅堡邸的同时享受封建帝王顶级尊贵的饮食文化。

链接

康熙帝师陈廷敬

陈廷敬（1638—1712），字子端，号说岩，山西省阳城县北留镇皇城村人。自幼聪颖过人，才华横溢，

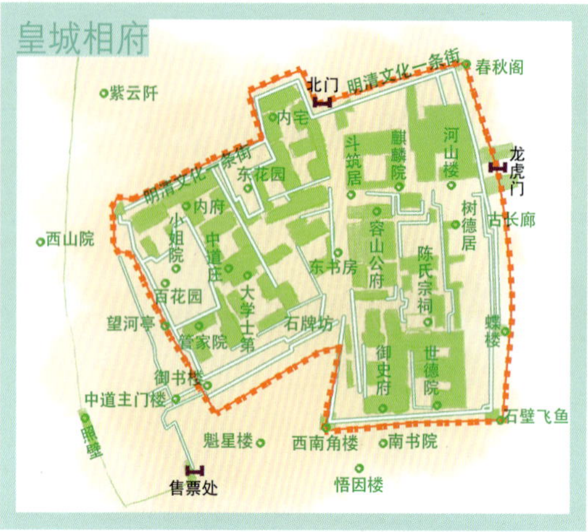

20岁考中进士，被选为庶吉士，入“储养真材，以备任用”的庶常馆学习满、汉课程，很快得到康熙皇帝的赏识。他一生共28次升迁，历任日讲起居注官，经筵讲官，入住南书房，翰林院掌院学士，先后担任吏、户、刑、工四部尚书等朝廷重要职务，康熙四十二年（1703年），官拜文渊阁大学士兼吏部尚书，成为非常显赫的一代名相。康熙皇帝曾以“房姚比雅韵，李杜并诗豪”的诗句来高度赞扬他的政治才干与文学才华。

内城

内城和外城的总体布局以“神龟”祥瑞之象组合建造，寓有“千秋永固”之意。内城主要建有御史府、世德居、树德院等8座大型院落，125间层层叠叠的藏兵洞和7层百尺高的河山楼及春秋阁、文昌阁、陈氏宗祠等。其建筑设计古朴粗犷，浑厚坚固。

外城

外城紧依内城西城墙而筑，平面近乎方形，为清康熙盛世主人陈廷敬入阁拜相后所建，故而民间又称其为“相府”。主要建有御书楼、相府、点翰堂、内府、管家院、绣楼、东书院、内宅、西花园、望河亭等。其建筑布局沿袭了清代前堂后寝的规制，并且在建筑规格上彰显了“正一品光禄大夫”门第的尊贵。

河山楼

建于明崇祯五年（1632年），三间七层。最下面一层内设有水井、石磨、石碾、石臼，并有地道直通村外。由于明末社会兵荒马乱，常有起义军侵犯，故修筑此楼。据记载，附近乡民800余人曾在此楼躲藏了三天三夜，抵御了起义军的多次进攻。河山楼虽因战乱而建，但它在和平时期却是观景览胜的好去处，所以后人又叫它“风月楼”。

御书楼

御书楼俗称“皇阁楼”，位于中道庄城门前，整个建筑雕梁画栋、斗拱飞檐、金碧辉煌，是皇城旧八景之一。楼分上下两层，下层为砖砌拱券门洞，上层为重檐歇山顶建筑，金黄色琉璃瓦覆盖厅面。楼上存康熙帝亲赐御书“午亭山村”匾额及“春归乔木浓荫茂，秋到黄花晚节香”楹联。

大学士第

俗称相府院，始建于明朝末年。整个建筑布局为前堂后寝、东书院、西花园、小姐院、管家院。院内迎客大厅“点翰堂”匾额为康熙皇帝褒奖陈廷敬而题，康熙皇帝曾两次到此并下榻。

石牌坊

石牌坊有大小两座，大牌坊为四柱三门式，雕龙刻凤，众兽环绕。在它的正楼上有四个大字“冢宰总宪”，为陈廷敬一生政治生涯的总结。小牌坊建于清顺治十四年（1657年），上面记载了明嘉靖到清顺治年间陈廷敬父辈所授官职。

海会书院 AAAA

现存明清双塔

晋城市阳城县东15千米北留镇大桥村

景区占地3.48万平方米，包含唐明双塔区、书院文化区和千年古刹区三个主要区域。这里曾是一座唐宋帝王两赐名额的千年古刹，始建于隋代，在金元时期已成为三晋名胜。那时，游人络绎不绝，题诗咏赋、刻石留壁的现象随处可见。明朝早期，寺院东侧建起了书院，而到了明清时期，这里培养出了68位进士、数百位举人和秀才，其中包括两位大学士和四位尚书。海会书院因此名声大噪，被誉为“阳城第一书院”和“三晋知名学府”。

作为景区标志性建筑的海会双塔，高耸入云，雄伟壮观。其中琉璃宝塔被古建专家赞誉为“国之珍宝”和“北方楼阁式塔中的唯一佳例”。

海会双塔

海会寺塔院，两进院落，院内矗立着海会寺的标志性建筑——被中国建筑设计研究院专家赞誉为“国之珍宝”的海会双塔。

这座丰腴古朴的砖塔创建于唐末梁初，距今已有1000多年。塔为六角十级，高20余米，塔内空阔，交叉辟有门洞，壁画满镶，三排规整的小像，工艺精湛，造型古朴。塔外砖壁密布佛龛，龛内嵌满坐佛，因此又称“千佛塔”。这塔原是顺懋禅师圆寂后，他的弟子们为他建造的“舍利塔”。

皇城相府内城

河山楼高30多米，是皇城相府中最高的建筑

城墙上建有战乱时期驻藏家丁或垛夫的窑洞，是为屯兵洞，共计五层125间

城楼、堞楼、角楼相互关照，垛口星罗棋布，组成了一道坚固的防御线

内城建筑分祠庙、民宅和官宦住所三类，风格迥异。祠庙建筑有陈氏宗祠，民居有世德居、树德居和麒麟院，官宦私邸有容山公府和御史府等

整个内城仅城墙一项就用了青砖3000万块

大雄殿

寺内有金、元、明、清的佛殿，是一组很有价值的古建筑群。佛殿中轴线东西侧有两处古典园林区，充分利用龙泉水为潭、为池、为沼、为湖、为瀑、为流觞曲水、为黄河九湾，使寺院灵气大增。徜徉其间，不仅能受到佛教文化的熏陶，也能感受到园林文化的气息。而重建于明成化十五年（1479年）的大雄宝殿，门上殿额为明代“天下第一清官”、佥都御史杨继宗亲笔书写，字迹浑厚，遒劲有力。这座大雄殿面阔五间，进深八椽，悬山式屋顶，彩色琉璃屋脊，斗拱出挑，翼角高翘，富丽堂皇。

海会龙湫

“海会龙湫”古为阳城八景之一。在寺院北边的大雄殿后有一股泉水，水位很高，水量很大。泉水从地面流过来，在这里从

阳城奇景

●析城乔木

析城山亦名圣王坪，位于县城西南35千米，主峰海拔1889.5米。山顶似盆如坪，四周如城似垒，有东西南北四门，故曰析城。山顶旧有汤王庙、汤王池，相传为成汤祈雨处。山东有龙祠，深不可测。清同治版《阳城县志》载：“旧志析城乔木为八景之一，今乔木已无，而草颇肥美。”

●九女仙台

据旧志载，九女仙台在县城东南20千米。下窄上丰，棱角峭秀，峙沁河中流，涛像奔雷，而屹然孤峢。上有九天仙女祠。

●灵泉松月

县城西北20千米卧虎山麓，旧有灵泉寺，后唐时僧洪密建。松柏翠蔽，清泉流淌，金时曾构万松亭于其上。

●沁渡扁舟

沁河源出沁源县北绵山东泉岭，由沁水县入阳城境东北，迤逦而南，入河南省济源市。境内干流长75.6千米。明清时有官办渡津三处、民办渡津两处。夏秋水涨时渡船，冬春水落则架桥。

●海会龙湫

海会寺又名龙泉寺，位于县城东15千米大桥沟西。始建于唐，初名郭峪院。唐乾宁元年（894年）赐额龙泉禅院，旧志称泉水九曲，僧房水鸣。今寺内存明嘉靖四十年（1561年）建十三级琉璃塔，为全国重点文物保护单位。

●盘亭列嶂

盘亭山俗称十八罗汉峰，在县境西南横河乡千峰寺西南侧。群峰卓立，环嶂青苍，峭拔凌空，如削如塑。盘亭列嶂及其周围诸山构成一个风景群。其北，小尖山似箭头插天；其西，鸡头山如雄鸡昂首；其南，烧犁铺瀑布白练长悬；其东北，铁盆嶂滴水联珠成串。

●莽山孤峰

莽山位于县城东南30千米，峰峦雄亘，磅礴俊秀，千峰拥黛，万壑浮云。悬崖飞瀑直泻，深谷蟒河奔流。河旁一峰拔地而起，状如巨塔，人称“望莽孤峰”，恰似翘首望莽山雄姿奇景，万千风光。

一个巨大的龙口中喷涌而出，泻入这个十角深潭，形成一道飞瀑，十分壮观。清朝顺治年间，阳城县令陈国珍曾经写过《海会龙湫赋》。清朝雍正年间，泽州知府朱樟到此游览，也曾经发出过“雁荡曾劳山水梦，忧如身到大龙湫”的感叹。朱樟是浙江钱塘人，他把这里的山水与浙江的雁荡山相提并论，把海会龙湫比作雁荡山的名胜大龙湫，可见当年海会龙湫的盛况。

流觞曲水亭

我国古代有一种修禊的习俗，流觞曲水就是古人修禊活动的一个场所。引清流为曲水，招亲朋列坐四周，在水中放置酒杯，任其顺流飘荡。杯停在谁的身边，谁就饮酒吟诗。一觞一咏，畅叙幽情。古人修禊的盛况，列坐水渠旁一觞一咏的情趣，书圣王羲之在他的《兰亭集序》中做过淋漓尽致的描写。

书院

在海会寺中，有一处历史上最辉煌的书院。阳城明清时期名列三城，与韩城、桐城齐名。明清两代，阳城出进士120多名，其中有一半以上集中在海会寺周围的村庄。古代沁河两岸文人鼎盛，从这里走出的以王国光、陈廷敬等为代表的一大批官员先后在全国各地任职，他们的成名影响了周围的读书人，他们的莅临又吸引了周围的文人，因此这里成了文人学子聚会的中心。从明至清，这里先后有不少诗社活动，其中影响较大的有“樊南诗社”“梅花诗社”“七逸老人诗社”，留有大量的诗篇。

柳氏民居 AAAA

一进十三院的文人府邸

沁水县土沃乡文兴村

柳氏民居是柳宗元后裔耕读发家后修建的一进十三院的文人府，总占地面积2万平方米。其建筑工艺高超，建筑风格独特，融明清建筑艺术精华为一体，集南北建筑风格于一身，同时异常巧妙地将皇宫建筑工艺运用到民间，真实记载了百世书香文人做官的历史，深刻地揭示了明代“官而商”到清代“商而官”的发展变化，实为中华古民居建筑艺术之绝品。

柳氏民居

玩家解说

柳氏民居建筑共分三部分，村东端为外府区，包括柳氏祠堂、虞帝庙、文庙、纸帛楼、天子殿、圣庙、柴房和左、右过亭等；村北端为内府区，包括府内环形小街、小戏台、司马第、中宪第、武德第、承德第、因秀楼、地道口、赏景亭、观河亭、后花园、府门楼等；中间区为内外府相接处，主要是文昌阁、校场、府外门楼和两个高大壮观的石牌坊构成的内街。

链接

柳宗元

柳宗元不仅才华横溢，有“唐宋八大家”之美誉，与韩愈并称“韩柳”，而且为官清廉，政绩斐然，在百姓中有“柳柳州”之称。当年柳宗元为避“灭绝九族”之祸，被贬临行前即命河东柳姓世家分散外迁，因“中条道中，皇恩食邑”，故而柳氏之一大系使“弃府始徙至沁，隐居中条道中历山一带。恪守祖训，耕读为本，隐姓埋名，历经宋、元，门庭不宣”。

明永乐四年（1406年），柳氏后人柳琛殿试三甲，治文赐进士出身，为光宗耀祖，便大兴土木，选址建宅。明嘉靖二十五年（1546年），柳氏第6代后人柳遇春中进士，皇赐“青云接武”金匾，柳家再兴土木，历经二十八载，建十三院府邸，吏部尚书王国光亲题楹联“屏障插文峰百世书香飞骥足，楼台围带水九天春暖出龙头”。

沁水县湘峪古堡景区 AAAA

耸立在悬崖坚石上的城堡式村落

山西省晋城市沁水县湘峪村（近皇城相府）

开放时间：全天开放

票价：50元

0356-3251100

湘峪古堡是明代后期孙居相和孙鼎相兄弟的故居，他们曾分别担任户部尚书和都察院右副都御史。这座古堡占地面积32 500平方米，东西长280米，南北宽100~150米。古堡分为内城和外城，城内的建筑布局十分有序，由东西向的两条街道和南北向的九条巷道构成。现存的建筑主要包括三都堂、帅府、十大宅院、大小男院，以及寺院、祠堂、私塾等。

郭峪古城 AAAA

中国民居之瑰宝

山西阳城县北留镇郭峪村

开放时间：旺季7:00~16:00，淡季7:00~15:30

票价：100元

郭峪古城是一座典型的古城堡式村落。它依山傍水，城墙壮丽，古庙庄重，官宅讲究，民居典雅，独具中国乡村的古建筑特色。城内总面积达17.9万平方米，现存着大量明清时期的古建筑，共有80多个院落、2000余间各式房屋。其中，城内保存完整且最具代表性的建筑有：长达1400米的明代“蜂窝城墙”，高达33米、可容纳千余人避难的“豫楼”，以及始建于元代的“汤帝庙”、皇城陈氏祖居“西都世泽”、“容安宅”和“进士第”、“连升三级”的张好古故居“小狮院”等珍贵历史遗迹。

郭峪村

攻略资讯

- 交通
- 住宿
- 美食
- 购物
- 娱乐

晋城城市风光

交通

火车

晋城市境内已运营的有1条高速铁路和2条普速铁路，现有3个火车站，分别是：晋城站（主城区迎宾街）、晋城北站（晋城市城区孟匠）、晋城东站（晋城市泽州县金村镇水东村）。

汽车

截至2022年末，晋城市有高速公路7条，包括二广高速、晋新高速、晋城绕城高速、安阳高速、陵侯高速、晋运高速等，基本形成

晋城风光

了“两横两纵一环”的高速公路网布局。普通国道有3条，包括G207、G208、G342，呈现“一横两纵”格局。普通省道7条，包括S225、S227、S229、S242、S331、S332、S333，形成了“一横三纵”的格局。游客可以选择坐火车到晋城，再在当地租车旅行。像神州租车等公司都能够提供在当地取车、还车的服务。

住宿

晋城的住宿十分方便，星级宾馆众多，卫生条件好，市中心有很多大型购物广场，远离市中心的阳城县也是一个不错的住宿之选，靠近皇城相府的小旅馆很多，住宿条件尚佳。

●海天大酒店

晋城海天大酒店是集旅游、商务、会议、餐饮、娱乐、休闲、购物于一身的豪华商务型酒店，位于晋城市泽州路与迎宾街交会处，毗邻风景优美的百丽园，交通便利，地理位置优越。晋城迎宾街99号 0356-8982555

●湖滨花园酒店

晋城湖滨花园酒店是一家集住宿、餐饮、会议、咖啡、购物于一身的综合性商务酒店，位于晋城市南北主干道泽州路，周围有市委、市政府、国贸大厦、市人民银行、长途

晋城夜景

汽车站等行政机关和交通枢纽，环境幽雅，交通便捷。泽州路1855号 0356-2067699

●锦江之星风尚七星广场酒店

锦江之星风尚七星广场酒店地处晋城市主干道泽州路七岔路口，周边交通十分便利，有各类餐饮场所，更有万达广场、方糖KTV、嘉域国际影城等综合娱乐场所，还有晋城最大的购物商场——凤展新时代购物广场。晋城市城区瑞丰路148号 0356-2632521

●晋城富景快捷酒店

晋城富景快捷酒店位于繁华商业街，旁边有金贵花酒楼、口福居火锅、茶吧、健身房等多种设施，是游人旅行、休闲娱乐的好去处。晋城市新市东街438号 0356-2088666

美食

晋城的面食种类非常多，炒、卤、拌、烩、扯，300多种面食样样精彩，总有一款面食征服你的味蕾。来到晋城，不妨吃一碗面吧！晋城市内也有多家上档次的酒楼，周围环境舒适，内部条件一流。

●炒凉粉儿

晋城市的一道民间传统风味小吃，来自河南，流行于晋城，至今已有100多年的历史。口感软嫩，香辣可口。

●阳城烧肝

晋城名吃之首，因为猪肝的各种滋补效果和阳城人独到的烹调技术，受到很多人的喜欢。烧肝外焦里脆，味美适口，为佐酒佳肴。

阳城烧肝

●高平十大碗

高平特有的一套菜，共分10道：水白肉、核桃肉、水余丸子、小酥肉、肠子汤、豆腐汤、芥末粉皮汤、天鹅蛋、软米饭、扁豆汤。一碗一个味道，犹如南北大菜系列，但餐具不用盘而用碗，碗中之菜也可称“汤”，素有“碗汤菜”之说。

高平十大碗

购物

晋城特产

晋城特产较多，苹果、梨、葡萄、柿子、杏、桃子、枣等农产品种类齐全，晋城特产山楂“泽州红”具有较高的药用价值，是国内外享有盛誉的食品和防治多种病症的良药，此外，沁水、阳城的五花龙骨和麝香，陵川的党参、花椒、核桃也久负盛名。

●泽州红山楂

泽州红山楂是全国山楂之精品，味酸中带甜，个大，被称为“山楂王”，具有很好的开胃消食、增强消化功能的作用，又能降低血压和血脂，软化血管，活血通脉。

●猴头菇

沁水境舜王坪下原始森林中栎树上生长的猴头菇个大、色鲜、肉肥、味美，营养丰富，工于滋补。

猴头菇

晋城购物场所

白云商场是晋城市区一个知名度较高的购物场所，先后经过三次较大规模的扩建彩装，总建筑面积8500平方米。万宝名店是晋城市一家经营国际、国内知名男女高端服装品牌的场所。金凤巢购物广场是专业主题百货商场，主要面向中高档消费群体，有中高端精品百货商场经营优势。

娱乐

●沁水秧歌

沁水秧歌（原名四、八板）流行于沁水城关以西的中村、王寨、苏庄城关一带，由寺庙“唱经”时的四、八板曲子演化、发展形成，2007年入选为晋城市第一批非物质文化遗产项目。

沁水秧歌

●四弦书

泽州四弦书是植根于泽州土地上的地方特产，以四弦、三弦、胡胡为主乐伴唱，音乐基本上用文场，不用武场，据说在清朝道光年间就已经形成。原来由一人坐唱，民国年间变为多人对唱，加入了三弦、胡胡等弦乐后，形成了独特的演唱风格。

●高平鼓书

高平鼓书近似“评话”，演唱时无弦乐伴奏，只有一鼓、一板、一木，后来有所改革，加入器乐伴奏，改为以唱为主，曲调富有地方特色，唱词无固定格式，有时一句“贯口”可长达百余字。高平鼓书故事通俗易懂，用高平的语言方式表达历史人物的思想情感，留存大量高平方言，多自问自答，是高平话发音方式的展示，平实古朴。

●打岔

打岔是流行于高平和泽州县北部的一种快板形式，一般只在闹元宵时作为“故事”的垫场而演唱。打岔无竹板伴奏，节奏较一般快板稍慢，全以方言演说，每说一小节，就用锣鼓奏一小过门。内容多为生活气息浓郁的小故事或者笑话。

发现者旅行指南

临汾

概览

亮点

壶口瀑布

我国第二大瀑布。黄河峡谷中，浪涛翻滚，奔腾呼啸，似巨壶内黄水沸腾。

千佛洞

千佛洞内现存600多尊佛像，所雕神龛佛像姿态庄重、栩栩如生，刀法简练，做工精细，为隋唐时期的作品。

大槐树寻根祭祖园

历史上元末明初大移民的出发地，如今成为寻根祭祖的圣地，现存有一株从汉代古槐根部滋生的第三代古槐。

壶口瀑布

尧庙

始建于西晋时期，距今有1700多年历史，是一座集纳丰富历史文化和五千年文明史的国祖庙。

华门

华门博彩“门”建筑精华，集历史纪念和游览观光于一身。在建筑规模和高度上堪称“天下第一门”。

线路

临汾深度三日游

第一天：从临汾市区出发，先去大槐树寻根祭祖园，这里是寻根祭祖的圣地。随后去看我国现存最高的鼓楼——平阳鼓楼。下午观铁佛塔，然后去尧庙。

第二天：上午去姑射山景区，相传这里为尧王夫人鹿仙女诞生地，山势奇险，南北仙洞是其精华，值得好好游览。

第三天：早起去壶口瀑布景区，可以在孟门山，立南北望，水里明月合二为一迎面而来，还可以去看看随着水位的涨落而起伏的神秘“龟石”。

洪洞苏三监狱虎头牢

临汾经典两日游

第一天：从临汾市区出发，先去大槐树寻根祭祖园，之后去明代监狱，听苏三的爱情故事。下午游广胜寺。

第二天：去霍州，参观霍州鼓楼，然后去师家大院，欣赏晋商民俗建筑群的特色。

为何去

临汾是华夏文明的发祥地之一，古迹遍布。10万年前"丁村人"就生活在这里；雄伟的尧庙寄托着人们对于先祖的无限追思；洪洞大槐树是寻找故里的地方；壶口瀑布是九曲黄河最为壮观的风景。

尧庙

何时去

秋季为到临汾旅游的最佳时间。临汾属温带大陆性气候，四季分明、雨热同期，冬季漫长而干燥严寒，夏季短暂而多雨酷热。炎炎夏日，漫漫寒冬，皆不适合到此旅游；春季日温差大、风沙多；秋高气爽之时，这里气候温和，出行方便，属旅游的最佳时节。

洪洞大槐树

大槐树寻根祭祖园

区域解读

区号：0357
面积：约20 302km²
人口：约390.66万人

地理 GEOGRAPHY

区划

临汾市辖一个区（尧都区）、14个县（曲沃县、翼城县、襄汾县、洪洞县、古县、安泽县、浮山县、吉县、乡宁县、大宁县、隰县、永和县、蒲县、汾西县），代管两个县级市（侯马市、霍州市）。

地形

临汾市地形轮廓大体呈“凹”字形，四周环山，中间平川，全境分山地、丘陵、盆地三大地形单元。其中，临汾盆地纵贯临汾市中部，将整体隆起的高原分为东西两部分山地。东部由北向南为太岳山、中条山，西部是吕梁山脉，海拔多在1000米以上。最高处太岳山霍山主峰，海拔2346.8米。临汾境内有黄河、汾河、昕水河、沁河、浍河、鄂河、清水河7条河流和郭庄、龙祠、霍泉三大名泉。

壶口瀑布

气候

临汾市地处半干旱、半湿润季风气候区，属温带大陆性气候，冬季寒冷干燥，降雪稀少；春季干旱多风；秋季阴雨连绵；夏季酷热多暴雨，伏天旱雨交错。

每年4月至10月是最佳旅游季节，但春季风沙多，要注意防风沙、防晒。

历史 HISTORY

历史大事记

●先秦时期

大约距今10万年以前，我们的祖先“丁村人”就繁衍、生息在这里。

周成王时期，周成王便派其弟叔虞去管理旧唐地，叔虞建都于翼（今翼城县故城村），后迁唐城。叔虞死后，其子燮父迁都于

临汾秋色

晋水（平水）之旁，改国名为晋。

公元前636年2月，晋献公之子重耳即位后，是为晋文公，他采取了一系列改革政策和措施，整顿国政出兵勤王，对外与楚国争霸，最终取得霸主地位，使晋国成为春秋时代称霸时间最长的国家。

从晋哀公二年到晋静公二年的70多年，韩、赵、魏三家逐步分晋，韩立都平阳（今临汾）。

●秦至隋唐

公元前201年，刘邦封曹参为平阳侯，曹参其子曹窋、其孙曹奇、曾孙曹畤先后袭封平阳侯。

西晋永兴元年（304年），匈奴人刘渊在左国城（离石）起兵复汉反晋，后于308年称帝，定都平阳。

隋义宁元年（617年）八月，在唐统一战争中，起兵反隋的原太原留守李渊率军南下欲进取长安，在霍邑用轻骑诱其出战之计击败隋军，为进军关中打开了通路。

●元明清

元代平阳杂剧兴盛，是当时全国最著名的戏曲之乡，产生了一批优秀的剧作家，这些剧作家大多出身卑微，社会地位低下，亲历下层社会生活，写出了不少反映现实生活的好作品。

明初，太祖朱元璋采纳大臣的建议，推行移民屯田政策以恢复生产。明政府在洪洞城北贾村驿站旁的广济寺驻派官员，集中移民。广济寺大门前的汉植大槐树，就成了各地移民会集、遣送外地的集散之地。

●近现代

1937年至1938年，中共中央北方局、八路军总部等迁驻临汾，全国各地的爱国人士和热血青年也纷纷云集临汾，开创了山西救亡运动的新局面，临汾成为山西和华北的抗

大槐树寻根祭祖园

战中心。

李唐建国关键战——霍邑之战

隋末，农民战争如火如荼，关陇贵族、隋朝太原留守李渊也乘机起兵，自称大将军，以长子李建成为左领军大都督，次子李世民为右领军大都督。

隋大业十三年（617年），李渊率3万大军从清徐南下，经汾阳到达灵石，欲取长安。霍邑是南下的必经之路，地形十分险要。李渊起兵的消息传到长安，朝廷派宋老生率兵3万扼守霍邑。李渊军到达灵石正赶上淫雨季节，山道泥泞，无法进军，还缺粮，又流传突厥与刘武周将乘虚袭太原（今太原西南），李渊打算北还，被李建成、李世民劝止。李渊一方面给另一支起义军李密写信，让其在洛阳牵制隋军，另一方面派人联系援兵，继续调运粮草，待天晴后进攻霍邑，以“先入咸阳，号令天下”。

不久，军粮运到。8月初，天气好转，李渊率军傍山取道，逼近霍邑。为防宋老生固守不出，李渊采取李建成、李世民诱敌出战的战术，与李建成领左军布阵城东，李世民则领右军布阵于城南。李渊与李建成初战稍退，宋老生见李渊军退，以为怯战，打开城南门和东门杀出，在距城不远处列阵。李世民立即率轻骑直冲宋老生侧背，前后夹击，并诈传宋老生被擒，以动摇其军心。顿时隋兵大乱，争奔城门。但门已为李渊军夺占，宋老生不得入，被杀。日暮，李渊乘胜麾兵登城，占领霍邑。

李渊父子起兵后首战告捷，为进军关中打下了基础。其后，李渊军取临汾，克新绛，达龙门、蒲坂，突破黄河天险攻入长安。

洪洞移民

元末，由于几十年的战争和水、旱、蝗、疫等天灾人祸，致使河南、山东、江苏、安徽北部地区农民流离失所，土地荒芜，人口急剧下降。明初，太祖朱元璋采纳大臣的建议，推行移民屯田政策以恢复生产。平阳府土地肥沃，人口稠密，明政府在洪洞城北贾村驿站旁的广济寺驻派官员，集中移民，登记造册，发放盘缠，押解上路。广济寺大门

大槐树寻根祭祖堂

前的汉植大槐树，就成了各地移民会集、遣送外地的集散之地。

从1373年（明洪武六年）至1417年（永乐十五年）的44年间，在洪洞大槐树处移民18次，约60万人被迁往11省277县。至今移民后裔遍布神州。“问我祖先来何处，山西洪洞大槐树”的民谣在我国广大地区祖辈相传，妇孺皆知。

名单　临汾历史名人

西汉武帝时期名将，杰出的军事家卫青

西汉武帝时期名将霍去病

汉武帝皇后，卫青之姐卫子夫

汉代政治家，博陆侯霍光

三国时期曹魏名将徐晃

唐朝大将，凌烟阁二十四功臣之一柴绍

唐代著名楷书家、画家薛稷

文化 CULTURE

源远流长的戏曲文化

山西是戏曲大省，临汾更是其中的佼佼者，是全国戏曲大、小梅花获得者最多的城市之一，被中国剧协授予“小梅花之乡”的称号。

汉代时，临汾境内已有百戏活动。宋、金时期，境内流行宋杂剧、金杂剧和南戏，金代的弦索杂戏（弦索腔）即发源于本境，乡间建筑寺观神庙多为土木结构的“舞亭”“舞楼”（戏台）。尧都区东亢村泫泉圣母庙内的戏台（现已毁）据专家研究建于宋末。金代诸宫调盛行本境，乡人有广泛喜好，平水版印刷本《刘知远诸宫调》即是明证。金代诗人王恽为尧庙社戏所填小令《尧庙秋社》云：“社坛烟淡散林鸦，把酒多观稼。霹雳弦声斗高下，笑喧哗。”

元代，杂剧演出日趋繁荣，著名戏曲作家关汉卿创作的《窦娥冤》《救风尘》等杂剧在境内广泛传唱，乡民争睹为快。境内大建戏台，今仍存魏村、东羊、王曲3座。元至元二十年（1283年），杂剧作家接连涌现，著名者有郑光祖、石君宝、赵公辅、于伯渊、狄君厚等。郑光祖创作有《倩女离魂》《王粲登楼》《周公摄政》《三战吕布》等18种杂剧，石君宝创作有《曲江池》《秋胡戏妻》《雪香亭》《哭周瑜》《岁寒三友》《紫云亭》《柳眉儿金钱记》《士女秋香怨》《穷解子红绡伞》等10多部杂剧。

明沿元杂剧习俗，城乡人家借春社红火、祭神拜佛、家寿喜庆演出杂剧遗风日益兴旺。明代中叶，弋阳腔、青阳腔、昆曲等剧种相继传入境内，轰动一时。

清康熙五年（1666年），著名戏剧家李渔由京赴陕途经平阳，观看本地戏班演唱他的新编剧作《凰求凤》，发现并培养了天才女演员“晋姊”——乔复生。康熙四十六年（1707年），孔氏后裔、《桃花扇》作者孔尚任来平阳修《平阳府志》，一年多时间观看了许多戏剧，写有《咏平阳竹枝词》多首诗作，歌颂平阳戏曲“乱弹曾博翠华看，不到歌筵信亦难”，对“蒌娃小步”“屈九风骚”等名角的表演叹为观止。今存康熙年间无名氏

戏曲表演

巨幅画作《尧庙逢会图》，生动地反映了尧庙逢会戏剧演出的盛大场面。

清末民国初，佚名者创作的《惠风扇》剧在乡间流传（手抄本今存），表现刘村张氏父子悲欢离合的《三进士》一剧在城乡流传。1937年，日军侵占本境前，唱“大戏”（蒲州梆子）之风普及全县，除蒲剧外，眉户、道情、四句秧歌、中路梆子（晋剧）、秦腔、碗碗腔、河南梆子（豫剧）、上党梆子等许多剧种及木偶戏、皮影戏纷纷齐聚临汾，竞相媲美。日军侵占临汾，极大地破坏了临汾的戏剧活动。

1945年抗战胜利后，晋军管辖的文宣一队、五队进入城内开始演出，境内戏剧活动逐渐复苏。临汾解放至文化大革命前，戏剧事业达到空前繁荣，城内的专业剧团如县蒲剧团、县五一剧团、县新光评剧团、地区蒲剧团、地区青年蒲剧团、地区眉户剧团等与农村的埝下、乔李、洪堡、土门等10多个业余剧团，组成强大的戏剧队伍，举办过多次会演，活跃着城乡人民的文化生活。中共十一届三中全会以后，戏剧事业又逢春天，较大集镇如金殿，魏村、土门、大阳恢复古庙会，许多村庄新建舞台经常聘剧团演出。20世纪90年代之后，随着现代歌舞和家庭电视的普及，城乡戏剧演出活动日渐衰微，城内专业剧团仅剩两三家，舞台也大多破败闲置。

霍州威风锣鼓

相传起源于唐尧时期，为尧王避暑霍山时，祭祀中镇霍山神的迎送礼仪。霍州威风锣鼓的演奏乐器以鼓、锣、铙、钗四种为主，分河东、河西两大派系。表演时，排队布阵，犹如雄师出征，十分壮观，充分地展现了我国北方民族粗犷、剽悍、豪放的精神风貌。现已普及城乡的威风锣鼓，其组队由原来的十几人扩大至百人，多者可达数百人。20世纪末，霍州威风锣鼓曾三次进京，为国庆四十周年大庆，为全国第一届农民运动会开幕式和第十一届亚运会开幕式进行表演。之后，又南下广州、深圳，北上万里长城进行巡回献艺表演。1997年，霍州电厂威风锣鼓，参加了香港回归庆典，威震京都，名扬华夏，被称为“天下第一鼓”。

威风锣鼓

景点推荐

临汾东部景点

尧庙 AAAA

国家级祭祀圣地

临汾市尧都区尧庙镇

尧庙始建于西晋时期，距今有1700多年历史。尧庙旧址位于汾河以西，西晋元康年间迁至汾河东岸，唐高宗李治显庆三年（658年），庙址由府城西南迁至城南现址。

尧庙是一座集纳丰富历史文化和五千年文明史的国祖庙，俗称三圣庙，是中国专门纪念尧、舜、禹三位先祖的庙宇。庙前有山门，内有围廊、牌坊、五凤楼、尧井亭、广运殿等建筑，还有汉代奇树柏抱槐、柏抱楸、鸣鹿柏、夜笑柏等景观。庙内存有碑碣10余通，记载尧王功绩及庙宇建造的经过。

玩家攻略

尧庙每年10月会举办尧都国际锣鼓艺术节，节日期间，临汾市会举行大型锣鼓表演，在市中心的露天广场上，来自省内外的锣鼓高手云集于此，各自亮出自己的拿手曲目，一争高下，十分热闹。

链接

明君典范——尧

尧（约前2447—前2307），姓伊祁，名放勋，古唐国（今山西临汾尧都区）人。尧是中国上古时期部落联盟首领、“五帝”之一。尧为帝喾之子，13岁封于陶，15岁辅佐兄长帝挚，改封于唐地，号为陶唐氏。

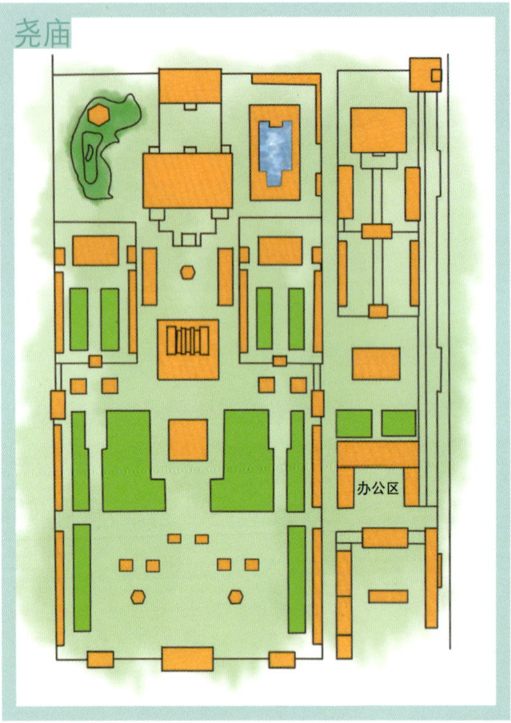

20岁，尧代挚为天子，定都平阳。

尧在位时期，命羲和测定推求历法，为百姓颁授农耕时令。测定出了春分、夏至、秋分、冬至。尧设置谏言之鼓，让天下百姓尽其言；立诽谤之木，让天下百姓攻击他的过错。

帝尧德高望重，严肃恭谨，能团结族人，使邦族之间团结如一家，和睦相处。尧为人简朴，吃粗米饭，喝野菜汤，因此受到人民的广泛爱戴，被儒家奉为圣明君主的典范。

广运殿

广运殿亦称尧宫，是尧召见众臣共商国是的地方，也是庙内的主体建筑。殿高23米，殿内有42根通顶立柱，柱下石基座雕刻精细，狮子、麒麟栩栩如生，实为罕见。大殿龛内，有高达2.8米的唐塑尧王像，两边站着两位宰相和两位阁老。

五凤楼

五凤楼始建于唐代，距今已有1300多年的历史。楼高19.3米，三层十二檐，楼底有砖建窑廊三孔，有直通三层角柱十三根，甚为雄伟。楼顶直立陶人30余个，陶狮为中，风吹可上下走动，十分美观。

尧井亭

尧井亭始建于东晋太宁年间，亭为六角高檐楼阁形式，小巧玲珑，非常别致。亭中水井据说是尧王亲手所掘。井的直径八寸，井壁为两层，外层有卯榫砖九块一圈，叠圈砌成。相传尧井通海，至今井下泉水汩汩，清冽可饮。

古柏

尧井四周有四棵沧桑的古柏，西侧两棵为“柏抱楸”和“柏抱槐”。柏抱楸，每年四五月间，柏枝从中盛开红色楸花，游人无不称奇。柏抱槐据传是600多年前从西安慈恩寺移植而来，每逢夏初，柏树丛中槐花盛开，芳香四溢，甚为可观。东侧两棵古柏，一棵叫“鸣鹿柏”，一棵叫“夜笑柏”，皆有一段美丽的传说故事。

广胜寺

千年古刹，元代艺术

洪洞县广胜寺镇霍山

广胜寺分上下两寺，上寺在霍山山顶，大部分经明代重建，下寺在霍山山脚下，基本上都是元代修建的，两寺相距500多米。

上寺由山门、飞虹塔、弥陀殿、大雄宝殿、毗卢殿、观音殿、地藏殿及厢房、廊庑等组成。创始于汉，屡经兴废重修，现存为明代重建遗物，形制结构仍具元代风格。其中飞虹塔全身用黄、绿、蓝三彩琉璃装饰，檐下有斗拱、倚柱、佛像、菩萨、金刚、花卉、盘龙、鸟兽等各种构件和图案，捏制精巧，彩绘鲜丽，至今色泽如新。塔中空，有踏道翻转，可攀登而上，设计十分巧妙，为我国琉璃塔的代表作。

下寺是元代建筑艺术富有成就的实例，山门高耸，三间见方，单檐歇山顶，前后檐加出雨搭，又似重檐楼阁，殿内上壁满绘壁画，1928年被盗卖出国，藏于美国堪萨斯城纳尔纳艺术馆，残存于山墙上部16平方米的画面，内容为善财童子五十三参，画工精细，色彩富丽，为建殿时的作品。

玩家 解说

济公是我国宋朝末年一位具有传奇色彩的名僧。由于他经常蓬头垢面，饮酒食肉，游行于市井之间，形同疯癫，人们又称他为济癫。

相传广胜寺每隔60年就要遭一回火龙（火灾），尽管僧众在烟火方面处处提防，步步小心，但是一达60年，庙宇就会无缘无故地起火，而且救都没法救，只好眼睁睁地看着一座好端端的大寺被烧得一干二净。这一年又到了60年的期限，住持老和尚终日愁眉苦脸，全寺僧众也是人心惶惶。一天傍晚，广胜寺门前突然来了一位疯和尚，蓬头垢面，一进寺门，便大声喊饿。当家和尚一看心中虽然不快，但还是让小和尚领着疯和尚到厨房去用膳。疯和尚进得厨房以后，一点儿也不客气，竟然一口气吃掉了八大碗饭。

吃完以后，疯和尚问小和尚："哎呀，我说小师父，看你们当家的愁眉苦脸，好像有什么心事呀？"小和尚听他这么一问，便把这件关系全寺存亡的大事原原本本地说给疯和尚听。"这我早就知道了，我就是专门为这事到你们这儿来的。"小和尚把疯和尚的话跟住持和尚一说，老和尚觉得这疯和尚确实有些来历，便恭恭敬敬地问济公如何破解。

第二天午时刚到，疯和尚让住持老和尚把寺门关上，只留下一扇偏门。然后，疯和尚便一屁股坐在门槛之上，双眼微闭，打起盹儿来。这时，只见一个穿着红衣红裙的美貌女子来到门前，想要进寺烧香。疯和尚偏生不许，美妇无奈，还要说什么，只见疯和尚"霍"地站起身来，一声低喝："午时三刻已过，你还不快走！"说完，破衣袖一抖，便朝红衣女子脸上拂去，红衣女子一惊，立刻化作一团火球朝广胜寺对面的鸡冠石上滚去，火球一落到鸡冠石上，便倏地消失得无影无踪。

这一情景被寺里的住持和尚看得一清二楚，连忙过来问疯和尚。"刚才那个红衣美妇是火神化身，被我设法拦在寺外拖延时间，使她错过了午时三刻，然后才把她赶走。对面的鸡冠石正好对着山门，火神都是打那儿进出，她每隔60年出行人间一次，因此贵寺每隔60年便要遭一次火劫。""阿弥陀佛，原来如此。多谢仙师慧眼识破天机，帮助敝寺逃过这一劫。"住持老和尚说完，又向疯和尚深施一礼。

"贵寺今日虽然逃过一劫，但60年后，劫期又至，必须永绝了后患才是。也罢，我去把那鸡冠石换个方向吧。"说完，只见疯和尚跳上鸡冠石后，捋起破衣袖，一伸手就把那块重两万多斤的鸡冠石给提了起来，换成了个西南—东北向。

从那以后，广胜寺就再也没有遭过火灾，人们传说，那个疯和尚就是济公的化身。

广胜寺

曲沃晋国博物馆 AAAA
晋文化专题博物馆

临汾市曲沃县曲村镇北赵村

曲沃晋国博物馆作为山西首座大型遗址博物馆，中国第一座晋文化专题博物馆，总占地面积达到6万平方米。博物馆以晋文化为主线，精心打造了三个基本陈列展：晋国历史文化展、“曲村—天马遗址”发掘史展、晋侯墓地遗址展。

曲沃晋园景区 AAAA
晋文化古典园林景区

曲沃县东城新区中心

晋园景区占地约0.21平方千米，其中绿化面积0.12平方千米，水景0.05平方千米，仿古景观建筑3500平方米。整体设计鸟瞰效果立意于春秋中晚期特级文物：错黄铜宝壶造型。由北区万人广场、中区晋都文化会展中心和南区如意湖三部分组成。可概括为“一心一湖两带十大景观三十处景点”。

大云寺
铁铸佛头，琉璃方塔

临汾市鼓楼南街

大云寺又名铁佛寺，始建于唐贞观年间，清康熙年间重建。寺院由山门、献亭、中殿、方塔、藏经阁等建筑组成。方塔是寺院的精华，共六层，一至五层为方形，六层为八角，按八卦方位排列建造。各层均有琉璃图案构件，内容为佛、菩萨、罗汉、弟子等佛门传说故事。塔内一层中空，内置高6米的生铁铸佛头，造型丰满，眉目端庄，为唐代原作。

玩家解说

大云寺是在一个特殊的年代，因为一个特殊的事件而产生的。公元690年，已当过皇后、皇太后的武则天想当皇帝，于是当时的洛阳白马寺和尚冯小宝等人找到一本《大云经》，经书

大云寺琉璃塔

里写有“弥勒下生作女王，威伏天下”这类的话，为了迎合女皇，他们大肆利用这几句话推行“易世革命”，说武则天是“弥勒下生，当代唐作阎浮提主”。于是武则天便改唐为周，登基为皇，诏两京各州修大云寺，诵《大云经》，宣扬“君权神授”。一时间，全国各州郡修起了大云寺。女皇死后，她的儿子李显恢复大唐，第一件事就是诏毁大云寺，全国各州的大云寺很快毁完。只有部分当时被改名的寺庙得以幸存。

姑射山景区
尧夫人鹿仙女诞生地

临汾市尧都区枕头乡刘村镇

姑射山又称藐姑射山，相传为尧王夫人鹿仙女诞生地，因春秋时期著名哲学家庄子的《逍遥游》中有“藐姑射之山有神人居焉”之语而出名。

这里山势奇险，环境幽雅，仙洞创建于唐武德年间，历代曾修葺扩建，现有建筑40余处，共有房屋庙堂120多间，石窟洞70多孔。亭、台、楼、阁，大小殿宇，多数依山背洞，靠崖面沟，就势构筑。奇峰异洞，苍松翠柏，青山环抱。其间一条数百米深谷，南北仙洞巍然对峙。春、夏、秋季鸟语花香，清凉幽静，到此颇有置身“仙境”之感。在多种动物资源中有国家一类保护动物珍禽黑鹳鸟和

褐马鸡。

睡仙女峰

睡仙女峰位于入山后不久的景区内，犹如一位少女仰天而卧，苗条秀美的身躯，丰满的胸部，栩栩如生，相传睡仙女峰是由少女丑姑变成的。姑射山，也由于姑娘射虎为民除害死后变成了仙女而得名。

北仙洞

北仙洞，亦名佛兴寺，由50多间庙宇和30多眼窑洞组成，大雄宝殿、王母阁为北仙洞的主要建筑物。大雄宝殿建于山崖半腰，卧于凹中。云雾寺景区，有象头岭、会仙台、乌龙潭、舍身崖、如意沟、鹿沟等景点。云雾寺又名照天池，现存门楼一座，上镶“云雾寺”三字。这里群峰汇聚。三面朝山，一面朝阳，一年之中，多有云雾缭绕，风雨朝夕，千姿百态，四季景色，变化多端。人们说这里春望细雨、夏看苍绿、秋赏红叶、冬观白雪，是观赏仙洞美景的好去处。

南仙洞

南仙洞，曾是道教兴教之所。宋、金时的道士皇甫靖，元代道士任志真、王德仁在此修炼。元代任志真、王德仁奉国师掌教大宗师洞明真人法旨，在此修建殿阁十数间，使三清、四帝、五祖、七真人各路神仙圣像焕然一新。明代正德年间，五台山佛教僧人在此开辟山门，建正殿，增建碧岩寺。清代同治八年又重修碧岩寺，建成西侧祖师殿、东为韦驮殿、北为观音阁的建筑格式，形成了南仙洞的基本轮廓。南仙洞山门上为玄帝楼，下是过道，二门上为乐楼，西南为过街戏台。整个南仙洞，以兴隆寺为主，由神居洞、碧岩寺、观音阁、戏楼及70多间房屋、40多眼窑洞组成。神居洞，洞口嵌有宋代熙宁年间石碑，洞内由彩塑、壁画、历代石碑组成。后壁有互相连通达数十米深的石洞。

观音阁

观音阁内塑观音菩萨像，两侧为文殊、普贤塑像，两壁四层排列有十二圆觉、阎罗、

姑射山景区

罗汉、二十四诸天像。阁中还塑有送子观音、行年观音、韦驮、金刚及道教中的真君和玄武大帝像，佛道共处，悬塑艺术水平极高。

大雄宝殿

大雄宝殿是南仙洞主殿，建于明代正德年间（1506—1522年），1986年曾落架重修，殿内供有毗卢佛、释迦佛、卢台那佛及观音、普贤、文殊、地藏四大菩萨像。

碧岩寺

碧岩寺，建有正殿，原供奉鹿仙女，现供汉白玉观音像。神居洞，相传宋太祖赵匡胤曾三游此洞。洞内十分开阔，入口处崇道庙建于唐代，四壁有28幅壁画。大厅内，共塑像89尊，有尧、四大臣、舜、禹、三仙、三清、七殿阎君、罗汉、释迦牟尼、玉皇大帝等，多为清代塑造，形成三教合一，儒、佛、道共存的局面。龙须瀑景区，有仙境台、梳妆台、龙须瀑、仙棺马蹄铲及宋代皇帝赵匡胤两次坐过的宋王石和棋盘石、唐代皇帝李渊涉足的南天门等景观。

华门 AAAA

天下第一门

临汾市尧都区尧庙村华门景区

临汾华门是一座华夏文明纪念碑，华门由基座、主门及门楼三部分构成，主体工程包括大台阶、裙房、主门、阁楼4部分，地下2层，地上7层，总高50米，建筑面积2.2万余平方米。华门博彩“门”建筑精华，集历史纪念和游览观光于一身，正面三门矗立，象征尧、舜、禹三帝。主门高达18米，是世界上最高、最大的门，主门以刚刚开启的形式，象征尧帝开启中华文明之门。

华门内部以丰富的文化内涵展示了华夏文明和民族文化，并以“源远流长、门开国盛、尧天舜日、东方巨龙、连环九鼎、天下巨

华门

联、登高望远、华门飞愿、名门博览、华门之夜”等十大景观而著称，雄居世界第一，在建筑规模和高度上堪称“天下第一门”。

玩家解说

华门主门正前方长达25米的瀑布墙，代表着孕育中华民族的母亲河——黄河之水高悬而下，华夏文明由此发源。

基座平台上方一双巨手托着一尊陶盆，体现了劳动创造历史的思想。陶器是人类由旧石器时代向新石器时代发展的重要标志之一，也是尧舜时期的主要用具，“巨手托陶”的石雕正象征着尧舜时期的文明地位。

中间自上而下依次排列的21个彩球，代表着尧舜之后夏、商、周、秦、汉等21个历史朝代，生动地展现着中华五千年文明从尧舜开始源远流长的历史进程。

我们前面56级黄褐色的台阶代表着56个民族，寓意中华文明由各民族历经五千年共同创造。

台阶两侧车轮造型的栏杆在中国建筑史上尚属首次采用，雄浑厚重的石雕车轮，仿佛中华五千年的历史，如车轮滚滚，一往无前。

门开国盛

主门是华门的核心部分，高大厚重，雄伟庄严，民族气概令人肃敬。正面三门矗立，象征着尧舜禹三位文明始祖，直观地体现了文明之门和根祖之门的文化主题。位于中间的主门高达18米，是世界上最高、最大的门。大红色的门扇以中国传统的九九规制分别镶嵌81颗铜钉，庄严挺拔，富贵吉祥，给人以浓浓的中国情结。大家仔细观察，可以看出两

扇巨门呈半开状态，这正是华门历史文化的特殊寓意所在。

东方巨龙

华门龙柱高达14米，为青铜铸造，是目前中国最高的龙柱，其艺术价值一是首次塑造了中国最古老的立体龙形，无角无爪，简洁质朴，蕴含着一切变化的生机；二是改变了过去的盘龙之状，龙体不是四足支撑盘绕石柱，而是腾悬飘浮，柔如流水，刚若石嶂，观之有神，呼之欲动。八龙对称排列，龙首相望，在彩云石柱和顶部天体的衬映下飘逸腾升，如火如云，如电如风，象征中华民族如东方巨龙横世腾空，在五千年历史演进中生生不息，日益强盛。

襄汾龙澍峪景区 AAAA

自然与人文的完美结合

山西省临汾市襄汾县黄崖村

龙澍峪距离临汾市区仅20多千米，山体由一色的石灰岩青石构成，坚硬而独特的质地赋予了这座山独特的魅力。在这里，自然风光和古代建筑相映成趣，在龙澍峪的山间，100余间庙宇或横空出世，或半藏半露，犹如天宫楼阁。庙宇的建筑风格气势宏伟，其中各种塑像更是千姿百态，犹如艺术瑰宝般让人叹为观止。摩崖石刻则汇集了古代名家的数十处遗墨，真、草、隶、篆各具神韵。

龙澍峪的主峰海拔高达1200米左右，儒释道三教并存，形成了一种独特的文化氛围。景区还新建了惊险刺激的5D玻璃吊桥和飞龙滑道等。

襄汾尧京酒庄 AAAA

极具地方特色的精品酒庄

山西省临汾市襄汾县大邓乡上西梁村

尧京酒庄占地面积2.33平方千米，总投资4.68亿元，年产葡萄酒500吨，鲜榨葡萄汁1000吨，集葡萄种植、酿造、休闲观光、文化展示于一身，是一座极具地方特色的精品酒庄。

荷花小镇景区 AAAA

国家级田园综合体

襄汾县邓庄镇燕村

荷花小镇景区占地1.33平方千米。景区规划建设为十个部分，分别为：丁村白莲种植加工区、精品荷花观赏区、观光农业农事体验区、温泉度假休闲区、安养中心、晋南民俗体验地、文化传习馆、室内游乐场、军事化拓展基地、婚纱摄影花卉基地。荷花小镇景区是国家级田园综合体核心区。

娲皇庙 文

以正殿内壁画闻名

霍州市东郊大张镇贾村

娲皇庙坐北面南，占地约2347.5平方米。据传，此庙始建于明代，后毁，清同治四年（1865年）重修。娲皇庙内现存有悬塑及壁画，尤以正殿内壁画而闻名。正殿东一侧的壁画高4米，长6.5米，面积为26平方米；娲皇圣像左侧壁画，高4米，长3米，面积为12平方米，与东侧壁画连为一体。整组画面表现了圣母宴请百官时，宫廷内忙碌、热闹的生动情景。

娲皇庙圣母殿内的娲皇圣母壁画是该庙最为精华的部分，是清代壁画中的上乘之作，总面积达71.17平方米。画面采用通景式构图，利用建筑、树木将人物有机地组合在一起。勾线填色，略有渲染，颜色以矿物颜料朱、青、绿、白、黄为主。殿宇、勾栏、亭榭采用界尺绘出。整个画面依据神话传说与清代社会现实生活交织组合在一起。

玩家解说

大张镇贾村内至今仍现存着大量古建筑遗

构，如娲皇庙之东为清代悬山顶建筑魁星楼，庙之西为文昌阁高台遗址，庙之北为清代遗构刘家祠堂、清代六边形六层楼阁式砖构文峰塔，庙之西北为与娲皇庙同时期的建筑群玄帝庙。是反映清代黄河流域村落风俗、民俗的典型实例。由于村中这种特殊的文化氛围，村民憨厚、淳朴，文人墨客历代辈出，书香门第随处可见。“贾村的秀才比驴多”这一当地民谣就是其最生动的写照。

霍州署

典型的古代衙署

霍州市市区东大街

霍州署始建于隋唐年间，距今已有1300多年的历史，是我国现存较完整的古代衙署之一。

霍州署的仪门是知州出入的通道，左边的绝门是被处决的人犯走的通道，署内的下人们平日出入都走右边的喜门。

现存主要建筑有大门、仪门、甬道、牌坊、戒石亭、大堂、二堂、内宅、静怡轩、西科房等。大堂是署衙中最大的建筑，建于元代，是官员审案的地方，堂上公案桌、堂鼓、肃静回避牌等一应俱全。最值得一提的是供于殿后的“茹茹木”，这是一根长2米的木棍，颜色暗淡，却是用当地一种生长了千年的古树制成的，也是霍州署的标志。

链接

衙署

衙署是中国古代官吏办理公务的处所。《周礼》称官府，汉代称官寺，唐代以后称衙署、公署、公廨、衙门。衙署是城市中的主要建筑，大多有规划地集中布置，采用庭院式布局，建筑规模视其等第而定。衙署中正厅（堂）为主建筑，设在主庭院正中，正厅前设仪门、廊庑，遇有重要情况才开启正门，使用正厅。正厅的附属建筑为长官办理公务的处所。衙署内有架阁库保存文牍、档案，有的还有仓库。地方府、县衙署附设军器库、监狱。京外衙署还附设官邸，供官员和眷属居住。

霍州鼓楼

明代雕刻杰作

霍州市中心

霍州鼓楼台基高峙，用青石、青砖混合砌成十字券拱形通道，四向贯通。上筑木构楼阁两层，面宽进深各五间，二层三滴水，十字歇山式屋顶。四周围廊雕刻有花卉、禽兽等图案。瓦顶安装有二十八宿琉璃造像和三彩琉璃脊兽。鼓楼总高29米，登楼眺望，霍县城景，尽收眼帘。

霍州署大堂

大槐树寻根祭祖园 AAAAA

明代迁民遗址

洪洞县大槐树镇古槐北路公园街2号

0357-6658066

80元

大槐树寻根祭祖园是历史上元末明初大移民的出发地，如今成为寻根祭祖的圣地。现汉代古槐已枯，但第三代古槐已生长得高达数丈，枝繁叶茂。旅游区的主题是“寻根”，每年举办“寻根祭祖节”，海内外华裔子孙人潮涌动。

玩家 解说

“问我祖先在何处，山西洪洞大槐树。祖先故居叫什么？大槐树下老鹳窝。”数百年来这首民谣在大江南北祖辈相传、妇孺皆知。明朝初年，官方在山西共组织了18次大的移民行动，因移民多在大槐树下会集转迁，所以被称为大槐树移民。经过600年的辗转迁徙，繁衍生息，而今全球凡有华人的地方就有大槐树移民的后裔。从1991年起，洪洞县每年4月1日都会举办大型的寻根祭祖节。

根雕大门

“根雕大门”是寻根祭祖园的正门，为槐根造型，高13米，其造型古老沧桑、伟岸厚重、支根入土、遒劲有力，寓意大槐树后裔同门、同根、同祖、同心。象征大槐树儿女舍

大槐树寻根祭祖园

大槐树寻根祭祖园

小家，取大义，扎根神州大地，为国家繁荣、民族昌盛孜孜不倦地艰辛劳作和奋斗拼搏的精神。

根字影壁

影壁是景区的标志性景观，这个大大的隶体“根”字是由我国原工艺美术学院院长、著名书画家张仃先生题写的。字体苍劲有力，隐含象形，寓意深邃，饱含着浓浓的桑梓之情和思乡之意。

迁民壁画

这幅迁民图是根据明代迁民的历史记载与民间传说由卢保桐先生绘制而成，反映了当时迁民的悲壮情景。据正史记载，明初规模较大的移民有18次，整个移民过程历经洪武到永乐先后近50年时间。移民在广济寺外大槐树下集中报名登记，领取外迁用的凭照和盘缠后迁往各州府。

苏三监狱

明代县衙古监狱

洪洞县大槐树镇

洪洞明代监狱是我国唯一的、保存最完整的明代县衙古监狱。它始建于明朝洪武元年（1368年），距今已有600多年的历史，当年

北京名妓苏三在洪洞蒙冤落难就囚于这里。踏进过厅，映入眼帘的是一条狭窄的南北通道，通道两端各有东西对称的6间普通牢房，每间牢房门低窗小，占地只有4平方米，小土坑距地面不足0.3米。据史载，狭小的牢内少则关五六人，多时关十几人。

玩家攻略

监狱最引人注目之处是死囚牢，牢门上方有一石刻的动物头像，传说它的名字叫狴犴，是龙王的第四个儿子，凶猛善搏，生平好讼。龙王派它镇守牢门，看管囚犯。古人常把它刻于牢门之上，因长得像老虎，所以俗称“虎头牢”。

链接

苏三的爱情故事

苏三，原名周玉姐，明代山西大同府周家庄人。6岁时父母双亡，后被拐卖到北京苏淮妓院，遂改姓为苏。她到妓院前妓院已有二妓，故取名三儿，“玉堂春”是她的花名。官宦子弟王景隆夜游相遇苏三，一见钟情，过从甚密。苏三要王景隆发奋上进，且发誓不再从人。王景隆离京归里，虽对苏三不能释然，但奋志读书，二次进京应试，考中第八名进士。在王景隆返家之际，苏三被鸨儿以1200两银子的身价，卖给山西洪洞马贩子沈燕林为妾。沈燕林长期经商在外，其妻皮氏与邻里赵昂私通。沈燕林带苏三回到洪洞，皮氏顿生歹心，与赵昂合谋毒死沈燕林，并诬陷是苏三所为。初审时洪洞县衙将皮氏与苏三收监。赵昂从皮氏家中拿出1000余两银子行贿。知县王氏贪赃枉法，对苏三严刑逼供，苏三受刑不过，只得忍屈画押，被判死刑，监于死牢中，皮氏却逍遥法外。正当苏三在洪洞死牢含冤负屈之际，适值王景隆升任山西巡按。王景隆在此前虽听闻苏三被卖到洪洞，但未知真情，故到任伊始先急巡平阳府，得知苏三已犯死罪，便密访洪洞县，探知苏三冤狱案情，即令火速押解苏三案件全部人员至太原。王景隆为避亲审惹嫌，遂托刘推官代为审理。刘氏公正判决，苏三奇冤得以昭雪，真正的罪犯伏法，贪官王氏被撤职查办，苏三和王景隆有情人终成眷属。

苏三监狱

牛王庙戏台

最早的木结构戏台

临汾市魏村牛王庙

庙内现存廊庑、献亭、正殿、垛殿等。正殿供三王（牛王、马王、药王），塑像俱存。戏台为木构亭式舞台，平面方形，单檐歇山顶，四角立柱各一根，前面及两侧前部敞朗，作为台口，音响效果较好，背面及两侧后部筑以墙壁，还保留着宋金乐亭古制。台上无后场之分，前檐用八棱石柱两根，正面雕牡丹及化生童子，柱侧刻创建与重修年代。台上梁架叠构，额枋、兰普、斗拱上下三层，形如庞大疏朗的藻井，简练精巧。戏台古称舞亭或舞楼，宋、金时晋南一带已有，元代相当普遍，但保存至今者较少。戏台为研究元杂剧在山西一带的发展历史和金元时期戏台建造规制的重要资料。庙内献亭，造型别致，结构精巧，也是一处较为珍贵的古代建筑。

平阳鼓楼

我国现存最高的鼓楼

临汾市尧都区市区

平阳鼓楼坐落在临汾市区中心。大约始建于北宋年间，金、元、明、清皆重修过，但楼体仍保持原建筑特点。

楼的平面呈正方形，四边各40米，面积1600平方米，高40.5米，四面设回廊。基座全用青砖砌筑，座高8米，南北东西有高宽各5

平阳鼓楼

天马遗址

米的券门。四个券门横额分别题刻“北达幽并”“南抵秦蜀”“东临雷霍”“西控河汾”。楼体稳重厚实，结构得体。古人称之为“拔地千寻，依云逼日”。

玩家 解说

鼓楼于1948年毁于战火。1983年，临汾市人民政府成立修复鼓楼委员会，全市人民集资捐款修复鼓楼。1984年开工，1986年恢复原貌。

太子滩农业观光园

绿色食品示范基地

曲沃县乐昌镇

全省唯一的国家农业科技示范园区和绿色食品示范基地，农业园区占地面积0.67平方千米，建设有80栋温室大棚。

天马遗址

西周早期晋侯墓地

翼城县和曲沃县两县交界地区

天马遗址总面积约10平方千米，出土有玉器、青铜礼器等随葬品及陶器、石器、骨器等万余件。墓内随葬的玉器是迄今发现的西周时期等级最高的玉器。

丁村遗址

明清民居建筑群

襄汾县城南

村内遗存有明、清时代的民居院落40多座，是中国北方地区现存规模较大、保存较为完整的明清民居建筑群。

古院落以观音堂为中心，分为北院、中院、南院、西北院四大部分。四个部分的房屋因建造年代的不同而风格迥异：明代房屋的装饰以彩绘为主，风格古拙稳重；清代房屋的装饰以木雕为主，雕工精细，造型优美。丁村民居为研究明清时北方民居的建筑手法及格局提供了宝贵的实物资料。

晋国遗址

晋国都城新田遗址

临汾市侯马市汾、浍两河交汇处

在临汾市侯马市汾、浍两河交汇处，共发现城址7座，其中白店、台神、平望、牛村4座互相毗连，东为呈王古城，东北为马庄古城，再北为北坞古城。牛村、平望、马庄三座城内有建筑台基。牛村城南有铸铜、制陶、制骨、制石作坊遗址，出土大量陶范。呈王城东南有祭祀和盟誓遗址，出土盟书5000余件。浍河以南有上马和柳泉两处墓地。

师家大院

三晋第一村

汾西县僧念镇师家沟村

“北观乔家堡，南游师家沟”，这是清末游人对师家沟清代民居群恢宏的气势、巧妙的构思、独特的风格的高度赞赏。这个庞大的建筑群创建于清乾隆三十四年（1769年），扩建历经80余年，占地面积10余万平方米。与乔、王两家大院所不同的是，这里的地形地貌与建筑特点巧妙结合。放眼望去，建筑群依山就势，北高南低，三面环山，南边临河，避风向阳，自然布局错落有致，鳞次栉比，统呈阶梯形状，是一块天然的风水宝地。

师家大院现存的门楼、花草、人物、琴棋书画木雕10余套，雕刻精致，艺术精湛，已成为我国木雕艺术研究的珍品。门额、门匾、木刻牌匾153处，砖刻牌匾47处，字迹功力深厚，刚劲有力，尤其是“东山宅”“北海风”“南山寿”“敦本堂”“清白家风”等牌匾，风格独特，神韵非凡，实为难得的书法艺术精品。以“寿”字图为主的窗花隔扇图案108种，据说一是表示师家的108种生意，二是表示山西的108个县。

师家大院民居建筑群规模宏大，设计独特，集砖雕、木雕、石刻艺术于一身，为我国古建民居研究提供了重要的实物资料。

玩家 解说

师家大院的创建人为师法泽，字仁厚，生于乾隆初年，幼年孤贫，成年后持家有道，生意兴隆。鼎盛时师家的店铺、钱庄，北抵太原、北京，南达洛阳、开封、湖南湘乡，西至西安、米脂，师家一度成为我省中南地区的名门望族。真正使师家沟闻名遐迩的一个重要原因，是师法泽之孙师鸣凤与清末名臣曾国藩兄弟的深厚交往，师家因此成为仕官达贵、文人学士的周游之处，被誉为“三晋第一村”。

师家大院

景点推荐

临汾西部景点

壶口瀑布 AAAA

中国第二大瀑布

吉县壶口镇

壶口瀑布是我国第二大瀑布，其落差约30米，宽度最大时可达千余米，最大瀑面3万平方米。当黄河流至壶口一带时，两岸苍山夹峙，把黄河水约束在狭窄的黄河峡谷中，河水聚拢，奔腾呼啸，跃入深潭，溅起浪涛翻滚，形似巨壶内黄水沸腾。巨大的浪涛在注入谷底后，激起一团团水雾烟云，景色分外奇丽。

夏秋之季，彩虹贯于晴空，分外秀丽。壶口瀑布不仅有“水中冒烟”奇景，更有“旱地行船”之说。上游船只到此，必须离水登陆，经人抬或车运绕过壶口方可入水续航，千百年来，概莫能变。壶口旅游区有“观在陕西、住在山西”的说法。

玩家攻略

壶口瀑布最佳观赏期分为两段，一是春季4月，正值农历三月间，漫山遍野的山桃花盛开，岸边冻结的冰崖消融，称为“三月桃花汛”。二是秋季9~11月，此时雨季刚过，河边众多山泉小溪，汇集大量清流，阵阵秋风吹过，常有彩虹

玩家 解说

第四套人民币50元背面的瀑布即为壶口瀑布。在壶口瀑布往下3000米的河道中还有一块巨大的奇石，人们称它为“孟门山”，这里又是人们观赏“孟门夜月”的地方。每当农历月半，夜临孟门，可见河底明月高悬。站北南观，水中明月分为两排飞舞而下；立南北望，水里明月合二为一迎面而来。

出现，叫作“壶口秋风”。

站在黄河岸边感受黄河的壮观，瀑布飞流而下，不仅给你带来豪气冲天的感慨，也会带来冰凉的雨雾和秋风，所以保暖很重要。

看彩虹是游壶口一乐，瀑布上空展现出七彩巨虹，与瀑布交相辉映，是奇观之中的奇观。如果走过黄河大桥数里，在孟门观壶口景色，缤纷的彩虹，上接长空，下临壶口水帘，更加美丽异常。

千佛洞

隋唐雕塑栩栩如生

乡宁县昌宁镇营里村

千佛洞为能仁寺的寺后佛堂，洞前寺宇两进院落为明清建筑。佛洞凿于一突出巨石之腰，巨石长宽各20米有余，体积8000立方米以上，洞内现存600多尊佛像，洞高3.1米，宽深各4.5米，四壁所雕神龛佛像姿态庄重、栩栩如生，壁面和石雕藻井，刀法简练，做工精细，为隋唐时期的作品。

千佛洞

小西天 AAAA

明代佛教寺院

隰县龙泉镇凤凰山

0357-7322210

8:00~19:30

小西天原名千佛庵，是一处佛教寺院，创建于明代崇祯七年（1634年），寺内分上、下两院。寺内的上、下两院内有很多色泽明丽、造型生动的塑像，人物造型丰满、生动，内心世界刻画动人，是明代彩塑塑造精美、充满情趣的珍品，至今色泽依旧，堪称明代彩塑中的精品。该寺另一与众不同之处是在

小西天

壶口十大景观

1.空中悬壶：滚滚黄河水至此，500余米宽的洪流骤然被两岸所束缚，上宽下窄，在50米的落差中翻腾倾涌，如同在巨大无比的壶中倾出。

2.黄河惊雷：黄河在峡谷中穿行，汹涌的波涛如千军万马，奔腾怒吼，声震河谷，当瀑布飞泻，反复冲击岩石和水面时，产生巨大的声响，并在山谷中回荡，恰如万鼓齐鸣，旱天惊雷，声传十数里外。只有在壶口瀑布附近，才能真正感受到“黄河在怒吼”“黄河在咆哮”。

3.壶底生烟：飞瀑直下，激起团团水雾，如同壶底生出的黄色烟雾。春秋两季，流量适中，气温不高，瀑布落差在20米以上，急流飞溅，易形成弥漫在空中的大雾。

4.冰峰倒挂：隆冬季节，龙槽冰封，两岸溢流形成的水柱如同大小不一的冰峰倒挂悬崖，彩虹时隐时现，游移其间，七彩与晶莹映衬，使游人无不喟叹造化之神奇。

5.彩虹飞渡：壶口瀑布反复冲击所形成的水雾，升腾空中，使阳光发生折射而形成彩虹。彩虹飞渡是“水底冒烟”与阳光共同作用的产物。春秋两季，水底冒烟、浓雾高悬，每遇晴天，阳光斜射，往往形成彩虹；夏日雨后天晴，有时也会出现彩虹。

6.石窝宝镜：在壶口两边石岸上，分布着无数个大小不一、形状各异的石窝。石窝是由河水长期冲击石岸，盘旋琢磨河床凹处而成，所以多呈圆形。每个坑从坑沿到坑壁都光滑无比，而且每个石窝里都有一个圆形石头。明代有人作诗赞曰：“河底有天涵兔影，山间无物掩蟾光。因其孟门开宝镜，嫣娥向晚理残妆。”

7.旱地行船：是壶口地区独有的航运方式，晋陕峡谷航运不便，到壶口卸下货物，空船上岸，陆上行舟数里，过壶口后，船再入水载货，下行到禹门口连货带船一起卖掉，船工由陆路返回上游。

8.十里龙槽：壶口至孟门约5000米，在这段400多米宽的箱形峡谷的底部，黄河水流下切，形成一条长30~50米，宽10~20米的深槽。黄河水从壶口奔涌下泻后，以每秒数千立方米的巨大流量归于此槽。由于传说它为龙身穿凿，故取名“十里龙槽”，也称“十里龙壕”。

9.孟门夜月：每当农历月半，夜临孟门，可见河底明月高悬。站北南观，水中明月分为两排飞舞而下；立南北望，水里明月合二为一迎面而来。

10.山飞海立：这一景观是对壶口瀑布磅礴气势的形容，黄河穿千里长峡，滔滔激流直逼壶口，突然束流归槽，形成极为壮观的飞瀑，仰观水幕，滚滚黄水从天际倾泻而下，势如千山飞崩，四海倾倒，构成壶口瀑布的核心景观。

寺院门前有许多的石阶绵延排列，在拾级而上的过程中，抬头可见巍巍大雄宝殿，有如到西天佛国之感。

云丘山景区 AAAAA

河汾一带第一名胜地

山西省南部临汾市乡宁县

0357-6034567

旺季80元，淡季40元

云丘山拥有丰富的自然资源、人文景观和文化遗产，是晋南地区少有的集旅游观光、休闲娱乐、度假养生、民俗体验、文化交流等功能于一身的综合性旅游景区。

云丘山峰岭叠翠，景色秀丽，素有“姑射最秀峰巅”“河汾第一名胜”的美誉。崇山、险峰、奇石、飞瀑、沟堑、清泉、溪流应有尽有，拥有国内最大规模的自然冰洞、风洞群和国内最大面积的天然红叶景观。

云丘山古称昆仑山，是尧、舜、禹之望岳，华夏乡土文化的地理标志，中华农耕文明及二十四节气的发源地。景区道教文化兴盛，殿宇、洞观为数众多，是全真教龙门派开山祖庭，有“北云丘、南武当”之称。云丘山还完整保存有11座千年古村落，是罕见的晋南窑洞建筑古村镇群落。景区开发有高端民宿、特色餐饮、商业街、温泉、滑雪场、文创市集等新业态，打造了特色的旅游品牌。

东岳庙 AAAA

东岳大帝黄飞虎的行宫

蒲县蒲城镇柏山

东岳庙俗称柏山寺。庙宇规模宏大，布局完整，殿内塑有东岳黄飞虎及侍者像。最后地平以下由十五孔窑洞组成十八层地狱，内塑五岳大帝、十殿阎群和六曹判官等，塑像高度与人相等，分别塑有各种鬼吏和刀山、油锅、碾磨、锯解等共计120余躯，是我国现存寺庙中稀有的一组明代泥塑佳作。

链接

东岳大帝

又称泰山神，在民间传说中，东岳大帝主管世间一切生物（植物、动物和人）的出生大权。泰山神作为泰山的化身，是上天与人间沟通的神圣使者，是历代帝王受命于天、治理天下的保护神，是汉族的民间宗教信仰之一。

云丘山

攻略资讯

- 交通
- 住宿
- 美食
- 购物
- 娱乐

交通

飞机

临汾尧都机场位于山西省临汾市尧都区乔李镇乔李南麻村与洪洞县淹底乡交界处，距临汾市中心城区11.5千米，2022/2023年冬春航季，临汾尧都机场共有12家航司在此开通17条航线，通航26座城市。

火车

临汾市区有火车站2座，分别是临汾站（南同蒲线）、临汾西站（大西高铁）。临汾市南北以全国铁路大动脉同蒲铁路纵贯。

汽车

临汾境内现有6条高速：京昆高速（大运高速）、青兰高速（临吉高速）、青兰高速（长临高速）、呼北高速、临汾环城高速、黎永高速，3条国道：108国道、209国道、309国道穿过。有临汾城北客运站、尧都区尧庙客运站、侯马西客运站等多个客运站。

临汾火车站

临汾风光

住宿

临汾市拥有众多宾馆饭店，市区中心的解放路是宾馆较集中的地方，这里有十多家设施齐备、环境舒适、服务优良的宾馆，而且这条街道本身十分干净整洁，是下榻的首选之地。

●金都花园大饭店

金都花园大饭店地处临汾市尧庙华门旅游景区，南依国祖尧庙，相望中国华门，建筑面积达7万余平方米，楼层分为行政层和无烟层，室内宽敞明亮，庭院内设有面积达10 000平方米的露天花园和啤酒屋，有优越的地理环境、先进的硬件设施及热情周到的服务。临汾市尧庙华门风景区迎宾大道1号 0357-2688888

●五悦·悦心酒店（鼓楼平阳广场店）

金盾快捷酒店位于市中心繁华路段鼓楼东大街，紧邻尧都区公安局直属分局，距鼓楼广场约400米，距平阳广场约300米，距长途汽车站约800米，出行方便快捷。尧都区红卫路135号 0357-3920888

临汾夜景

●汉庭（临汾西站店）

距离临汾高铁站非常近，交通便利，酒店设施很新，房间也比较大。酒店在设计中采用低饱和色彩氛围。客用品、家具设计符合人体工学的同时关注环保。服务周到。

滨河街道鼓楼西大街富力盈通国际写字楼

0357-2082111

●襄汾八方宾馆

襄汾八方宾馆是一家经济旅游商务宾馆，位于霍侯一级公路襄汾汽车站附近，位置优越，交通便利，店内各项设施齐备，消防设施安全合格。临汾市襄汾县大运路

0357-3603088

美食

临汾当地的餐饮以面食为主，油炸食物、杂粮细做是当地的特色。当地特色小吃有丸子面、烧卖、元宵、羊杂烩、猪血灌肠等，一般在路边的小吃摊上就可以尝到。

●洪洞元宵

洪洞元宵在宋代已享有盛名。洪洞元宵之所以出名，是因为霍泉水浇灌的糯米品质优良的缘故。据说，这种糯米曾与“沁州黄”小米共同被选为向皇帝进贡的物品。

洪洞元宵

●羊杂烩

羊杂烩是临汾洪洞县的特产，最早出现于元代。其最大的特点是原汁原汤，只加入最普通的一些调味品，然后放入砂锅中慢慢煮熟。这一做法与蒙古族吃羊肉的习俗大同小异。

●牛肉丸子面

老汤是牛肉丸子面的最大卖点。汤里还炖着丸子，可以看到上面厚厚的一层辣椒油，吃的时候用滚烫的汤一次一次地把面条浇透浇热，再盛上丸子，放几片牛肉和星点香菜就可以了。

牛肉丸子面

购物

临汾市内各大商场、市场货源充足，品种较多，游玩之余如果还有兴致的话，不妨去商业街逛一逛，既可以看看当地的民风，又可以买到一些有当地特色的小商品。临汾的当地特产主要有午城玉屏酒、洪洞甲鱼、

浮山剪纸、吴家熏肉、古县核桃等，都享有盛名。

●午城玉屏酒

由山西隰县午城酒厂生产的玉屏酒是山西省优质名牌产品。该酒以清香称著的午城白酒作底酒，按照我国古典医药名方“玉屏风散”，选用参、芪、术、檀等15味名贵药材，精心配料酿制而成。

●洪洞甲鱼

洪洞县靠汾河一带盛产甲鱼，即鳖，俗称“王八”，是一种营养价值很高的食用品，也是一种具有多种功效的名贵药材。当地人用甲鱼做成一道道风味独特的地方名菜。其中用甲鱼和鸡为原料制作的名菜“霸王别姬”，色鲜味美，营养丰富，深受欢迎。

●浮山剪纸

浮山县素有“剪纸之乡”的美称。这里的民间剪纸艺术像灿烂的花朵，遍布全县城镇乡村、山庄窝铺。浮山剪纸有数百年的悠久历史。剪纸艺人将其高超的技艺代代相传，精益求精，不断创新。

浮山剪纸

●吴家熏肉

吴家熏肉是临汾的传统佳肴，迄今已有近百年的历史。熏肉以鸡和猪的心、肝、肠、肚、蹄、口条、头为主要原料，在炎热的夏季，苍蝇不沾，放置三天而不腐烂，是当地高档宴席上的佳肴。

●古县核桃

古县核桃历史悠久，源远流长，距今已有2000多年的历史。古县所产核桃皮薄、仁满、出油率高，生食甘美适口，炒食齿颊留香，营养丰富。

古县核桃

娱乐

在临汾一些区县，尤其是一些相对偏远的地方，每逢节日，可以看到当地的戏曲、锣鼓表演。

《好客云丘人》：大型民俗表演，每天进入云丘山景区的游客可免费观看演出，节目有鼓乐《五龙腾飞》，舞蹈《鞭杆挑花篮》，小品《求子》，民歌独唱《放羊娃》，快板舞《云丘山红叶映奇观》，二胡笛子合奏《赛马》等。

锣鼓表演

发现者旅行指南

吕梁

概览

亮点

■ **北武当山**

集"雄、奇、险、秀"于一身，是吕梁山的一颗明珠，也是我国北方道教圣地之一。

■ **碛口古镇**

当年繁华一时，正所谓"水旱码头小都会，九曲黄河第一镇"。

■ **卦山**

融自然风光和千年古刹为一体的三晋著名旅游景点，以山形卦象、古柏参天、寺宇巍峨、华严道场而早在唐代就闻名遐迩。

■ **玄中寺**

位于石壁山中，寺庙四面石壁陡立，翠柏环布，为

北武当山

风景幽雅的佛教圣地，日本佛教徒亦视之为祖庭。

■ **杏花村汾酒作坊**

杏花村是中国酒文化史上最具代表性的一处酿酒胜地，杏花村的酿酒史也是中国酿酒史的一个缩影。

■ **庞泉沟自然保护区**

以保护国家一类野生动物褐马鸡为主的森林生态型自然保护区。

线路

■ **吕梁登山两日游**

第一天：上午进入庞泉沟景区，茂密的落叶松和高大的云杉，使人入目凉爽，心境幽静。下午游览区内的龙泉瀑布、古树宝塔及众多的摩崖石刻。

第二天：早上赴北武当山景区，欣赏千姿百态的古松和天然形成的怪石等自然景观，供拜真武庙。

■ **吕梁经典三日游**

第一天：先到卦山去看一看华严初祖讲经的地方；再去佛教圣地玄中寺感受古

刘胡兰纪念馆

寺的幽静；接下来再到刘胡兰纪念馆和武则天纪念馆参观。

第二天：可以放慢脚步，先去庞泉沟自然保护区呼吸新鲜空气；然后去北武当山看一看三晋第一名山的奇峻秀丽。

第三天：来到碛口旅游区，亲身感受一下九曲黄河第一镇的魅力。

为何去

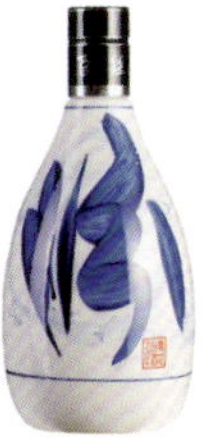

沟壑纵横，山峦起伏，梯田环绕，历史给吕梁留下了丰厚的历史文化遗产。“借问酒家何处有，牧童遥指杏花村。”著名的酒都杏花村也位于此地。

杏花村汾酒作坊

何时去

一年四季皆可到吕梁旅游。吕梁春季干燥多风，降雨稀少；夏季炎热，雨量集中；秋季凉爽，气候宜人；冬季寒冷，雨雪稀少。

西湾村

春季到庞泉沟，这里绿染花香，山高林密，沟谷交错，蔚为壮观。夏季到北武当山避暑，百花争艳，香气扑鼻。秋季到来，霜叶红似火，带给游人视觉盛宴。

碛口古镇

区域解读

区号：0358
面积：21 140km²
人口：337.05万人

地理 GEOGRAPHY

区划

吕梁市辖1个区（离石区），10个县（岚县、临县、兴县、文水县、中阳县、方山县、柳林县、交口县、交城县、石楼县），代管2个县级市（汾阳市、孝义市）。

地形

吕梁市地处吕梁山脉中段，地势中间高两翼低，吕梁山脉由北而南纵贯全境，平均海拔为1000～2000米。主峰关帝山海拔2831米，为吕梁山最高峰。

山地两翼丘陵起伏，沟壑纵横，水土流失严重。东部地势平坦，为太原盆地西部边缘，是主要农业区。境内有黄河及汾河、文峪河、湫水河、蔚汾河、三川河穿流，均属黄河水系。

航拍吕梁山脉

气候

吕梁市属半干旱大陆性季风气候，四季分明。春季干燥，雨少风多；夏季炎热，雨量集中；秋季凉爽，气候宜人；冬季寒冷，降雪偏少。

吕梁市虽以旱著称，但在降水量集中时段常有暴雨发生，暴雨多出现在7月和8月，下午到傍晚出现的概率最大。另外，冬春季时还会经常出现大风天气，形成扬沙或沙尘暴天气。

历史 HISTORY

历史大事记

吕梁的建置，最早可追溯到春秋时期，公元前376年，韩、赵、魏“三家分晋”以后，吕梁划为赵国境域。后经多次改名，东汉始立后各县遂复旧名。

北齐、北周之际，吕梁成为政权纷争之地，北齐斛律金所筑长城的起点——金锁关即在区内黄芦岭上，今遗址尚存。五代时期，吕梁境域内所属未变。

近代至今：抗日战争和解放战争期间，吕梁各县均属晋绥边区（现称晋西北）行政公署。2004年7月9日，吕梁撤地设市正式挂牌。

文化 CULTURE

中阳剪纸

吕梁地区蕴藏着丰富的民间艺术，民间剪纸尤为群众喜闻乐见，其中又以中阳剪纸最为有名。1986年中阳县被文化部授予“剪纸艺术之乡”称号，2006年，中阳剪纸被国务院公布为首批国家级非物质文化遗产保护项目。

中阳剪纸取材于身边的事物，结合原始文化积淀，应用细致的创作手法，表达作者的情感和观念。每幅剪纸不仅是劳动妇女们的即兴创作和艺术劳动，而且还形象地表达、记录着劳动妇女心中的所求、所盼、所想。从表现的内容来看，大致可分为三大类：

第一类，人物、植物、动物、器物造型，反映中阳地区所保留的远古人类童稚古朴的观念和信仰。如大量歌颂鱼、蛙、蛇、兔的主题纹样，反映了远古华夏先民图腾崇拜的痕迹；各种造型的娃娃组合纹样，是中华民族生命崇拜心理意识的积淀；一些象征吉祥的纹样，以对神物的崇拜，表达了劳动人民追求美满、幸福、平安、富裕生活的愿望。

第二类，主要表现人们在不同岁时节令和人生礼仪中的活动情景，形象地反映出中阳地区农民生产生活的习俗。

第三类，以剪纸纹样记录了流传于民间的古老神话、传说和故事，并通过这些剪纸反映了中阳劳动人民朴素的道德观念、纯真的生活情趣和幽默感。

中阳剪纸从地域上可分为南川河流域、刘家坪地区、西山边远地区三大地域。南川河流域的民间剪纸艺术风格细腻、典雅，是中阳民间剪纸的主流；刘家坪地区的民间剪纸艺术风格淳朴、刚健；西山边远地区的民间剪纸艺术风格粗犷、浑厚。尽管在造型风格上各有不同，但其共同的特点是保留了原始艺术淳朴粗拙的特征，给人以庄严、神圣、质朴的美感。

近几年来，包括中阳剪纸在内的吕梁剪纸作品在国际国内大奖中频频获奖，吕梁剪纸正在走向世界。

孝义木偶戏

孝义木偶戏是扎根于民间、具有浓郁乡土风情的地方特色剧种之一，主要流传于吕梁孝义市及周边市县，现已列入国家非物质文化遗产名录。

孝义木偶戏于宋代传入，最初木偶戏的曲调用孝义秧歌干板腔、皮腔，中路梆子（晋剧）演唱，后来又加入碗碗腔演唱。

早先，木偶、皮影各成班社，孝义木偶戏用孝义秧歌干板腔调，以后用皮腔调，中路梆子兴起后采用中梆子腔调，即晋剧声腔。上演的剧目也以移植晋剧剧目为主，如《明公断》《三击掌》《走山》《九件衣》《斩黄袍》等。因夜间照明设备差，木偶戏夜间无法演出，而皮影班社只能在夜间演出，白天只能坐等，于是木偶、皮影两班社逐渐联合演出，白天上演木偶戏，夜间上演皮影戏，两班社慢慢合二为一，成为一个班社，即灯影班。灯影班独具特色，少则7人，多则9人，就能开台演出，俗称“七紧八慢九消停”。由于灯影班便于在山村乡里演出，每逢良辰佳节、赶庙会、过生日、做满月，大家都乐于请灯影班演戏助兴，世代相传，逐渐形成了一种民间习俗。

孝义的木偶戏制作精巧，形象生动，表演细腻，内容丰富。用来呈现木偶的纸窗一般高约1米，长约2米，并固定在柜架上。纸窗糊制有严格的裁纸、毛边、对口、粘贴、平整5道工序，其窗平整无皱、雪白无瑕。木偶常以羊皮、牛皮或驴皮作为材料，皮影制作工匠依据戏剧故事，雕刻出各种生动逼真、富有个性的人物形象，以及诸如桌椅板凳、亭台楼阁、花草树木、奇山怪石、龙亭金殿、军营帅帐等花样繁多而又精美绝伦的场景道具和自然事物。一般将这些人物景物和道具雕刻为高42~60厘米，并用各种色彩绘制。

明清两代，孝义的木偶艺术有了发展。民间艺人创造了各种各样的木偶人脸谱，眼睛能转动，嘴巴能开合，表演传神，形象逼真。

中华人民共和国成立后，孝义木偶艺术获得了新生，组建了剧团，木偶制作造型更加优美，彩绘更加精致，神态更加生动。如今，孝义除有孝义市木偶艺术团外，还有孝义木偶艺术展演团、必独村的武海棠演出团等。

木偶戏

景点推荐

吕梁南部景点

安国寺
融自然风景与古建筑为一体

吕梁市离石区

安国寺，原名安吉寺，位于山西省吕梁市离石区西10千米的乌崖山麓的一个石洼之中，周围山峦耸立，绝壁悬崖，据碑记创建于唐贞观十一年（637年），曾为唐代宗女昌化公主食邑地。代宗以佛牙二枚赐予昌化，置铜塔储之，今寺中铜塔楼就是当年供奉、储放佛牙之处。当地还流传有昌化公主迎佛骨的故事。该寺依山势而建，整体布局错落有致，亭台楼阁、殿宇禅房比比相连。寺主院分上下两层，偏院分内外两进，共四处院落。主要建筑有大雄宝殿、铜塔楼、钟鼓楼、万佛阁、关帝阁、观音楼、十王殿、洞宾楼，又有于清端公祠、于莱公祠、于成龙读书楼，还有莱公别墅、石牌坊、砖塔等，寺内水源丰富，清泉长流不息。

柏窳山
峰峦秀丽，叠嶂巍然

吕梁市中阳县城

位于中阳县宁兴镇，山腰有金代创建的道教庙宇——龙泉观。庙堂依山而筑，庙中有清冽甘醇的“龙泉水”。相传农历三月十七日为圣母生日，这里届时举办庙会，游人香客云集山巅，汲取龙泉圣水，观赏柏窳胜景。

上顶山
形如凤凰，势欲冲天

吕梁市中阳县正南

上顶山海拔2100.7米，形如凤凰，势欲冲天，为当地最高峰。远观像耸立群山的金字塔，庄严肃穆，近看清新唯美。上顶山是一个庞大的草甸、奇石、森林宝库，拥有天然高山草甸，绵延20多千米，气势恢宏。中心为凤凰头，呈圆锥状，直径约2000米，突兀于万山之巅，昂首向天。锥体外实中空，顶端有一深不见底的竖洞，称作放风洞，洞口风声震耳，风小时天晴气朗，风大时大雨滂沱。相传此洞是当年上殿龙王冲天而出时留下的，所以当地先民在此修庙纪念求神祈雨。

据《汾州府志》记载，上顶山亦称“可寒堆”。“山有可汗庙”，说明有突厥、蒙古等民族在此活动过，长长的草甸又叫“跑马梁”，是当年练兵驯马的场地。仰卧草甸，手可触天，环顾四围，群山皆小。在这里既能领略高山的雄伟壮丽，又能体会草原的宽广开阔。

香岩寺

唐朝八大寺庙之一

柳林县柳林镇

寺内现存有山门、钟楼、鼓楼、中殿、后殿、配殿和僧舍，保存完整。寺内各殿内明代的琉璃瓦甚多，其中后代增补的酱釉和黑釉琉璃瓦件，为其他寺庙所罕见。

玩家 攻略

柳林红枣的产量占全国总产量的1/6，盛产的品种是木枣，系全国八大名枣之一。柳林木枣的主要产地在地处黄河沿岸的三交镇，也是华北地区最大的红枣集散地之一。

云梦山

交口县城西15千米的石口乡桥上村

云梦山海拔1800米，地处一地质断裂带上，裸露的悬崖石壁高数十丈，呈弯曲条带状分布，构成云梦山的主体。云梦山林木茂盛，谷深幽静，这里最值得称道的是绝壁庙宇、天然岩洞、峭壁悬棺和悬崖飞瀑，在70多米高的绝壁之上，天王殿、三清观、玉皇庙、财神庙、王母娘娘庙等一字排开，左右约百余米，各处庙宇都依山势就石窟而修筑，内侧利用石壁，外侧则砌以砖石，采用单檐歇山砖木结构，样式大小各异，高低错落，更显奇巧。

山神峪千佛洞

千佛造像

交口县石口乡山神峪村

佛洞开凿于巨石之腰，洞高3.1米，宽深各4.5米，相传古时有位白须老者居此，出入隐现，人莫能测，乡人誉为山神，地名因之。四壁满雕神龛及佛像，刀法简练，姿态庄重，局部绘有壁画，内容为佛传故事，窟顶雕出藻井图案，按其造像风格，应是隋唐作品。洞前寺宇两进院落为明清建筑，有山门、厢房、配殿、献殿等，巨石位居最后，千佛洞则成为寺后佛堂。寺宇规模不大，布局严谨，殿堂结构简洁，形制典雅，与四周山石树木相互辉映、颇富雅趣。

千佛洞

景点推荐

吕梁东部景点

刘胡兰纪念馆

女英雄刘胡兰的纪念地

文水县城刘胡兰镇刘胡兰村

毛泽东当年为其题词“生的伟大，死的光荣”。纪念馆始建于1956年，现有总建筑面积6万多平方米，由广场、纪念碑、刘胡兰生平事迹陈列室、影视室、书画室、七烈士纪念厅和群雕、陵墓、刘胡兰雕像、碑亭、烈士被捕受审就义原址组成，以纪念碑和陵墓为中轴作对称分布，藏有烈士遗物74件。陈列室内有党和国家领导人朱德、邓小平、江泽民和董必武、谢觉哉的题词。

链接

刘胡兰小传

刘胡兰（1932—1947），生于山西省文水县云周西村。1945年任村妇救会秘书、区妇救会干事，积极带领群众参加土地改革和支援前线。1947年1月12日，在山西军阀阎锡山的军队突然袭击时被捕。年仅15岁的刘胡兰怀着对共产主义的坚定信念，毫不畏惧，从容地躺在敌人的铡刀下，为中国人民的解放事业献出了年轻的生命。

则天庙

一代女皇的庙宇

文水县凤城镇南徐村

则天庙西傍吕梁山，东靠文峪河，是一处山清水秀的名胜地。庙宇坐北向南，规

则天庙

模不大，中轴线上从北到南有正殿、乐楼、雕像、山门；两翼建筑有偏殿、配殿、碑廊、鱼池、回音亭等30多间殿宇，占地面积约26 000平方米。院内柳树成荫，花草遍地，庙内还有武则天政绩及家族史料陈列等。

链接

女皇武则天

武则天（624—705），中国历史上唯一一个女皇帝，继位年龄最大的皇帝（67岁即位），寿命最长的皇帝之一（终年82岁）。唐高宗时为皇后（655—683年）、唐中宗和唐睿宗时为皇太后（683—690年），后自立为武周皇帝（690—705年），改国号“唐”为“周”，定都洛阳，并号其为“神都”，史称“武周”。

庞泉沟自然保护区

森林生态型自然保护区

交城县庞泉沟镇关帝山

庞泉沟自然保护区是以保护国家一类野生动物褐马鸡为主的森林生态型自然保护区。区内沟谷交错，峰险景奇，有龙泉瀑布、古树宝塔及众多摩崖石刻。保护区内最高山峰为孝文山，海拔2830米，以华北落叶松著称全国，野生植物资源也很丰富，其中有大量的党参、黄芪、甘草、菖蒲、连翘、桔梗、柴胡等药用植物。

保护区内有“孝文古碑”“云顶日出”“雄师夕照”“天门瑞气”“笔架生辉”“文源晚翠”“龙泉瀑布”“古树宝塔”，构成庞泉沟的“八大景观”，多姿多彩，若虚若幻。

玩家 解说

褐马鸡是我国特产珍稀鸟类，被列为国家一级保护动物，仅见于我国山西吕梁山、河北西北部，目前约有2000只。主要栖息在以华北落叶松、云杉次生林为主的林区和华北落叶松、云杉、杨树、桦树次生针阔混交森林中。

卦山天宁寺 AAAA

华严初祖讲经的地方

交城县天宁镇

卦山是融自然风光和千年古刹为一体的三晋著名旅游景点。它以山形卦象、古柏参天、寺宇巍峨、华严道场而早在唐代就闻名遐迩。卦山古柏扎根于悬崖绝壁，钻岩抱石，姿态各异，著名的有龙抓柏、牛头柏、连理柏、文武柏等，惟妙惟肖，情趣盎然，古往今来流传有许多神秘美妙的神话传说。

卦山诸多寺庙中创建最早、规模最大的是创建于唐朝的天宁寺。相传中国佛教华严宗初祖法顺（亦称杜顺）曾在此山讲经说法而建寺，又因为有太原节度使李说夫妇的捐助扩建而成为唐代华严宗巨刹。明清时期，又增建了圣母庙、卦山书院、朱公祠等，

卦山天宁寺

殿堂楼阁，鳞次栉比，成为规模宏伟的古建筑群。

链接

华严宗初祖杜顺

杜顺（557—640），华严宗初祖，唐代雍州万年（陕西西安市临潼区北）人。18岁出家，法号法顺。师事因圣寺之僧珍（道珍），受习定业，后住于终南山，宣扬华严教纲。其言教多贬抑浮词，彰显正理，路见神树鬼庙必焚除之。唐太宗闻其德风，引入宫内礼遇之。师复游历郡国，劝念阿弥陀佛，并撰"五悔文"赞咏净土。贞观十四年（640年）于南郊义善寺圆寂，世寿八十四。后人尊为华严宗第一祖，世称文殊化身、帝心尊者。著有《华严五教止观》《华严法界观门》《十门实相观》《会诸宗别见颂》等各一卷。

玄中寺 AAAA

净土宗的发祥地

交城县天宁镇

玄中寺又名壁寺，位于石壁山中，面积6000平方米。寺庙四面石壁陡立，翠柏环布，为风景幽雅的佛教圣地，日本佛教徒视玄中寺为祖庭。

玄中寺兴建于北魏，主要殿堂万佛殿、东西配殿、善法殿在清同治、光绪年间毁于火灾。1955年重建善法殿五间，五脊六兽悬山式，万佛殿五间，九脊十兽歇山屋，千佛阁三间硬山工，东西配殿各五间，飞檐斗拱，棂花装修，雕梁画栋，油饰彩画，莫不具备。殿内木雕佛造型生动，金碧辉煌。寺东山巅两层八角白色秋容塔，叠涩重檐，砖座宝顶，中空置佛，塔身挺秀。殿阁内供木雕、泥塑、铁铸佛像共70余尊。

玩家解说

据记载，北魏孝庄帝永安年间，高僧昙鸾在玄中寺创立了佛教净土宗派，并著有《往生论注》等书。唐代时，日本高僧圆仁来中国学习佛教的天台宗和密宗教义，同时也学习了净土宗教义，从此中国佛教中的净土宗就传到日本。后来，日本高僧源空（号法然）开创了日本净土宗，其弟子源信（号视鸾）又开创了净土真宗。这两个宗派的信徒、弟子都称中国的昙鸾、道绰、善导等为祖师，把玄中寺视为祖庭。凡日本这两个宗派的佛教弟子来中国参观、访问，都要到玄中寺进香。因此，玄中寺又成了中日文化交流的纽带。

玄中寺

秋容塔

玄中寺白塔也叫秋容塔，白塔位于玄中寺东南的龙山峰巅，为两层叠石出檐砖塔，属宋代建筑风格。秋容塔建在峰顶不到700平方米的平地上，周围砌有砖花栏，塔高13米，塔身悬檐部分砖为唐代绳纹砖。

七佛殿

七佛殿上悬挂着"西方圣境"门匾，寺内供奉着古天竺7尊佛像，通称为"过去七佛"。该殿7尊佛像均为木雕金身，金光耀眼。佛高1.8米左右，雕制于明代。再沿石阶登上千佛殿，是玄中寺的最高点。极目远眺，石壁山幽雅秀丽的景色尽收眼底。

杏花村汾酒作坊 AAAA

牧童遥指杏花村

汾阳市杏花村镇东堡村户家街

杏花村是中国酒文化史上最具代表性的一处酿酒圣地，杏花村的酿酒史也是中国酿酒史的一个缩影。具有1500年生产历史的杏花村汾酒集团是全国最大的名白酒生产基地之一，其主导产品汾酒、竹叶青和杏花村酒畅销海内外。公司内风景如画，酒香醇厚，保存有丰富的与汾酒有关的各种历史资料、文化景点，如酒具、酒史博物馆、古井仙亭、名人碑廊、牧童指处等。

醉仙居是公司酒文化名园，内有碑廊、亭台、假山、秀木等景致，最主要的是内有一座酒器博物馆。该博物馆是全国第一家，也是到目前为止收集藏品最全的一家专业酒器博物馆。馆内收藏上至三代下至民国的酒器、酒具1000余件，这些器皿基本上都是以杏花村为圆心，在方圆百里以内收集到的饮酒器或盛酒器，这些器皿是杏花村酿酒史源远流长的物证。

玩家攻略

1.为方便游人参观，不影响正常生产经营秩序，汾酒集团专门开辟了旅游通道，形成了一条旅游专线，参观古老的名酒生产线。首先游客可参观万吨粮仓，然后游览传统酒库和万吨酒海，最后参观成装线，近距离观察酿酒工序。

2.每年10月，杏花村会举办汾酒文化节。在杏花村参观，最主要的项目是品酒和看酒，目前，酒厂已经成为工业旅游热门景点。

链接

汾酒

汾酒文化源远流长，是晋商文化的重要一支，与黄河文化一脉相承。汾酒历史上有过四次成名。早在1500年前的南北朝时期，汾酒就作为宫廷御酒受到北齐武成帝的推崇而一举成名，并被载入二十四史；晚唐大诗人杜牧的千古绝唱“借问酒家何处有？牧童遥指杏花村”使汾酒再度成名；1915年，汾酒在巴拿马万国博览会上一举荣获甲等金质大奖章，成为酒品至尊。

孝河湿地公园 AAAA

国家级湿地公园

吕梁市孝义市时代大道

孝河国家湿地公园位于黄土高原，以其独特的湿地生态景观和丰富的文化内涵，成为国内罕见的集区域水利、城市湿地、生态文化及民俗风情于一身的主题湿地公园。公园占地面积5.99平方千米，湿地面积占据了整个公园总面积的52.8%，达到了3.16平方千米。为了有效保护和恢复这片珍贵的湿地生态，公园被精心划分为湿地保育、恢复重建、科普宣教、管理服务和合理利用五大功能区。公园内有八孔桥、湿地、九曲栈桥、天鹅湖、玉带湖、鸳鸯池、月老潭、观鸟亭、叠水矶石、状元池、洗砚池、尉公池、采摘园、小

杏花村汾酒作坊古井

象湖、水葱池、香蒲池、游船码头、慈爱湖、橡胶坝、孝亲池、蛙鸣池、古木栈道、馨风台等景观。

公园的设计理念着重凸显自然、生态、野趣与环保，同时巧妙融合了南北园林的艺术精髓，使得整个公园的功能布局既科学又美观。在湿地区内，天鹅湖、芦苇池、菖蒲池、睡莲池及鱼跃塘等水系生态修复和观赏区星罗棋布，为游客提供了一处处绝佳的亲近自然之所。此外，园内特设的观鸟台更是让游客有机会近距离观察各种鸟类的生活习性，感受群鸟齐飞的壮观场面，这不仅极大地丰富了公园的自然生态景观，也为游客提供了一次难得的生态教育体验，因此公园是非常好的研学旅行的旅游目的地。

孝河国家湿地公园已然成为一个兼具生态保护、休闲旅游和文化教育多重功能的综合性公园。通过科学规划和精心管理，公园成功地实现了对湿地生态的有效保护和逐步恢复，为游客和当地居民提供了一个难得的亲近自然、感受文化、享受生活的理想去处。

贾家庄 AAAA

全国科教兴村试点

吕梁汾阳市贾家庄镇贾家庄村

9:00~17:00　60元　0358-3338585

贾家庄位于吕梁山东麓，由贾家庄、辛村、葡萄庄三个村组成。贾家庄地势平坦，水源丰富，为新型的都市化农村，生态园建筑总面积达到上万平方米，山水丰盈，建有农业、花卉、养殖等4个园区，三星殿、迎宾瀑布、九曲柏林园、丹青笔塔、福泽湖、马跑神泉等十几处景点，娱乐设施有射箭场、高空游览车、儿童娱乐园、盘龙柱等，另有村史教育展览、民俗教育馆、碑林。登上生态园的最高处龙山顶眺望，只见丹青笔塔竖直挺拔，汾州美景一览无遗。

贾家庄

三皇庙 AAAA

国家重点文物保护单位

孝义市城西贾家庄村

9:00~18:00　0358-7828220

孝义市三皇庙位于贾家庄村三皇街中段。庙群东西长84米，南北宽59米，北侧紧邻孝义市横贯东西连接秦晋的古驿道——素有粮煤旱码头之称的贾家庄古街区。街区南北两侧布满明清的遗古商铺、古院落和大型车马店。虽然昔日商埠繁华早已不在，但满街古老遗存仍然随处可见。贾家庄独特的三皇文化、驿道文化、晋商文化以其深厚的内涵蕴藏其中。

庙群中，三皇大殿为元代建筑遗构，乐楼、庑廊、碑廊、山门等建筑为明清逐次修葺之物。本庙群主轴线坐西向东，二进院落附此偏院布局。正殿上供天皇伏羲、地皇神农、人皇轩辕，下列古代十大名医。此偏院二层仿古建筑内为贾家庄民俗展览馆。

三皇庙

景点推荐

吕梁北部景点

北武当山 AAAA

“三晋第一名山”

方山县武当镇武当村

古称龙王山，又名真武山，明代修复玄天大殿后，根据“非玄武不足以当之”之意，更名为武当山，因位于北方，故改称北武当山。北武当山道观现有道人十多个，观内存有泥塑、壁画、石碑等文物，具有珍贵的历史研究价值。峰顶建有真武庙，据古碑记载，创建于唐时，重修于明季。每逢农历三月初一至初三是古庙会期，届时香烟缭绕，游人云集。

玩家 攻略

俗话说：“僧不言名，道不言寿”，道人修炼是为长寿，所以最好不要问道人的年龄。入道门的原因很多，如果没有深交，也不要问其身世。

玩家 解说

传说，此处为真武大帝二次修炼羽化脱身之处，因此深受道家敬重。真武大帝修炼成仙后，来到了北武当山。恰逢有怪蟒作恶，当地百姓如入火炕。真武大帝立即斩杀怪蟒。两年后，怪蟒又作怪而且功力大增。真武大帝便二次羽化，终成正果，杀绝怪蟒。现有舍身崖记录了真武大帝斩杀怪蟒的故事。

蔡家崖晋绥文化景区 AAAA

晋绥首府红色之旅

兴县蔡家崖村

蔡家崖晋绥文化景区以晋绥边区革命纪念馆为核心，挖掘和展现晋绥边区深厚

的文化底蕴。在抗日战争和解放战争时期，蔡家崖是中共中央晋绥分局、晋绥边区政府及晋绥军区司令部的驻地，成了晋绥边区的政治、军事和文化中心，被誉为“小延安”。这里孕育的吕梁精神，已成为中国共产党精神谱系的重要组成部分。在那个烽火连天的年代，仅有9万人口的兴县，养育了近4万的晋绥党政军革命队伍。全县超过1万人参军，3000多人牺牲，谱写了一曲曲壮丽的英雄赞歌。长篇小说《吕梁英雄传》正是以晋绥边区抗战故事为背景，讲述了那段可歌可泣的历史。

碛口景区 AAAA

“人生必去的十座小镇之一”

✉ 临县碛口镇

碛口位于临县城南48千米处的黄河边，因黄河第二大碛——大同碛得名。碛口从清代乾隆年间兴起，此后200余年是中国北方著名的商贸重镇。民间有“驮不尽的碛口，填不满的吴城”“青定头，南峪口，拴起骡子跑碛口”之说，正所谓“水旱码头小都会，九曲黄河第一镇”。碛口旅游区主要包括黄河大同碛、碛口古镇、西湾、李家山和寨子山民居、黑龙庙、毛主席东渡黄河纪念碑、黄河峡谷天然石雕等。碛口是中国历史文化名镇，2006年被列为世界百大濒危文化遗址之一，有人称它为“人生必去的十座小镇之一”“全国最具年味的八个地方之一”。

黑龙庙

黑龙庙位于临县南端湫水河入口处的碛口镇卧虎山。据清乾隆二十一年（1756年）增修钟鼓楼碑记载：庙创建于明代。雍正年间增建乐楼。道光年间重修正殿和东西耳殿。庙宇规模壮阔，昭然入目。历史上，黑龙庙是古镇祈雨的地方，以求摆脱干旱，因此常年香火鼎盛。

西湾村

沿湫水河，上行不到两华里，转到碛口背后，有一个三面环山、一面临河的小村庄，因它是在湫水河的转弯处，故称西湾村。西湾是单姓村，村里人都姓陈，从村子的布局和房屋的结构上看，西湾村过去的人绝不是

普通靠种田吃饭的人，它的气度，它的规模，它曾经有过的繁荣，绝非黄河沿岸的普通小村庄。

义居寺景区 AAAA
古代建筑的杰作

临县三交镇枣圪垯村

义居寺总面积5.6万平方米，主景区面积1.1万平方米。景区背山面水，50余处建筑，气势雄伟。义居寺旧称“佛堂寺”，始创于北魏，兴盛于宋代，几经修缮，现存古迹有北魏石窟、宋代壁画、明清殿宇、万历皇帝藏经序碑、历代高僧闭关、圆寂石龛和罕见的石雕顶绘等，且供奉有释迦牟尼佛真身舍利、中国第一代印度取经人刘萨诃（慧达法师）真身舍利、中国最后一部官刻汉文《乾隆大藏经》等。正殿为元代遗构，山门、前殿为明代建筑，藏经楼重修于清康熙五十二年（1713年），万佛洞石窟为唐代遗存。义居寺集精巧的建筑结构和精湛的雕刻艺术于一身，是我国古代建筑的杰作。

李家山民居

李家山民居系明清时期李氏家族所建。有百十来院、400多孔（间）住舍，居住着220多户人家。这里自然风光与人文景观交相辉映，蕴藏着黄土民情风俗和丰厚的黄河文化。

整个村子建筑形式多以窑洞明柱厦檐四合院为主，依山就势，高低叠置，错落有序。民居砖、木、石雕及精美匾额比比皆是，有着很高的艺术价值。

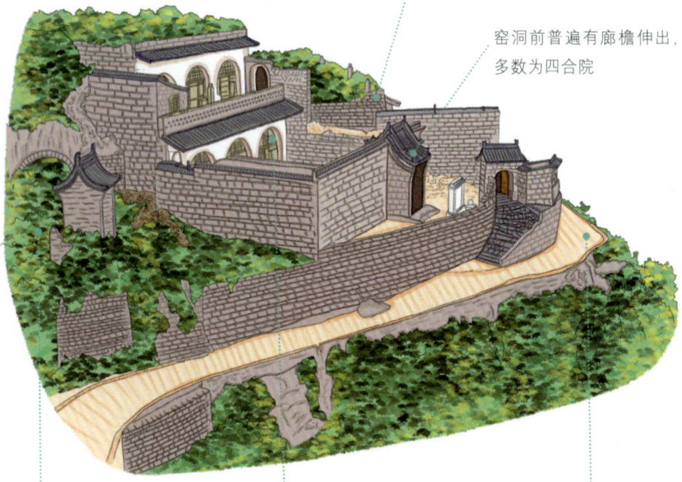

攻略资讯

- 交通
- 住宿
- 美食
- 购物
- 娱乐

碛口古镇

交通

飞机

吕梁大武机场位于方山县大武镇西北（位于大武镇木格塔墕村附近的黄土梁上），距吕梁市区约20.5千米，现在已经开通的航线可通往北京、上海（浦东）、兰州、广州、西安、成都等城市。

火车

吕梁市境内有介西铁路、孝柳铁路、太中银铁路、山西中南铁路通道等多条铁路。设有交城站、文水站、汾阳站、吕梁站、柳林南站5个火车客运站，经停的列车可达北京、沈阳、哈尔滨、上海、成都、重庆、石家庄、太原、郑州、银川、西安、兰州、包头、乌鲁木齐等全国一些重要城市。

吕梁交通

汽车

307国道与209国道纵横贯穿整个吕梁市，是吕梁与外部联系的重要通道，它们和境内的9条省道及G20青银高速公路、G59呼北高速公路、G2516东吕高速公路、S50太佳高速公路、S2002吕梁市绕城高速公路组成了遍布全市的快速公路交通网络。

吕梁汽车客运总站：位于离石区马茂庄，有开往太原及周边地区的客运班车。

住宿

随着吕梁地区经济的发展，该地区的住宿业也有了很大的进步。市内既有星级较高的饭店，也有相对比较便宜的旅馆，永宁路是宾馆比较集中的地方，且此处集中了许多美食店铺，十分方便。

● 全季酒店（吕梁交城南环路店）

全季酒店属于我国的中档酒店品牌，酒店交通便利，距离交城站10分钟车程、交城汽车站7分钟车程。酒店设施非常便利，有自助洗衣房、健身房等。2022年开业，设施设计非常人性化。 南环路兴华苑西商1号 0358-3905555

● 吕梁东方百合大酒店

吕梁东方百合大酒店是一家涉外饭店，

是融住宿、餐饮、会议、商务办公、娱乐为一体的豪华商务酒店。酒店客房内设总统套房、豪华套房、商务套房、大小标间等，房间内设施齐全，采用管家式全程服务。离石区马茂庄莲花新区（近龙凤大街） 0358-8234567

●吕梁中央公园亚朵酒店

酒店是2022年开业的新酒店，以流动阅读与属地摄影为特色，为客户提供有温度的舒心服务。设计融入自然、淳朴、静谧、温暖的设计风格，为每位宾客提供新的社交旅居空间。离石区凤山路111号 0358-8259999

●艾扉酒店（吕梁世纪广场店）

艾扉酒店位于吕梁市市中心，世纪广场北侧，面临闹市繁华的街区及风景秀丽的凤山公园，环境优美，交通便利，是旅游观光、会议活动、商务洽谈的理想场所，设有当地的特色早餐。离石区永宁西路2号 0358-8338888

美食

吕梁人把面食分为蒸、煮、烤、炸四大类，每当逢年过节、婚丧嫁娶的时候，吕梁人会制作寿面、蒸卷卷等特定的面食。吕梁还有许多著名的风味小吃，其中以柳林芝麻饼、榆皮面饸饹、孝义火烧等最有代表性，这些小吃制作精巧，味美可口。

●孝义火烧

孝义火烧种类众多，有糖火烧、菜火烧、咸火烧等，各人可根据自己的喜好选择不同的口味食用，火烧味道鲜美，口感酥脆，香气四溢。

●柳林芝麻饼

芝麻饼冷热皆可食用。热食香酥味美、口感筋道，放冷后可作干粮，既便于携带，还能长期保存。由于芝麻性温和，能够健胃消食，因此长期食用芝麻饼对慢性胃病患者有很好的保健和治疗作用。

●榆皮面饸饹

榆皮面饸饹曾经是当地人们用来度过饥荒的主要食物，现在经过人们的精细加工，已经成为一道美味的风味小吃，深受当地人民喜爱。

榆皮面饸饹

购物

吕梁特产

吕梁的柳林大红枣、方山县沙棘、汾阳核桃等都是人们十分喜爱的土特产品，还有众多优秀的民间手工艺品，最著名的要数岚县面塑、吕梁剪纸、孝义皮影，具有极高的艺术性和收藏价值。

●汾酒

早在南北朝（420—589年）时期，汾酒就为世人珍爱，后历经唐、宋、元、明、清，素有“开坛香天下”之美誉，其美味曾倾倒众多文人墨客、帝王将相。新中国成立以后，几经扩建，现已成为国内最大而又闻名于世的国家名酒生产厂家之一。

●竹叶青

竹叶青酒作为中国的一大名酒，其历史可追溯到南北朝。它以优质汾酒为基酒，配以十余种名贵药材，采用独特生产工艺加工而成。其清醇甜美的口感和显著的养生保健功效从唐、宋时期就为人们所肯定，是我国古老的传统保健名酒。

竹叶青酒

●汾阳核桃

汾阳核桃历史悠久，其核仁味道甘美，富脂肪和蛋白质，不论生食或制成糕点糖果，均清香可口，而且还是一种益智健脑食品，能补气益血，润燥化痰，治肺润肠，且味甘平，对于“温补肾肺，定喘化痰”有一定的疗效。

汾阳核桃

吕梁购物场所

吕梁市市区内有众多大型综合性购物场所，如石州购物中心、时代购物广场、离石新欣商城、石州百货大楼等，大多分布在市中心的兴隆街、永宁路等地。

娱乐

吕梁地区民风淳朴，民间娱乐活动众多，其中最著名的要数伞头秧歌和皮影戏，在吕梁山区的柳林、临县等地伞头秧歌随处可见。皮影戏历史悠久，在吕梁中南部地区流传广泛。

皮影戏：中国汉族民间广为流传的傀儡戏之一。表演时，艺人们在白色幕布后面，一边用手操纵戏曲人物，一边用当地流行的曲调唱述故事，同时配以打击乐器和弦乐。由于它将剪纸艺术和戏曲艺术很好地结合在了一起，形象生动、内容丰富，在当地百姓中具有极高的人气，是一种人们喜闻乐见的传统节目。

伞头秧歌：伞头秧歌主要盛行于晋西吕梁山区的临县及临县的周边地区，包括离石的西山、柳林的北山、方山的西北部及与临县隔河相望的陕北佳县、吴堡一带，形成一个区域性的伞头秧歌文化圈。

皮影戏表演

发现者旅行指南

忻州

概览

亮点

五台山风景区

中国佛教四大名山之首，为文殊菩萨道场，是中外僧侣共同向往的佛教圣地，可览五台胜景。

雁门关

围绕雁门关而构筑的宏大国防军事工程世所罕见，前有两关四口十八隘，中有雄浑雁门关长城，后有代州古城及三十九堡十二联城。

芦芽山风景区

中国唯一的毗卢佛道场，因形似一“芦芽”而得名。簇拥大小200多座山峰，有大小瀑布30余处。

石门悬棺

长江以北迄今发现最早，且极具考古研究价值的一处崖葬群。

老牛湾

代县古城

地势险要，素以关山雄固、军事要冲而闻名于世。代县历史悠久，文物古迹众多，代州又是北地闻名的商贸中心。

老牛湾

黄河与长城第一次握手的地方，中国最美的十大峡谷之一。

线路

忻州怀古二日游

第一天：参观代县古城，看规模宏大的明代鼓楼边靖楼、代县文庙、阿育王塔等。

第二天：前往著名的杨家将纪念地杨家祠堂，穿越回金戈铁马、刀光剑影的雁门关，戒备森严的屯兵堡广武古城。

五台山三日游

第一天：上午参观尊胜寺和佛光寺，下午到台怀，集中参观显通寺和塔院寺。

雁门关

第二天：上午到黛螺顶并参观寺庙，下午游台怀中心区的碧山寺、南山寺和镇海寺。

第三天：上午登临中台翠岩峰，观赏山上的怪石及变幻的天景，下午游南禅寺和龙泉寺。

为何去

忻州景点星罗棋布，最为著名的景观便是蜚声中外的五台山，芦芽山、雁门关、代县文庙也是著名景点。

阎锡山故居

何时去

夏季到忻州避暑是个不错的选择。忻州属于温带大陆性气候，地势西高东低、三面环山，特殊的地形使它具有冬暖夏凉、四季分明的气候特点。这里年平均气温为4.3℃~9.2℃，天气凉爽、阳光明媚，最适合游山玩水、寻古探幽。因忻州地势高低起伏，高低温差较大，远游时应注意气温变化，随时加减衣物。

芦芽山

边靖楼

区域解读

区号：0350

面积：约25 157km²

人口：约265.56万人

地理 GEOGRAPHY

区划

忻州市辖1个区（忻府区）、12个县（代县、繁峙县、静乐县、定襄县、五台县、神池县、五寨县、岢岚县、偏关县、河曲县、保德县、宁武县），代管1个县级市（原平市）。

地形

忻州市为秦晋黄土高原的一部分，地形多为山地丘陵，东有太行山、五台山，西有吕梁山，北有恒山。在五台山、系舟山、云中山之间为忻定盆地，地势平坦，土壤肥沃，灌溉方便，是主要农作区。境内河流以滹沱河及汾河上游为主，黄河由西部边境流过。

沂州山地风光

气候

忻州属于温带大陆性季风气候，冬无严寒、夏无酷暑，四季分明。全年平均气温为4.3℃～9.2℃。要注意的是，忻州境内多风沙，因地势起伏显著，区内温差较大，五台山、管涔山为全市高寒区。

历史 HISTORY

历史大事记

新石器时代，就有人类开始在今忻州地区活动，至今已有将近1800年的历史。

相传汉高祖北上抗击匈奴，兵困平城（今大同），脱围时大军南撤，到忻口方摆脱追兵。高祖欢颜而笑，六军欣然如归，因“欣”通“忻”，忻州之名由此而生。

汉永平十一年（公元68年），印度高僧摄摩腾、竺法兰来到了五台山（当时叫清凉山），在此建寺，即大孚灵鹫寺（显通寺的前身），从那时起，五台山开始成为中国佛教的中心。

1937年10月13日至11月2日，阎锡山的晋绥军、国民党的中央军和中国共产党领导的八路军联合抗击日军坂垣师团，会战虽然最终失利，却歼灭日军2万余人，打击了日军的嚣张气焰，极大地增强了中国军民抗战必胜的信心。

五台山风光

国共合作的忻口战役

忻口战役是抗日战争初期中国军队在晋北抗击日本侵略军的一次大规模战役，战役时间从1937年10月13日至11月2日，参加作战的部队有阎锡山的晋绥军、国民党的中央军和中国共产党领导的八路军，是由第二战区（司令长官阎锡山，朱德、卫立煌、黄绍竑为副职）指挥实施的太原会战的中心战役。该战役是国共两党团结合作、在军事上相互配合的一次成功范例。

9月初，日本军部正式向华北方面军发布攻取太原的命令。9月下旬，雁门关至平型关内长城线中国守军激战数日重创侵华日军后，于10月1日全线撤退。日军从茹越口突入，进占繁峙后，集结于代县附近，准备攻打忻口，攻取太原。

中国军队在忻口集中8万兵力，计划乘敌立足未稳，将坂垣师团消灭于云中河谷。为确保山西要地，蒋介石令卫立煌率第十四集团军四个师加两个旅从河北星夜驰援忻口，任卫立煌为前敌总指挥，组织忻口会战。10月1日，华北日军主力坂垣第五师团及关东军察哈尔派遣兵团第一、第二、第十五混成旅团与特种部队等共3万余人，沿代县至原平公路发起进攻，忻口战役序幕拉开。

忻口战役指挥官阎锡山故居

战役初期，我方军队不敌敌方军力，崞县、原平相继失守。之后，卫立煌率援军第十四集团军从平汉线到达忻口，10月13日两军激战开始。拂晓，日军以飞机、大炮掩护步兵五六千人连续猛攻忻口西北侧南怀化阵地，我守军阵地被突破。我军以炮兵协同步兵作战，肉搏冲锋，顽强抗击，终将阵地收复。短短几日，两军反复争夺战略阵地，数日间几易其手。

在忻口战场鏖战方酣时，沿平汉线南犯之日军第二十师团一部向娘子关进攻，26日，娘子关被日军攻陷。娘子关失守，忻口中国守军处于腹背受敌的境况。11月2日，坚守阵地23天之久的中国守军不得已从忻口撤退，太原随即沦陷。至此，持续了21天的忻口抗战，最终以国民党军队的失败而告终。

这次战役虽然中国方面失利，付出了重大牺牲，但是极大地增强了中国军民抗战必胜的信心，同时也打乱了日本妄图速战速决，迅速灭亡中国的企图。

名单 忻州历史名人

西汉女辞赋家班婕妤

匈奴汉国皇帝刘聪

十六国匈奴汉国的创立者刘渊

中国古代四大美人之一貂蝉

三代血战报国的杨家将

元曲四大家之一白朴

世称遗山先生的元好问

文化 CULTURE

打击乐中的交响乐——云胜锣鼓

云胜锣鼓又名晋北大锣鼓、云冈大锣鼓，是一种深为广大观众喜闻乐见的打击乐合奏。它既不同于晋南锣鼓，也不同于太原锣鼓，而演奏起来有人物、情节和故事内容，在山西锣鼓中自成特色，其中尤以原平市永兴村最为著名。在北魏开凿的云冈石窟的第16窟中就刻有手持小镲的锣鼓乐队的演奏，说明该乐种中的小镲此时在民间就已普遍流行了。当时，晋北高原战事频繁，该乐种常用于欢迎将士凯旋；战争消亡后，转而主要用于民俗节日演奏；改革开放后，其传承人邢明轩大力传承，率队在国内外频繁演出，颇获盛誉。

云胜锣鼓乐种曲目丰富，现存130余首，有37种独特指挥法，经典曲目有《穆桂英大破天门阵》《八仙过海》《猛虎下山》等。它与我国其他锣鼓所使用的鼓的演奏法不同的是，一到三品二档以上的曲目，演奏员就不用鼓棒而只用手指击鼓了，各种乐器皆有鸳鸯打法的绝活。据老艺人们说："晋北大锣鼓的乐器性能是以鼓为君，象征骨骼；小镲乃皇后，小锣是舌头，二者紧密配合，起筋脉血液的作用；大镲是皮肉，套锣是点缀，起辅助作用；木鱼象征眉目；再加上持鞭指挥是灵魂，就是一个完整的人。"

云胜锣鼓演奏队伍可大可小，小者十多人，大者百人左右，乐器为大鼓一面或三面，锣四面、挠四副、镲四副。演奏时队形时常步法变化，队伍时而似龙、时而如虎，不仅声音震撼好听，而且变幻多样。锣鼓曲谱有"点将出征""拼杀四门""得胜还朝""万民欢庆"等，演奏人员身穿彩衣，手击锣鼓，通过

云胜锣鼓表演

“抢摘金瓜”“金龙戏水”“风摆细浪”“夜静摇铃”等高难度的演奏技巧和“二龙出水”“八字扇面”“一字长蛇”“丹凤朝阳”等队形变换，充分体现出云胜锣鼓急如狂涛骇浪，缓若涓水长流，重似霹雳闪电，轻比夜阑摇铃等特点。演奏中鼓点与锣声震天动地，音色醇厚，使人感到鼓曲刚柔相济、节奏欢快、轻重有秩、层次分明，锣鼓声急时宛如惊涛骇浪冲袭，缓时犹如汩汩溪泉细流，给人以赏心悦目之艺术享受，充分反映了塞上高原人民热情豪爽、雄浑剽悍、勤劳勇敢、奋发图强之乡土特色。

中国艺术的遗响——神池道情戏

神池道情有着悠久的历史，其中一些曲调是盛行于唐宋时的词牌，像“耍孩儿”“西江月”等，基本上保持着原有的格式。在唱腔上主要汲取了山西北路梆子的音乐，糅进了地方戏曲的某些音乐特色，如“流水”“介板”等。有些曲子，则吸收了民歌中的营养，然后形成自己特有的风格。至1932年，神池道情曲目已发展到了100多部，并逐步扩展到周边的五寨、宁武、代县等地区，广泛流布于晋、陕、蒙、冀一带。

神池道情的发展大致经历了“坐腔道情”“过街道情”“风搅雪道情”，最后达到独立成戏的“戏曲道情”几个阶段。随着地方戏曲的兴起，道情艺人不断地向各小剧种及梆子戏学习，神池的著名道情艺人阎二挠、石锁仁等都曾在北路梆子戏班学戏，使神池道情在音乐方面有了较大发展。1954年，本剧种唯一的专业剧团——神池县道情剧团成立。

成戏后的神池道情音乐分唱腔、曲牌、锣鼓经三大部分，其丰富的唱腔音乐不仅继承了古老的传统道情与民间道情曲艺，也融合了民歌及地方小戏的某些音乐成分，同时又兼有地方大戏的特点，故素有“道情七十二调”之说。神池道情的伴奏乐队也分为“文”与“武”场，文场中的主要乐器有笛子、四胡等；武场有鼓板、大锣、大镲等；随着时代的变化，中西乐器的结合，又逐渐加进了笙、大提琴等中西乐器，增强了乐队的音乐表现力，形成活泼、欢快热烈的气氛。

神池道情音乐的调性又分为“正调”和“反调”两种，唱腔的节奏形式包括艺人口中的“单梆子”和“双梆子”，其演唱特色，一是多用“虚词”“重句”；二是说唱色彩较强，似唱似念，字重腔轻；三是润腔多用倚音、滑音等装饰音，尤以旦角为著。

神池道情剧目也很丰富，早期剧目有《湘子传》《张良传》《庄周传》等，中期剧目有《翠莲传》《小桃研磨》《烙碗记》等，中后期剧目有《三贤》《四劝》《打灶君》等，近期剧目有《醉陈桥》《斩黄袍》《金沙滩》等。

令人遗憾的是，神池道情剧团与许多传统艺术一样，在时代巨变的背景之下未能保住自己的辉煌。从20世纪90年代中后期开始，剧团人气直下，至2002年下半年以后已被迫停止了全部专业演出活动。为了挽救这一濒临消逝的传统文化艺术，国务院已将神池道情录入国家非物质文化遗产名单之中。

戏曲道情表演

景点推荐

忻州周边景点

忻州滹源景区 AAAA

美丽的水景旅游区

忻州繁峙县城内

忻州滹源景区北靠恒山，南依五台山，东临平型关，西接雁门关。整个景区占地220万平方米，呈“一带二廊四区串珠状”分布格局。以水域景观为主线，给人以宁静与美的享受。景区包括全国重点文物保护单位正觉寺、千年古刹正觉禅院、县城标志建筑鼓楼、瑞迪航空主题公园。景区两岸建有11个特色广场，117座景观小品，3个亲水栈道，2个亲水平台，7个过河步汀，16个景观亭，1个临河水榭，4个特色长廊。

忻州古城 AAAA

晋北政治文化中心

山西省忻州市忻府区南关大街

忻州古城拥有1800多年历史，始建于东汉建安二十年（215年），见证了中俄万里茶路上的繁荣与变迁，被誉为“晋北锁钥”。因其文风昌盛，又享有“文集九原、雅出秀容”的美誉，是晋北地区的政治与文化中心。这里不仅是商品集散的重镇，更是一座历史与现代交织的繁华之城。

如今的忻州古城，以地方特色为基础，展现出明清时期商贸繁荣的景象。这里汇聚了中国杂粮之都、东方佛教之都和晋北温泉之都的特色资源，让游客感受到古城的独特魅力。在古城内，游客可以品尝到上百家当地及全国的名优小吃，体验主题餐厅和特色民宿。无论是文创小店、酒吧还是咖啡馆，这里应有尽有，为游客呈现出一幅丰富多彩的旅居画卷。

洪福寺

传统雕塑之典范

定襄县城东北23千米之北社东

洪福寺在宋、金时期，与五台山真容院、大华严寺已往来密切。元代时为五台山寿宁寺之下院，五间正殿构造极其坚实美观。正殿门上正中悬“毗庐真境”匾额，殿内正中为释迦牟尼，两旁为迦叶、阿难，又两旁为文殊普贤，再两旁辅塑两尊胁侍菩萨，最外两旁为金刚两尊。整个塑像群韵律和谐、排列合度、精妙别致、富有艺术想象，与一般翻版习作大有悬殊，对研究传统雕塑技巧有相当价值。

玩家解说

1998年，一外地犯罪团伙窃取该寺木质佛像一尊，案件破获后，在佛像腹中，发现了珍贵历史佛教经卷。

洪福寺

明城楼

登高可俯视整个市区

忻州市忻府区境内

忻州城原有四门城楼，始建于明万历二十四年（1596年），现仅有北城门楼遗存。

城楼总高28米，宽七间，深四间，四周围廊重檐三滴水（明三层，暗三层），歇山式屋顶，楼内无柱，梁架结构简洁，连接严实。城楼阳面三层高悬一巨大匾额，上书“晋北锁钥”四个雄伟浑厚的大字。整个城楼红柱蓝瓦，雕梁画栋，甚为壮观，具有很高的文物保护价值。登高俯视，市区景观尽收眼底。

忻州云中河景区 AAAA

城市氧吧

山西省忻州城区北部的云中河中游

忻州云中河景区以水域景观为主轴，以植物景观为背景，一河、二路、三湖、四场、五桥、六区、七坝的精致布局，展现出景区的独特魅力。在云中河景区，你可以欣赏到碧水荡漾、温泉涌动、绿树成荫、青草如茵的美景。木屋、拱桥、栈道等建筑与周围的自然景观融为一体。其中，最值得一看的是十里长卷、坝上风光、云中夜色、荷塘曲步、牧桥夕照、阁楼风情、楹联天积玉、双亭观霞、香蒲染绿和花海世界这十大景观。

禹王洞景区 AAAA

忻州市西张镇

禹王洞景区为国家森林公园，因禹王治水时在此居住故名。禹王洞是一个天然溶洞，洞口海拔1768米，洞内常年恒温8℃~11℃。洞外山势雄伟，森林茂密，风景如画，洞内九曲回环，奇笋怪石，景象万千。奇特的石笋，形状各异的石塔、石柱和石钟乳等景观令人叹为观止。在宽阔地方，可以容纳六七百人，而狭窄地方，仅容一人通过。禹王洞景区是一个适合登山探险、避暑观光、休闲度假的好地方。在这里，游客可以体验大自然的神奇魅力。

原平大营温泉

典型的绿色生态区域

原平市崞阳镇大营村

原平大营温泉位于恒山角下、滹沱河畔，其气候温和、环境宜人、幅员辽阔、植被完好，是华北地区典型的绿色生态区域之一。目前已探明的天然热矿水面积22平方千米，井口出水温度48℃~57℃，单井流量960吨/日，属第三类硫化氢矿泉水，含十多种对人体有益的元素，其中氢、锶元素含量居全国之首。

天涯山景区 AAAA

自然与人文景观完美结合

山西省原平市东南5千米　免费

天涯山风景区占地面积达1000平方千米。这里东边是壮观的同川万亩梨园，北边则是五峰山风景区。风景区内有大峡谷奇观，还有宋代木构建筑惠济寺和寿宁寺。这里蕴含着春秋时期历史人物介子推的“精忠纯孝”精神内涵。

整个风景区完美地将地质构造、自然奇观和历史文化特色融为一体。景区内共建设了108处景观建筑和园艺小品，形成了独特的“一桥、二路、三水、四场、五区”的布局。在景区内，你可以欣赏到芳草秀园、莲花奇山等自然景观，感受石鼓神寺的历史底蕴，体验北国江南的风情。其中，最值得一看的是“天牙八景”，包括天涯晓雪、石鼓咏风等特色景点。

天柱山景区 AAAA

山体独特避暑胜地

忻州市静乐县天柱路1号

免费　0350–8946958

天柱山景区位于汾河、碾河与洋河三河交汇之地，得名于北魏天柱大将军尔朱荣的封号。与安徽南天柱山并称为中华南北两天柱。漫步于景区之中，古木参天，林荫蔽日，仿佛置身于一个神秘的世界。这里的庙群庞大，古朴典雅，每一处都充满了历史的痕迹。而山上的名胜古迹更是众多，为旅游观光和休闲避暑提供了极好的去处。其中，天柱龙泉、玉石驼峰、仙床、观音雕像、赵武灵王练兵场、点将峁等景点尤为引人入胜。

元好问墓园大门

景点推荐

代县周边景点

雁门关 AAAAA

自古兵家必争之地

代县县城以北约20千米处的雁门山

旺季8:00~18:00，淡季8:00~17:00

旺季90元，淡季60元

雁门关又名“西陉关”，是我国古代著名的关隘之一。雁门关始建于明洪武年间，后经历代不断修葺，始成现在的规模。关城周长1000米，墙高7米，有三座石门，分别为东门、西门、小北门。在小北门的门额上写有“雁门关”三个大字，左右各有一副对联，上书“三关要冲无双地，九寨尊崇第一关”。雁门关是长城上的重要关隘，与宁武关、偏关合称为“外三关”。2001年，雁门关被公布为第五批全国重点文物保护单位之一。

玩家 解说

雁门关历有三晋咽喉、中原锁钥之称。围绕雁门关，构筑了世所罕见的前有两关四口十八隘、中有雄浑雁门关长城、后有代州古城及三十九堡十二联城的宏大国防军事工程。主要的景点有镇边祠、过雁峰及雁塔、地利门、天险门、关道等。

玩家 攻略

景区住宿很少，返回县城住宿很方便，县城的地方小吃种类很多，麻花、黄糕、面饼、豌豆

粥等都是深受人们喜爱的食品。

链接

“西陉关”的由来

古时的雁门关曾经数次迁址更名，秦汉以前的雁门关在今阳高县北的雁门山的阳和口，秦汉以后，为防御北方少数民族的南下，在句注山一带设关驻兵，雁门关就移至那里了。唐代时关址迁到西雁门山的铁裹门，改名为“西陉关”。北宋时期，为防御辽国的入侵，杨六郎曾长期率兵驻守在这里。

镇边祠

镇边祠建于明正德六年（1511年），最初是为纪念战国时赵国的守关大将李牧而建，称武安君庙。清朝时雁门关内外归于一统，兵戈止息，镇边祠逐渐堙废。咸丰六年（1856年），僧人善全在武安君庙旧址上兴建佛寺，改名护国镇边寺，镇边寺遂成为以佛寺为主、兼祀李牧的复合建筑。

镇边寺规模宏大，占地面积3190平方米，是雁门关最具规模的建筑群之一。后又在日军侵华战争和“文革”中遭到破坏，现按原样复建后改名镇边祠，成为展示李牧、薛仁贵、杨家将等西周至明朝2600多年间的守关名将事迹的主题展馆。

链接

李牧、薛仁贵小传

李牧，战国时期的赵国将领，战国四大名将之一。李牧战功显赫，生平未尝一败。李牧生平事迹大致可划分为两个阶段，先是在赵国北部边境，抗击匈奴；后以抵御秦国为主。公元前229年，赵王中了秦国的离间计，听信谗言夺取了李牧的兵权，不久后将李牧杀害；3个月后赵国即灭亡。

薛仁贵，唐朝名将，著名军事家、政治家，道教传其为白虎星君下凡。随唐太宗、唐高宗创造了“良策息干戈”“三箭定天山”“神勇收辽东”“仁政高丽国”等诸多功勋。薛仁贵的故事在民间广为流传，元代戏剧家张国宾写有《薛仁贵衣锦还乡》杂剧、清代无名氏著有通俗小说《薛仁贵征东》等。

过雁峰及雁塔

过雁峰为关城北坡制高点，海拔1819米，与应县龙首山遥相呼应。峰巅曾建有宝塔，名为雁塔。古代为瞭望和传递军情之用，与烽火台构成传警体系。现已在雁塔原址上复建了高达21米的四边九层密檐式实心砖塔，成为景区的标志性建筑之一。站在过雁峰上环顾，关山内外尽收眼底。

雁门关雁塔

地利门

地利门为关城北侧之门，石座砖身，形制同天险门。主体为明代所筑，门洞上方额匾书刻“埊利”二字。此门坐南朝北，城门上原建门楼为杨六郎祠，据记载原祠内正中塑杨六郎坐像，两侧是用整块木料雕制的孟良、焦赞立像，旁立杨六郎铁刀1把，城楼上供设大炮2尊。可惜原建已毁，现已修复为二层卷棚顶式木质建筑，高12米，四周围廊，二层为3间阁楼，成为以展示古代冷兵器演变历史为主的古代军事博物馆。

天险门

天险门为关城南侧之门，是关南第一道城门，石座砖券，高12.5米。其主体为明代所筑，门洞上方额匾书刻“天险”二字。门洞内的青石板为明代原物，600多年间的清晰车辙印仍然向人们诉说着多彩而辉煌的过往。

天险门上建有城楼，名雁楼。坐西朝东，面阔5间，进深4间，四周设有回廊。建筑为重檐歇山顶式，正面明间为隔门，两顶间为砖砌墙，背面除两圆形窗户外，其余用砖砌成。楼内空敞，历史上的主要功能是供兵丁巡察、瞭望，现在充实为古代建筑博物馆。

雁门关风景区

关道

历史上的雁门关道南起南口，经前腰铺、阜家坪，越至高点关城，再下关村，经后腰铺至新广武隘城，全长约20千米，古称“关沟四十里”。正是这条蜿蜒曲折的自然通道，造就了雁门关的历史使命，也成就了雁门关的数千年辉煌。关道北通塞外高原，南接中原腹地，在数千年的历史中，始终为中原北出和草原南下之咽喉要津，战时为戍守之关卡，平时为商家营输之必经，行人往来之通衢要道。

观音殿

观音殿位于关南古道中盘道侧关陵南，原建仅殿宇一间，咸丰六年（1856年），僧人善全募化重修，扩建为三间，地处古道中途的观音殿自当香火绵延不绝。抗战期间，观音殿毁于日军之手。重建后的观音殿为纯石建筑，殿内的“四面观音”石雕寓意护佑四方游人信众。

阜戈寨民俗村

过关贸易的货物集散地

忻州市代县雁门关镇关城以南1000米的阜家坪村

阜戈寨民俗村历史上是过关贸易的货物集散地，也是南来北往的商队吃饭休整的地方。现建设成为由90间具有浓厚边塞民俗风格的简易泥、石屋组成的民俗村，占地面积8000平方米。通过古代传统作坊的形式，演示和再现豆腐坊、打铁铺、石磨坊等传统民间生产工艺，从而集中展示边关军需贸易、后勤保障和边关特有的民俗风情等场景，故名阜戈寨。

玩家 解说

阜戈寨民俗村现已成为山西省影视中心的拍摄基地。走进民俗村，可以观赏鲜活的历史场景，也可以亲身体验和参与已经濒临失传的民间工艺，从而感受浓郁的边塞风情。

云际泉

雁门关之难得胜景

代县以北20千米的雁门关内

云际泉水声潺潺流远，犹如天边云际而出，故而得名。泉旁曾建有楼亭，池刻九石龙泄水，亭上书匾“九龙亭”，所以民间俗称九龙泉。现云际泉在旧址上被重新掘出，虽涌水量非比从前，但仍为今日雁门关之难得胜景。

云际泉旁凿有半圆形水池——雁池，池中泉水清澈见底，红鲤嬉戏其中，为古老的雁门关增添了浪漫温婉的情趣，由泉水引出形成的虎啸瀑布，更成为雁门关难得的水域景观，相传还是当年王昭君“落雁”之处。

代县古城

国家历史文化名城

忻州市代县境内

代县地势险要，素以关山雄固、军事要冲而闻名于世。代县历史悠久，文物古迹众多，又是北地闻名的商贸中心，清末城内各类铺面达130余家。有“宗庙、明街星罗棋布，奇珍异宝瑰丽多彩”之称。现藏金、石、陶瓷等珍贵文物4000多件。古城主要的景点有边靖楼、阿育王塔、代县文庙、杨家祠堂等。

玩家 攻略

1.购物：代县的金酥梨甘甜可口，被评为优质水果，在港澳市场十分抢手；这里的红辣椒久负盛名，已进入欧美餐厅；滹沱河的大米为米中佳品，毛主席曾赞不绝口。

2.娱乐：代县的剪纸、面塑、刺绣、雕刻令人赞叹，舞蹈、花船、摔跤独具魅力。民间八音会激越高亢，庙堂音乐余音缭绕。新崛起的民间绘画，声名远播台湾地区、香港地区、日本以至北欧的挪威、瑞典，南美的阿根廷、乌拉圭等国家和地区。

玩家 解说

代县作为边陲重镇，历代曾有无数英雄名将在此建功立业。东周战国时，赵襄子诱杀其姐夫，吞并代国。赵国名将李牧，据险保卫了赵国江山。汉高祖刘邦出雁门被围困平城。隋炀帝被围代州，召李渊救驾。郭子仪、薛仁贵转战代州。北宋名将杨业父子在此谱唱了一曲千秋忠义之歌。李自成在代州大战十余天后才直抵京城。有史书记载的大小战争就达1700余次。另外，代县还受到历代名人墨客流连吟诵。南朝的鲍照，唐代的陈子昂、李白、王昌龄等，北宋的范仲淹，元代的元好问等名家，都为代县的山川写下了不朽的诗篇。从一首《雁门太守行》即可领略雁门的千古雄风、壮士的爱国豪情。

边靖楼

边靖楼亦名谯楼、鼓楼，在代县城中央，始建于明洪武七年（1374年），成化十二年（1476年）重建。楼为砖木结构，梁架精巧，建造雄伟，登楼可北望雁门。边靖楼由砖砌高大的券洞台基和三层四檐歇山顶楼身两部分组成。楼基高耸，楼身壮丽，为山西楼阁式建筑中的巨构。台下券洞南北穿通，洞高约9米，楼身制作规整，结架精巧，梁架结构合理，连接严密。楼南面悬挂着两块巨匾，一为雍正间“声闻四达”匾，一为道光间“雁门第一楼”匾。楼北面挂有雍正间巨匾一方，上书“威镇三关”四个大字。

代县古城边靖楼

阿育王塔

阿育王塔与边靖楼遥相对峙，始建于隋仁寿元年（601年），原为木结构，称“龙兴”，唐宋几经废兴。元至元十二年（1275年）改建为砖塔，塔为圆锥体、佛教藏式造型。塔平面为圆形，砖砌，周长60米，高40米，雕刻着各种花饰、荷瓣和印度的“陀罗尼经”。塔身上施曲尺形弥座，座上承刹杆。原有砖作相轮十三层，两层已毁，上覆盖盘，中装金顶宝珠。造型秀美，雄健挺拔，雕艺高超，为我国藏式塔中之佳作。

代县文庙

代县文庙创建于唐代，元至正二十七年（1367年）重修。庙分前、中、后三院。后院为崇圣祠。中院正北为主要建筑大成殿，单檐歇山顶，面宽七间，进深五间，殿及各坊以绿色琉璃瓦覆顶，是一座金碧辉煌、宏丽巍峨的古典建筑。前院正北为戟门，戟门两侧有东西二便门以通中院。泮池位于戟门前，池前有唐槐两株。唐槐前是六柱五楼棂星门。门前有“万仞”坊，两侧有“仰圣”“育贤”二坊，东西对峙，中凿“星聚池”，广约数亩。文庙内有忠义祠、文昌阁、明伦堂、节孝祠等建筑，形成一组庞大的儒学建筑群，宏大伟峻。

杨家祠堂

杨家祠堂始建于元代，杨家父子兵从五代北汉时就为抵御外族侵略而征战，这座祠堂就是杨令公（杨业）征战的纪念和见证。祠堂内保存有杨家父子及女将们飒爽英姿的塑像，另在村内还有珍贵的杨家史卷。

憨山文化旅游景区 AAAA

五台山的后花园

山西省繁峙县砂河镇

憨山文化旅游景区位于五台山北40千米，占地133万平方米，是中国佛教四大名山“五台山”的后花园。其景点主要有如意门、七步莲、宝瓶、文昌阁、冶金广场、胥府、守信园、县政府旧址、驿站堡墙遗址、彩虹喷泉、莲花广场、民俗街、木雕艺术馆、戏台院、石雕艺术馆、智慧门、荷花池、如意广场、别有洞天、国宝艺术馆等。并配有游客服务中心、汽车站、民俗酒店、医养中心、康养中心、民俗商业区、健身步道、登山石阶、娱乐场等配套设施。

国宝艺术馆：国宝艺术馆集中展示了繁峙县岩山寺、平型关、公主寺、秘密寺、三圣寺、正觉寺、琉璃塔7个全国重点文物保护单位。

代县古城杨家祠堂牌坊

景点推荐 五台山风景区

五台山由五座山峰环抱而成，五峰高耸，峰顶平坦宽阔，犹如垒土之台，故称五台。它位居我国佛教四大名山之首，为文殊菩萨道场，是中外僧侣共同向往的佛教圣地。五台山的风景以佛教寺庙群、革命纪念地、自然风光和民俗风情为主。区内可供游览参观的名山名水、名人故居、寺庙建筑以及革命纪念地等共70多处。其中主要的景点有东台望海峰、西台挂月峰、南台锦绣峰、北台叶斗峰、中台翠岩峰、显通寺、菩萨顶、罗喉寺、南禅寺、黛螺顶、佛光寺、南山寺、碧山寺、广济寺、金阁寺、镇海寺、尊胜寺、延庆寺、殊像寺等。

忻州市五台县境内，以台怀镇为中心

忻州长途汽车站常年有发往五台山的大巴

168元

东台望海峰

观看旭日东升

忻州市五台县台怀镇东10千米处

东台望海峰的台顶建有望海寺和佛塔，寺内供“聪明文殊菩萨”。每到夏季的晴日，拂晓时登上望海楼向东眺望，眼前云雾蒸腾，犹如海洋，烟云缭绕，旭日东升，霞光万道，胜似在海上观日出。

西台挂月峰

山峦层叠，松林茂密

忻州市五台县台怀镇西13千米处

西台挂月峰的台顶有法雷寺，寺内供“狮子吼文殊菩萨”。站立台巅向西观望，

只见山峦层叠，松林茂密，枝叶繁茂，郁郁葱葱。当值秋日，秋高气爽，日落夜静，月挂中天，景色诱人。

南台锦绣峰

花团锦簇

南台锦绣峰的台顶有石头砌成的普济寺，寺内供“智慧文殊菩萨”。台顶、山腰，野花盛开，花香馥郁，把南台顶装点得异常美丽。登临南台顶，遥望四野，花团锦簇，令人心旷神怡。

北台叶斗峰

有“华北屋脊”之称

北台叶斗峰台顶海拔高度为3058米，是五台山的最高点，也是华北地区的最高峰，素称“华北屋脊”。台顶上有石砌的灵应寺，寺内供“无垢文殊菩萨”。立于台巅北望，茫茫苍苍中，可见北岳恒山山脉峰峦层叠，接踵而来，气势雄伟壮观。

玩家 解说

北台顶由25亿年前的花岗岩组成，这里保留着华北面积最大和最古老的古平原遗迹。古平原遗迹在新生代以来迅速抬升形成台顶。北台顶还发育石海、石条等冰缘地貌。

中台翠岩峰

石面杂生苔藓

中台翠岩峰的山顶有寺庙演教寺，寺内供“儒童文殊菩萨”。中台顶巨石堆积，石面杂生苔藓，阳光照射，碧翠生辉，如蛟龙腾起，人们称之为“龙翻石”。五台山气象站就建于中台顶上。

显通寺

五台山五大禅处之一

忻州市五台县台怀镇北侧

显通寺为五台山五大禅处之一，全寺占地面积达8万平方米，规模较大。因其历史悠久，俗称“祖寺”，朝山礼佛者，必先拜谒显通寺。

显通寺内现存殿堂、僧舍等古建筑甚多，但由于历代修葺，许多建筑已成为明、清的制式了。在全寺中轴线上，严整地排列着观音殿、文殊殿、大雄宝殿、无量殿、千钵殿、铜殿、后高殿等建筑，禅堂僧舍分列两厢。

玩家 解说

显通寺始建于东汉永平年间（58—75年），因营坊村（今台怀镇）后山势奇伟，气概非凡，酷似印度的灵鹫山，故取名大孚灵鹫寺。“大孚”是弘信的意思，这是汉明帝刘庄特意加在寺名前面的。北魏孝文帝扩建此寺，当年由于寺前花开满园，又被叫作花园寺。唐太宗曾重修花园寺，显赫一时，唐武则天（684—704年）时，因新译《华严经》藏此，曾改名大华严寺。明太祖朱元璋重修后赐名“大显通寺”。明万历年间一度改称永明寺，直至清康熙二十六年（1687年）仍称大显通寺并沿用至今。

大雄宝殿

大雄宝殿是显通寺的主殿，也是举办盛大佛事活动的重要场所。殿宇宽展宏大，殿额悬挂清康熙皇帝御笔“真权如应”木匾一块。殿内正中并列释迦牟尼佛、药师佛、阿弥陀佛三座塑像，十八罗汉塑像分列两厢。佛像前经案排列，跪垫满布。经案上罗列挂钟、木鱼、鼓磬等器物。

无量殿－铜殿

无量殿和铜殿位于大雄宝殿后面，可称之为寺中建筑之瑰宝。无量殿称无梁殿，纯系砖结构建筑，殿宽七间、进深四间，砖雕精致、藻井富丽，屋顶为重檐歇山式，也是砌砖而成，是我国古代砌砖建筑艺术之精品。

铜殿建于明万历年间，高8.3米，是重檐歇山顶，上层四面设六扇门，下层四面设八扇门，门上铸有精美的花卉人物图案。殿内供高约1米的铜骑狮文殊像，周围铜壁上铸满万尊小佛像。整个铜殿装饰富丽，雕铸精巧，造型美观，保存完好。门前钟楼，雄伟壮观，内悬万斤铜钟，击声可及全山。

塔院寺

大白塔为寺内的主要标志

塔院寺是五台山著名的五大禅处之一，这里原来是显通寺的塔院，明代重修舍利塔后独立为寺，因院内有大白塔，故名塔院寺。大白塔全称为释迦牟尼舍利塔，是寺内的主要标志。塔身拔地而起凌空高耸，在五台山群寺簇拥之下颇为壮观。白塔中层建塔殿三间，内有三大士铜像、瓷质济公和尚塑像、木雕刘海戏金蟾像。塔基外围是走廊，原设木制法轮120个，现改设铁制法轮，是诵经用的，呈圆桶形，转动自如。

五台山塔院寺大白塔

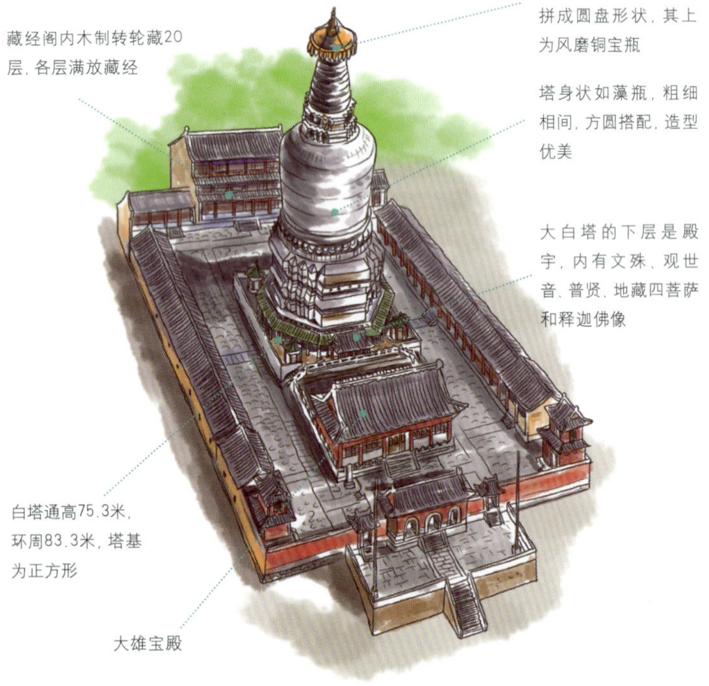

菩萨顶
五台山十座黄庙中的首庙

菩萨顶是满族语言的叫法，意思是文殊菩萨居住的地方，为五台山十座黄庙（喇嘛庙）中的首庙。由于它建筑雄伟、金碧辉煌，远看好似西藏拉萨的布达拉宫，因此人们又把它叫作喇嘛宫。清朝时期，它实际上是皇室的寺庙，地位极其尊贵。

菩萨顶始建于北魏，历代曾予重修，全寺建筑大体上可以分为前院、中院、后院三个部分。中轴线上的主要建筑有山门、天王殿、大雄宝殿、文殊殿等。两旁对称地排列着钟楼、鼓楼、禅院等。全寺建筑的布局不但中心突出，而且壮观恢宏，加之红柱红墙，金色琉璃瓦，更显得金碧辉煌、富贵豪华。

罗喉寺
五台山佛教黄庙中很有影响的寺院

罗喉寺始建于唐代，明代弘治年间曾予重修，清代又多次重修。该寺以寺内两幢木构小楼接待十方客人闻名。十方指东、西、南、北、东南、西南、东北、西北、上、下十个方向。据传，此寺过去香火极盛，尤其是佛教喇嘛宗的信徒，常年络绎不绝，是五台山佛教黄庙中很有影响的寺院。

该寺现存天王殿、文殊殿、大佛殿、藏经阁、厢房、配殿、廊屋以及各殿佛像、殿顶脊饰等。这里的寺庙完好无损，是五台山保存最好的大型寺庙之一。

黛螺顶
“小朝台”之处

忻州市五台县台怀镇中心寺庙集群区东

黛螺顶位于陡峭的半山脊上，从山下仰望，只见巍巍高山的半山腰间又耸起一座小山。山顶寺宇的山门和牌楼围在树木之中，常有云雾缭绕。小山形如大螺，盛夏草木萋萋，呈一片黛青，故山顶寺宇名为大螺顶，又称黛螺顶。

黛螺顶寺宇占地3000平方米，计有殿堂僧舍20余间。黛螺顶就是人们所说的“小朝台”之处。五座台顶各有一尊文殊菩萨法像，人们转遍五座台顶，朝拜了五尊文殊菩萨，叫“大朝台”。黛螺顶把五座台顶文殊菩萨的五种法像集中塑在一起，来到这里也就等于上了五座台顶，一次就能朝拜五尊文殊菩萨，所以就叫“小朝台”。要把五座台顶部转遍，不具备较强的体质，没有足够的时间，是不行的。而登黛螺顶，来回有半天时间就够了，同样能了却“朝台”的心愿。所以人们常说：“不登黛螺顶，不算朝台人。”

南山寺
五台山诸寺雕刻艺术之冠

忻州市五台县台怀镇南3000米处的山腰

南山寺为佑国寺、极乐寺、善德堂的合称。元贞二年（1296年）创建，明嘉靖二十年（1541年）重建，清代增修，将三寺合并，改称今名。

寺区背山面水，林荫蔽日。寺依山势建造，高低错落，层叠有致，有亭台楼阁、殿堂古塔三百余间。寺前坡道被林荫覆盖，山门下筑石磴一百零八级，门前影壁砖雕细致，门上钟楼建造精巧。寺内殿宇形式结构各具特色，台阶甚多，两侧栏板望柱上雕人物、花卉、鸟兽、故事等图案。各殿檐下坎墙或墀头下肩上，装置各种石雕人物、花卉、山水图案，内容有神话传说、戏剧人物、历史故事等，突破佛教教义范畴。大雄宝殿内塑释迦及二弟子和胁侍菩萨，石雕汉白玉送子观音，工艺尤精。两侧为明代塑像十八罗汉，是五台山罗汉中的佳品。墙壁上满绘佛传故事，从乘象投胎到涅槃八十四幅，笔力流畅，色泽浑厚，是明代原作。寺内“真如处在”石刻一方，是慈禧所书。

碧山寺
五台山最大的十方禅处

忻州市五台县台怀镇东北2000米北台山麓

碧山寺又名普济寺，俗称广济茅棚，是五台山最大的十方禅处。建筑以牌坊、山门为前哨，方丈、禅堂、宾舍、香积等套院为两翼。中线分为前后两进，前院有天王殿、钟鼓楼、毗卢殿（又称雷音殿）、戒坛殿及东西配殿、厢房，后院地势凸起，设垂花门、藏经阁，左右为经堂香舍。前院多为单层殿堂，后院全为重檐楼阁，雕刻精细，别具一格。各殿塑像均为清代重装。寺内中心石坛宽大，坛上塑释迦像，前面又置印度雕造的汉白玉佛像一躯，结跏趺坐，高约1.5米，雕工细致，姿态庄严。两侧置十八罗汉像，裱装精细，神情各异。藏经阁底层塑观音像尊，眉清目秀，姿态端庄。寺内有明成化、正德、嘉靖间碑刻，记事甚详。

广济寺
殿内塑像保存尚完好

忻州市五台县城内西街

广济寺俗称西寺，寺门紧邻大街，院内东西配殿奉观音、地藏二菩萨，正中为弥陀殿，最后为大雄宝殿五楹。大雄宝殿和殿内塑像保存尚完好。殿为五开间悬山式，殿内只用两根金柱，空间面积异常宽阔。殿内有佛、菩萨、弟子、金刚等塑像，两侧分别架麟、狮、象，都是元代佳作。殿前唐代八角形石幢，高约4米，座上镂以石狮，幢身雕有佛像，顶部覆以宝盖，刀法简洁，形制古朴。

金阁寺
五台山著名佛寺之一

忻州市五台县五台山南台西北岭畔，距台怀镇15千米

金阁寺为五台山著名佛寺之一。唐大历五年（770年），代宗诏高僧不空赴五台山修功德建寺，铸铜为瓦，涂金瓦上，饰佛阁为金阁。寺内有代宗小像一躯，虽经后人重装，仍不失唐风。寺内布局，几经重修，仍以观音阁为主体。山门前石狮雄健，庭院内高阁耸立。阁身二层，重檐歇山，宽七间，深六间，四周围廊，阁内高达17米的观音铜像，挺身而立，直达阁之上层，后人欲改泥塑，覆盖泥一层，铜像隐入泥内。观音两侧，二十四诸天环侍，犹如仪仗。阁背面有毗卢殿、弥陀殿、观音

五台山台怀镇

殿、地藏殿、菩萨殿、药王殿等，塑像满布，有近千尊之多。最后为大雄宝殿，供三世像和十八罗汉，保存完好。

镇海寺
风景颇为秀丽

忻州市五台县台怀镇南5000米山腰

镇海寺位于两山夹峙中，中峰微缓，古柏苍翠，山花遍野，风景颇为秀丽。镇海寺为清代建造，内有康熙五十年（1711年）御制碑文。寺前坡道崎岖，现存山门、钟鼓楼、天王殿、大佛殿、宣教殿、左右配殿等，各殿佛像俱全，皆为清塑。寺南侧为永乐院，清章嘉活佛的住所，院内石雕十五世章嘉佛塔，清乾隆五十一年（1786年）造，传为金顶玉葬。塔周雕佛传故事，上部为四方佛像，周设廊屋，画十大明王和十二圆觉菩萨。十五世以后，历代章嘉皆到此避暑，蒙藏教徒朝山礼佛，多要到此，瞻仰活佛。

殊像寺
五台山五大禅处之一

忻州市五台县台怀镇杨林街西南

殊像寺因寺内供文殊像而得名。该寺始建于唐，元延祐年间重建，后毁于火，明成化二十三年（1487年）再建。山门、天王殿为前列，廊庑配殿为两翼，禅堂方丈室居后，正中建文殊阁五楹及钟鼓二楼。僧舍厩厨俱备。阁内塑像完成于弘治九年（1496年），明万历时曾局部修补。文殊阁宽五间，深四间，重檐九脊顶，檐下斗拱密致，檐上三彩琉璃剪边，阁内佛寺宽大，文殊驾驭于狮背，高约9米。龛背面塑三世佛（药师、释迦、弥陀），两侧为悬塑五百罗汉。全部塑像皆为明物，形象秀美，工艺精巧。佛像居于龛背面倒座之上，颇为特殊。

殊像寺

龙泉寺
五台山五大禅处之一

龙泉寺俗名九龙岗。寺旁有泉曰龙泉，寺由此而得名。宋代创建，明嘉靖初重修，清末至民国初又重修。现存影壁、台阶、牌坊和三座院落。影壁中间镶嵌有一巨石雕刻，文殊骑狮居中，人物花卉满布四周，构图严谨，神情逼真。

向北登一百零八级台阶即达山门，门前汉白玉石狮一对，勾栏小拱桥一座，石牌坊一座，旗杆高耸于两侧，雕工俱佳。其中石牌坊最引人神往，从基石、抱柱、斜戗、额枋、斗拱到瓦顶、脊兽，无一不是精雕细刻，人兽、花卉、流云、山水等分布于各构件之上，玲珑剔透。寺内三座院落横向排列，相互串通，又各有山门，自成格局。东院为殿院，依地势分前后两进，除山门外，中线上还有佛殿两座，塑像俱存，曲廊环绕，双塔高耸，其中普济禅师塔雕，尤为精致。寺西许里，有令公塔，六角，三级，高约10米。相传宋将杨业死后，其子杨五郎收其遗骨藏于此。

链接

杨业小传

杨业，北宋名将，骁勇善战，屡建奇功。北宋时期，因他熟悉边事，任他为代州刺史，授右领军卫大将军，长驻代州（今山西代县）抵抗辽兵。公元980

年，辽兵入侵雁门关，杨业父子绕背夹击，辽兵死伤惨重。986年，宋太宗赵光义趁辽国皇帝更换，三路出兵伐辽，杨业战死疆场。杨家父子祖孙，在北宋时为抵抗外族侵略，血洒疆场。其事迹在当代即被人传述，后经评话、戏曲、小说的渲染，逐渐形成丰富生动的杨家将传说。

佛母洞

一个石灰岩洞

忻州市五台县五台山南台东南支脉接近山顶的地方

佛母洞是一个石灰岩洞，又被人们称为千佛洞，按佛经说，释迦牟尼亦名千佛，千佛洞是供奉释迦牟尼的洞。佛母，是指释迦牟尼的生身之母，叫摩耶夫人。她是古印度天臂国善觉王的女儿，迦毗匀卫国净饭王的第一夫人。

千佛洞之洞分内外两洞，外洞大而明，内洞小而幽，中间有一个扁圆形孔穴相通。内洞中，可以容纳5~7人。内洞的洞壁上，山岩经水溶化，产生许多乳石及石笋，夹有各种色质，犹如人体心肝五脏，洞形又呈葫芦形状，后人称之为母腹。佛教宣扬进入小洞就是投胎佛母，受其恩育，复出小洞就是洗掉人生一切烦恼，获得无上欢乐幸福。

观音洞

原为达赖朝山礼佛诵经之所

忻州市五台县台怀镇南3000米处

观音洞始建于明代，清代重建，原为达赖朝山礼佛诵经之所。因岩石洞中塑有观音像，所以得名。观音洞地势十分陡峭，从山麓沿石阶而上，中间有一座观音亭，亭中有三幅绘画，画面内容表现了观音菩萨的“救苦救难，大慈大悲”。石阶的尽头就是一座观音殿，内供观音菩萨像。观音殿后有一个小小的石洞，相传观音菩萨曾在此洞中修炼。

南禅寺

我国现存最古的唐代木构建筑

忻州市五台县城西南22千米处的李家庄西侧

南禅寺坐北向南，由山门、龙王殿、菩

五台山南禅寺

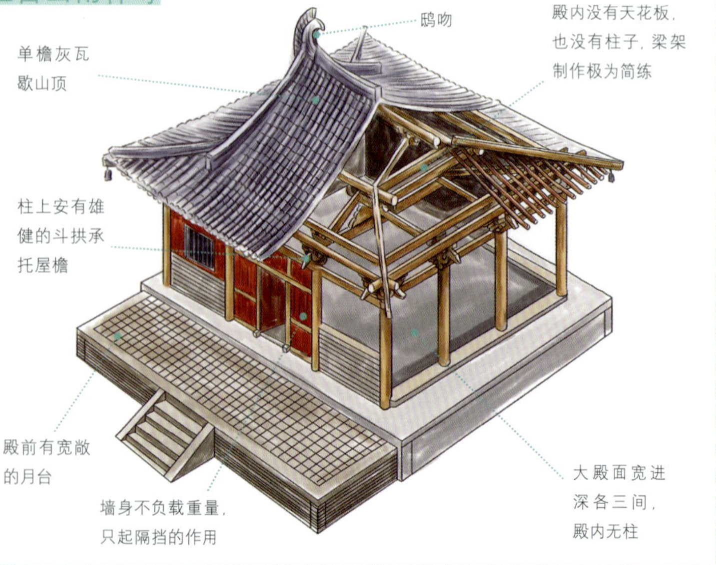

萨殿、大佛殿等主要建筑围成一个四合院形式。大殿平梁下保存有墨书题记，证明该寺重建于唐建中三年（782年），是我国现存最古的唐代木构建筑。

大殿面宽进深各三间，单檐歇山式屋顶，殿前有宽敞的月台，上安有雄健的斗拱，承托屋檐，殿内无柱，四椽状通达前后檐柱之外，梁架结构简练，屋顶举折平缓。殿内有佛坛，坛上满布唐代彩塑。形体、衣饰、手法与敦煌唐代彩像如出一辙。主像释迦，结跏趺坐于束腰须弥座上，做禅宗拈花印。两侧及前面有弟子、菩萨、天王、仰望童子以及獠蛮、佛霖等共计17尊。各塑像面形丰润、神态自若、服饰简洁、衣纹流畅。

佛光寺

我国唐代佛教艺术的精华

忻州市五台县城东北32千米的佛光山腰

佛光寺坐东向西，三面环山，创建于北魏孝文帝时期（471—499年）。寺区松柏苍翠，殿阁巍峨，环境清幽，建筑高低错落，主从有致。弥勒大阁现存六角形祖师塔，形制古朴，是北魏遗物。山腰的东大殿，雄伟壮丽，为唐代所建，前院文殊殿为金代建筑。其余山门、伽蓝殿、万善堂、香风花雨楼及厢房、窑洞等建筑，皆为明、清重楼，是我国古建筑中的杰作，在中国乃至世界建筑史上都有重要地位。寺内还有唐代塑像、壁画、石幢、墓塔、汉白玉雕像等。石幢两座，平面八角形，一在东大殿前，一在前院当中。

尊圣寺

五台山南门道上的巨刹

忻州市五台县城北20千米处的西峡村山峪

尊胜寺为五台山南门道上的巨刹。相传唐代印度僧人佛陀波利在此拜见文殊菩萨，随之建寺。该寺始建于唐，宋代重修，民国初年又予修葺。寺区古木参天，建筑瑰丽。寺前影壁砖雕精巧，寺内殿堂楼阁皆备，一连五进院落，逐级向上，层叠有致，左右设经楼禅舍，规模宏伟，布局严谨。

大雄殿台基高耸，建筑精妙。无量殿全部砖构，雕刻精致。藏经阁二层，四周回廊，勾栏环绕，木雕雀替剔透玲珑。阁侧有两座九角崇楼分峙左右，秀丽劲健。楼内下层供十二圆觉菩萨，上层奉四方佛，面容清秀，比例和谐。最后为塔院，万藏砖塔矗立，十三级，高约45米。四周高山环绕，塔院古柏苍劲，相映成趣。寺内还有北宋大中祥符二年（1009年）石幢一座，雕工甚佳。

白求恩模范病室旧址

国际友情的象征地

五台县松岩口村龙王庙

白求恩在为中国的抗日军民服务中，亲自倡导、设计和施工，将村内一座龙王庙改建成有手术室、消毒室、医务室、洗涤室等设施的外科病室，对改进战伤救治与培养医务干部发挥了积极作用，被晋察冀军区后方医院誉为白求恩模范病室。原建1940年被日本侵略军焚毁，1974年按原貌重建，并另建纪念白求恩陈列室，展出图片和实物等。大院中心有7米多高的汉白玉题字塔一座，正面镌刻毛泽东《纪念白求恩》一文，其他三面分刻徐向前、聂荣臻、薄一波的题词。

链接

白求恩小传

亨利·诺尔曼·白求恩，加拿大共产党党员、著名外科医生。为了帮助中国人民的抗日斗争，于1938年初不远万里，突破重重阻挠，来到延安，同年6月进入晋察冀抗日根据地，带领流动医疗队活跃在山西、河北两省。他总是不顾危险，亲临前线，就地施行医疗手术，从而大大减少了伤病员的死亡，挽救了许多战士的生命。他对工作极其负责任，对同志、对人民极其热忱，从而赢得了根据地干部、战士和老乡的尊敬和爱戴。

景点推荐 芦芽山风景线

芦芽山风景区 AAAA

五百里奇秀芦芽山

宁武县中部

芦芽山因形似一“芦芽”而得名，海拔2736米。据考证，芦芽山是中国唯一的毗卢佛道场，太子殿即为佛顶。太子殿为石基石壁构筑，殿脊有一铁棒直指苍穹，似为避雷特置。殿顶向四面披散，原以铜瓦铺盖，今已遗失。殿门北向而开，有石凿“太子殿”三字赫然醒目。两侧墙壁又凿“佛祖”二字，工整雄劲。

芦芽山景区的主要景点有万年冰洞、宁武天池、芦芽山森林公园、悬空村、悬崖栈道、支锅石、汾河源头、情人谷、马仑草原等。

玩家攻略

1.芦芽山适宜旅游的季节为每年5~9月。到芦芽山旅游登山及徒步时间较长，一定要穿上旅游鞋或运动鞋。芦芽山山顶和万年冰洞气温较低，东寨镇即使在夏季，昼夜温差也很大，游客可多带件外套。

2.美食：游客一般都在东寨镇用餐，有特色的是这里的蘑菇和野兔、野鸡。当地老乡自酿的醋比较不错，建议大家品尝一下，另外，“悬崖栈道”的凉粉和烤土豆也不错。

万年冰洞

万年冰洞形成于新生代第四纪冰川期，距今已有300万年的历史。它的奇特在于以本地洞外的气候条件论，根本构不成结冰的环境，而洞内一年四季冰柱不化，越往深处冰越厚。它是全国迄今发现的最大的冰洞，也是世界上迄今永久冻土层以外发现的罕见的大冰洞。由冰形成的冰柱、冰帘、冰瀑、冰花、冰佛、冰床、冰钟、冰人、冰菩萨等，千奇百怪、不一而足。洞内大大小小的景致或玲珑剔透，或晶莹夺目，或婀娜多姿，或雄伟壮丽，无不令人惊叹，堪称一个冰的世界。更使人们奇叹不已的是，与冰洞相距不到200米处，有一处千年不熄的地火，当地人称千年火山。这一冰一火，本是相克，却奇妙地共存于同一山上，可谓世界奇观，中华一绝。

石门悬棺

长江以北迄今发现最早的极具考古研究价值的一处崖葬群。10~20余米之高的陡直光滑的悬崖上悬挂木棺，有嵌在岩洞里的，也有露在石壁外的，有用木桩支撑的，也有用铁链吊捆的，既有一棺独悬，也有双棺并列的，距地面高度不一，但皆能看得非常清晰。石门悬棺因包含了栈道、崖缝、桩崖、悬吊、洞穴等多种类型，在类型多样性上名列华夏第一。

悬崖栈道

是中国华北地区罕见的水平联洞型栈道，也是宁武县古十景之一。百里长空栈道如同一根丝线在群山间穿过，将罗汉殿、毗卢殿、大佛殿遗址、晓祖宝塔等名胜与此地优美的风光串联起来，形成一串视觉与心灵的传奇。

马仑草原

与芦芽山南北相望，是华北地区最大的亚高山草甸之一。这里牧草肥沃，是历代帝王牧养战马的基地。马仑草原将草甸、森林、高山、峡谷、奇松、怪石、长城、将台、基塔融为一体。

情人谷

相传是一对情人在此殉情。整条沟谷全长5000米，一条四季不断的清溪自谷中流出，在落差十余米的瀑布下，形成许多石潭；整条山谷由许多“S”形组成，每个“S”形都蕴藏着柳暗花明又一村的妙境，随季节变化各呈纷异。

汾河源头

汾河源头是三晋人民饮水思源、寻根感恩之地。汾源有一水塘，塘上石壁刻有“汾源灵沼”四个大字，壁上雕有一个龙头，龙口中喷出一股清泉，终年流淌不绝。雷鸣寺、魁星阁挺立于楼子山上，沾汾河之灵气，气象不凡。自古以来就有三晋第一胜境之美誉。

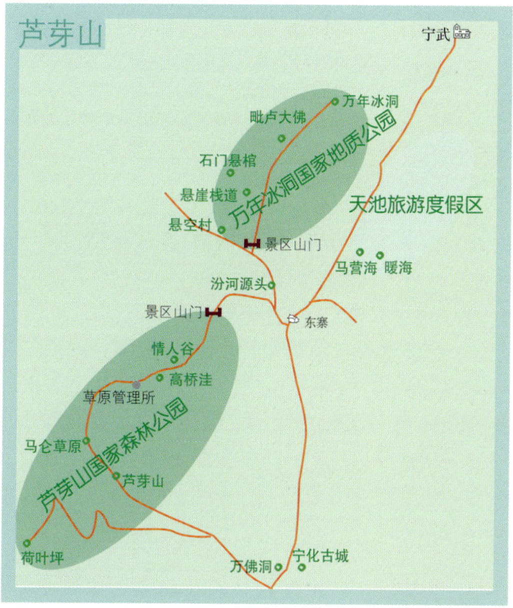

天池湖泊群

指以天池为中心，由元池、琵琶海等15个蓝宝石般的湖泊组成的中国北方罕见的高山湖泊群。天池是天池湖群中面积最大的湖泊；唐王朝在大西北饲养官马，天池一带出产的楼烦马和西域出产的骏马齐名天下，为唐王朝的强盛壮大立下了不朽之功。历史上曾经有16位皇帝来到这里避暑狩猎。

芦芽山

悬空村

支锅奇石

奇石高约3米，阔约2米。虽立斜坡，风吹似动，但数百年来，它却一直屹立在那里。由于奇石状似加盖的锅，支撑它的两块小石形若锅脚，故而人称“支锅奇石”。

宁武天池

天池湖群中面积最大的湖泊

宁武县管涔山麓地

宁武天池也叫马营海或母海，是天池湖群中面积最大的湖泊，海拔1771米，平均水深8米，面积0.607平方千米，蓄水量800万立方米。唐贞观元年到仪凤年间，唐王朝先后在大西北设立了8坊64监用以饲养官马，其中仅管涔山地区便设有天池、元池、楼烦三大牧监，三大牧监驯养军马70万匹，一时“牧马数万，色别为群，望之如云”，留下了“楼烦出骏马”“楼烦牧政甲天下”的佳话，当时的天池一带出产的楼烦马和西域出产的骏马齐名天下。

悬空村

“空中栈道”景观

忻州市宁武县西马坊乡芦芽山

王化沟村因其独特的地理位置和富有特色的建筑，在近几年渐渐出名，被传称为现在的“悬空村”。整个村庄位居于半山腰上，顺崖就势而建，从谷底仰望，好似空中楼阁。整个村子面向峡谷，前半部分多以木柱支撑，悬空而建。在其前面加宽，铺就木板，便是村中唯一长不到1000米的道路，形成了罕见的“空中栈道”景观。

芦芽山森林公园

遍地野生药材

忻州市宁武县东寨镇

芦芽山森林公园森林密布，泉水四溢，遍地野生药材，珍奇动物出没林间，汾河、清涟河、岚骑河都源于此。每年春耕结束，五寨、神武、宁武、静乐、岢岚等县的农民赶着牛驴骡马来此放牧。

玩家解说

芦芽山森林公园野生药材有黄芪、党参、沙参、灵芝、茯苓等。珍奇动物有东北虎、艾虎、金钱豹、麝、鹿、狍羊、山猫、豺狗等兽类36种，鸟类116种。其中褐马鸡与大熊猫、长臂猿等被列为国家一类保护动物。全国除神农架偶有发现外，只有山西的芦芽山和庞泉沟才可看到褐马鸡。

管涔山情人谷景区

浪漫爱情之地

宁武县涔山乡马仑村林溪山

管涔山情人谷又名马仑潭。相传有对情人曾在这里殉情，故名“情人谷”。汾源支流龙眼泉水由潭处经过。情人谷长不过5000米，入口处宽不盈20米，沟谷内弯弯曲曲，奇石如洗，植被极好，是个集飞流、挂树、吊石、悬草、奇岩、异峰于一身的风景区。

景点推荐

黄河沿线景点

老牛湾 AAAA

长城和黄河相交的地方

✉ 偏关县老牛湾村

老牛湾是中国最美的十大峡谷之一，这里在明朝时是一座屯兵的城堡，为明成化三年（1467年）所建。老牛湾地处晋陕大峡谷的核心地段，这里又位于黄河万家寨水库的库区，河谷两岸壁立万仞，河道中碧波万顷，河岸之上长城耸立，村落中古迹遍布。在老牛湾堡紧邻黄河的山崖上，有一座至今仍保存很好的砖砌空心敌楼。此楼雄踞崖上，俯视黄河，是偏关著名的风景地之一。

老牛湾古村落建筑依山就势，错落有致，所有建筑就地取材，全部用当地的石头、石片堆砌而成。造型各异的民居古院因势向形，石墙、石院随形而就，石碾、石磨、石仓、石柜随处可见，整个村庄可算是一个经典的石头建筑博物馆。

玩家 攻略

最佳季节为夏秋两季。11月1日至次年4月30日营业，其中旺季为5月1日至10月31日，淡季停止营业。

红门口地下长城 AAAA

长城沿线战斗村

✉ 偏关县水泉乡水泉村

红门口地下长城景区位于偏关县，总规划面积达1平方千米，以“一心、一带、两区、一廊道”为核心。水泉村，古称水泉营，始建于明朝成化二年（1466年），是长城红门口的驻军堡，红门口是长城的要塞。1968年，为了响应毛主席“备战备荒为人民”“深挖洞，广积粮”的号召，水泉堡成为北京军区“长城沿线战斗村”建设工程之一。在这一背景下，明代地上长城被搬到地下，成为现存全国规模最大的战备地道。这个地道为游客提供了一个了解历史、感受战争年代人们生活状态的场所。

林遮峪遗址

新石器时代的印记

保德县城南35千米林遮峪乡林遮峪村南

该地背山面水，地势平坦，遗址长1000米，宽500米，面积约为50万平方米。从断崖观测文化层厚0.5~1米，器形有鬲、罐等，以夹砂灰陶为主，泥质红陶为次。1971年在此遗址内清理出一座商代晚期墓葬，出土了30多件青铜器，有铜鼎、铜爵等随葬品，为商代代表性器物。

万家寨黄河水利枢纽

全国大型跨流域引水项目

偏关县万家寨镇　¥98元　0350-7641082

万家寨黄河水利枢纽工程位于黄河北干流托克托至龙口河段峡谷内，是黄河中游规划开发的8个梯级中的第一个工程，也是山西省引黄入晋工程的起点。其左岸隶属山西省偏关县，右岸隶属内蒙古自治区准格尔旗。万家寨是山西最大的水利工程，库区在晋蒙峡谷之间绵延数十里，高峡出平湖、黄河水变清、亚洲最大最高的人行吊桥等都是万家寨的奇观。

岱岳庙

道教与诸风俗神会聚一宇

河曲县城关镇东6千米岱岳殿村西

据寺内金大定十七年（1177年）功德幢记载，岱岳庙创建于金天会十二年（1134年），后历代均有修葺。现存建筑多为明清遗物。庙坐北朝南，建筑规模不大，自成格局，中轴线上分布有山门、乐亭、天齐殿、后土殿，西侧便门内建龙王殿、灵官殿、地藏殿、圣母殿，东侧便门内建禅房、关帝殿、玉皇阁、包公祠等。道教与诸风俗神会聚一宇，是一处具有中国民间诸神崇拜性质的庙宇。庙内共保存壁画104平方米，内容丰富。殿内三壁绘77幅连环壁画23平方米，主要为因果报应等内容。地藏殿规模与后土殿相当，殿内现存十殿阎君塑像，为明塑佳品。

万家寨黄河水利枢纽

攻略资讯

- 交通
- 住宿
- 美食
- 购物
- 娱乐

阎锡山故居

交通

飞机

五台山机场位于忻州市定襄县宏道镇无畏庄村，为军民合用的国内支线机场，现开辟有五台山飞往北京、上海、昆明、广州、成都等地的25条航线，通航 22 座城市。可在市区乘坐出租车前往机场。

火车

忻州火车站位于忻州市云中路10号，主要是开往北京、西安、包头等方向的列车。忻州西站位于忻州市解原村，为高铁站。

汽车

忻州交通四通八达，大运高速贯穿全境，209、108国道是境内的主干道。

忻州客运中心：位于忻州市忻府区五台山南路5号。

五台山汽车站：位于台怀镇和南山寺之间的杨柏峪村，是太原、大同、忻州、呼和浩特、北京、天津等地通往景区的终点站。

住宿

忻州地区近来发展极为迅速，拥有大量的星级酒店，住宿条件卫生、舒适。一般的旅馆也随处可见，条件也相当不错。游客可选择在市区住宿，比较便捷。前往五台山游玩的游客也可以在景区附近住宿。

●忻州瑞龙国际大酒店

酒店位于城区忻顿公路东侧，市人民公

沂州公路

园西侧，餐饮设有中餐厅、西餐厅、零点厅及豪华包房和宴会厅。一楼大厅设有西餐厅以及中式茶艺包房，并设有健身房、乒乓球、网球等休闲项目。Ⓜ 忻州市忻府区公园路1号 ☎ 0350-3168888

● 五台山友谊宾馆

坐落于“中国佛教四大名山之首”的五台山风景名胜区核心地带，建筑风格古色古香，是五台山极具知名度的园林式涉外宾馆。宾馆可以满足客人餐饮、住宿、会议、娱乐、休闲、度假等需求。Ⓜ 五台山风景名胜区杨柏峪灵峰寺旁友谊路口 ☎ 0350-6586666

● 麗枫酒店（忻州古城店）

麗枫酒店（忻州古城店）为2021年新开业的酒店，酒店设计时尚而现代。酒店交通十分便利，紧邻大欣城、汇都购物中心、忻州古城风景区等大型综合商场和旅游景区，购物、餐饮、娱乐等配套设施一应俱全，是智能化、人性化设计的酒店。Ⓜ 忻州新建南路34号 ☎ 0350-2665555

● 蓝海商务酒店

位于忻州市七一北路繁华地段，周边商业气氛浓厚，有各种餐饮娱乐场所。Ⓜ 忻府区七一北路图书大厦 ☎ 0350-3336688

美食

忻州面食制作精巧、花样众多，除传统的刀削面、拉面外，著名的风味美食还有忻州瓦酥、原平锅魁、代县麻片、繁峙疤饼等。另外，代县的黄酒、定襄蒸肉也值得一尝。

● 原平锅魁

原平锅魁因其在历史上夺得当地炉食之魁而得名。其状若块，不包馅的称空心锅魁，包馅的各有名称。夹肉馅的名半锅魁，亦称蛤蟆含蛋。

● 保德荞面碗托

保德县盛产荞麦，所制荞面碗托，青白细嫩、柔软光滑、清香利口。碗托是将荞麦精粉用盐水拌成面穗，再加水调成糊状，盛于碗内，用急火蒸制而成。宜凉拌、宜热炒，或浇以素汤，或拌以肉酱。

● 原平麻叶

原平麻叶制作复杂，选用精制面粉、发酵粉和糖剂，辅助油、盐、碱、矾等，加水按一定比例配制搅拌成松软面团，用刀切成约半两重的小面块，拉成两根再扭两圈，圆圆的，粗细不等，放入油锅中炸到金黄色捞出即可食用。

● 繁峙疤饼

繁峙县久负盛名的美食，其酥香可口，令人回味无穷。因其表面凹凸不平，类似疤痕而得名。

● 定襄蒸肉

定襄蒸肉古为当地贡品，也是民间宴席必备，以精瘦猪肉为主，辅以精制淀粉、植物油及各种调味品。

● 忻州瓦酥

忻州瓦酥以形状似瓦得名。瓦酥制作历史悠久，始于明末清初。清朝时，慈禧太后品尝后大悦，赐名为“龙凤瓦酥”。瓦酥质酥脆，味香郁。1981年被列为山西省名特产品。

● 定襄黄烧饼

已有200多年历史的黄烧饼，形扁圆，

定襄黄烧饼

色深黄，内包酥料，皮面由面粉加食油、米粉、面肥和就，酥而不脆，甜而不腻，易储耐运。

购物

忻州特产

忻州地区的土特产主要有台蘑以及原平中阳木瓜杏、保德油枣、海红果等。

●原平中阳木瓜杏

中阳杏有200多年的栽培历史，品种繁多，尤以木瓜杏为最。其特点是个大、形圆、肉厚、核小、汁多，里外透黄，瓤带金丝，属黏核甜仁，果实阳面有红晕。

木瓜杏

●海红果

亦称醉果，果实如鸡心石，鲜红美艳，酸甜可口。既可鲜食，又可加工制作罐头、果酱、果干、果丹皮等果制品，还可代山楂入药。

保德油枣

●保德油枣

保德油枣产区主要集中在沿黄河一带的丘陵沟壑之中。油枣个大皮薄，肉厚、核小、味甜、色泽深红、油光闪亮，平均颗重10.2克，含糖57.9%。果实制干后，掰开可拉长长的细丝。

●台蘑

台蘑即五台山蘑菇，主要生长在五台山山顶、山腰的野生草丛、树林里，有银盘、香蕈等品种。

忻州购物场所

忻州的购物场所有华美超级购物广场、忻州购物中心、金诺商厦、时代购物广场、东方购物广场、八一大厦等众多大型购物场所，在这里可以选购到各种物优价美的商品。

娱乐

忻州市区内的现代娱乐场所种类齐全、数量众多，主要分布在七一路、新建路、光明大街附近的繁华地带，也有温泉、主题公园等场所可供选择。

顿村温泉度假村：顿村温泉度假村位于忻州城北9000米处的秦城乡顿村，是一座融温泉度假、疗养娱乐为一体的综合性度假中心，被誉为“祛病泉”“不老泉”，并修建有世界民族园、滑雪滑草等娱乐区。

晋忻梦幻乐园：坐落在云中河景区的东区，其中游乐场区占地面积约46 690平方米，水上乐园占地面积约36 690平方米，拥有目前国内最先进的六环过山车、摩天轮等大型游乐设施23套，是一个以家庭娱乐为核心，集生态休闲、娱乐表演等功能于一身的大型娱乐主题公园。

故里

发现者
旅行指南

运城

概览

亮点

普救寺

一处以戏剧文化为主的旅游佳地，是《西厢记》故事的发生地，被称为“爱情圣地”，誉满中外。

永乐宫

为纪念纯阳真人吕洞宾而建的道观，每座殿中都有瑰丽的壁画，绘有各路神仙朝谒元始天尊的盛况，数百位神仙姿态各异、形神俱备。

解州关帝庙

全国现存最完整的关帝庙建筑群之一，庙内最高的建筑是春秋楼，构筑精巧，给人以空中楼阁之感。

运城盐湖

世界第三大硫酸钠型内陆湖泊，湖中的黑泥蕴含7种常量和16种微量元素，被誉为“中国死海”。

鹳雀楼鸟瞰黄河

鹳雀楼

古代四大名楼之一，唐代诗人王之涣在这里留下千古绝唱——“欲穷千里目，更上一层楼”。

新绛古城

一座拥有1400多年历史的古城，较好地保留了唐代的形制。

线路

运城特色两日游

第一天：参观国家级森林公园，素有“小华山”之称的五老峰景区。

第二天：畅游中国死海的黑泥养生城，享受黑泥洗浴、盐水漂浮、医用矿泉水疗的“梦幻三绝”。

运城经典三日游

第一天：去盐湖，在湖中尝试黑泥浴，美肌活肤。下午去解州关帝庙。

五老峰

第二天：上午游五老峰，观道教名山，品尝当地美味小吃。下午去普救寺，转转蒲州故城遗址。

第三天：上午游览风陵渡，下午去永乐宫，探寻吕洞宾的故乡。

为何去

运城因盐而设城，这与附近被誉为“国宝”的盐池大有关联；运城境内的王官峪、五老峰是晋南地区的两座绿色花园；《西厢记》故事的发生地——永济的普救寺、芮城永乐宫和解州关帝庙等更是享有盛名的旅游胜地。

阳城海会寺

何时去

夏、秋季为到运城旅游的最佳时间。夏季可到有“中国死海”之称的盐湖来旅游避暑。春秋季气候宜人，不妨到全国现存最完整的关帝庙建筑群之一——解州关帝庙寻访古迹。

关公信仰

关帝庙

区域解读

区号：0359

面积：约14 182km²

人口：约471.85万人

地理 GEOGRAPHY

区划

运城辖1个区（盐湖区）、10个县（绛县、夏县、新绛县、稷山县、芮城县、临猗县、万荣县、闻喜县、垣曲县、平陆县），代管2个县级市（永济市、河津市）。

地形

运城地势东北高，西南低，呈东北－西南倾斜。中条山自北向西南横亘，峨眉台垣和孤山、稷王山于中部隆起，整个地形成一头髆骨形。运城最高点为中条山核桃凹南峰，海拔1494.7米。运城区域内流经河流主要有汾河、涑水河等，黄河流经西南边境。

气候

运城地区处于半干旱大陆性季风气候区域，降雨少，空气干燥，水资源紧缺。降雨主要集中在7～9月。而且运城有时受到尘暴的影响，冬季冷，春秋较短，夏季闷热，年均气温13.3℃。

孤峰山

历史 HISTORY

历史大事记

●远古时期

距今180万年的芮城县风陵渡镇西侯度文化遗址是迄今考古界发现的人类最早用火的原始遗迹。

万荣县荆村新石器时代文化遗址出土的谷类碳化物中有黍稷及壳皮，证实河东先民在四五千年以前已掌握了种植高粱的技术，从而开中国高粱栽培之先河。

考古发现，上古黄帝和炎帝阪泉之战可能发生在今运城地区。

●先秦时期

春秋时统属晋国，晋献公于公元前669年定都于绛（今绛县）。秦始皇统一中国，运城属河东郡。

●五代至清

北魏孝昌中置唐州，唐朝河东道辖山西全境及河北部分地区，北宋时期运城属陕西

历山风光

路永兴军路，明、清与临汾同为平阳府。

●近现代

民国时期，运城同临汾及石楼、灵石、交口属河东道。

1949年，运城、临汾及石楼、交口成立晋南行政公署，属陕甘宁边区政府晋南区。

2000年6月，经国务院批准，撤运城地区设地级运城市。

中华之根源

运城是中华民族重要的发祥地之一，这里是最早被称作“中国”的地方，也是人类远祖的故乡。远在更新世时期，这里就有古人类活动。据考古学家对芮城县西侯度古文化遗址的发掘考证，早在距今180多万年前，这里的先民们已经开始用火；万荣县荆村新石器时代文化遗址出土的谷类碳化物中有黍稷及壳皮，证实河东先民在四五千年以前已掌握了种植高粱的技术，从而开中国高粱栽培之先河；夏县西阴仰韶文化遗址蚕茧化石的出土，又证实了原始社会时期河东先民对养蚕技术的掌握。广泛流传于本市的民间故事诸如“后稷教民稼穑”“嫘祖养蚕”等，是对这一时期种植业、养殖业发展状况的口头反映。

相传，女娲氏乃黄帝之母，她生活的地方“汾阴脽上”，便是今万荣县的宝井乡。史书记载：黄帝与蚩尤“战于鸣条”，“杀蚩尤于中冀，蚩尤股体身首异处，而其血化为卤，则澥之盐池也”，“澥之盐池”亦称“解池”，即今运城盐池，解梁、解州亦由此而得名。黄帝“扫地为坛于汾阴”（今万荣县）以祭祀后土。

帝尧禅位于舜，《孟子》记载：“舜生于诸冯，迁于负夏，耕于历山，渔于雷泽，卒于鸣条。”诸冯、负夏、历山、雷泽皆在今垣曲县境内；鸣条即今闻喜县、夏县与运城市境内的鸣条岗；运城市舜帝陵恰位于紧靠峨眉

西侯度古文化遗址

岭的大小巍山之阳。《史记·帝本纪》注云:“舜都蒲坂”,蒲坂即今永济市的古称。史载舜好音乐,尝弹五弦之琴,歌《南风》之诗,运城盐池周围既有名曰《南风》的民谣传唱,池神庙又有舜弹琴之处的“琴台”遗迹。

大禹治水,凿龙门,开三门,导黄河之水东流入海,天下之民始得安定,后“践天子位于安邑”。龙门、三门分别在今之河津市、平陆县境内;禹都安邑即今夏县境内的禹王城遗址。安邑之名则由“民安居乐业于邑”而得。大禹之子启建立了中国奴隶制社会第一个王朝——夏,并定都于此,夏县之名便由此而得。

名单 运城历史名人

养蚕缫丝始祖嫘祖

九黎部落首领蚩尤

父系氏族社会后期部落联盟首领舜

夏后氏首领、夏朝开国君主大禹

春秋五霸之一晋文公

著名水利专家、都江堰设计者李冰

战国末期著名思想家、文学家,儒家代表人物荀子

战国四大名将之一廉颇

西汉文学家、史学家,《史记》作者司马迁

三国时期蜀汉名将关羽

著名“边塞诗人”王之涣

全真道祖师,三教合流思想代表人物吕洞宾

北宋政治家、史学家、文学家司马光

“元曲四大家”之首关汉卿

文化 CULTURE

天下第一鼓——绛州鼓乐

2012年央视春晚大幕拉开,一曲《鼓韵龙腾》鼓乐呈现的视觉、听觉震撼亿万观众,这鼓乐便是被誉为“天下第一鼓”的绛州鼓乐。

绛州是新绛县在古代的旧称,新绛县有着演奏鼓乐的传统,鼓乐是民间文艺活动的主要内容,更是当地“社火”活动中最流行的节目之一。绛州鼓乐的演奏者充分利用鼓的各个部位以及鼓槌、鼓架的最佳声音进行演奏,演奏起来宏厚博大,气势磅礴恢宏,声韵铿锵,粗犷豪放而有力度。

绛州鼓乐中,曲牌很多,尤以《秦王破阵乐》最为出名。相传,唐武德三年(620年),秦王李世民率领唐军大破刘武周,收复并州、汾州两地,为了庆祝胜利,当地百姓用民间锣鼓奏出了《破阵乐》,后来这首民间鼓乐得到整理和发展,升为国乐。贞观元年(627年)正月,唐太宗李世民大宴群臣,在大殿上演奏了经过整理并重新排练的《秦王破阵乐》,此后,《秦王破阵乐》便在民间流传开来。至明、清两代,绛州鼓乐进入鼎盛时期。新中国成立以来,绛州鼓乐进一步得到发展。

新绛县分汾北片、汾南片、河槽片三大片区,汾北片以穿箱锣鼓著称,汾南片以车鼓著称,河槽片以花敲鼓著称。花敲鼓在绛州鼓乐中最具代表性。它所使用的乐器是多面形制不同的鼓。现有十几种敲奏技法,即击鼓边、敲鼓边、蹭鼓面、打鼓帮、抽鼓皮、磕鼓环、碰鼓架、单槌滚、双槌擂、槌相搓、槌相击、槌相打、槌相挑。

现在,在新绛大地上依旧活跃着众多由当地民众组成的民间锣鼓队伍,如王庄锣鼓队、三泉锣鼓队、上院锣鼓队、王村锣鼓队、南李村锣鼓队等,其中,绛州鼓乐艺术团是传统艺术与市场完美结合的典范,他们也是2012年央视春晚《鼓韵龙腾》的表演者。

绛州鼓乐练习场景

景点推荐

运城南部景点

解州关帝庙 AAAA

国内最大的宫殿式庙宇

运城市盐湖区解州镇五一路

解州关帝庙始建于隋朝，后世均有增修扩建，是国内最大的宫殿式庙宇，也是全国现存最完整的关庙建筑群之一。

解州关帝庙总占地面积达22万平方米。是一处保存完整、规模宏大的古建群，建筑布局为我国传统的“前朝后寝”及中轴对称的宫殿式布局，在中轴线上依次排列着端门、雉门、午门、御书楼、崇宁殿、春秋楼，两侧配有木坊、石坊、碑亭、钟亭和东西长廊，高耸的建筑配以参天松柏，颇具皇家气派。庙内悬挂有康熙御笔亲书“义炳乾坤”、乾隆钦定“神勇”、咸丰御笔亲书“万世人极”、慈禧太后题“威灵震叠”匾额，堪称珍宝。庙中的精华建筑“春秋楼”，二楼悬梁吊柱结构，更是我国古建筑中的珍品。

玩家攻略

每年9月底，解州关帝庙都要举办隆重的国际关帝文化节。活动包括公祭、三教共拜关公以及民间朝拜三项内容。在庄重的颂歌声中，来自五湖四海的华人缓缓走到崇宁殿月台前依次向关圣帝君祭拜。

崇宁殿

崇宁殿是关帝庙的主殿，因关羽被宋徽宗封为“崇宁真君”而得名。殿前月台上置一铜质鼎式香炉和一长方形供案，是清人仿照古代式样铸造的。殿一周有26根巨大石雕龙柱。龙柱上有升龙、降龙、祥云等，雕刻有力，其数量之多，在国内庙宇宫殿堪称独一

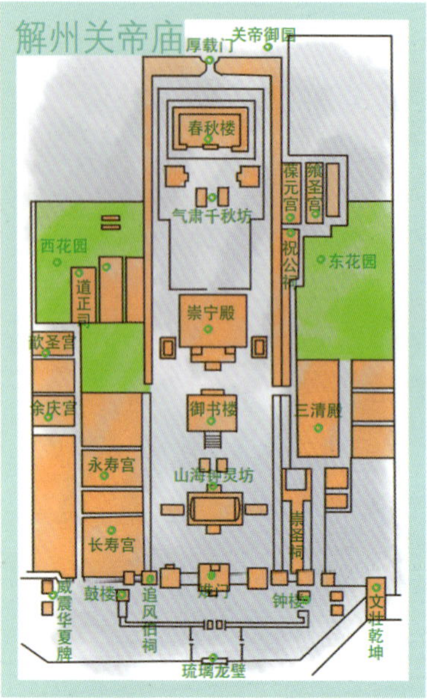

无二。殿内木雕神龛刻工精细，额枋圆雕凸起，是一座很精巧的清式小木作神龛。龛内塑关羽坐像，头戴冕旒，身着龙袍，神色威严。殿前左右碑亭、钟亭对峙，高大的铁质焚表炉、铁狮、铁旗杆以及台基上的铜质青龙偃月刀等，都充分显示了关羽的威武与祖庙的庄严。

御书楼

御书楼原名八卦楼，是为纪念清康熙四十二年（1703年）康熙来庙谒拜而建。御书楼外形整洁劲建，秀丽壮观。楼高约17米，二层三檐歇山式屋顶，底层前檐当中凸出龟须座，上筑牌坊式屋顶。后部凸出有抱厦三间，卷棚式，这种前抱后厦的风格在清建筑中实属特例。后抱厦面对崇宁殿，台基边沿处凿有石槽，木柱上留有孔洞，遇有佳期庙会，用木板铺垫，可作为酬神演戏的乐楼。

春秋楼

春秋楼又名麟经阁，因关羽喜读《春秋》而得名。该楼为寝宫主体建筑，亦为庙内最高建筑，通高23.4米，现存结构为清同治九年（1870年）重建之物。该楼面阔七间，进深六间，二层三滴水，歇山琉璃楼顶；中部三间辟隔扇门，梢间砌墙环楼封护。楼内两金柱间设神龛，龛内坐关羽头挽头巾、手捋长髯金身坐像，面相丰满，端庄正视，鼓腹大度，呈温和而刚毅之态。楼上层四周设勾栏供远眺。勾栏垂柱悬空伸出，有惊险欲坠之感。这种托梁吊柱结构手法在我国古代建筑中恐属孤例。

结义园

结义园建于明万历、天启之际，原名“莲花池”，后改“结义园”。结义园坐南向北，与正庙仅一路之隔，由结义坊、君子亭、“三分砥柱”影壁、三义阁、假山、莲池组成。历史上园内有山有水，树茂花艳，景致宜人。结义堂内有刘、关、张拜天地结义蜡塑，祭坛摆有五谷实物，后衬绸质桃树丛林，三人神态逼真，形象生动。

泛舟禅师塔

唐代圆形古塔典型实例

运城市盐湖区寺北曲村报国寺遗址上
市内乘10路公交车可达
8:30~16:30
5元

泛舟为唐代报国寺禅师，圆寂后筑塔祀之，始建于822年。塔为圆形，通高10米，由下而上略有收分。塔身有束腰须弥座，砖雕壶门用隔柱相间，中空，正南面开门，门槛、立颊、门额全都为石雕，内室六角形，上部为藻井。门侧雕有破子棂窗，比例与木构实物近似。塔侧镶有塔铭，记述泛舟生平及其建塔经过，甚详。塔檐逐层叠涩而成，两层山花蕉叶与覆钵之上为宝珠塔刹，造型古朴，雕刻粗细相间，为我国唐代圆形古塔中的典型实例。

关公文化

关羽（？—220），字云长。关公策马横刀，驰骋疆场，征战群雄，辅佐刘备完成鼎立三分大业，谱写出一曲令人感慨万分的人生壮歌。作为三国名将的关公，被后人推举为集“忠”“义”“仁”“勇”“诚”“信”于一身的道德楷模，所以说关公是一种文化，也是一种精神。

关羽被后人尊称为“武王”“武圣人”，与孔子并肩而立。武师、帮会都将他奉为行业神来崇拜。

因为关羽不仅受到儒家的崇祀，同时又受到道家、佛家的膜拜，所以关羽是横贯儒、道、佛三大中国教派的神。在道教中关羽亦称“关圣帝君”，简称“关帝”，本为道教的护法四帅之一，如今道教主要将他作为财神来供奉。其职能除“治病除灾，驱邪避恶，诛罚叛逆，巡察冥司”外，还有“司命禄，庇护商贾，招财进宝”，又因其忠义，故被奉之为财神。因此就连描金业、烟业、香烛业、教育业、命相家等不相干的行业也祭拜这位武财神。

千百年来，经过历代统治者的封谥和戏曲、文学的演义描述，一个“对国以忠、待人以仁、处事以智、交友以义、作战以勇”，代表着中华民族传统美德的完美的关公形象出现在世人面前。他由“万世人杰”上升到“神中之神”，成为战神、财神、文神、农神，是全方位的万能之神，为历代统治者和百姓万民、华夏神州与东瀛海外，上下共仰。

运城盐湖 AAAA

“中国死海”

运城市解放南路365号

运城盐湖位于中国山西晋南盆地，形成于新生纪第四代，由于山出海走，大量含盐类的矿物质汇集在这里，经过长期的沉淀蒸发，形成了天然的盐湖。运城盐湖可同闻名于世的以色列死海相媲美，湖中的黑泥蕴含16种微量元素。湖水中可以人体泛舟，湖中黑泥可以美肌活肤，所以运城盐湖被誉为“中国死海”。

玩家 攻略

1.游客可以仰卧水面，伸开四肢，如树叶一般随波漂浮，可以围成一圈伸腿挥臂，随意摆弄出水上芭蕾的各种舞姿，也可以手抱双腿，坐于水中，甚至还可以撑开花伞，手抚书卷，“枕波而读”。

运城盐湖

2.置身于运城盐湖浴场，可充分享受黑泥洗浴。将盐湖黑泥均匀地敷抹在身体除眼睛、嘴唇等以外的部位，可使黑泥中丰富的矿物质渗入皮肤的皱纹和毛孔中，这样可以清洁皮肤、去皱、杀菌，促使皮肤新陈代谢，还可以减肥。

玩家 解说

运城盐湖是世界第三大硫酸钠型内陆湖泊，面积为132平方千米，已有4000多年的开发历史。盐湖南依苍翠高峻的中条山，北靠峨眉鸣条岗，东连涑水瑶台，西接黄河古渡。湖内银泊万顷，浩渺广阔，芦苇湿地环绕，水禽候鸟族聚。

临晋县衙

保存至今的元代县衙

临猗县城西北20千米的临晋镇

临晋县衙始建于元代，坐北朝南，占地面积16 000平方米。以中轴线布局分三层台阶式，依次为大堂、二堂、三堂，周围配以廊房。

大堂面阔五间，进深六椽，当心间较宽，明显大于次、稍间，稍间又略窄于次间。采用“减柱造”，堂前正面檐柱大于各柱，当心间两根采用“抱柱造”。前檐额枋用材硕大，以三根大圆木制作，直径达0.8米，增加了大堂的庄严气氛。二堂面阔五间，进深三间，单檐硬山顶。三堂面阔三间，进深三间，堂前带廊，为清代建筑。银亿库位于大堂与二堂中院之东侧，书房位于三堂西侧，皆为民国时期建筑。

舜帝陵景区 AAAA

华夏始祖陵墓

盐湖区北相镇西曲马村

舜帝陵景区为中华民族“五帝”之一的舜帝的陵庙。景区占地面积1.19平方千米，以古柏广场为界，分为风景区和陵庙区两大部分，区内松柏苍翠、百花争妍、波光潋滟、道路阡陌，景观水系贯穿南北，皋、夔、稷、契四座拱桥与湖光山色交相辉映，无不彰显北方园林建造者的智慧。

链接

明君典范——舜

舜，传说中的圣王，《史记》说舜名重华，相传舜的家世甚为寒微，虽然是帝颛顼的后裔，但五世为庶人，处于社会下层。相传舜在20岁的时候，名气就很大了，他是以孝行而闻名的。因为能对虐待、迫害他的父母坚守孝道，故在青年时代即为人称扬。过了10年，尧向四岳（四方诸侯之长）征询继任人选，四岳就推荐了舜。尧将两个女儿嫁给舜，以考察他的品行和能力。舜不但使二女与全家和睦相处，而且在各方面都表现出卓越的才干和高尚的人格魅力，后来尧让舜参与政事，管理百官，接待宾客，经受各种磨炼。舜不但将政事处理得井井有条，而且在用人方面有所改进。经过多方考验，舜终于得到尧的认可，尧禅位于舜，《尚书》中称为舜“受终于文祖”。

普救寺 AAAA

《西厢记》故事的发生地

永济市蒲州镇西厢村

普救寺位于山西省最南端陕、晋、豫三省交界处，是黄河中游三角地带著名的旅游胜地。普救寺千余年来，历经沧桑，反复兴废。经过十多年来的全面修葺，如今寺宇巍峨，融唐、宋、明、清古建筑为一体，规模宏伟，气势非凡，蔚为壮观。

普救寺还是古典戏剧《西厢记》故事的发生地，寺内古朴典雅的莺莺故居“梨花深院”，牵动了多少恋人的仰慕之情。张生借宿的“西轩”，崔莺莺一家寄居的“梨花深院”，白马解围之后张生移居的“书斋院”穿插其间。寺后是一地势高低起伏、形式活泼的园林花园。园内叠石假山悬险如削，莺语双亭飞檐翘角。荷花池塘上横架曲径鹊桥，亭桥相接、湖山相衔。莺莺的“拜月台”掩映在青松翠柏、千竿修竹之中。

玩家 解说

传说五代时，河东节度使作乱，后汉朝刘知远派郭威去讨伐，围蒲州年余，百姓苦甚。郭威召寺僧问策，僧曰：“将军发善心，城即克矣！”郭威当即折箭为誓，翌日破城，满城百姓得救，从此更名普救寺。

玩家 攻略

前往普救寺最好赶在农历七月初一至七月十五日之间，那时五老峰有庙会，十分热闹。

普救寺每年都会举行“爱情文化节”活动。为弘扬“有情人终成眷属”的爱情文化，每一届都有不同形式的活动，吸引了各地的情侣来此见证爱情。

大钟楼

大钟楼飞檐翘角、气势雄伟，全高17米，是一座重檐歇山式的仿唐建筑。这座大钟楼也是《西厢记》“白马解围”一折中“观阵台”的原型。如今，游人登楼俯视，遥想戏剧中“半万贼兵，卷浮云片时扫净”的鏖战情景，体会“白马将军义薄云，书生笔阵扫千军”的个中滋味，会有万千感慨。

莺莺塔

屹立在寺中的莺莺塔，原名舍利塔，

不仅形制古朴，而且以奇特的结构，同北京天坛的回音壁、河南宝轮寺塔、重庆潼南区大佛寺内的“石琴”，并称为我国现存的四大回音建筑。游人在塔侧以石叩击，塔上会发出清脆悦耳的“咯哇—咯哇—”的蛤蟆叫声，令游人连连称奇。据地方志中称，“普救蟾声”为古时永济八景之一。

梨园深院

梨花院，又称“崔居别院”“莺莺院”。它是崔莺莺一家人路经河中府借居普救寺的临时寓所。这是一座具有我国北方民俗特点的三合小院。坐北朝南，南设院门，院内北房三楹专为老夫人的居室，“拷问红娘”即发生在此。

书斋

书斋亦称书院，在藏经阁北，梨花深院西侧。《西厢记》中多处提及张生后居“书院”“书斋”“书房”，即指“书斋院”。院中有书斋、卧室，四周围墙，自成一院。“白马解围”后张生从西轩迁到这里，这里也是莺莺“酬简”之所。这座斋院前后设门，前门与寺内中轴相通。张生逾垣应是从前门出，经藏经阁后朝西，达崔莺莺所住之东厢。斋院后门与花园相通，应是张生到花园窥视莺莺的便门。

鹳雀楼 AAAA

我国古代四大名楼之一

永济市蒲州古城西面的黄河东岸

8: 00~17: 30

鹳雀楼是永济市著名的景观，以其临江远眺的优越位置和历代文人在此的兴衰感叹而闻名于世，它与武昌黄鹤楼、洞庭湖畔岳阳楼、南昌滕王阁齐名，被誉为我国古代四大名楼。楼体前对中条山，下临黄河，是唐代河中府著名的风景胜地。相传当年时常有鹳雀栖于其上，所以得名。唐宋之际，文人

鹳雀楼

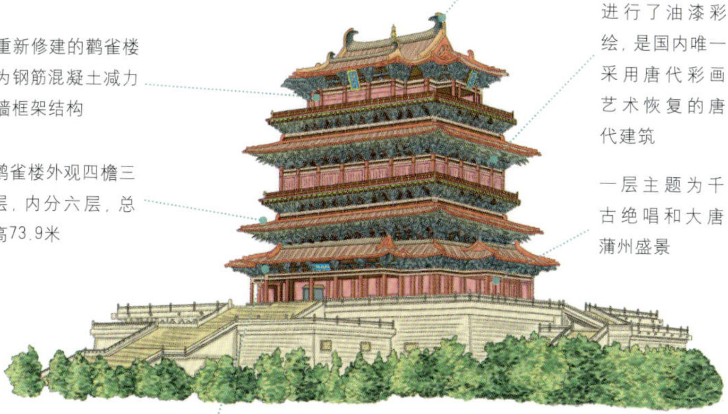

学士登楼赏景留下许多不朽诗篇，其中王之涣《登鹳雀楼》更堪称千古绝唱，流传于海内外。

蒲津渡遗址

唐代蒲津桥遗物

永济市蒲州镇西门外

在永济火车站乘坐2路（鹳雀楼号每15分钟一班，3路稍远）公交车即到铁牛馆

¥25元　8：00~17：00

唐铁牛为唐蒲津桥遗物，保存完整，极富观赏价值。铁牛共八尊，现已出土了四尊，每尊身长丈余，重约1吨，它们均面向黄河排列。同时出土的还有铁山、铁柱、铁人等，造型生动逼真，形象动人。铁牛分南北两组，两牛一组，前后摆列，面朝西，四尊铁牛旁各有一铁人，如牧策牛。铁牛造型生动，前腿作蹬状，后腿作蹲伏状，牛体矫健强壮，尾施铁轴，以系浮桥。

玩家 解说

蒲津渡自春秋战国以来一直是中原地区沟通西部边关重镇的交通大动脉。唐开元十二年（724年）修建“铁索连舟固定式曲浮桥”。到民国初年因黄河不断倒岸，加之维修不善，最终废弃。

唐代黄河蒲津桥曾是河东通向关中的重要通道，桥似长虹卧波，是古代桥梁史上的奇迹。遗址出土有唐开元年间所铸的铁牛、铁人各四尊，为古桥桥头实物。蒲津渡现在是我国第四批水利旅游风景区。景区拥有宽广的水域和良好的野生芦苇湿地资源。

万固寺

以“多宝佛塔”著称

运城永济市　¥15元

始建于北魏时期，原名“蘇哉寺”，曾遭兵火焚毁，隋代复修，更名为万固寺，取“万年固”之意。释迦塔，即多宝佛塔，矗立其中，平面八角形，塔檐叠涩伸缩，檐下斗拱细密。塔身底层南面开门，内砌螺旋式阶梯，可

万固寺

登顶层。塔后无量殿，宽五间，高二层，内供无量寿佛。殿为青砖结构，雕刻有花卉图案和斗拱藻井，无梁架之制，故俗称无梁殿。寺内原有唐代吴胄曹所画的63幅诸天像，神态生动，刻工精致，有唐代遗风。

王官峪

司空图晚年的隐居地

运城永济市区东向25千米的中条山北麓　¥30元

王官峪古称“王官城”“王官谷”，这里山奇水秀，鸟语花香，自然风光十分优美。唐末大诗人、诗歌评论家司空图晚年隐居于此。这里风景秀丽，山水皆佳，名胜古迹诸多，千年来一直是河东一处品位绝佳的游览避暑胜地。

玩家 解说

王官峪十大奇景：天柱擎天、东瀑飞泻、石岩喷雪、奇石珠帘、百二盘旋、明镜映天、咻咻古亭、贻溪映绿、点石成金、恐龙化石。

栖岩寺塔群

26座塔集聚

永济市韩阳镇

栖岩寺初名“灵居寺”，寺宇始建于北周，在河中诸寺中最负盛名，分上、中、下三寺，中、下寺已废。现存上寺宏伟的塔群建筑，其中唐塔、五代塔、宋塔各1座，元塔2座，明塔、清塔21座。

蒲州故城遗址

唐代中都所在地

永济市蒲州镇　60元

蒲州故城相传为尧、舜帝故郡，是一座具有政治、经济、文化和军事意义的历史名城。蒲州故城则是唐开元九年（721年）所封中都的所在地，以后金、元、明、清各朝均有重修。现存蒲州城为明嘉靖年间地震后坐落在唐故城基址上屡次修葺的内城遗迹。内城明代砖砌城墙保存完好，城中心鼓楼台基尚存，为砖砌方形形制，台基四面有砖券洞门，大门上方各有匾书。古城墙及四大门瓮城遗址尚存。

五老峰 AAAA

道教名山

永济市中条山

从运城乘坐旅游专线车可直达景区　85元

五老峰是我国北方道教文化名山，它与五台山南北对峙，有“晋北拜佛五台山，晋南问道五老峰”之说；因其与西岳华山遥遥相对，所以素有“东华山”之称誉。

五老峰主峰玉柱峰，海拔约1896米，恰似一根顶天立地的玉柱直插云端，东锦屏峰、西锦屏峰、太乙坪峰、棋盘山峰罗列主峰四隅，像五位彬彬有礼的老人，列座而谈，故称“五老峰”。

五老峰的古迹颇多，从现存的石碑来考察，建筑最早见于北周，即在西寨子所建的佛教寺院圆通寺和观音阁。从古建遗址上看，唐代的细绳纹砖，宋代的花纹方砖随处可见。玉柱峰顶有黑虎灵官殿、白衣秀士殿、救苦菩萨殿、祖师庙等建筑。西锦屏峰下雷公洞里现存有南北朝时期石雕人像5尊，东锦屏峰药师洞有明代彩色泥塑人像3尊。整个峰顶有庵观、寺院、庙宫64处，碑碣数十通，都有很高的艺术成就和考古价值。

五老峰

玩家攻略

在五老峰游玩时可以去虞乡购买当地的特产——芦笋。另外，闻喜的煮饼、稷山的板枣都是可以带回去馈赠亲友的特色礼品。

每年4月，景区会举办五老峰全民健身登山节。

每年农历七月初一至十五日的“五老峰朝峰庙会”以及金秋十月举办的“金秋朝峰”活动精彩纷呈。

链接

道教“洞天福地”

洞天福地就是指地上的仙山，是道教地上仙境的一部分，它包括十大洞天、三十六小洞天和七十二福地，多以名山为主景，或兼有山水。认为此中有神仙主治，乃众仙所居，道士居此修炼或登山请乞，则可得道成仙，中国五岳则包括在洞天之内。

风陵渡 AAA

中华民族的摇篮

芮城县风陵渡镇

风陵渡古称风陵关，唐朝时于风陵堆南置关，叫风陵津。明清时在此设巡检司和船政司，管理防守和运输事宜。这处“鸡鸣一声听三省”的渡口，历史上一直以摆船渡河来连接陕豫二省。而今，一座铁路大桥将南同蒲路和陇海路连接在一起，把黄河天堑变为通途。

链接

风陵渡的由来

传说轩辕黄帝和蚩尤战于涿鹿之野，蚩尤做大雾，黄帝部落的将士顿时东西不辨，迷失四方，不能作战。这时候，黄帝的贤臣风后及时赶来，献上他制作的指南车，给大军指明方向，摆脱困境，终于战胜蚩尤。可惜风后在这场战争中被杀，埋葬在这里，后来建有风后陵。风后陵在赵村东南，高2米余，周围30米。墓前原有明万历三十八年（1610年）重建风后祠及碑记，可惜已毁。因唐代在此置关，故称风陵关，又称风陵津，是黄河南泄转而东流之地。津即渡口，所以后称风陵渡。

永乐宫 AAAA

为纪念吕洞宾而建

芮城县古魏镇龙泉村　50元　0359-3022821

永乐宫本是为纪念纯阳真人吕洞宾而建的道观，其建筑规模宏大，建筑面积8000余平方米，在南北长1000米的中轴线上耸立着山门、文瀛湖、遇仙桥、纯阳殿、重阳殿等古建筑。西部为民俗博物馆、吕公祠、王母娘娘殿，东部建有真武庙、石牌坊及后园的聚仙园、吕祖坟。整个建筑布局鲜明，主次有序。

永乐宫现存元代壁画1000多平方米，分布在无极门、无极殿、纯阳殿、重阳殿四座大殿内。永乐宫壁画的精品，以无极殿的《朝元图》为代表。永乐宫的壁画艺术被著名戏剧家马少波称为“永乐三清铁画钩，曹衣吴带兼刚柔。唐宋遗风满壁是，堪称天下第一流”。

玩家攻略

永乐宫内的重阳殿上供奉着王重阳和全真七子的塑像，这八个人物都和金庸武侠小说里的人物完全吻合，其塑像为近年补塑的，但在“搬迁史料陈列馆”内可见国宝级的塑像真身。

无极殿

无极殿又称三清殿，是观内的主殿，雄伟宽敞，殿内供奉着太清太上老君、玉清元始天尊、上清灵宝道君的神像。殿内四壁布满壁画，始绘于元代，壁画内容是各路神仙朝谒元始天尊的盛况，数百位神仙姿态各异，形神俱备，为元代壁画中的珍品。

永乐宫拱门

纯阳殿

纯阳殿又名混成殿，俗称吕祖殿。殿内有壁画名为《纯阳帝君神游显化图》，分上下两栏，垂直安排两幅，然后横着展列下去，每幅自成章法，幅与幅之间又用山石云树巧妙地连接起来，不知不觉地由一幅过渡到另一幅，是上面一幅的近景又似下面一幅的远景，有一方榜题，是画传的文字说明。

重阳殿

重阳殿亦名七真殿，因祀奉“全真教”创始人王重阳和他的七个弟子而得名。殿内壁画分布在东、西、北三面墙上，壁画内容为王重阳画传，共49幅，绘述了他的一生。形式和纯阳殿相似，采用分幅而兼通景的处理方法。

芮城城隍庙 AAA

宋代原构大殿

芮城县古魏镇永乐南街小西巷

芮城城隍庙始建于宋大中祥符年间，元、明、清屡有修葺。建筑面积1590平方米，主要建筑有宋代大殿，元代享亭，清代的献殿、寝殿及配房。现存建筑大殿为宋代原构，享亭为元代建筑，余皆为清代所建。庙坐北向南，呈两进院落。中轴线上从南向北依次是享亭、献殿、大殿、寝殿。

圣天湖景区 AAAA

国家级湿地保护区

芮城县陌南镇南

圣天湖是黄河中下游最大的国家级湿地保护区，也是一处河道变迁遗迹性的湿地，现已开发为圣天湖湿地生态休闲度假区。该景区集江南水色与黄土高原风光于一身，景观异质，全国独有，“夏赏荷花，冬观天鹅”已成为圣天湖的独特风景。

大禹渡黄河风景区 AAAA

体验现代水利工程文化

芮城县神柏峪

大禹渡黄河风景区占地面积6.5平方千米，融黄河文化、大禹文化、佛教文化、现代水利文化为一体，是一个欣赏黄河壮丽景色、了解大禹治水历史和体验现代水利工程文化的理想场所。这里生态环境优越，百万林木四季葱郁，空气中负氧离子含量极高，有“森林氧吧”之美誉。

堆云洞景区 AAAA

山西小布达拉宫

夏县水头镇上牛村洞沟

堆云洞两侧沟壑深近百米。因雨后岗上积云缭绕，雾霭长存，洞门云封，故称“堆云洞”。堆云洞是一座道观，建筑始于元代，明清两代相继增建和扩建，布局严谨，设计巧妙，亭台阁楼，因地制宜，错落有致，气势壮观。现存建筑有北极台、笔峰塔、三皇阁、三圣殿、真武殿、三王祠和白衣大士祠等，庙内现存石刻“堆云洞全景图”，形象地反映了兴盛时期的洞景。

堆云洞地处幽僻，革命年代，嘉康杰同志曾于1922年在此创办“平民中学”，进行革命活动。1929年4月，中共山西省委书记汪铭同志在此主持召开了河东特委会议，决定成立以嘉康杰为领导的中国共产党河东特别委员会。解放战争时期，这里被作为党的地下组织领导中心，组织和领导晋南人民进行着不屈不挠的斗争。

司马光祠景区 AAAA

一代大家司马光的墓地

山西省运城市夏县水头镇小晁村

司马光祠景区是北宋名相司马光的祖茔所在地，占地10万平方米。景区分五大部分：“神道碑楼”“司马祖茔”“温公祠堂”“余庆禅院”“涑水书院”。祠内目前还保存有历久弥新的北宋彩塑像、栩栩如生的石雕，以及宋、金、元、明、清名家的大量碑刻。如王安石撰文、书法家雷简夫书写的司马沂碑，敕建余庆禅院碑，苏轼撰文并书写的司马光神道碑（杏花碑），苏轼撰文的“忠清粹德之碑”。

链接

司马光

司马光（1019—1086），北宋时期著名政治家、史学家、散文家。北宋陕州夏县涑水乡（今山西运城地区夏县）人。熙宁三年（1070年），司马光因反对王安石变法，出知永兴军。次年，判西京御史台，居洛阳15年，专门从事《资治通鉴》的编撰。去世后追赠太师，温国公，谥文正，著作收在《司马文正公集》中。

司马光墓

景点推荐

运城北部景点

孤峰山景区 AAA

亚洲"金字塔"

万荣县城南8000米处

孤峰山风景区是一处集观光旅游、休闲娱乐、宗教文化于一身的旅游胜地。孤峰山因拔地而起、孤傲不群而得名，因为此山不与他山相接，是唯一一座伟岸孤傲型山体，所以它也被称为亚洲的"金字塔"，又因此山从四面看形状如一，没有"横看成岭侧成峰"的感觉，所以又获"方山"之称。

东岳庙

祭扫东岳泰山之神的地方

万荣县解店镇西大街8号

东岳庙即泰山神庙，是祭祀东岳泰山之神的地方，供奉的是东岳大帝"黄飞虎"，始建于唐。现今东岳大帝的塑像已废，现存的建筑有飞云楼、午门、献殿、香亭、正殿和阎王殿，两侧为东西廊。

后土祠 AAAA

国内后土祠庙之冠

📍 万荣县西南40千米处黄河岸边庙前村北

万荣后土祠之规模为国内后土祠庙之冠，汉武帝曾六次祭拜，汉之后到宋代，历代皇帝多有祭祀，北京天坛祭祀后土的仪式也是从这里移植过去的。“华夏始祖今何在，山西万荣后土祠”，后土祠的历史价值可见一斑。每年农历三月十八日和十月初五为后土娘娘庙会，也是后土大祀之日。

后土祠的现存建筑是清同治九年（1870年）新选庙址重建，正殿、献殿是祠内建筑的精华。祠内的舞台由三座舞台形成“品”字形，为全国独例，至为珍贵。秋风楼位于正殿之后，是为保存汉武帝《秋风辞》兴建。

玩家解说

秋风辞是汉武帝在汾河舟中欢宴群臣、慷慨高歌而写下的千古绝文。“秋风起兮白云飞，草木黄落兮雁南归。兰有秀兮菊有芳，怀佳人兮不能忘。泛楼船兮济汾河，横中流兮扬素波。箫鼓鸣兮发棹歌，欢乐极兮哀情多。少壮几时兮奈老何！”

后土祠

李家大院 AAAA

地方特色民居

📍 万荣县阎景村

李家大院和其他晋商大院不一样，它是以晋南传统民居建筑为基础，融合徽式及哥特式建筑风格，并采用日式推拉门，整体建筑中西合璧，精彩绝伦。李氏白手起家，始终不忘行善助人，以慈善名扬天下。民间流传的“李善人”并非指一个人，而是指整个李氏家族。李家大院处处可见善文化，墙面上有365个善字，表示一年365天每天都要行善济世。

黄河龙门景区 AAAA

黄河文化景观精髓

📍 运城河津市黄河峡谷中

黄河龙门是黄河的咽喉，位于山西省河津市西北与陕西韩城市交接的黄河峡谷出口处。此处两面大山，黄河夹中，河宽不足40米，河水奔腾破“门”而出，黄涛滚滚，一泻千里。依托黄河大峡谷山水资源，景区开发了黄河大峡谷水上旅游线、龙门山高空景观区、明清文化街、红色文化广场、禹门抗日烈士纪念碑五大特色产品。

大梯子崖景区 AAAA

登天梯跃龙门

📍 运城河津市黄河大峡谷龙门段

黄河大梯子崖又名黄河天梯，有“天下黄河第一挂壁天梯”之称，地处黄河龙门大峡谷，紧邻龙门上口，这里有北魏时期人工开凿的挂壁天梯，是传说中登天梯、跃龙门的地方。

黄河大梯子崖景区的核心观景区有千年古道梯子崖、七里画廊桃花谷、北魏遗址倚梯城，景区新建了挂壁玻璃栈道、户外观光电梯等游乐项目，还有两个探险体验项目：一个是电梯上面有两层无护栏玻璃步道的漫步青云，另一个是电梯侧面崖壁上的攀岩项目飞云渡，可以让没有攀岩经验的人体验攀岩的惊险与刺激。

薛仁贵寒窑

白袍将军薛仁贵的住地

运城河津市东郊修村

寒窑中有一白袍洞，因薛仁贵为将时被称为白袍将军而得名。洞内塑有薛仁贵及妻柳氏坐像两尊。寒窑附近有薛仁贵当年射雁的汾河湾。

链接

薛仁贵

薛仁贵（614—683），名礼，字仁贵。少时丧父，家境贫寒，以耕田为业，臂力过人，善于骑射。唐太宗时国势强盛，欲征辽东募军。薛仁贵听从妻柳氏之言，前往将军张士贵处参军。唐太宗贞观年间亲征高丽，在攻打安地城的战斗中，薛仁贵冲锋陷阵，强悍骁勇。他身穿白衣，双手举戟，腰挎两弓，呼叫着冲向敌群，敌军大败。因此，薛仁贵被提升为右领军中郎将，并在随后的战争中屡建奇功。最后，官至左骁卫大将军，幽州都督，封平阳郡公。

新绛古城

千年古城，唐代遗风

运城新绛县

绛州是座历史悠久的古城，春秋时曾为晋都，战国时属魏。南北朝时，北魏置东雍州，北周明帝改为绛州，隋开皇三年（583年）州治从玉壁迁至今县城处，距今已有1400多年的历史。

古城不同于一般州县城制，抛弃了方城十字对称中轴的格局，而是“临川笼丘”因地制宜，街、楼、塔、园、寺、庙、碑，三关五坊，两门62巷，皆依其自然，穿插其间就地而建，形成整体而活泼的建筑群落。虽历经1400余年，受到各个时代的冲击与潜化，仍然较好地保留了唐代的形制，是一座唐代古州城，其丰富的内涵在城建、交通、文化、

新绛古城新绛剪纸

艺术、科学、建筑等方面都具有很高的研究价值。

悠久的历史为新绛留下了极为丰富的名胜古迹。现存的古建筑有绛州三楼、绛州大堂、绛守居园池等。

链接

新绛剪纸

新绛剪纸由来已久，相传春秋时期诸侯争霸，晋公（献公）称雄，并吞诸侯，晋献公为了颂扬他兼并诸侯的丰功伟绩，令宫中能工巧匠用薄金片绞成十种果子（意为向晋国纳贡的十国），用丝线分别缀于鞋上，并做十果花。在他婚礼之际让姜氏脚穿此鞋、头戴此花，以显其光彩。姜氏系齐庄公之女，她愿让晋国所有子女出嫁时都能像她一样共享其美，于是将十果鞋、十果花纹样传于民间，这就是新绛剪纸的源头。

新绛剪纸以单色为主，黑白相间、粗犷奔放、凝重洗练、简洁明快，具有版画黑白之美，雕塑厚重稳健之感，妙趣横生，粗而不陋，拙而不笨，耐人寻味。内容丰富多彩，草虫花鸟、走兽人物、民俗风情、婚丧嫁娶、福禄寿禧应有尽有，尤以人物见长，戏曲更为突出。

绛州大堂

绛州大堂始创于唐，现大堂内仍有四块大型石质覆盆式莲花柱础可以炫耀唐代的辉煌。1000多年来，这里一直是州府衙门的正堂，明镜高悬，衙役呐喊，百姓有冤，可以击鼓上堂，是非曲直，全凭知州的良心所裁。难怪在大堂中心，正堂前有一块已碎裂成多

块的“鱼儿跪堂石”，意为鱼儿喝水各凭良心。公正与否，只有天知道了。

绛州大堂面宽七间，进深八椽，单檐歇山筒瓦顶。大堂高大宽阔，巍峨壮观，人置其间四顾空旷，威严之感油然而生。据古建专家言，全国州衙正堂规制通例为五间，而绛州独为七间，乃国内少见。大堂北壁，镶嵌着一面石碑。仔细一看，为宋真宗御制的“文臣七条”。徽宗时，由当时的绛州知州命人镌刻，以“昭示万代，仰遵圣训”。此碑一直为州衙珍藏。“文革”中流失，1984年再次被发现后重嵌于此。

玩家 解说

绛州大堂又名“帅正堂”，史载唐王李世民在稳定李氏王朝的基础上，为讨伐平息外族侵，东征高丽，命左领军大将军张士贵在绛州设帐募军，招兵处就设在州治署衙正堂内。今新绛县博物馆尚保留有张士贵的交椅遗件，传为“帅正堂”的见证物。白袍虎将薛仁贵投军，征东平西，最后在汾河湾筑台拜将，也都与“帅正堂”有千丝万缕的联系。

绛守居园池

绛守居园池始建于隋，是我国唯一现存的隋代州府园林。绛守居园池系绛州府花园，是供太守、官僚、士大夫及其妻室儿女游乐的地方。

园内水池夏季满布莲叶，故此池称为“莲池”。池畔有亭，匾题曰“泗莲亭”。池边立有歇石，刻着“一池西北来”。绕着水池漫步，则来到一片土岗。岗顶有祠，题曰“梁公祠”，是为纪念开池建园的县令梁轨而建。池中有岛，名曰“孤岛”。岛上有亭，曰“孤岛亭”。

绛守居园池历经各代官衙州牧的添建维修，基本保持了隋唐时期“自然山水园林”的古朴风貌，实属难得。

绛州三楼

绛州三楼，其中小三楼分别是钟楼、乐楼、鼓楼。明清时州府县城多有市楼，俗称鼓楼。唯绛州三楼并峙，南北鼎形排列，钟楼在南，乐楼在东，鼓楼偏北。钟楼位于最南端，始建于北宋年间，后历代均有重修。钟楼上有一口万斤古钟，是绛州三楼中最古老的文物。乐楼原是一座舞台，分上下两层，装饰华丽。鼓楼是城内最高的建筑，始建于元朝，造型简洁大方。

新绛古城

稷益庙

稷益庙是供奉后稷和伯益的庙堂。现存舞台、正殿为明代建筑。舞台五间，单檐歇山顶，周檐大额枋，台口近10米，梢间空间较大。正殿五间，三彩琉璃瓦顶。殿内东南西三面满布壁画，面积130平方米，壁画保存基本完好，东西两壁以台阶式布局，最高处达6.18米，在现存明代壁画中属巨幅佳品。

其中彩绘的朝三圣、稷益传说、烧荒、狩猎、斩蛟、伐木、耕获、山川园林等，内容丰富，艺术精湛，堪称我国古代壁画遗产中一颗璀璨的明珠。

新绛天主教堂

全国四大天主教堂之一

新绛县城北街顶端的高崖上

新绛是山西省最早传入天主教的地方，1935年，梵蒂冈教廷宣布成立新绛教区，是天主教在山西的8个教区之一，管辖附近22个县的天主教堂。1937年，荷兰神父孔昭明在此建造了一座哥特式建筑风格的大型主教座堂及钟楼、客厅、寓所等附属设施。

大教堂面积600余平方米，尖顶高达40余米，座深10间，无一明柱，建筑规模在全中国的哥特式教堂中属于较大的一座，与青岛、上海、广州教堂并称全国四大天主教堂。

龙兴寺

唐代遗迹，道观变佛寺

新绛县城北街顶端的高崖上

龙兴寺始建于唐，原名碧落观，后经历史演变，道教宇观变为佛门圣地。相传赵匡胤曾在此寓居，遂改称龙兴寺。寺坐北朝南，大殿前左右有关公殿、娘娘殿；左侧留有山门，前有韦驮楼及西厢房三间，殿后有十三级龙兴宝塔。寺内存清康熙四十七年（1708

龙兴寺

年）重修及民国时重修碑记3通，经幢1座。龙兴寺内佛殿、高塔、塑像、古碑林立，引人向往。

龙兴宝塔

龙兴寺塔在大雄宝殿之后的院内，坐北朝南，建于唐代，原为八层。乾隆四十九年（1784年）坍塌予以重修，外墙包以青砖，并加高为十三层，高42.4米。平面呈八角形，每边长4.3米，为楼阁式砖塔。檐下均有匾额，分别题写“一柱擎天、两茎仙掌、三汲龙门、四大跻空、五云献瑞、六鳌首载、七星召应、八风协律、九陌看花、二园蓉境、十方一览、十二碧城、十州三岛”。这座“唐代宝塔”，叠涩而出，直指蓝天，塔顶曾多次腾烟，青云直上，一连数日，千年来笼罩在人们心头的这个谜，时下尚未能解开。

碧落碑

碧落碑是一块以大篆而著称的名碑。碑高2.26米，碑外盖了一座六角碑亭。碑文刻于唐总章三年（670年），为篆体，共21行630字。碑文的字体也很特殊，是吸取钟鼎、古籀以及小篆的特点，融会贯通并加以变化自创出来的新篆体。立碑200多年以来，没有人看得懂这一碑文。

直到唐咸通十一年（870年）郑承规奉命在碑阴下部用正楷将碑文释出。原文字迹略有损伤，传为唐人李阳冰槌击所毁。后人摹其旧拓重刊一通，存于原碑之侧，人称新碑，碑阴留题“金大定二十三年”字样。

福胜寺

以“悬塑”出名的佛寺

新绛县城西17千米北泽掌镇光村

福胜寺建于唐贞观年间，后朝历代也多予修葺。建筑高低层叠，错落有致。钟、鼓二楼分峙于寺前两侧，中轴线上自前而后有山门、天王殿、弥陀殿和后大殿四进院落。两翼衬以厢房、配殿，井然有序，雄伟壮观。

弥陀殿五间见方，四周围廊，重檐歇山顶，为元代遗构，记载为明弘治年重修。在弥陀佛宝座的背后，悬塑有南海观音、善财童子、明王及供养人等。彩塑为宋代风格，雕塑精美，艺术价值极高。殿内两侧，有金代补塑十八罗汉及明代加塑的四大天王。

后大殿，又称藏经阁，共七间，上下二层，上层藏经阁，下层三佛洞，洞内塑有释迦及胁侍观音、地藏，弥陀及胁侍文殊、普贤，药师及胁侍日光、月光菩萨。均为元代彩塑作品，由于没有对外，保护极好，整个彩塑如新塑一样，具有极高的艺术价值。

链接

福胜寺悬塑

悬塑是雕塑艺术之一。是一种以架定位、上厚下薄、悬插在固定于墙上的预制木架之中的室内泥塑，上身略为向外倾斜，重叠时下层的上身挡住上层的脚部，上下多层重叠则产生华丽的效果。常用于庙宇内制作千佛、千菩萨及复杂背景的故事性彩塑，成为主像的陪衬彩塑为宋代风格，雕塑精美，艺术价值极高。

在福胜寺弥陀佛宝座的背后，悬塑有南海观音、善财童子、明王及供养人等，体态优美，眉目清秀。和蔼可亲的南海观音脚踏一朵祥云，飘然而至，其侍者善财童子形影不离，被佛家视为有智力、有威望、能征服一切恶魔的明王也紧跟其后，背景为波涛汹涌的大海。作者运用有透视感的祥云表现观音乘风而来的仙气；运用浅墨绿的彩装表现海的广阔和汹涌；利用高、低浮雕塑出海浪图案；在平面背景上，增强了彩塑的立体感，处理手法比较独特。

马村砖雕墓群

砖雕精美绝伦

稷山县城关镇马村

马村砖雕墓以砖雕的形式表现了墓主人生前居室的布局样式，一般多为前厅后堂、左右配置厢房的四合院结构，再现了当时的建筑风格，为宋金时期的建筑史研究提供了翔实的实物资料。该墓地出土的戏曲乐舞砖雕，再现了当时的戏楼结构和戏剧表演的舞台形式，是迄今所发现的最为重要的戏剧史实物资料之一。同时，该墓地发现的二十四孝立体雕塑，造型生动，体态优美，也是

马村砖雕

不可多得的艺术珍品。

青龙寺
砖雕艺术的宝库

稷山县城关镇马村

青龙寺创建于唐龙朔二年（662年），现存建筑是元、明两代结构。寺内有大殿三间，大殿内壁画为元代作品，至今色彩仍很鲜艳，画法有独到之处。青龙寺西侧300米处，有金大定年间的古墓葬15座，几乎每座墓内都有砖雕建筑模型与戏剧雕塑人物，是砖雕艺术的宝库。

望仙大峡谷 AAAA
古林深幽瀑布潭群

山西省垣曲县望仙村

望仙大峡谷，位于山西省南部运城市垣曲县，距离县城东28千米处，坐落于历山原始森林保护区内。作为历山黄河生态旅游区的重要组成部分，新望公路直达景区，为游客提供了便捷的交通方式。

这片土地不仅拥有尧、舜二帝的美丽传说，还展现出仙山神水的奇妙景观。悬泉山下，淘金河蜿蜒流淌，仿佛天工开物，创造了一处5000米长的瀑布潭群。这里分布着十余个大小不一、深浅有别的瀑布渊潭，每一个都形态各异，别具特色。

望仙大峡谷的瀑布潭群是自然界的杰作，它们的壮丽景色吸引着无数游客。在这里，你可以感受到大自然的神奇魅力，也可以领略到历史文化的厚重底蕴。无论你是喜欢探险、观光还是休闲度假，这里都能满足你的需求。

历山 AAAA
天然大公园

山西省运城垣曲境内

历山，传说中舜耕治的地方，今以自然、原生态和珍稀的动植物为游客所赞赏。历山纳九州俊秀，奇峰、怪石、清涧、溶洞、水帘称为“五绝”，林涛、山风、冰雪、雾雨、古迹、光影、动物、植物、药材和村庄称为“十胜”。

历山是华北地区保存下来的唯一原始森林，森林覆盖率达90%，8平方千米的原始森林，境内各种植物多达1400多种，野生动物达330余种，占山西境内动物种类的80%以上。有38种国家一、二级保护动物。国家一级保护动物有金钱豹、黑鹳、金雕等9种；二级保护动物有白鹭、大天鹅、猕猴、娃娃鱼等29种。因此被称为“天然大公园”。

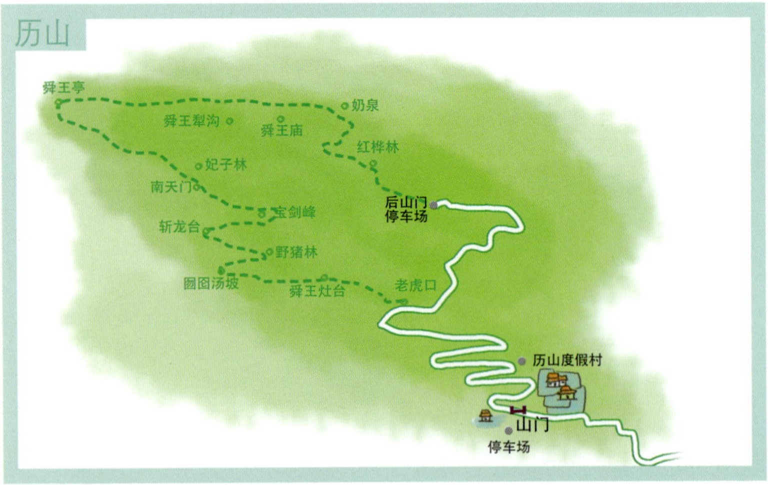

攻略资讯

- 交通
- 住宿
- 美食
- 购物
- 娱乐

交通

飞机

运城张孝机场位于运城市盐湖区陶村镇张孝村关公西街，目前已开通了运城至北京、广州、上海、成都、深圳、太原等城市的31条航线。

火车

运城火车站位于运城市潞村街2号，是山西的重要交通枢纽，有发往唐山、北京、太原的列车。太原至运城每天约有10趟列车。运城北站位于运城盐湖区姚孟街道，为高铁站。

汽车

运城与太原有大运高速公路连接。太原

运城城市风光

运城隐在雾中

长途汽车站每天基本每隔半小时就有一趟汽车发往运城。

运城长途汽车中心站：位于运城市盐湖区解放北路。日始发车辆650班次，有发往石家庄、天津、兰州、北京、南京、上海等地的长途客车，汽车中心站与运城北站距离很近，换乘方便。

住宿

市区内的酒店档次齐全，自助旅行的游客可下榻于红旗西路的张家北巷两侧。火车站附近因为交通方便，也是热门的住宿地。此外，永济、芮城、解州等地旅馆众多，普遍比较整洁，可选择入住。

●永济希尔顿慧庭酒店

位于永济市富强西街，距离商业步行

运城夜景

街、市中心5分钟车程，与鹳雀楼近在咫尺，装修设计独具匠心。2023年开业，酒店设施非常完善，服务周到。永济市富强西街149号 0359-8075555

●运城建国饭店

运城建国饭店位于关王庙、运城死海等景点附近，地理位置优越，交通便利，酒店集客房、餐饮、会议、娱乐等基础设施于一体，是度假、观光的好去处。运城红旗西街53号 0359-2266666

●恒泽大酒店

酒店地处运城中心地带，临近沃尔玛、通宝国际商场、河东博物馆，生活设施完善，酒店客房温馨舒适，适合出行旅游居住。运城新城区学苑路 0359-2618888

●黄河大厦酒店

位于运城市潞村街西口，与运城建工大楼隔街相望，紧靠运城市地税局，步行可至运城火车站、南风广场，周边设有百货大楼、购物中心及知名餐饮连锁店，地理位置优越，交通非常便利。运城市盐湖区潞村街136号 0359-2061788

美食

运城美食小吃

晋南大部分地区喜食饼子、干馍，运城也不例外，且本土的特色小吃不少，如闻喜煮饼、豆沙糕、稷山麻花、解州羊肉泡馍、芮城麻片等，都很有特色。

●闻喜花馍

闻喜花馍是人工用面做成的各种样式的馒头，花式各样，从而命名为花馍。闻喜花馍盛行于明清，已有1000多年的历史，逐渐形成独特的艺术风格和完整的创作体系，具有丰富的文化品位和浓郁的地方特色。闻喜花馍有“花糕”“花馍”“吉祥物”“盘顶”四大系列200多个品种。

●稷山麻花

稷山麻花始创于隋朝开皇年间，已有数千年的历史，为油炸食品，硬面和就，配料考究，口味独特，纯手工制作。稷山麻花在清乾隆时期还被列为朝廷御餐食品，地方年年进贡，稷山麻花也因此名声大振，传名后世。

稷山麻花

●万荣凉粉

万荣凉粉用红薯粉制成，白晶透亮，调上鲜红的辣椒油，拌上生蒜泥、芥末等调味品，麻辣酸香，清凉爽口，是一道适合夏季食用的小吃，其色洁白，晶莹剔透，嫩滑爽口，夏季冷食有消暑解渴之效。

●闻喜煮饼

煮饼是一种油炸的点心，在晋南民间把“炸”就叫“煮”。闻喜煮饼形似圆月，由于外皮粘满白芝麻，所以外观是月白色。其外裹芝麻，滚圆状，内有栗色、绛白二色分明的饼馅，可拉出几厘米长的细丝，酥沙香甜，久不变质。

闻喜煮饼

运城美食去处

河东广场位于运城市盐湖区，主要集中

了一些运城的大排档、烧烤，较为便宜实惠，兔头和茶汤味道都不错。

购物

运城物产丰饶，土特产种类十分丰富，久负盛名的有万荣苹果、蒲州青柿、新绛云雕等。

运城的大型购物场所主要集中在盐湖区，其中盐湖广场、二郎神商业步行街、官巷服装市场、华联超市、东星时代广场和今日国际商城等都是集休闲、购物于一身的大型商场，是在运城购物的不错选择。

●万荣苹果

万荣苹果皮薄肉厚、质脆汁多、酸甜爽口，享有“一口万荣果，三日未绝香”之美誉，已经畅销全球多个国家。

万荣苹果

●蒲州青柿

蒲州青柿果实个大呈扁形，似蒸馍状，橙黄，果皮薄无籽核，肉细汁多，甘甜味美，果柄较长，含有丰富的胡萝卜素、维生素C、葡萄糖和果糖，还含有钙、磷、铁等矿物质。

●新绛云雕

新绛云雕是一种饰有五彩祥云图案的汉族传统雕漆工艺品。产地是山西新绛。它造型古朴雅致，漆光晶莹照人，雕刻精细入微，图案层次鲜明。

●绛州木版年画

绛州木版年画发端于宋金，兴盛于明清，雕版技术精湛，线条细腻，艺术价值极高。绛州木版年画用大红、桃红、中黄、青莲、普蓝、墨绿等多种颜料套印，以铁线描绘见长，尤以典雅著称，是山西省非物质文化遗产，全国非物质文化遗产保护项目。

●绛州澄泥砚

与端砚、歙砚、洮砚齐名，并称“中国四大名砚”，为唯一烧制的砚品。产于运城绛州（今新绛县），在中国砚史上独树一帜，为山西省特有，是具有三晋特色的艺术珍品。

娱乐

运城的风情丰富多彩，民间社火历史悠久，形式多样，当地人常以此来庆祝节日。

背高：流行于芮城县、永济市沿黄河一带村镇，又称“背支”。表演者在身上安装一支架子，一根铁棍高过头顶，再在铁棍顶端装上脚踏和一圆形铁圈。表演时将3~5岁幼童装扮成戏剧人物，卡在铁圈里，使之成为固定的造型，在锣鼓伴奏声中，背着跑前跑后，穿插往来，进行表演。

转灯：流行于河津市境内，多在每年元宵节前后夜晚表演。起源于清光绪年间，表演队伍有时多达数百人，队首由一人持火球当向导，后面的人各持一灯架，身穿马童装，头扎英雄巾，佩戴马铃，劲吹一口哨，碎步行进。

芮城蟠桃会：三月三蟠桃会现已成为芮城县春季物资交流、名产名吃展销的大会。日用百货、轻纺产品、名人书画，应有尽有，还开辟了十大专业市场。其间，县城内戏剧、杂技、歌舞也登台演出，节目精彩纷呈，不容错过。

元宵节转灯

景点索引

A

B

C

D

E

F

G

H

我们的理念

做发现者，才能走得更远。发现秀美景色、探寻历史痕迹、体验文化脉络、寻找地理起源等深层次的旅行知识，是我们不停脚步的动力。我们不仅是在做一本旅行指南，能为旅途中的行者编写一部内容丰富、态度严谨、值得边走边读的行囊书，是我们永恒不变的追求。

《发现者旅行指南》编辑部

总 策 划 丁海秀
执行策划 李荣强

项目统筹 周国宝 龚道军
内容编辑 刘 挺 王叶青 方明杨
刘秀红 丁天丰 张文齐
商子微 张亚飞 苏雪莹
沈 皓 魏建飞 张灵燕
许晨晨 杨康健 张 鑫
刘晓璐 刘慧慧 王春雪
刘智勇 李荣强 刘雁琪
陈昱霖 贾 宁
美术总监 左小文
美术编辑 侯心如 王春晓
图片编辑 朱盼盼 马志鹏
插图绘制 尚祖山 李秋红
排 版 闫 旭 田雪子
北京旅教文化传播有限公司
图片提供 微图网 汇图网 图虫创意
中国图库网 全景网
锐景创意 集成图像
站酷海洛 shutterstock
fotoe dreamstime
孙西国 马林宏 徐 行
高应胜 薛 冬
西部老马 钱多多

出炉过程

在编辑部成员的共同努力下，这套旅行指南终得以付梓。其间，我们亲历景点，翻遍资料，只为确保撰写的内容准确有效；我们实地考察，联系景区，只求绘得一幅精美的景区图；我们花尽心思，几易版式，只为呈现出前所未有的阅读体验。如今，这套精心打造的旅行指南，能放到您的行囊或书架，我们深感荣幸。我们期待与您一起走向远方，重新发现旅行的价值。

联系我们

我们的成长需要您的支持。您对本书的每一条意见我们都会珍视。同时也欢迎您与我们一起分享旅游体验，稿件一旦被采用，您将会获取相应稿酬。您可以将意见和稿件投递到我们的邮箱（975179855@qq.com）。

总 策 划 丁海秀
责任编辑 何 玲

图书在版编目（CIP）数据

山西 / 《发现者旅行指南》编辑部编. -- 3版. -- 北京 : 旅游教育出版社, 2025.1
（发现者旅行指南）
ISBN 978-7-5637-4686-6

Ⅰ. ①山… Ⅱ. ①发… Ⅲ. ①旅游指南－山西 Ⅳ. ①K928.925

中国国家版本馆CIP数据核字(2024)第029325号

山 西（第3版）

《发现者旅行指南》编辑部 / 编

出版单位 旅游教育出版社
地 址 北京市朝阳区定福庄南里1号
邮 编 100024
发行电话 （010）65778403 65728372 65767462（传真）
本社网址 www.tepcb.com
E-mail tepfx@163.com
印刷单位 文畅阁印刷有限公司
经销单位 新华书店
开 本 889毫米×1070毫米 1/32
印 张 10.625
字 数 374千字
版 次 2025年1月第3版
印 次 2025年1月第1次印刷
定 价 79.80元

特别提醒

本书信息在出版前已经认真核实过。但由于现实发展太快，旅游信息随时可能发生变化，我们无法承诺保证本书信息的准确性和完整性，并只能在法律规定范围内承担责任。如因此给读者带来不便，我们深表遗憾。